桑梓太平

我和黄山文化的80年

胡丰炘 著

上海财经大学出版社

图书在版编目(CIP)数据

桑梓太平:我和黄山文化的80年/胡丰炘著. —上海:上海财经大学出版社,2019.8

ISBN 978-7-5642-3314-3/F·3314

Ⅰ.①桑… Ⅱ.①胡… Ⅲ.①文化史-研究-徽州地区 Ⅳ.①K295.42

中国版本图书馆CIP数据核字(2019)第149236号

□ 责任编辑 台啸天

□ 封面设计 贺加贝

桑梓太平

——我和黄山文化的80年

胡丰炘 著

上海财经大学出版社出版发行

(上海市中山北一路369号 邮编200083)

网 址:http://www.sufep.com

电子邮箱:webmaster @ sufep.com

全国新华书店经销

江苏凤凰数码印务有限公司印刷装订

2019年8月第1版 2019年8月第1次印刷

710mm×1000mm 1/16 22.75印张(插页:2) 360千字

定价:68.00元

无论你走到哪里，
都不要忘了你出生长大的地方。

序 言

乡邦情怀　维桑与梓

近年来写作、出版作品的人越来越多，但胡丰炘老师性甘淡泊，从没想到过要出一本书。我与他因为长时间的工作接触，已成了无话不谈的忘年朋友，在我的多次劝说下，他才终于决定将自己所写地方文史的篇章结集出版，定名为《桑梓太平——我和黄山文化的80年》，并要求我为该书写一篇序言。此举令我受宠若惊、十分紧张。

我与胡老师都是太平县新明乡人，他与我的表叔崔可仁(曾任安徽怀宁中学教导主任、副校长)是同班同学，与我的大哥陈朝庭、堂叔陈本仁都曾同过学，因此我在很小的时候就知道胡老师学问高深，文章写得好。他年轻时就是我黄山区文学创作的骨干。1983年太平县文化馆举办文学爱好者培训班，他来授课，谈创作经验，那时他已在全国性的杂志发表散文佳作多篇，颇有影响。他还为太平县黄梅剧团写过多幕剧的文学剧本。但是文学创作只是他的业余爱好，他在黄山区教委语文教研室工作，语文教学研究才是他的主业。后来他把全部的精力都投入到语文教研上，发表了大量的学术论文，多次参加全国性的学术研讨会，参与一些教材、词典的编撰工作，成为全国性的语文教研专家，享受国务院专家津贴。他在黄山区教育局从事语文教研的同时，还到黄山区第一中学上课，为临战高考的学生辅导，大大提高了他们的高考成绩，凡听过他课的学生，无不对他的教学水平及为师风范赞扬有加。

由于特殊的专家身份，他到六十三岁才退休。退休后被地方志办公室聘请，参与《黄山区志》的编修工作，一干数年。修志结束后，又被黄山区档案局聘请点校《嘉庆太平县志》，达两年之久。

2005年，我担任黄山区政协《文史资料通讯》主编，目标就是挖掘、考证、整理、叙写本区历史，做好本项工作就要同本区的历史工作者们打交道，也就是从那时开始，我和胡老师有了真正的接触和交往。胡老师比我大 24 岁，在我面前，他是一位德高望重的长者，我与他一道下乡采访，他都是一手拿笔，一手拿笔记本，一边询问，一边记录，令我深深佩服他的敬业精神。由于我们杂志的要求，往往要对他所写的文稿进行修改和很大的增删，每次他都是坦然接受，从不提出异议固执己见，令我深感他虚怀若谷的情怀。2010 年我主编《千年古城仙源》一书，邀请他与周卓群、谭守智、周恩辉四位老人撰稿，他承担的任务最重，写下的文字最多。他写的先贤人物，如赵象、胡之桢、胡庆道等，还有多位在太平历史上政绩卓著的县令，如唐代的许浑、宋代的孙觉、明代的刘元凯、清代的鹿兆图、陈恭、邹钟俊等，都是以前人们从未写过的人物。这些人物第一次出现在人们的视野之中，史料真实，描述细腻。为了写好仙源八景，他多次到实地考察，如写"庆云钟声"一景，他请人带路，来回走十余里崎岖山道，寻找庆云寺遗址。他写仙源二十四姓，对每个姓氏的源流都做了考证，写下五万余字，但由于书的篇幅所限，采用的还不到一万字。

据我所知，他真正的写作大约是从那一时期开始的，当时他已经是快七十岁的老人了。尽管修志、点校等工作十分忙碌，他每年都要抽空为我们杂志写稿多篇。自那以后，他一直笔耕不辍，直到今年八十三岁了，每年都有数千上万字的长文出来，并且越发炉火纯青。长期从事修志和地方典籍的点校工作，使他对本区的历史了如指掌，因而文章娓娓道来，如数家珍，文采斐然。不仅如此，由于他深厚的学问和文字功底，厚积薄发，所写的《李白访胡珲之研究》《中国科举制度纵横谈》《仙源城南胡氏八景诗摭拾》等长文足可说明这一点。胡老师的文章大多很长，但却不让读者感到累赘，读后深觉了解历史的同时，掌握了大量的文史知识。

胡老师将书命名为《桑梓太平——我和黄山文化的 80 年》，取自《诗经·小雅·小弁》的诗句："维桑与梓，必恭敬止。"意思是看到桑树林和梓树林，必然恭恭敬敬，顿生敬爱之心。而桑梓是故乡的代称，面对故乡，恭恭敬敬，必生敬爱之心。胡老师在他年老之后，不是颐养天年，而是把全部的精力和心血投入到对地方历史的挖掘、整理、考证、叙写之中，正是这句诗的生动写照，再也贴切不过。记得山西作家韩石山曾说过，一个文化人，年轻的时候出外闯荡，建功立业；年老以后，就应回到故乡，为丰富乡邦文献做出贡献。

胡老师正是这样做的，兢兢业业，专心致志，且成果丰硕，读者朋友读他的书，自会得出结论。

胡老师让我为他的书写序，我把这看作是对我的奖掖，不能谓之序，只是略述我与他的交往。胡老师是我的前辈乡贤，特向他致敬，他永远是我学习的榜样！

陈朝曙

2019 年 6 月 2 日

目 录

探究篇

景观篇

回忆篇

故事篇

地名篇

附录:新苗

后记

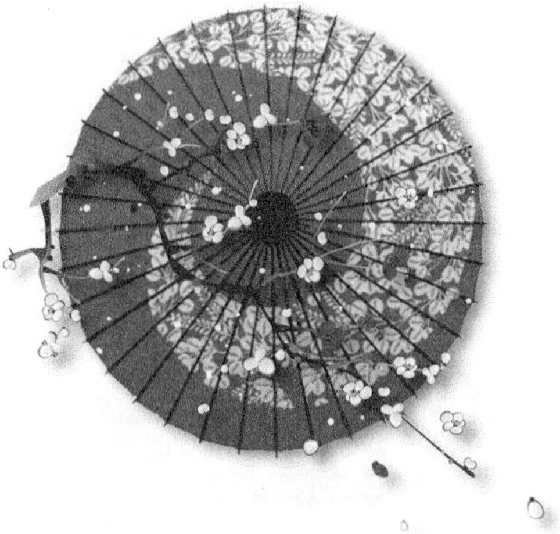

泰伯仲雍兴吴地　陵阳福地太平乡

〇 文史篇

泰伯仲雍兴吴地　陵阳福地太平乡

夏禹时神州大地分九州，今皖南全属扬州，但殷商后期形势起了变化。

全国方言流行区域划分，太平方言是江浙吴语区皖南宣城片的标准代表方言。吴语之“吴”是怎么来的呢？早在殷商晚期，上古时期教人耕种的后稷，其后代逐步发达、壮大，到古公亶父时，已定居于今陕西岐山。古公亶父有三个孙子：泰伯、仲雍、昌。古公有意将治国大权交给昌，即后来的周文王，泰伯、仲雍得知后不愿参与权利之争，便暗暗带上一些农具和种子来到江南开发。据司马迁《史记·五帝本纪》载，轩辕黄帝第二个妃子女节，生有一个儿子青阳，青阳降为诸侯，居住长江流域。据考，南陵县大工山西周古铜矿遗址附近，有一座故青阳城，就是青阳的故居地。泰伯、仲雍初到江南，也曾住在那里，后来才去苏州的。今南陵县城古名就叫青阳城。今青阳县之青阳名是秦汉时设，因县城在青山之南而得名。泰伯、仲雍兄弟二人宽洪大量的风度和胸怀，赢得江南土人的尊敬，大家尊他们兄弟以“吴”。“吴”是天上的嘴巴，是“大”的意思，说明泰伯、仲雍二人在江南土人心目中受敬重的程度。二人以开放、包容、谦让之风治理地方，发展农业，江南很快得到开发，民风得到和善教化，因此江南的文化、生产历来居于领先地位。吴人于是尊泰伯、仲雍二人为“吴”的始祖。西周建立以后，周武王的弟弟周公旦、召伯等南下布文王之道，宣文王之德，也源于泰伯、仲雍。召伯布道不扰民，夜宿甘棠树下，《诗经》记有《甘棠》篇，“甘棠”一词也因此产生，成为百姓称颂官员政绩的词语。

今安徽省黄山市黄山区区政府所在地甘棠一名，源于明代甘棠崔氏修谱，甘棠史名“赶坦”，平坦开阔之意。当时甘棠文化繁荣，意欲改名，故在家谱序言中开始借《诗经》中“甘棠”之名代替“赶坦”，但一直为地方使用，没有公开。直到清末宣统二年即公元1910年，清政府推行地方自治，太平以甘棠为试点，“甘棠”一名才由官方公开使用。

2018年春，福建厦门《海峡旅游》杂志社来太平做太平湖专题采访时，记者钟祥瑜、吴颖雯曾要我对太平文化的特色做出归纳，我答以“开放、包容、谦让、和谐”八个字，这八字也源于我对泰伯、仲雍的恭敬和对太平文化的认识，她们通过多天的考察，报以赞许、认同。

“开放、包容”很好理解。所谓“谦让”，是指太平人甘愿吃亏，不愿斤斤计较。唯其如此，才能达到“和谐”。

太平县籍文豪苏雪林在她的巨著《屈赋新探》中考证，太平在周秦汉魏时期属陵阳。近期发现原国民党太平县末任县长胡广益，在县级黄山市时回游太平，写了《重访太平县》一文，也介绍了太平建制前长期属陵阳。追溯历史，早在周武王建周、分封列国时，太平属楚国治下的陵阳，直到汉武帝元封二年重设陵阳县至汉末。三国两晋南北朝时，虽几经变更，但陵阳古名一直存在。

古陵阳包括哪些地方呢？包括今天的石台、太平、青阳和泾县的一部分。我国传统行政区域是依据水系流向面积划分的，古陵阳以紧傍陵阳山的舒溪流域为范围，它包括发源于黄山 98.6％的水系和九华山南麓的水系，它们都流入舒溪；换言之，包括整座黄山及其以北、九华山以南的广大地区，陵阳山刚好是中心，以陵阳山山名称之。这一大片地区，历史上一直是富庶的鱼米之乡，神秘的修炼之地，统称为陵阳。

举几个有名的历史事件为证。

（一）古陵阳地区是和氏璧发现者卞和的侯爵封地

明代学者陆时雍《楚辞疏》说：“陵阳，楚地，卞和封为陵阳侯，即此。”卞和，就是西周之初楚国（今湖北荆山）发现著名的“卞和玉”之人，这块玉成为楚国传国之宝，楚王就用卞和的名字命名，叫“和氏璧”。

后来战国时赵国得到了这块璧，于是又有了个“蔺相如完璧归赵”的故事。因为这块璧太贵重了，当时楚王是楚文王（公元前 689～前 677 年在位），隆重嘉封卞和为“陵阳侯”。古时爵位分“公、侯、伯、子、男”五等。侯爵有多高呢？大约相当于现在的省、军、部级。古时封爵位要落实到地方出产和财政收入，因为其俸禄是直接从地方收入中提取。卞和既然封侯，俸禄自然高，而落实到陵阳，说明陵阳古时候就是个富庶地区，而且相当荣耀，是侯爵封地。

（二）古陵阳是伟大爱国诗人屈原的第二故乡

屈原是战国末期楚国专门管理楚国上层昭、屈、景三大贵族的官，叫三闾大夫。因为他看透秦国来楚的野心，于是不断给楚怀王、楚顷襄王父子两代诸侯进谏，鬼迷心窍的楚怀王反而放逐他到汉水。后楚怀王终于中计，被秦软禁，这一来正中其子顷襄王下怀，顷襄王乘机登上王位，又把进谏的屈原再次放逐到湖南。事情发展果然不出屈原所料，顷襄王二十一年(公元前289年)，秦国攻破楚国国都郢，顷襄王把国都迁到陈(今河南淮阳，原陈国国都，被楚所灭)。屈原深知国破家亡之际楚王是根本不会顾及他的家人的，于是不顾一切潜回郢都，把家人从混乱中送到陵阳。他哀痛国家破亡、人民遭难的诗《哀郢》，有这样的描写："当陵阳之焉至兮，淼南渡之焉如?"意思是去陵阳怎么走呢?到那里往南顺水就可以到达了。苏雪林考证，当时水路交通已有发展，屈原应该是从青弋江到陵阳的。

今天陵阳山北的青阳县陵阳镇区东部，有个东山湾，传说那里是屈原安置自己家庭的地方。屈原本身就掌握楚国的人口户籍，所以一旦战乱发生，对安置问题了如指掌，他毫不犹豫选择了陵阳，因此毫不夸张地说，陵阳是屈原的第二故乡。

屈原是湖北秭归人，所以秭归就有这样的传说，屈原投江后，秭归人见长江中有大红鲤鱼背负屈原遗体逆水而上，停在秭归江边。秭归人就把屈原安葬在江岸上，望江水东流，其墓名叫"屈原坨"。

(三)"左有陵阳之金"

"左有陵阳之金"是西汉时著名政治经济著作《盐铁论》对陵阳经济地位的权威论定。

汉武帝儿子汉昭帝于始元六年(公元前81年)召集全国名士60多人全面批评国家方针政策，由桓宽编辑成册，名《盐铁论》。其中有一段关于长江流域政治经济文化的论述这样说："荆扬南有桂林之饶，内有江湖之利，左有陵阳之金，右有蜀汉之才。"荆，就是荆州；扬，即扬州，表示长江流域。这么广大的地区，而我陵阳与之相比，何其小也，然而我陵阳却被单挑出来，与之并驾齐驱。由此可知，楚文王为什么封卞和为陵阳侯，屈原为什么要把战乱中的家小安排在陵阳了。

即使是现在，古陵阳地区仍旧折射出富庶面貌来。青阳的农副产品丰富而价格便宜，太平历来是旱涝不惧，以前的秧溪、大坂是有名的鱼米之乡，更何况现在已成为"两山一湖"的旅游开发和综合发展的金三角了。

太平建制，定名"太平"，名副其实。

黄帝功德纪略

1994年4月，我应陕西师范大学《中学语文教学参考》编辑部之邀，游西安、延安。去延安途中，经陕中黄陵县桥山。桥山是轩辕黄帝衣冠冢所在处，海内外炎黄子孙景仰地，于是我们一行人端装肃容，前往拜谒。

桥山，整座山长满古柏，郁郁葱葱，传说黄帝陵旁那棵高耸入云的苍劲"黄帝柏"为黄帝亲手栽种，至今，已遍满桥山。说来也真奇，从西安北上延安，途中没有一座山像桥山这样，古柏森森，浓荫匝地，如虬如螭，似盖似幢，令人顿生敬仰之情。尽管桥山黄陵只是黄帝的衣冠之冢，而古柏如此繁茂浓密，上下五千年矣，不亦奇乎？岂非吾人之元祖黄帝之灵异哉！于是我灵感涌来，口占一绝《谒黄帝陵》云：

形如卧虎势如龙，古柏森森万亩浓。

放眼中华黄土地，五千年后仍同宗。

在黄陵，购得由国民党元老、著名书法家和学者于佑任先生辑录的《黄帝功德纪》，大喜望外。这是一份关乎黄帝功德的文献史料，是何等珍贵！所辑古籍多达一百二十多种，分五部分：黄帝之家世、黄帝与中华民族、黄帝与中国文化、黄帝之政绩、黄帝之仙化与陵墓。

我黄山和元祖黄帝渊源极其深厚，故想提要概全，以丰我黄山黄帝文化，佐享诸君。原文是文言，本文以白话出之。原文题目《黄帝功德纪》，本文只是从原文丰富典籍中选取二三，故题名加个"略"字，为《黄帝功德纪略》。有的地方我加了注，则用括号标记。

黄帝之家世

一、父母

《**轩辕黄帝传**》：轩辕黄帝，姓公孙，是有熊国君少典的次子。母亲是西桥氏的女儿，名附宝，她闭眼看见大电光绕北斗枢星，照亮了原野，有感应而有孕，故是天枢星下凡。附宝怀孕二十四个月，生下了轩辕。轩辕生下时，就神奇灵异，很小就能说话，幼年时就聪明，长大后勤勉，成年后就聪颖慧达。他的长相，眉骨突起，额骨中央隆起如目，眼眶平正，额头高大，苍黑色的大肩膀。开始跟项先生学习，在姬水边长大。

注：古人有以居住地水名为姓的习俗，故黄帝又姓姬，姬姓由此而来。

二、妃嫔

《**帝王世纪**》：(黄帝)正妻是西陵氏的女儿，叫嫘祖。二夫人是方雷氏的女儿，叫女节。三夫人是彤鱼氏的女儿。四夫人叫嫫母，位在以上三位夫人之下。

三、子孙

《**轩辕黄帝传**》：黄帝在大梁娶西陵氏的女儿嫘祖为妻，她是黄帝的嫡夫人，她生了两个儿子，叫玄嚣和昌意。玄嚣和昌意都没继承帝位，玄嚣后来得道成仙，当了北方水神，昌意住在弱水(按：弱水，陕西洛水上游)。

黄帝的二夫人女节，生了休、清两个儿子。休后来继承了帝位，叫帝鸿氏。清后来才分封，以纪为姓，他的儿子叫少昊。

黄帝的三夫人彤鱼氏，生了挥、夷彭两个儿子，挥封在张地，制造了弓、箭。夷彭以纪为姓。

黄帝又娶了一个叫嫫母的丑陋的女子为妻，是给天下人树立一个重视德行的榜样，使天下人都重视六德(按：六德为智、仁、圣、义、忠、和)。

玄嚣和昌意的弟弟叫少昊，是黄帝的小儿子，是黄帝的二夫人女节所生。少昊，名挚，字青阳，号金天氏，即帝鸿氏，在帝位八十一年，建都曲阜，子孙相继为君四百年。

黄帝的女儿在东海溺水而死，灵魂化作鸟，名叫精卫，衔西山的木棍、石头去填海。

昌意娶了蜀山氏女儿为妻，生了颛顼，号高阳氏，有至高无上的德行，在帝位七十八年，建都商丘。

帝喾高辛氏是黄帝的曾孙，降生时就神奇灵异，能说出自己的名字，在帝位七十年，建都偃师，享寿一百零五岁。

帝尧，号陶唐氏，黄帝的玄孙，帝喾的儿子，姓伊祁，字放勋。他从定陶兴起，以唐侯的身份作了帝王，在位七十年，建都平阳，享寿一百一十八岁。

帝舜，号有虞氏，黄帝第九代孙，姓申屠，代理帝位三十年整，在帝位五十年，建都蒲坂，享寿一百一十二岁。

夏禹，黄帝的玄孙，姓姒，继承帝位九年，建都安邑。子孙相继帝位四百三十二年。

商汤，黄帝的第十七代孙，姓子，建都亳，在帝位十三年。子孙相继帝位六百二十三年。后子孙迁都朝歌。

周发，黄帝十九代孙，姓姬，又名姬发，在帝位六年，建都镐京，后平王宜臼迁都洛邑。子孙相继帝位八百七十三年。

黄帝的纪、钟、甄、声四位夫人，共生二十五个儿子，一百二十多个姓氏分支，都是黄帝的后代。

黄帝与中华民族

一、战争

《**史纪·五帝本纪**》：在轩辕那个时代，炎帝神农氏的势力已经衰微。诸侯互相侵伐，残害百姓，神农氏却不能平定。轩辕于是兴兵征讨诸侯，诸侯就都归附炎帝。但蚩尤最为强暴，还不能讨伐。炎帝想侵犯诸侯，诸侯复来归附轩辕。轩辕于是修明政治，整治军队，顺应四时、五方的规律，种植五谷，安抚百姓，驯养熊罴猛虎等猛兽，用来和炎帝在涿鹿的郊野打了三次仗，打败了炎帝。蚩尤又作乱，不服从轩辕，轩辕在涿鹿的郊野打了一仗，捉住蚩尤再杀死。诸侯都尊轩辕为天子，取代了炎帝，这就是黄帝。

《**轩辕黄帝传**》：总共经过五十二次战争，天下才大定。

《**归藏**》：蚩尤生于羊水，他有八条手臂，每只脚上有八个脚趾头，脑袋长大，眼眉显得疏远。他登上九津去讨伐空桑山。黄帝在青丘把他杀死，为纪功创作了《棡古之曲》十章：第一章《雷震惇》，第二章《猛虎骇》，第三章《挚鸟击》，第四章《龙媒蹀》，第五章《灵夔吼》，第六章《雕鹗争》，第七章《壮士夺志》，第八章《熊罴哮吼》，第九章《石荡崖》，第十章《波荡壑》。

《**玄女兵法**》：蚩尤变化多种法术，能呼风唤雨，吐烟火，喷云雾，黄帝军队迷幻，无法作战，黄帝回去在大山的山弯里休息，忧思昏睡过去，梦见王母派穿黑色狐皮大衣的使者，把神符交给自己。黄帝收符后，王母又命九天玄女传授给黄帝三宫五音阴阳的策略和太乙遁甲六壬步斗的战术。有了灵妙的灵符和五符五胜的战略战术，黄帝于是在冀中打败了蚩尤。

《**黄帝内传**》：黄帝征伐蚩尤，九天玄女给黄帝制作了八十面夔牛皮鼓，敲响一面鼓，声震五百里，八十面齐敲，声震三千八百里。九天玄女还给黄帝制造了指南车在前头引路，制造了计程鼓车在队伍右边记录行军路程。

《**古今注**》：黄帝与蚩尤战于涿鹿之野，常常有五色云气，像金枝玉叶的样子，环绕在黄帝的上空，如同花朵一样。因此，黄帝就给自己制作了一个华盖伞。

《**国语·晋语**》：以前，少典娶有蟜氏的女儿为妻，生黄帝、炎帝。黄帝在姬水边上长大，炎帝在姜水边上长大，所以黄帝姓姬，炎帝姓姜。二人互相用军队争斗，是因为二人德行不同的缘故。

《**山海经**》：蚩尤抛弃掉自己的脚镣手铐，这些木制的镣铐，就长成了后来的枫树。

《**太白阴经**》：黄帝征讨蚩尤，打了七十一仗，没胜。一天黄帝休息的时候，梦见一个伸脖长头、身穿黑色狐皮大衣的金人对自己说："天帝派我传你兵符，你得到这个神符，打仗必定胜利。"黄帝醒后，问大臣风后，风后说："这是天授神符啊！"于是就在盛水河北岸筑一高台神坛，供牛、羊、猪三牲祭品。一只青黑色大龟嘴含神符送上神坛。神符象皮却不是皮，象锦帛却不是锦帛，长三尺，宽一尺，上有"天一在前，太乙在后"八个大字。黄帝拜了两次，接受了神符，并根据神符，设九宫八门，布三步六仪，制阴阳二遁，总共一千零八十局，名叫"天一遁甲式"，三门齐发，五将俱出，一仗就打败了蚩尤并将他斩首。

二、游历与外族来贡

《**史记·五帝本纪**》：黄帝向东到达黄海，登上了丸山和泰山。向西到达空桐山，登上了鸡头山。向南到达长江，登上了熊山和湘山。向北驱逐了荤粥人（按：后来的匈奴），和诸侯在釜山合符。

《**新书**》：黄帝说："道如同川谷之水一样，它的源头永不枯竭，水流永不停止。所以征服别人而不成为仇敌，减少别人封地而不降其地位，只有道能做到。因为道的高可以和天相比，道的明可以和太阳相比，道的固可以和山相比。所以游说的人见到道称之为智，读书人见到道称之为贤，守业的人见到道称之为信，乐观的人见到道称之为仁，旅行的人见到道称之为圣，所以只有道是不会被窃走的，不可以弄虚作假地实行它。”所以黄帝以实行道义为职责，经纬天时地利，纲纪社会人伦，遵循万物秩序，把“信”和“仁”的实行作为天下第一要务。然后渡东海，跨长江，取回《河图》，向西过了积石山，涉过流沙河，登上昆仑山，然后再回到中国，用来平定天下。天下平定以后，他就潜心修道了。

《**抱朴子**》：黄帝向东来到青丘山，经过风山见到紫府先生，从那儿接受到三皇内文，得能召遣所有神灵。向南来到圆、陇荫、建木等地，看到了庄稼的成长丰收，采摘到若干的花朵，饮用了丹辔的流水。向西见到中黄子，学到了九如方诀，越过洞庭湖，跟随广成子学习自然的经典。向北到了洪堤，登上了具茨山，见到大隗神的黄盖童子，黄盖童子把神芝图传授给黄帝。回来后，又登上了王屋山，得到神丹金诀，又登上了峨眉山，在玉堂中看到了天皇真人。

黄帝生下来就能说话，能役使所有生灵，可说是上天所授的自然之体，但他尚不能端坐得道，所以登上王屋山学到丹经，来到鼎湖学会用流珠，登上崆峒山向广成子问道，登具茨山拜大隗神为师，到泰山拜中黄为师，进入金谷向滑子学习，在导养方面向玄、素二女请教，为了推步精确面向山稽、力救咨询，在占卜气候上去向风后询问，编著疗养疾病之书，则去向岐伯、雷学习，研究攻战之事就纳入玄女的“五音”策略，研究神奇故事就记下白泽的言辞，观察地理就写下青鸟的言论，救治疾病，收敛遗骸就综合金针药石的技艺。所以黄帝能懂得全部的秘方要诀，穷尽了所有的道而达到至圣至真，这才能乘着飞龙高升为神，达到与天地一样的广大久远。

《**庄子**》：北门成问黄帝：“您在洞庭湖边演奏过《咸池》的音乐吗？”

《**尚书中侯**》：黄帝巡视洛河时，乌龟游出水面，龟背上红色纹路，就像一个红红的“轩”字。

《**黄帝内经**》：黄帝与西王母在王屋山会见。

《**淮南子**》：黄帝治理天下时，诸北、儋耳这些国家没有不按时进贡，不尽其职责的。

《**宋符瑞志**》：黄帝在位时，南方夷族人骑着白鹿来献酒。

《**轩辕黄帝传**》：黄帝的天下版图，南边到了交趾，北面到了幽陵，西方到了流沙，东边到达蟠木。

三、子孙分布

黄帝子孙所封之国如下：

少典

有熊　黄帝开国建都处，今河南新郑。

寿丘　在今山东曲阜东北。

陈　是陕西宝鸡一带，不是河南淮阳之陈。

昌　是指昌意的后代，陕西洛水一带。

若水　昌意国，在四川。

安息　黄帝孙子安的后代。

党项　黄帝孙子悃的后代。

江水　玄嚣国，在今四川若水的下游。

卞　在今山东曲阜东。

蛮人　在今湖南南部、广西东北部一带。

清　在今山东临清一带。

张　黄帝的一个孙子发明了弓箭，黄帝封在张，并以张为姓。因当时又有大臣姓张，故在今山西、河北、河南都有张国。

采　纪姓，在今北京南。

北狄　在今蒙古。

资　在今成都东南资阳一带。

郿　在今陕西岐山一带。

虔　在今山西闻喜县一带。

寇　在今河北任丘市西一带。

郦　在今河南内乡县一带。

翟　在今山西北部。

詹　在今安徽北部。

葛　在今河南鹿邑一带，离安徽亳州百余里，国城四里见方。

髦氏　在今青海近甘肃处。

狂犬　黄帝后，任姓的分支。

契　即蓟州区，在今天津市最北部，祝姓，帝尧的后代。

桥　即黄帝衣冠冢所在地，因桥山名而名，今陕西中部黄陵县一片。

祈　在今山西中部。

酉　在今重庆市西南酉阳一片，与湖南、贵州交界。

泰　今山东泰安、枣庄一带，在徐州北。

葴　又作“鍼”“箴”，读作“针”，在河南中部。

任　在今河北南部任县一带，黄帝大臣、创造文字的仓颉曾在任国担任过“大夫”一职。

苟　在山西中部。

釐　在安徽舒城、巢湖一带。

佶　在山西南部。

儇　在山西南部。

依　在河南南郑一带。

纪(剧)　在山东临朐东、寿光西南北向一带。

滑　在今河南滑县一带。

济　在今河南济源市一带。

奚　在今山东泰州市东南六十里一带。

薛　在今山东泰州市东南五十里一带。

邳　在今江苏徐州东邳州市一带。

挚　在今河南上蔡县一带。

谢　在今河南南阳市一带。

章　章、谢等姓氏都是任姓的分支，章在河南西南部。

舒　在今山东郓城县一带。

络　在今河南洛阳一带。

昌　在今河北的东北部一带。

蓟　在今北京东北一带。

终　在今湖北襄阳一带。

泉　在今河南洛阳西五十里一带。

卑　在今山西绛县一带。

遇　在今山东曲阜与平邑之间。

儋　在海南，今名儋州市。

牛黎　在海南。

番禺　在广东(番，读 pán)。

南燕　在河北中部。

密须　在甘肃灵台一带，含宁夏固原、陕西彬县、长武等地。

阚　在今山东东平、梁山、郓城、巨野一带。

允　在陕西黄陵县沮水中上游。

蔡　在今湖北黄石、蕲春一带。

光　在今湖北中部、长江北岸。

敦　在今河南郑州一带。

偪　偪，通“逼”，在今河南泌阳一带。

燕　在今北京一带。

鲁　不是山东的鲁，而在河南鲁山县一带。

雍　在今河南商丘一带。

断　在今山西太原一带。

密　在今河南郑州西南密县一带。

虽　在今河南开封一带。

四、中国各民族是黄帝之苗裔

(一)鲜卑

《魏书》：从前黄帝有二十五个儿子，有的封在华夏之内，有的封在四境荒蛮之地。昌意的小儿子(黄帝的孙子)封在北方，国内有一座山叫鲜卑山，于是就用山名作为自己的称号，他的后代世世代代作鲜卑君主，统领幽都(按：今北京宛平县)以北广大原野。黄帝是以土德称王的，北方习惯把“土”说成“拓”，把君主称作“跋”，所以就叫“拓跋氏”。

注：《魏书》是南北朝时北朝的北魏史书，北魏就是鲜卑人拓跋氏建的政权，统一了中国北方，范围到俄罗斯的贝加尔湖。公元 386～534 年，近一百

五十年。后来改"拓跋"为"元"。北魏亡后，分为东魏、西魏。东魏为北齐灭，西魏为北周灭。未入中原的鲜卑人后来归为匈奴，迁入中原的，被汉族和其他民族同化。

（二）匈奴

《国语》：夏朝君主一年四季祭祀黄帝，尊颛顼为祖先；祭鲧（大禹的父亲），尊奉大禹。

《史记·匈奴传》：匈奴的祖先，是夏的后代。

注：夏是黄帝后代，匈奴是夏的后代，蒙古是匈奴的后代，所以蒙古是黄帝的后代。匈奴范围同鲜卑，大到俄罗斯贝加尔湖，汉武帝时派苏武出使匈奴，就被囚在贝加尔湖牧羊。今陕西、山西、河北的北部及以北广大地区都属匈奴。东汉初年，匈奴分为南、北二部，南匈奴附汉，聚居今内蒙古自治区，成为蒙古族祖先。北匈奴在东汉时被东汉和南匈奴打败，部分西迁。

（三）羌

《国语》：有虞氏祭祀黄帝，尊颛顼为祖先，祭祀唐尧，尊崇虞舜。

《晋书》：姚弋仲是南安（按：今云南双柏）羌人，他的祖先是有虞氏（按此指舜帝）后代。大禹把舜的小儿子封在西戎（按：黄河上游和甘肃西北部一片），世世代代做羌人的首领。

注：羌人分布广泛，甘肃、青海、四川为多，但多转入其他民族，融为藏族的最多，在四川茂汶、松潘等地有羌族自治区县。根据历史链接，有虞氏是黄帝后，羌人是有虞氏后，藏族是羌人后，所以藏族是黄帝后。

（四）苗黎

《山海经》：黄帝的一个儿子叫偶号，偶号的儿子叫禺京。

《路史》：偶号生禺京、傜梁和儋人。禺京住北海，偶号住南海，还当了海司。儋人以任为姓，他的后代叫牛黎。傜梁生下了番禺，番禺开始造船。

注：广州古名叫番禺，是番禺的封地，今广东佛山市有南海区，广州市有番禺区，海南有儋州市，就是黄帝子孙有分封在广东、海南的历史遗存，上文黄帝子孙分布就有"儋""牛黎""番禺"等封国名。广东、海南的黎族就是牛黎的后裔。

（五）安息

《路史》：黄帝的一个儿子叫昌意。昌意有三个儿子，大的叫乾荒，老二叫安,老三叫悃。老二安住西方,他的后代叫安息。

《**汉书·西域传**》:安息国王的都城在番兜城,距离长安(即西安)一万一千六百里。

注:安息是我国古代对西南亚广大地区的总称,从《路史》相关内容可知,"安息"有安定西域之意。安息范围十分广大,两河流域以西,整个伊朗高原、阿拉伯半岛,包括今土耳其,都叫安息。而伊朗古名叫波斯,阿拉伯海北部叫波斯湾。可见汉代开通丝绸之路,就包括有和安息的黄帝后裔沟通交流的目的。今天开通新丝绸之路,既有历史意义,又有现实意义。

黄帝与中国文化

一、发明

(一)衣

《**世本**》:黄帝用毡制礼帽,胡曹制出帽子,伯余制成衣裳,于则造出了草鞋。

《**拾遗记**》:黄帝开始创造书简,戴帽穿衣,所以留下了穿龙纹衣服的赞颂。

《**路史**》:黄帝效法天地制定衣裳的区别,创造出帝王的衣服和王冠,上有斧形和黻(按:半青半黑色)形花纹,衣裳又宽又长,佩上大带,脚穿草鞋和红色厚底鞋,深黑色上衣,绛红色下裳,裳下絮着丝绵,王冠垂挂玉串,以规范视听,用野鸡的漂亮羽毛和草木变化的颜色,染出美丽的花纹,用来区别上下等级。玉璧戴在冠上,佩玉缀在鞋头,所以只要黄帝的衣裳出现在哪里,任何凶恶的人也不敢胡作非为。

(二)食

《**古史考**》:黄帝开始蒸谷为饭,煮小米为粥,并制作了做饭的陶器。

《**世本**》:黄帝大臣制作了舂米的杵和臼。

(三)住

《**新语**》:人们住在野外和山洞,这和鸟兽没有区别,黄帝于是砍树造屋,上有梁、下有檐,用来遮挡风雨。

《**路史**》:造宽大的明堂和金銮宝殿,祭祀上帝,迎接神灵。又建库房和旅馆，柱子都雕了花。山墙宽厚漂亮。房檐栏杆很华美，建筑材料打磨得很光滑。

《**文中子**》：黄帝建有明堂听大臣的奏议。

（四）行

《**拾遗记**》：黄帝改造了木筏，造出了船和桨。

《**汉书**》：黄帝造出了车和船，走遍天下，管理万方，得以划分田野，建立州县，得到方圆百里的国家有一万多个。

《**通鉴外纪**》：蚩尤能喷造大雾，使黄帝的士兵昏迷，黄帝造出指南车指引方向。

（五）农

《**黄帝内传**》：黄帝登帝位后，大地长出许多花草树木，黄帝于是让人们大力耕种。

《**论语纤**》：黄帝知道土地之利，命各地方官教化耕种。

《**路史**》：黄帝叫元妃西陵氏嫘祖鼓励养蚕种桑。

《**路史**》：黄帝划分土地建立井田制，防止因土地问题而发生争端，建立丈量土地的步亩制度，防止土地多少不足。八家各耕一块田，收归自己，合为一个井田；中间一块为公用，八家共同耕种，收入归国家。

（六）工

《**路史**》：黄帝让赤将管理木器，制造木器供人使用。

《**列仙传**》：黄帝叫宁封子当陶正，负责陶器生产。

（七）矿

《**路史**》：地面有朱砂，地下有黄银。地面有磁石的，地下有铜和金。地面有棱石的，地下有红铜和青金。地面有赭色石的，地下有铁。地面长有葱的，地下有银砂。山的外貌能表示地下蕴藏。

（八）商

《**路史**》：建有市场，市场有旅馆，以备需要。

（九）货币

《**路史**》：黄帝建立了货币，以备国内流通需要。

（十）文字

《**世本**》：黄帝的大臣史皇，就是仓颉，创制了文字。

《**淮南子**》：仓颉创造字时，天上下来谷子，鬼夜里哭，他生下来就能写字。

《**论衡**》：仓颉生有四只眼睛，是黄帝的史官。

（十一）图画

《**论衡**》：黄帝的门上画着神荼、郁垒和老虎。

《**龙鱼河图**》：黄帝画蚩尤的形象威慑天下。

（十二）弓箭

《**世本**》：黄帝的孙子挥制造了弓，牟、夷制作了箭。

《**古史考**》：黄帝制造了弩（按：能连发十箭的弓）。

（十三）音乐

《**吕氏春秋**》：黄帝命伶伦创制乐律，伶伦从大夏山西面和阮俞山的北面，才得到大竹，取出厚薄均匀的竹子，从两个竹节处断开，长度三十九分，把它吹出的音高，作为黄钟宫的音准，然后逐渐减损长度，定出十二个竹管，听凤凰的鸣叫，区别出十二乐律，分出雄鸣的六律、雌鸣的六吕，和黄钟宫并列，只要适合黄钟宫的音准，都可以生成，所以说黄钟宫是十二乐律的根本。又铸十二乐钟，以演奏英韶之乐。

《**世本**》：黄帝命素女奏瑟，素女奏出的音乐悲哀异常，就把瑟分开成二十五根弦。

《**黄帝内传**》：九天玄女请皇帝制作二十四把号角壮大威仪。

《**古今注**》：短箫和跷歌，都是军歌，黄帝用于建立武仪，弘扬道德，鼓舞士气。

（十四）医药

《**帝王世纪**》：黄帝命令雷公、岐伯二人认证经脉旁通，问难对答八十为难经，教他们制成针灸的九针，著内外术经共十八卷。

（十五）婚姻

《**路史**》：氏定了后就是姓的分支，人在姓上就有了区别，亲戚关系也就明白了，同姓不可通婚，用这来提高人的道德，使人与禽兽远远不同。

《**通鉴外纪**》：男女婚姻要用媒人介绍。

（十六）丧葬

《**路史**》：装饰棺木安葬死人。堆坟堆，竖木标，要当大事做。

（十七）历数

《**世本**》：黄帝的大臣大桡创编甲子纪年，容成创编了历法，隶首创编了算数。

《**路史**》：黄帝设灵台，设五行官，管五行事，根据星辰测吉凶，把星辰分区分野，说明分星分野的对应验证。又设铜壶滴漏。又命羲和根据太阳变化测吉凶，根据云气光晕测兴衰，根据日月运行测抱负，根据天象的开启关闭测沉浮。又命尚仪规范月亮运行时间。又命车区根据八面之风，用以通二十四节气。又命隶首创制算数来计算这些，于是产生了中国的律度和度量衡。

《**隋书**》：星官这类书籍，黄帝时就开始了。

（十八）阴阳五行

《**春秋内事**》：黄帝拜风后为师，风后善于推演伏羲八卦，所以善于推演阴阳。

《**路史**》：大桡制定六十甲子，又探得五行之理，甲子与五行配合就是《纳音》；风后加以解释，使之能正常使用，从而人出生的年月日干支才开始实行对上考察日月星辰，以预测人的祸福。又经纬历法算数，得知日月星辰运行都有定数，不会混乱。

（十九）伞

《**古今注**》：黄帝和蚩尤在涿鹿交战，常有五色祥云、金枝玉叶，停在黄帝头顶上，人们就给黄帝做了华盖伞。

（二十）镜

《**黄帝内经**》：黄帝和西王母在王屋山会见时，铸造了十二面火镜，随月运用，那么镜子在黄帝时就开始使用了。

二、著作

《**汉书·艺文志**》载黄帝和黄帝时人的著作有五十多种六百四十多卷，内容为道学经典、阴阳五行、天文历法、兵法图阵、医疗养生、预测修炼等。具体著作名和卷数从略。

黄帝之政绩

一、臣友(按:大臣即友)

《**论语摘辅象**》:黄帝有七位辅佐大臣:风后、天老、五圣、知命、窥纪、地典、力墨,各负一责,共同辅佐。

《**淮南子**》:黄帝治天下时,力牧、太山稽两位大臣辅佐,考察日月运行,治理阴阳两气,调节四季长度,校正律历余数,使男女有别,雌雄各异,上下有序,贵贱有别,人们不恃强凌弱,不仗多欺少,人人得享天年而无夭折,年成丰熟而无饥荒,百官公正廉明而不徇私枉法,上下和谐而不生怨尤,大臣正直而不逢迎拍马,法令严明人人遵守。种田不侵地界,打鱼不抢水域,道不拾遗,物不涨价,商人让利,城不关门,街市无盗,连猪狗吃的都是粮食,所以人人都没有争夺和不平的思想。

《**帝王世纪**》:黄帝梦见大风吹去尘垢,又梦见一人手持千钧长弩赶万群羊,醒后悟想:"风去污垢,会是姓风名后的人吗?将千钧弩赶万群羊,这人叫力牧吗?"于是依梦寻访,果然访得风后为相,力牧为将,并且著作了《占梦经》十一卷。

《**拾遗记**》:黄帝设置四史管理图书典籍,又派有九种品行的人管理各小国。这九种品行是:孝、慈、文、信、言、忠、恭、勇、义。叫他们观察天地,祭祀所有神灵,所以称他们是"九德之臣"。

《**纪年**》:黄帝凭土德称王,登仙后,大臣左彻感激帝恩用木刻黄帝像,供人朝拜,把黄帝衣帽和几杖物品放在庙中祭祀。

二、功德

《**鬻子**》:黄帝十岁时,就知道了神农氏的错误之处而作了改正。

《**管子**》:黄帝治天下,人民不用引导而自己来,不使人民服役而自己成功,不下令禁止而自己停止,所以黄帝制定法令而不用修改,人民自己遵守法令。

《**轩辕黄帝传**》:黄帝在位时,种田人不争地界,渔人不争水岸,货不涨价,商人让利,人们离家不用锁门,这就是所说的大同。黄帝在位十五年,老百姓吃得香甜，穿得华美，以自己的民俗为乐，以自己的居所为安，人人没有贪欲之心，邻国能互相看见，鸡犬之声彼此听见，但到老都不用互相往来。

三、祥瑞

《**淮南子**》：黄帝治理天下，日月光辉普照，星辰运行有序；风雨适时，五谷丰登；虎狼不随便吞噬，鸷鸟不随便扑杀；凤凰在庭中飞翔，麒麟在郊外游玩；青龙来驾车，飞虎也臣服；诸北、儋耳这些南北方极远的国家都来朝贡。

《**宋符瑞志**》：黄帝的圣德普照天下，各种祥瑞都呈现。有一种瑞草叫屈轶，长在庭中，佞臣小人入朝，屈轶就指向他，他就不敢入朝。南方红云有两颗黄星，东方青云有一颗黄星，天下清明时，三颗星就十分明亮，互相映照，叫景星。

《**帝王世纪**》：黄帝在中宫斋戒中，有一对大鸟降落宫中，它们长着鸡的头，燕的嘴，龙的外形，龟的颈，麒麟的翅膀，鱼的尾，又有点像鹤，五彩羽毛，三种羽毛形成文字，头上是“顺德”，背上是“信义”，胸上是“仁智”。这种鸟不吃活虫子，不踩在草上，有时在黄帝的花园，有时在阁楼上搭巢，有时在庭中鸣叫。它们吃喝时，雄鸟唱歌，雌鸟跳舞，声音像笙、箫一样动听。

黄帝的仙化与陵墓

一、修仙

《**庄子**》：黄帝做了十九年天子后，教令通行天下，听说广成子在崆峒山上，就去拜见他，说：“我听说你达到了‘至道’，冒昧问您‘至道’精髓，我想摄取天地精华来养育万物，管理阴阳来成就万物，怎么做才能做到呢？”广成子说：“你所问的，是事物的本质，而你需要管理的是万物的残渣。自从你管理天下以来，云气不等凝聚就下雨，草木不等枯黄就凋落，太阳月亮更加昏暗，你这个佞人的心情这么狭隘，又哪能谈论‘至道’呢？”黄帝退回，把朝政交给大臣，筑起小屋，铺上白茅，静居了三个月，再去请教。广成子朝南躺着，黄帝从下风头跪了过去，再磕头后请教说：“听说你达到了‘至道’，冒昧请教，怎样修身才能长寿？”广成子猛然坐起：“问得好！我告诉你，至道的精髓，深远幽暗，至道的极致，静默无声，不看不听，以静养神，身体自然健康；清静无虑，不劳累身体，不劳累精神，才可以长生。眼睛不看物体，耳朵不听声音，内心不用考虑，你的精神守护着形体，形体才能长生。慎守你的内心，不理外在的纷扰，多智便要劳神分力。这样，我便帮你达到大明的境界，到达至阳的根源。天地各有所管，阴阳各有所藏，慎守你的自身，万物自然都会昌盛。我守持至道一致，以处于和谐境地，所以我修身一千二百年了，我的形体未曾衰老。"黄帝再磕头说："广成子和天一样了。"广成子又说，"来，我还告诉你，那万物没有穷尽，而人都以为有终了，那万物不可测定，而人却以为有极限。得到我的道，在上可以为皇，在下可以为王；失去我的道，在上只能显出光，在下只能变成土。万物都生于土而归于土。所以我将离开你，进入无穷的门径，遨游无极的空野，我将与日月同辉，与天地合一。顺应我的，相合，悖逆我的，昏暗。人都不免于死亡，而我却能独自永存。"

二、铸鼎与化生

《**史记**》：黄帝铸了三个鼎，样子象征天、地、人。

《**鼎录**》：黄帝在金华山铸一鼎，高一丈三，中间像十个石瓮，像龙腾云，各种神兽充满其中。

《**古今注**》：黄帝在凿砚山铸鼎后才升仙，乘龙上天，大臣拉着龙须，龙须掉落在地生成一种草，叫"龙须"。

三、陵墓

《**图书集成**》：黄陵县城北山上有上古的桥陵，相传黄帝铸鼎成功以后，乘龙飞升上天，他的臣子把他的衣冠葬在这里。

《**陕西通志**》：桥山在黄陵县城东北二里，山形像桥，沮水河环绕流过，这里就是黄帝的衣帽安葬的地方。

结　语

《**黄帝功德纪**》史料典籍辑录丰富，黄帝的每一方面功德，史料都广泛搜列，广征博引。本文限于篇幅，无力一一介绍，只得选其最有直接意义的又不需要再加引证注释的部分，用现代话语形式列举出来，以求得为黄山黄帝文化研究工作有所补益。

陕西黄陵县桥山黄帝陵，历代都有贤达名流前往拜谒吟诵。下面恭录太极拳创始人、道家武当派祖师张三丰的七律《桥山祈仙台》供诸君欣赏：

披云履水谒桥陵，翠柏烟含玉露轻。
衮冕霞飞天地老，文章星焕海山青。
巍巍仙阙迎仙岛，渺渺龙车驻龙城。
寂寞琼台遗汉武，一轮皓月照古今。

太平县建县由来

太平县在唐天宝年以前，没有县治，归泾县管，山高林密，交通闭塞，但却古刹林立，是和尚苦行修炼的地方。仙源今南关中心小学地方，就有一座红莲寺，香火十分旺盛。不知什么时候，来了一班强盗，杀了和尚，占了庙宇，削了头发，当起和尚。但都是假和尚，照样杀人越货，还时常抢掠民女，来庙中寻欢作乐。

天宝四年春(公元745年)，泾县吴县令的女儿进香，经过仙源失踪了，查寻没有下落。吴县令立即禀报了宣城李和太守，李太守立即上疏唐玄宗要在太平建立县治，下决心将此事查个水落石出。他和吴县令一人一乘大轿，带了衙役捕快，从泾县出发，翻茂林，进东关(麻陂潭处)，来到富溪河南岸。只见大树林里有一座古刹，悬红莲寺匾，他们决定在寺中住一宿，或可听到一些消息。

这红莲寺有一百多亩地面，晚饭后，李太守叫和尚引路，转了一圈。来到后面藏经楼前，和尚借口“不是出家人不得入内”，李和道:“我很爱佛学，正好上楼请教法师，何故见阻?”和尚无法，只得引领上楼。满楼只见一个教书先生，李和问话，讷讷不愿多说。李和心下生疑，趁和尚背转身，先生塞过一个纸团。

原来仙源一片，以红莲寺为首，共有三十六座寺庙，五百多和尚，地下有通道相连，通道中藏有金银财富和掳来的女子。佛座下香案前，就有地道暗藏翻板机关，和尚见进香人有利可图者，就制动翻板，使之跌入地道。吴县令的女儿就是这样失踪的。教书先生也是路过，被和尚强留下来，教小和尚认字，十多年了，逃脱不掉，因此注意摸清寺内情况，暗想有朝一日发挥作用。

李太守弄清了情况，立即上本，调来精兵，一举破灭了红莲寺的强盗窝，列数强盗杀人越货等罪，将五百多强盗一个不留，全部杀掉，埋在寺旁。仙源南门外有个“和尚墩”大土堆，据说就是埋那五百和尚的。

李和又紧追一本，要求建立新县治，定名“太平”，范围为泾县西南十四乡。

太平建筑特色

建筑包罗甚广，包括修建村落、房屋、桥梁、道路和供人休闲、观赏、纪念、瞻仰的一切建筑物，包括建筑材料、设计、结构、施工等，更具体分类，还包括选料材质、部件艺术和技术名称，包括力学、几何、绘画、雕刻等，所以称建筑是固体的戏剧，综合的艺术。但这里只是列举我太平传统的建筑物名目及其基本特征，借以阐释太平建筑文化的特色，而太平传统建筑的细部研究则要仰仗建筑界的艺术家们了。

（一）村落

汧　山地中终年流淌溪水的中小型村落叫“汧”，都是选择向阳、通风、依山、傍水的地方，这样的村落最为普遍。

汧，读千，太平方言和普通话同音节同音调。汧，是发源于高山、流程至少十里以上有时长达数十里的山河，有落差，一路水声作响。源颇远、流颇长，所以水量丰富，终年不干涸。山河两岸，可以居住、生产，古人定好的名字叫“汧”。太平包括黟县、泾县等地有许多村名都叫某某汧，如猴魁产地猴汧，还有牛婆汧、富沿汧、木广汧、铜汧等。可是1949年以后整理区划地名，由于不认识这个字，不知怎么弄成了个“坑”了。汧，通风通水；坑，不通风不通水，无论普通话还是太平方言，读音和含义区别都很大，不知道怎么就栽进“坑”里出不来？2017年第二次地名普查，笔者提出建议应该明确更正，可是没有下文。笔者把自己经手写的新明、谭家桥两乡镇《村名故事》中相关村名改了，而事实上的村名坑还是坑，猴汧还是猴坑。

顺提一句，黄山的“源”和汧相近，只是流程长短不同。源，流程短，它只是个源头，很短的支流。

风水　我们的居住传统上讲风水。讲风水并不奇怪，居住要讲向阳、通风，有水而又要沥水，这样的环境让人心情舒畅，精力旺盛。我们只要稍加留心，凡是汧河村落，水流出村处都有一座单孔拱桥，那叫“水口桥”，学名叫“锁桥”，锁住全村风水，不使流失，同时又是通行桥梁。甘棠附近的兴村、庄里、刘村都有这样的桥梁。甘棠崔村以月弯河为风水河，就在六角楼旁，有两座风水桥。小拱桥像锁，叫“锁桥”；平板桥像钥匙，叫“钥桥”，开锁用的。

村落风水还有以大树为护村神树的，有在村头的，也有在村尾的，树干高大，巍峨撑天。笔者所知，如仙源麻村，就在新四军兵站纪念亭南边，有八棵高大的栗树分立路两旁，守在村头。新明乡的分水、老山、牛婆汗的村头，都有高能摩天的大树。甘棠刘村是刘姓居住地，村前高阜有三棵连桩的高大枫树，名为“刘、关、张桃园三结义”，保护刘村。

聚族而居的大的村落，还会在村头建立聚集风水的楼阁。例如甘棠六角楼既是村口风景亭，又是供奉文昌帝君的文昌阁，文人们常来聚会，以旺文风，希望本族人才辈出。焦村枫岭头的文昌楼，又名望岳楼，焦、刘两姓共建，同样是聚集文风，广出人才的。据说望岳楼初建时，夜见光芒烛天，故建成后，有匾文叫“光函万象”。据说此楼高大于六角楼，惜乎拆毁于 1968 年。

安全意识 传统的居住环境无论住户多少，村庄大小，都有自然的安全保护意识，一般的农家宅院都有土墙围院或木栅围院。富户则用砖瓦砌就粉墙围院。

而聚族而居的村落，要么利用所处的自然环境，要么外院扩大为城堡式，进出村庄的通道都颇为严谨。

第一种情况，最具特点的就是寨西的芳村。芳村在丰乐河的北岸，背后靠山林，村庄出入就是一道桥。类似情况，山村比较常见。例如新明的牛婆汗，整个村庄掩藏在山坳里，进出村庄，就是麻川河边的一条石板梯道。

城堡式村落往往和地理环境相结合，比较典型的要数臧里，现在以“庄”代“臧”，叫庄里，意义差之千里。它背倚从西山拖下来的肖黄山平岗，东临龙虎河，全村住房东西合面，村内形成一条南北街道。临河的房子，门朝西，故其东面墙成了后墙，一字斩齐，成为院墙，中段开有庄门。庄门上有一副对联是“姑苏三年重话别，长安十里去看花”，表达了臧里人传统的重耕读、轻商贸的观念。臧里是明代时的程德兴从兴村迁来定居，起名“臧里”的。明末清初，其后裔就有程言祖孙两代进士。程言为国人做出推翻明朝民征民解赋税制度的伟大贡献，臧里人直至 1948 年都一年三节祭奠他的。

类似臧里的是寨西冈村。全村独门进出，村中道路类似《水浒传》的祝家庄盘陀路，生人进村常常迷路。类似的还有甘棠刘村，依山面东，村东一道围墙,开有大小关门。村中“丰”字形结构,利用西山的蜿蜒东流水,辟有三眼井、九口荷花塘,很有韵味。

甘棠崔村是太平历史重镇,其形胜宏大,外围有盂山为屏,婆溪环护,内围北有祥符山,南有牛形山、凤凰山,月弯河半月形环护,街市与月弯河并行,驿道与月弯河同步。村内街巷如棋枰,村头六角楼如凤凰展翅,引领着一长排京味古建筑,显得分外庄严而兴旺。

综观全区传统村庄,都具有这些特征,也就是常说的“风水”。

(二)房屋

看遍黄山区传统房屋建筑,其风格大略有如下类型。

京味风格 这一类是公共建筑,产生于明代嘉靖、万历年间(公元1522～1573年),广阳的三朝元老、四部尚书毕锵,既是京官,又是崔家女婿,他荐举太平名匠毕昌参加皇宫修缮,熟知京味建筑,其外观威严而大方,飞檐而不钩角,犹如凤凰展翅,现存六角楼可证,其檐角如同天安门城楼。同时不用封火墙,敞亮而利索。甘棠直属粮库现存后进,可见一斑,想当年,六角楼引领关王庙、东平王庙、张巡庙、义仓、三甲祠、四角楼、七甲祠系列古建,可知京味气派非同一般。

一字檐风格 明清流传的传统的合六间民居风格。这种民居一般是家道比较殷实的人家。其内部结构是三间两进带两厢,中间分上下堂,上堂常有半身楼,俗称走马楼,也有不带走马楼,直高屋顶,显得十分高敞,中间天井,天井两端各一厢,厢房前后是上下卧房,卧房上为楼。

其门墙则大别于徽派,檐高一丈八左右,一字檐,无翘角。门脸要视家庭情况而定,殷实而有身份的人家,门上方要有浮雕形牌坊并配以山水花草图案。有官位人家,还要大门内收,两边显出八字粉墙。普通人家只在大门上方,伸出防雨檐而已。屋顶也不似徽派有封火墙,有的只在两边加马头墙以装饰,现存甘棠三甲祠后进,连马头墙也没有。

门墙还有个很重要的区别,就是门坊的质地。凡是祖上受过封诰、赠过堂号或者出过高官的,其大门或香火堂门,都是青石坊,否则就只用木质枋。

从明、清到民国,保留至今的这类古民居,全区现在还有100多栋,谭家桥镇最多,有81栋,这类民居保留着我们的先人们许多宝贵的传统文化,集中体现了太平建筑的传统风味。

普通民居 所谓普通民居，是指清末民国战乱后重建的三间单进的或五间单进的民房，也有两进的。这种民房一般不带楼，带楼也都是堆放杂物的。儿女除了成家单住的外，未成年的，都是一个房间一个大统铺或多个床铺列于一室的。

关于厨房，太平民间叫“盐屋”。有个讲究，盐屋要安在正房左侧或右侧，不可盖在正房后，那会“火烧屁股”。如果地形限制非盖在正房后不可，那要地基略高于正房基，而房脊则须低于正房脊。

明楼式 这类房屋更有别于徽派了。房屋两层，下层住人或堆杂物，上层则朝阳面多开窗户甚至全开窗户，做到窗明几净，空气流通，是供子弟攻读诗书用的。明显的例子就是永丰的海宁学舍。区政协《文史资料通讯》2018 年第一期帅杰的文章中“还余闲舍”的一幅插图摄影，就是明楼式供读书用的学校。新明葛湖木竹坞陈志楼家，就专有这一座明楼，供全村子弟读书。我的祖父胡履涌公“井门山房”书塾，曾在这里设馆近二十年。

上述是比较普遍的房屋款式，其他还如谭家大院、刘敬之故居等，可以作为个例，研究其特殊的建筑艺术了。

顺便提一句，民间盖房很讲究门向，就是门所对的水向、山向。有人说是迷信，其实比如正门如正对一条直路，一条直沟渠，一棵大树，一座山尖，心里总不舒坦，所以从心理角度说也应该讲讲门向。笔者有一个熟知的例子。某两家盖房，中间隔着香火堂老地基。香火堂是敬观音、供祖宗的地方，民间习俗是不能占用的。右首家甘愿退让出香火堂用地，而左首家寸土不让，直抵香火堂地中线。这样，因此该房大门正中对面山尖，结果，房子刚上瓦，大门框和窗户框就生出飞蚁，不得不换料。入住才一个多月，家主就得病，不出一年去世。所以个人盖房不易，还是考虑全面些为妥。

（三）牌坊

太平牌坊总数有 120 座左右，仅仙源城四街包括城南，就有 16 座。还有感梓里、三口官庄岭、耿城沟村、焦村、庄里、永丰岭下、新丰等处都有牌坊群。牌坊就是奖状，有功德坊、长寿坊、贞节坊、孝子坊，其中大部分是奖励老百姓的。不少牌坊石雕工艺十分精美，例如仙源麻陂潭一座节妇长寿坊，其“双狮戏球”图，那球都是镂空的。

除了仙源城里牌坊抗战时期被炸，除部分倾圮的，相当多的牌坊，都在

1954 年、1958 年被推倒拆毁了。现在，庄里五座，岭下四座，用钢筋水泥复制还原了，虽有规模，但质地是跟不上的，也实在没有原物耐看。竖牌坊是严肃而隆重的，有奉旨的，有六部公文的，非常神圣。传说为一位节妇竖贞节坊时，最后顶上石总是不稳，询问该女缘由，她回忆说一次公鸡母鸡交配，当时她笑了一下，结果坊石就竖正了。这个例子说明竖牌坊是十分严肃神圣的。

徽州古楼

合(肥)铜(陵)黄(山)公路经过黄山区时,可见在甘棠新城西区路东,甘棠老街出口与公路交接处,耸立着一座典雅厚重的古亭,那就是安徽省重点文物保护单位:甘棠六角楼。

这座楼原名叫太宇楼,是明代万历年间太平儒生崔宪为首捐资修建的。据说当时太平工匠毕昌,到北京参加修建皇宫,带回了一些图样,成为太宇楼修建的蓝本,难怪让人感到气势不凡。太宇楼后毁于火,只剩下框架和石刻。到崇祯四年(公元 1631 年)时,甘棠崔应兆捐资重建,改为六角楼,沿用至今。嘉庆八年(公元 1803 年)、光绪八年(公元 1882 年)、20 世纪初都重修过。1981 年,安徽省文化局和太平县政府又全面维修了一次。

六角楼有三层,砖木结构,含基座在内总高 23 米。基座用黄山红条石砌成,高 1.68 米,底面直径 7.92 米,面积 67.3 平方米。朝老街的东北向一方有台阶,阶前有青石狮一对。第一层,基座六角立 20 厘米见方的花岗岩石柱,架起斗粗的额枋,石柱和楼身间有小额枋,石柱顶有斗拱,撑起了第一层的飞檐。大小额枋共有宫灯钩十八个。每根石柱下端左右两边都有 1.4 米高的莲瓣头花岗岩护柱,连起了一米高的石围栏,围栏共嵌有 17 块青石麻布底浮雕。东北向楼门两边各一块,刻的是八骏图,山水背景烘托,情态各异,动静和谐。其余五方共 15 块刻有松鹤延年、太白访宣、喜鹊登梅、雁落苇洲、松鼠葡萄、麻姑采药等内容。构图古朴生动,线条圆润流畅,据说出自青阳一工匠艺师之手。第一层楼身六面墙由云水纹花砖砌成,坚韧平滑,像大理石。门两侧的四面墙有圆形“卍”字砖窗,与门相对的西南面墙没开窗口,那是楼梯位置。每面墙的上方都有彩绘额枋,彩绘图案有荷花鹭鸶、丹凤朝阳等。楼身与浮雕石栏间形成了回廊。进门后,从照壁后楼梯登楼,顿觉天地开阔,风光尽收。二、三层楼的外围,有工字形、田字形窗格,组成花格窗,环成回廊。楼身的东北向都开有月洞门,其他五方都开有长方窗。月门四周绘有福寿双钱角花。第三层楼顶有藻井,彩绘了牡丹、福禄、花卉和龙等图案。整个楼身外观，三层飞檐，渐高渐收，顶层如同一朵倒置喇叭花，最高处则是 1 米多高的釉陶制的葫芦顶和顶层一气呵就，直插苍穹。三层六面的翘脊，各有麒麟、鳌鱼、天狗、天马等脊兽 4 只，共 72 只。每层檐角都有风铃。全楼有展翅冲天、上干云霄之势。

六角楼在古代可一楼多用。它是村口亭，镇守着村口。甘棠崔村有一条穿村而流的月弯河，流经楼后。楼后的月弯河上，有单拱的锁桥和单条石的钥桥各一座，都用铁链系在楼后石桩上，锁住风水。它是风景亭，衬景添彩，和月弯河里岸原有的关圣庙、东平王庙、义学、义仓、三甲祠、五马坊、四角楼、皇华一品坊联结一起，组成了一组古典建筑群，体现了古时村落文化的浓郁特色和村落的品味，而它又恰成了这一古建筑群的"龙头"，每当逢年过节，悬挂宫灯，红融融一片，平添一派雍容、典雅的气氛。它是甘棠崔村文昌庙，当年楼成之后，里面就供奉了文昌帝君，书生每逢古历二月初四，都前来聚会谈文，敬香参拜，所以又名"文昌阁"。它又是挚友叙阔，亲朋话别的场所，其位置恰就在元明以来的太平大道上。可以想见，这座亭楼，是那么有神圣感，萦系着甘棠崔村的氏族繁荣；又那么富有典雅之美，成为崔村鳞次栉比的青堂瓦舍的古典文明标志。故宫、文庙，庄严而有威压，而这种亭楼却十分亲近宜人，凝聚着浓浓的乡村古典文化气息。黄山区在明清时期像这一类具有浓厚文化香醇的建筑，还有文昌阁、大悲阁、抚松楼、凌云楼、望山楼等。现均圮废。而位于永丰乡岭下苏家的"海宁学舍"却是十分值得纪念的。海宁学舍就是与冰心齐名，集作家、教授、学者于一身的苏雪林祖居的一部分。苏雪林的祖父苏运卿曾在浙江海宁等地做过知州，为了方便家族子弟读书，1924 年建成了这座楼阁，从这里走出去的学子遍及海内外。这是一座占地有 200 多平方米的两层小楼，位于岭下苏家松溪河畔，门上匾额"海宁学舍"四字是由当时浙江省省长马振宪书写。楼前有花草园圃，门前后植有两株大桂树，树桩处原有花岗岩石所砌坛基。小楼的底层砖砌粉墙，与住屋结为一体，楼上即读书处。楼顶"一"字脊，两端伸出两条龙须脊，形成歇山式顶。楼的三分之二部分面墙开窗，三分之一部分是连扇玻璃窗，采光性能很好。海宁学舍虽无精工雕饰，但很有书香气息。这里已经成为人们凭吊与冰心齐名的"闺秀派"名作家苏雪林的地方。

放眼全徽州，有不少这样具有深厚古典文化内涵的著名楼阁，如歙县城西练江边的太白楼，祁门渚口村的万卷楼，屯溪奕棋乡蟾溪河畔的蟾溪楼，徽州区的檀干园、宝纶阁，绩溪县的魁星楼，黟县西递村的绣楼等。

太白楼位于歙县城西太平桥西端，大诗人李白到徽州寻访隐士许宣平不遇，曾在此处酒肆中沽饮，后人为纪念他而建造此楼的。

据《太平广记》卷二十四记："许宣平，新安歙人也，唐睿宗景云中隐于城阳山南坞，结庵以居。不知其服饵，但见不食，颜色若四十许人，行如奔马。"他常常"拯人悬危，救人疾苦"，所以人们多感激，但"多访之不见，但览庵壁题诗云"。而李白呢，在许宣平隐居 30 多年后的天宝中期"自翰林出，东游，经传舍，览诗吟之，嗟叹曰，此仙诗也"。悉心寻访，也没访到，只好题诗庵壁道："我吟传舍诗，来访真人居。烟岭迷高迹，云林隔太虚。窥庭但萧索，倚柱空踌躇。应化辽天鹤，归当千岁余。"据明人顾元庆《夷白斋诗话》云：李白题诗于庵壁后，许宣平归庵见之，再题一诗："一池荷叶衣无尽，数亩松花食有余。刚被世人知住处，又移茅屋入深居。"（《皖志述略》611 页）这许宣平真有高士隐者的寡欲、飘逸之风。原来在他眼里，李白也不过是"世人"而已，他不愿与世俗交往。其实南宋歙人方虚谷的诗集中说过一段"二仙相遇"的逸闻。李白已经遇见许宣平，在一破船上，并且问"许宣平居于何处"，许答道："门前一竿竹，便是许公家。"可是李白偏冥顽不悟，不识眼前是谁。这在李白是个遗憾，可是却给练江留下了一段佳话，于是太白楼给人们平添了无限的魂牵梦萦的情结。

太白楼共两进两层，面积有 200 多平方米。前一进呈"凸"字形；门墙前突，两翼后收，其脊线稍低，两外端有马头墙。大顶歇山式，高瓴重檐，檐角飞扬，鳌鱼高跃。"太白楼"匾额悬于楼檐正中。楼下正面三开门，进出楼中，从临江边古道的左、右边门。照壁上方有"长天一勺"匾额一块，语出《中庸》，意思是天地之广，勺水之微，其理相通；也寓李白怀才不遇之叹。正堂上悬有沪上歙籍画家汪观清的李白大幅造像，两边是安徽著名书法家葛介屏所写"四壁云山开醉眼，一楼风月话诗仙"楹联，把此楼佳景、李白佳话融于一体，堪为佳句。转内门，跨天井，即到后楼。后楼是五开间，中三间是明堂，两侧各一厢房。天井两端是回廊，设梯登楼。后楼大顶也是中脊高、侧脊低，脊线高低错落，富有美感。太白楼是歙县重点文物保护单位，辟为李白纪念堂，陈列有李白的书籍和各种古字画、古玩等上千件文物展品；又与新安碑园紧邻。登斯楼也，眼观金石、典籍之光，耳听练江碎月滩声，心愈舒，性愈怡，怀古探幽之情，悠然四逸。

类似这样闪耀中华瑰宝之光的还有一个好去处，那就是祁门县渚口村的清代进士倪望重宅第中的书室“求我斋”，当地人称之为万卷楼。万卷楼在东花厅内。东花厅是楼阁建筑，其梁头窗座、回廊隔扇，没有一处不精雕细刻着奇花异草或珍禽瑞兽或历史人物故事，由此可以想见，万卷楼的雕饰之精巧了。而其收藏的书籍，自然是冠甲祁门，在整个皖南也很少见。万卷楼周围有玲珑秀气的花园，俊秀的假山、拥翠的花坛、清澈的鱼池，错落其中。进入园区，情趣迥异于徜徉在太白楼上，练江岸边。但有一点感受是共同的，那就是中华古典文明瑰宝，不仅内涵丰富，同时富有无可比拟的东方古典之美。这座宅第气派甚是显赫，共有六座花厅簇拥着气宇轩昂的大厅，其间曲槛连缀，回廊缦折，高脊连云，浑然一体，当地人把这座大宅称作“一府六县”，可见它的丰厚、凝重，体现了徽派建筑艺术之精湛，又显现出古徽州文化之广博。

像这样独具特色的亭楼还有徽州区的檀干园和宝纶阁。檀干园在潜口乡唐模村东，俗称小西湖，建于清乾隆年间(公元1736～1795年)，因为正门西旁沿溪堤岸曾种檀花、紫荆而得名。园有二亭。门前有双层八角亭，上层中空，外围设有虚阁，八角飞檐都悬有铁马。园内辟有里外两湖，模拟西湖规模。两湖间有亭，因湖水光如镜而名“镜亭”。镜亭是全园中心，也是独具特色之处，其四壁嵌有北宋以来苏轼、朱熹、米芾、黄庭坚、董其昌等18位书法家长幅书法石刻，古亭集如此之多的书家作品石刻的，实不多见。

宝纶阁在呈坎，是罗氏宗祠后堂，一座三个三开间带楼的阁厅。原祠本没有这一建筑，是明嘉靖年间监察御史呈坎人罗应鹤为收藏御赐珍品而加建的，所以名为“宝纶阁”。纶，这有“纶音”意，即帝诏、帝命意。这阁厅面阔29米，深10米，高7米，非常宽敞，前廊一字排列10根巨型石柱。阁楼进深7米，前檐高悬“宝纶堂”巨匾。整个建筑雕工精细，不论石柱、石栏还是斗拱、木柱，都有精美图案和浮雕花草，梁栋有彩绘，色彩鲜明，整个建筑风格典雅。该楼阁的独特之处，就在于它的功用，不同一般。

旧时传说主管文章的魁星菩萨的楼阁，各地都有，但多已圮废，绩溪县旺川乡石家村的魁星阁尚存，它是由宋朝开国元勋之一的石守信第十七代孙石承谟，在乾隆十六年(公元 1751 年)兴建的一座四角亭阁。下面有用磨光的花岗岩石砌成的 60 多厘米高，近 7 米见方的台基，四角立有 60 多厘米见方的石柱，四边的木梁雕有梁眉，安有梁托，上顶是花砖砌的一字脊，两端有凤尾角，脊正中竖有葫芦顶，两边列有天狗、天马、麒麟等神兽造型。楼体正面设 6 扇花格门，另三面是青砖白墙。阁内正面上部设魁星神座，神座上原悬有刻着魁星像的"魁星楼"匾。神座下有石承谟像。这座魁星阁有别于其他楼阁的有两处特征，一是其左侧有按石守信所用印信比例放大的"印"，石料建成，长 7 米，宽、高各 3.5 米；二是楼后山上有明代古松一棵，粗有三人合抱，挺拔参天，枝繁叶茂，庇护着楼阁。

和上面这些相映成趣的，有一座很别致的彩楼，名为绣楼，在黟县西递村中正街，当地人习惯称为小姐绣楼，建于康熙三年(公元 1664 年)。它本是清代知府胡文煦故居大夫第的一部分，是胡文煦告老还乡颐享天年时建造的。临街，亭阁式，用于观景，远可眺苍黛群峰，近可俯视村中街景，体现"山花若市"之意，所以匾悬"山市"二字。这是一座悬阁危楼，悬空挑出，小巧玲珑，飞檐翘角，三面敞轩，窗明几净，突兀别致，故其正面朝街悬匾曰"桃花源里人家"，可以想见胡文煦退出官场以后追慕自然，希冀返璞归真的心态。这也可以从大夫第门厅里由"扬州八怪"之一的郑板桥手书木刻楹联得到印证。联曰："以八千岁为春，之九万里而南"，可见其主人阅尽人生从而胸怀坦荡。

听说过蟾溪楼吗？那是屯溪区奕棋乡蟾溪河边，由明代嘉靖年间进士程夑建造，用来以文会友的场所，故又称"程夑楼"。这座楼建筑面积近 170 平方米。它的可贵之处有二：历史悠久，至今已近 500 年；悬有一块名贵的楼名匾，其"蟾溪楼"三个字是明代著名书法家吴中四才子之一的文徵明的墨宝，俊秀飘逸。登上这楼，睹物思情，自当感怀：一个人生于天地间，所谓有文化者，当是多读点书，以提高自己修养，净化自己身心，宝贵自己操守。祁门万卷楼主倪望重少时家贫，就发誓愿"饿死不如读死"，他们因此都为徽州大地留下了丰富宝贵的文化遗产。徽州文化方方面面的光辉，正是由这些历史人物共同焕发出来的。

欣赏过这些精工雕饰的楼亭以后，该去看看黄山西海门的排云亭了，它是黄山最有名的观景亭台。这座亭子和上列亭楼截然不同，它建于 1935 年，年代不久，是全花岗岩条石建构，深有4米，宽5米，高5米。石亭有如此高度，可谓巍峨。虽是石亭，仍仿砖石结构古建，石顶四角微翘，前沿立四根石柱，正面看如一字排开型石枋。亭上正中横楣石刻有录书“排云亭”名。亭前有70平方米平台，台前有石栏铁链，是凭栏观景佳处。前看，群峰竞秀，迷离不测；俯视，西海峡谷，大壑生烟。晴日，峰林明暗，金光辐射；雨时，山色空蒙，雨丝奇丽；而晚晴之时，红霞飞射，群峰剪影，更是美妙非常。特别是大雾蒸腾，或如大河奔流，或如海浪汹涌，但扑腾到亭前，常常消散若空，如同人嬉戏，所以亭名“排云”。

黄山亭史载有50余所，多半因年久失修而湮没，现存者多半不甚久远，现存年代最早的是松谷亭，明嘉靖二十四年（公元1545年）重建于乌龙潭上方巨石上，可观松谷庵四周风景。还有人们十分熟悉的小补桥上翼然亭、云谷寺道上的观瀑亭等。

道教圣地的齐云山虽然范围不太大，但古建亭阁却相当多，有“九里十三亭”之说，这些亭阁都初建于明嘉靖、万历年间。当时，齐云山道教鼎盛，香火特别兴旺，为方便香客歇脚，在九里山道上，修起了13座亭阁，后都圮废。20世纪80年代以后，重建了一批，有步云、登高、松月、望仙、香炉等亭。其中步云、登高、松月三亭是苏州园林中四角或六角单层式，望仙亭则四角二层徽式，香炉亭别具一格，它是铁制王冠式。相传朱元璋当皇帝，一次到齐云山，口赞不绝，道长趁机奏请为主峰香炉峰画龙点睛，朱元璋当场口谕：“敕建香峰铜香炉一只，铁亭一座”，立于香炉峰旁，造型玲珑，制作精巧，四柱翘角单层结构，气宇轩昂，重万余斤。

遍观全徽州，可以记述的楼亭台阁，真是举不胜举，除黄山、齐云山以外，现在仍存的谯楼类有歙县古城的东谯楼、南谯楼，休宁海阳的钟鼓楼；戏台类有歙县的吴宅戏园，璜村戏台，祁门的馀庆堂戏台；为观景添彩或纪念名人盛事的名亭，现存有二十来处。如黄山区纪念李白访胡珲的问余亭，屯溪区的百鸟亭，徽州区的绿绕亭，休宁纪念拾金还主的还金亭，黟县西递的凌云阁，歙县棠樾牌坊处的骢步亭等。还有供路人歇脚的路亭，供茶供水的茶水亭，交通要道上供行人夜间赶路的灯亭，就更多了，都是简易的砖木结构或砖石结构。嘉庆《太平县志》就记有这类较有名的亭子有60多处，有的直到20世纪50年代还在继续发挥作用。这些建筑精工雕饰的也好，简易搭建的也罢，它们的文化内涵却是一致的，或壮观地方，或崇慕圣贤，或启迪教化，或举义行善，或透视人生，或修身怡性。

原载《徽州五千村》(综合卷)

徽州古寺

唐代大诗人杜牧《江南春绝句》云："千里莺啼绿映红，水村山郭酒旗风。南朝四百八十寺，多少楼台烟雨中。"这诗形象地写出了宋齐梁陈到隋唐时江南佛教繁盛的景况。再度复兴的黄山区焦村镇陈村翠微寺，其佛事的最初兴起就在唐代。

据康熙三十年（公元 1691 年）由翠微寺住持僧超纲主持修订的《黄山翠微寺志》记载，天竺国麻衣禅师早在宣宗大中元年（公元 847 年）就来到中国，云游名山大川，于僖宗中和二年（公元 882 年），振锡翠微峰下，募建成寺。麻衣和尚名包西来，志载他"编麻为衣，冬夏不易，得其麻缕，可疗疾"。但他刚刚开山建寺，唐僖宗就下诏全国禁释毁寺，敕命僧侣还俗。麻衣作诗送达僖宗，诗道："敕命如雷下翠微，佛前垂泪脱麻衣。山中有寺不容住，四海无家何处归？"僖宗想到印度曾有忍辱仙人坐禅，受歌利国王割去四肢的处罚；先祖李世民曾派唐僧去印度取经，而麻衣和尚又是印度人，现见麻衣诗情凄苦，动了恻隐之心，就也用诗回答了麻衣，对他法外开恩："忍仙林下坐禅时，曾使歌王割四肢，况我圣朝无此事，直教修道又何悲！"就这样，翠微寺得以保全。南唐保大五年（公元 947 年）下诏"敕建翠微禅寺"，寺名沿用至今。

志载赵匡胤陈桥兵变前夕，即赵匡胤建立宋朝的当年建隆元年（公元 960 年），曾来秘访过麻衣，卜问前程。这时麻衣年龄至少在百岁以上，可见麻衣禅师和翠微寺的影响，在唐五代时就已十分广泛。到了明代洪武二十四年（公元 1391 年），翠微寺进行了一次较大规模的修葺，具备了丛林规模，和紫石峰下祥符寺、朱砂峰下慈光阁、丞相源的掷钵禅院（即云谷寺）并为黄山佛教四大丛林。明嘉靖年间（公元 1522～1565 年）又重修一次，并整塔立碑。但明万历二十六年（公元 1598 年）却毁于山洪，南明福王朱由崧弘光二年（公元 1644 年）再建，扩大了规模。

翠微寺既为丛林，规模到底多大，已不得而知，康熙寺志也未详述，但原序有句云："卓锡池边，春秋咒钵；响溪亭畔，日夜闻钟。乃慈光寺之先型，实普门师之荒始。”可以想见当时规模，那是高僧云集，香火兴旺，领黄山寺庙之先，显江南佛事之盛。志书记有静室11处，寺左右有云窝室、西峰堂，寺外遍及章村、白沙岭，有城山观、书礼庵、甘露庵、西峰庵、莲花庵、仙墩庵、锦旋庵、弘济庵、大慈庵；塔四座，麻衣初建的古塔，麻衣肉身塔，普同塔，心空律师塔；亭三座，恋响亭，锡泉亭，方来亭。从这些建筑看，翠微寺当年确是一座建寺早、规模大的宏梵大刹，一座香火兴旺、佛事长久的名寺。但从咸丰以来，战乱频仍，多遭兵火，僧侣流散，年久失修，故多废圮。到20世纪40年代，翠微寺整个规模仅剩下一座三间的旧殿，三位僧人。寺庙虽废，遗迹有讲经台、放生池、袈裟池、卓锡泉等。讲经台是当年麻衣说法台，在寺内，有“麻衣说法虎点头”的传说。放生池在主殿前，约一丈多长，四尺多宽，相传是麻衣放生处。袈裟池在寺内，池水澄碧，相传为麻衣洗袈裟处。卓锡泉在寺阶前，相传麻衣用锡杖轻轻划地，泉水即随锡杖喷出。

翠微寺就在焦村镇陈村东北，黄山翠微峰下，黄山西大门处。进山谒寺，从山下步行两里许即到，现在汽车通行直达山门。立身寺中，四山如画，形态奇妙，芳翠可掬，溪声低回，真个是佛门圣地。1993年，扬州僧人演隆大法师云游黄山，挂褡翠微寺，决心重建这千年古刹。经黄山区人民政府“黄政〔1993〕96号”文件批复，工程随即启动。现在已在原主殿位置，建起130平方米祖师殿，其左建起200平方米禅堂（兼诵经），右建起240平方米藏经楼。三座建筑都是民建小瓦顶，高两层楼房。同时建有寮房230平方米，茅棚（独修坐禅处）9个，上客堂（客房）320平方米。现在已有大小玉佛1 000多尊，最大的是一尊卧佛，长5.5米，最小的仅20～30厘米高。翠微寺以供地藏王菩萨为主座，最大的一尊地藏王菩萨像高1.63米，实现了翠微寺历史上要建成千佛寺的大愿。根据设计，翠微寺将重建大雄宝殿、玉佛殿、地藏殿、华严阁、佛塔、廊房、院墙等。大雄宝殿2002年争取奠基。按此规划，重建后翠微寺的规模将超过历朝历代。

翠微寺因以供地藏王为主座，所以每年都以地藏王诞辰古历七月三十日为圣诞朝会，举办华严法会，诵华严经21天。翠微寺1993年启动重建工程的当年就举办了华严法会，连年不辍。法会非常隆重，音梵磬幽，烟香气馨；士女如云，顶礼膜拜，焚香求签，络绎不绝。

和翠微寺一样供奉佛菩萨的寺庙有很多，但大多因为自然灾害、战乱兵燹而废圮，例如黄山最兴盛时，寺庵有100多座，现在可记的仅有慈光寺、云谷寺、半山寺、大悲院、文殊院、钓桥庵等原址的景况。

慈光寺在朱砂峰下，明嘉靖年间（公元1522～1567年）由玄阳道人初建，名“步云亭”。名僧普门和尚在万历三十四年（公元1606年）入山后，玄阳之徒福阳转让给普门，改名为“法海禅院”，名声大振，响达宫帷。万历三十八年（公元1610年），普门赴京，万历帝、后妃均有赏赐，格外赏赐七层万佛像和建寺费300两，敕额“护国慈光寺”。康熙五年（公元1666年）殿宇金碧辉煌，成为当时徽州佛寺之冠。康熙四十年（公元1701年），御书“黄海仙都”巨匾，当时僧众有1 000多人。乾隆二年（公元1737年）三月初一火灾，仅救得御匾和万佛像，咸丰兵火又毁万佛像，民国初年得修门楼，悬“护国慈光寺”匾。1963年全面维修，董必武题“慈光阁”额。慈光寺位于登山主道上，维修后，成为游客接待站。

云谷寺在钵盂峰下丞相源。明万历三十八年（公元1610年），寓安禅师到此募建掷钵禅院，和慈光寺、翠微寺以及后在乾隆五年（公元1740年）毁于山洪的祥符寺，形成黄山四大丛林。崇祯年间（公元1682～1644年）歙县知县傅岩题“云谷”二字，于是改今名。宣统三年（公元1911年）毁于大火。1979年以后，陆续建餐厅楼、活动房、云谷宾馆和登山索道，成为黄山旅游繁荣区。

半山寺是龙蟠坡下依山筑成的三间佛殿，1924年夏，江宁观音庵僧人明光始建，称天星庵，翌年改今名。1956年黄山管理处重建，刘伯承书寺额，现在是游人登山小憩处，上行不远，就是天都峰新道口。

大悲院在光明顶，明代万历年间（公元1573～1620年）智空和尚建，供观音、文殊、普贤三菩萨。观音像为皇太子所赐。院内有大钟，铸有《金刚经》5 176字。院废圮已久，1955年在旧址上修建了黄山气象站。

文殊院即今玉屏楼处，前有文殊台，左右有狮象二只。明代万历四十一年（公元1613年），普门和尚始建。此地观黄山景最佳，徐霞客在《游黄山记》中称为“黄山绝佳处”。三百多年来，遭三次火灾，两度重建，1955年于原址建玉屏楼宾馆。

钓桥庵又名白云庵，在汤岭北，石人峰下，黄山西大门处，从黄山区焦村镇步行数里可到。康熙年间（公元1662～1723年）建，后在光绪二十六年（公元 1900 年)，由焦村居士陈仁梅建亭，公元 1923 年重建经堂，设茶室供人饮。庵后山上有两道溪水飞流，在庵前百米处会合，两溪各有一座单孔石桥，右延寿桥，左续古桥，如两银线悬钓桥于空中，形成钓桥奇观。现在庵宇仍存，是黄山西大门入口处。

黄山这些寺庙，其功能作用均已改变，但黄山区乌石乡的永庆庵、德成庵，至今仍有僧尼供奉菩萨香火，特别是德成庵，还有一段圣迹，是佛教难得的盛事。

德成庵，又名西峰寺，在黄山区乌石乡西溪村，乾隆年间(公元 1736～1795 年)释明和尚建。咸丰火毁，1943 年重建，此后从闻禅师长期住持。从闻禅师原籍湖南，自幼向佛，成年后，先后到扬州光明寺、九华山静修，辗转到西峰寺。1992 年初春，禅师坐化，衣钵徒弟禅观遵嘱把遗体密封于缸内。三年后开缸，禅师面色如生，端坐如钟，乡里轰动，叹为奇事。从闻禅师真身金装，辉煌闪耀，合掌趺坐，高踟莲台，端肃安详，似遥听梵音，若俯瞰尘寰。太平湖畔诞生了这一尊肉身菩萨，与太平湖自然风光合璧，更增添了无穷魅力。

黄山区另一类寺庙，和上述供佛、佛子修行的寺庙不同，基本上属于道教范畴。一类是供专职神道的，如龙王庙。甘棠雾山就有规模宏大的龙王庙。新明乡和旌德交界的龙王山有龙王庙，供奉龙王菩萨，却有和尚，它有 36 座脚庵，规模可谓宏大。现在该庙是龙王山林场管理处所在地。

再一类是供奉历史上英雄人物的，除关帝庙外，主要有周显灵官庙，汪公庙，忠烈庙等。

周显灵官庙供奉西晋名臣周处。周处少孤，缺乏良好教养，作恶多端，后经人点化，改恶从善，成为司马氏政权的栋梁之材。但因不容于奸佞，在抵御外族入侵的战争中，后援断绝，而战死疆场。古人云：“于民有功，民必祀之。”后人于是为之立庙祭祀。这座庙在仙源古镇西的岘村村口，20 世纪 60 年代改建为小学。

供奉唐朝开国功臣汪华的汪公庙有多处，仙源镇水东，新明乡的葛湖、密溪，谭家桥西潭，焦村等地都有。汪华，古徽州绩溪人，隋末起义占领徽、宣、杭、睦、饶、婺等六州，被拥为吴王，归附李世民后，封为越国公，深得李世民信任。李世民征东时曾代行皇驾，留守京城。每年正月十八，葛湖、密溪等地都举行隆重庙会，仪仗有半副銮驾的威仪，但几处庙宇在 20 世纪 60 年代都已拆除。

甘棠六角楼里侧，今安徽省直属粮库门市部位置和仙源古镇南门外（土名赵家宕）电影院位置，原有忠烈庙，又名东平王庙，俗称车公庙，供奉唐代安史之乱初期的忠烈将军张巡。张巡在“安史之乱”之初，应许远之请，扼守睢阳，即今河南商丘到安徽砀山一带，鏖兵经年，血战 1 800 余次，牵制了叛军。睢阳是江淮门户，江淮大地是唐王朝的粮仓，保卫了江淮，既保证了唐王朝的粮草，又免除了江淮、江南人民的灾难，而张巡与许远及其部将南霁云等，终因孤军无援而被叛军俘获，壮烈死难。“安史之乱”平定后不久，唐王朝就敕命立庙祭祀。仙源镇的忠烈庙在唐时就已建立，甘棠的忠烈庙建于清初。为纪念张巡等壮烈功绩，忠烈庙每年在张巡诞辰古历七月二十四举行火轮车车会。火轮车外沿直径八尺四寸，重约五百四五十斤，外大圈两面漆黑底绘红色火焰，火焰风向一致；内小圈漆蓝底白花，车轴与其余部分朱红。每轮车由一至二名车手把握车轴沿口徐徐滚动，八轮车可以滚出“一条龙”“篱笆阵”“飘反车”“发绕车”“拍绕车”“螺旋车”等形式。车轴串有铁镲，系有彩绸。加以鞭炮锣鼓声，人们有节奏的吆喝声，既威武惊险又精彩欢畅。这种庙会活动形式已作为民间传统舞蹈由黄山区文化局经过文字整理报省文化厅结集。

除供奉神祇和纪念历史人物的以外，黄山区还有一类庙宇叫五福庙，又名五猖庙，特别典型的是岭上村必吉岭头的五福神庙。这座庙由岭上苏、岭下苏两村合建，每年古历八月十四、十五两天举办菩萨出巡庙会，菩萨由人戴头盔和面具，穿古袍服扮演。其纪念性传说有二。一个是五个水上强盗放下屠刀，救人济贫，受到人们尊敬；一个是朱元璋建明朝前，许阵亡士卒五人为伍，享受血食，命江南每家均立尺五小庙祭祀。而据乾隆《太平县志》载是苏氏祖先在元末遭兵乱，得到五个神道庇佑，故而奉为当方神祇。五猖庙处处有，但永丰必吉岭头的五猖庙却别具一格。该庙全石结构，三间，宽 5.55 米，深 5.2 米，檐高 3.25 米，脊高 4.95 米，不用寸木片瓦，墙、梁、柱、枋、桁、椽、瓦全是花岗岩石雕凿而就，屋顶为硬山式，一字脊，两端吻兽呈鸱尾式样，瓦面坡缓。正门高 2 米，宽 1.3 米，屋内有直径 35 厘米的石柱四根。后壁中上方有石龛，现存石香炉及炉台。这座庙建于元末，1925 年重修。整座庙宇至今保存完好，像这样全石结构，在全安徽尚存的古建筑中是独具特色的，而且历史悠久，对研究元代庙宇建筑和元明时民俗与宗教信仰，都有很宝贵的历史价值。

而松谷庵可谓是又一类寺庙，是后人供奉修道人的寺庙。松谷庵初为道观，名“松谷草堂”。南宋理宗宝祐年间（公元1353～1359年），张尹甫因为官遭贬，携妻隐居于此，带发修行，改名为“张松谷”，自建草堂为松谷草堂。张松谷擅医药，山民普遍得益，特别是救活一名被毒蛇咬伤的人，名声大振，后人尊之为神。明代宣德年间（公元1426～1435年）重建后改为寺庙，名“松谷寺”或“松谷庵”。寺额为当时宁国府知府罗汝芳所书，罗并题有“东土云山”四字。堂后“禘黄”（祭黄意）二字，为国子监祭酒汤宾尹手笔。松谷庵还有一宝，是其旁有百年大木莲树，遮天盖地，蔚为壮观。这里翠竹如海，环境清幽，附近有五龙潭、翡翠池，水碧景美，为真幽胜处。

黄山区耿城李姓与张松谷关系密切。张松谷隐居之初，正值耿城李氏一世祖刚定居不久，见张松谷十分清奇，即延为西宾，教其子读书七年。明宣德年间重建松谷庵，即由李姓子孙捐资。耿城李姓对张松谷十分崇敬，从“松谷庵”重建时起，即尊奉张松谷为李姓祖师。张松谷是元代大德四年（公元1300年）五月二十日坐化，该年干支纪年是“庚子”，故耿城李姓自松谷庵重建后，代代相沿，每逢庚年五月，都必举行盛大的“祖师庙会”，从松谷庵八人抬舆，把张松谷塑像抬下山，享祭一月。原先限于李姓，后来居住耿城的谭、汪、赵、牛、焦、罗、毕诸姓，都加入了庙会祭祀队伍。祭品全是素食，制成名色，分碗、碟两部分，花样要求新、精、珍。祭品碗除各种名色食品外，要有插花、插字，一碗一花，一碗一字，“师恩浩大”四字，要每天的祭品中都有。这一庙会活动从明宣德年起，一直坚持到公元1950年（庚寅），体现出人们敬重师恩的拳拳之心。

太平这四类庙宇尽管供奉的对象不同，但说明了一个问题，就是太平先人十分崇尚道德，崇敬贤哲，崇敬对国家有功，对人民有贡献的人，这是太平民风淳朴可亲的一个重要原因。

在全徽州，像这样的寺庙有很多，现举例若干。像绩溪的山间庵、歙县的圣僧庵、屯溪的龙册寺、休宁的人王寺、黟县的菩提庵、祁门的金粟庵等，都有别具一格的深厚的佛教文化内涵。

绩溪的瀛州乡大坑口村，古名叫龙川。龙川有一条登源河，河东岸有一座尼姑庵，名山间庵，与有名的国家文物保护单位龙川胡氏宗祠隔河相望。这座庙宇的地基状如木鱼，只宜修建庵庙，相传胡宗宪少时就在这块台地上习武。胡宗宪，明嘉靖进士，该庵在胡宗宪进入仕途后始建，几兴几废。公元2000年在原址上重新修建。全庵黄墙围院，三间三进，占地有近300平方米。第二进按庵规供奉观音大士。2001年有尼入庵住持，香火日旺。庵堂四面墙壁挂有名人字画，供游人观瞻。这座修葺一新的尼庵梵音幽磬和大坑口村其他古建筑，极为和谐地形成了古文化氛围。

歙县圣僧庵在城西七里头，建于唐高祖武德年间(公元618～626年)。据歙县志载，隋末，歙西汪姓有一子样貌丑陋，为人不喜，自舍此庵为僧，法名慧能，逢疫灾流行，救人无数，人称“圣僧”，庵于是也随名了。由于地在城郊，又有圣僧之名，文人多慕名而来。尤其在明代，庵庙逐渐有了三个与众不同的特色。其一是有这么多精美的雕刻，显现了一种超凡脱俗的气氛。其二是大殿后进横7米的须弥座上下枋之间束腰，是28块《金刚经》的刻石镶嵌而成的。尤为引人注目的是庙内有五幅大型壁画，是明万历年间歙县画家黄柱的作品，它们是《侧重观音图》，高宽各3米;《九尊罗汉漂大海图》，高2米，宽4米;《九尊罗汉上五台图》，高2米，宽4米;《翠柏图》，高宽各约2米;《苍松图》，高宽各约2米。这些壁画烘托出浓郁的佛国气氛。现香火虽未恢复，但却有很高的宗教艺术价值。

屯溪的龙山寺在黎阳镇精忠村，始建于唐开元年间(公元713～742年)，后来历朝都曾修葺，1986年全面整修一次。全寺黄墙环院，内供观音、普贤、文殊三菩萨，故称“三大士殿”。左偏殿供弥勒，弥勒两侧立有四大天王塑像，右偏殿供地藏，地藏殿墙上原来画有《地狱变相图》，今已毁。寺后有小龙山，主峰突起，形如丫角，故寺曾名“蜗牛山镇妖寺”。1937年，第三战区前敌总指挥薛岳曾资助修缮，并题写了“小龙山”匾额，小龙山因此而得名。龙山寺现仍有香火，住持和尚是文诚法师。

人王，原名全寺，在休宁南塘乡洽舍溪南岸。唐代咸通八年(公元867年)即已建寺。这座寺有四处与众不同的地方。其一，寺名的传奇来历。相传朱元璋反元，经休、黟、歙交界的双岭，南行到休宁洽舍对河，因元军紧追，朱元璋遇此寺得以脱险。出庙时，见“全”字恰如“人王”二字，故后称帝，感念此寺神祇庇佑，便下诏赐名“护国人王寺”。其二，早在元代，从祁门请来一尊舍利塑像供奉。所谓舍利塑像不同于一般泥塑木雕佛像，是用僧人圆寂火化后的骨灰和泥塑成的像。其三，寺后山上有一个曲折三进的洞府，古称“里空庵”，相传有和尚在此洞府修炼而得道。其四，寺后山上绿竹与众不同，是方竹，为往昔僧人所种植，生生不息，至今仍茂盛青翠，蔚然成林。人王寺的这四处，都极富传奇色彩，别开佛缘。

在黟县协里村，有一庵叫菩提庵，又名石子庵。“菩提”是指佛教豁然开悟的彻悟境界，也指觉悟了的智慧和觉悟的途径。因为该寺曾供奉过文殊菩萨，而文殊菩萨称作“大智文殊”，所以有了这个寺名。1933 年，南京来的尼僧自坚重建了庵宇，香火比以前更为鼎盛。后因尼僧年老多病，后继无人，香火逐渐衰微。现旧庵仍存。

祁门县的金粟庵有些经历不凡。金粟庵在县城西北隅，始建于五代吴越凤历元年(公元 913 年)，原名重兴寺。宋宣和四年(公元 1122 年)拓建，当时吏部侍郎方岳亲笔题名，外院名“重兴”，内院名“觉庵”。至明万历十八年(公元 1590 年)，五台山真川和尚云游到此住持直至坐化，僧徒甚众。当时祁门县令唐玉，钦慕真川功德，捐资为其徒如园建庵，命名“金粟”。真川法号叫悟空禅师，他的真身塔龛，至今仍存。金粟庵由于香火旺盛，环境清幽，松涛许许，梵音阵阵，特别是松涛，已经成为“梅城二十景”之一。梅城，祁门别称，项羽封梅鋗于祁门而得名。民国时期，尼僧妙莲住持，曾改名为“妙莲庵”。20 世纪 80 年代以后，住持僧德贵力拓新院，重琢大佛金刚，请来名寺法师做法事，金粟庵于是佛事重兴，庵名也恢复了古名叫“重兴寺”。

宗教主要是佛道两大家，上面所记，多为佛教寺院，其中有些却有道教性质。徽州最著名的道观在休宁齐云山。早在唐代乾元年间(公元 758～760 年)就有道士龚栖霞来齐云山隐居、修炼。南宋宝庆年间(公元 1225～1227 年)，方士余道元创建祐圣真武祠。明代永乐、宣德年间(公元 1403～1429 年)，宫观相继落成，道士大增，齐云山因此被列为道教七十二福地之一，称作福寿山。道教最兴盛的胜地是湖北均州武当山，武当又名太和，齐云山则名中和，被称作“江南小武当”。由此可见齐云山道教事业在道教中的地位和影响。到了明代中期以后，齐云山有著名的宫祠殿院等道观将近 30 处，极是兴旺。最著名的当是紫霄崖下的玉虚宫、治世仁威宫、天乙真庆宫。紫霄崖东西长174米，上下高90米，南北深17米，崖下斜壁深窟，三宫依势砌筑，坐南朝北，外隔内连，气势宏伟，颇是威严。

玉虚宫又名“老殿”。“玉”是仙境，“虚”是太空。玉虚宫就是道教的太空天府。齐云山玉虚宫在紫霄崖下正中位置，明正德十年（公元1515年），休宁道人汪泰元与其徒方琼真募建而成，供奉元始天尊神像。崖上飞泉左右飞挂，形成珠帘，蔚为壮观。飞泉下注形成两池，池上建钟鼓二楼，司报晨昏。鼓楼右，又有飞虎关，有26丈高石阶登插剑峰星台。钟楼左，有云龙关，有石级20步登展旗峰雷坛。星台、雷坛用于斋醮，祈祷年丰。宫墙门设玉虚坊，四柱三层楼阁式，高约17米，红砂岩筑就，石瓦飞檐，脊梁柱拱，精工雕琢，玲珑剔透，栩栩如生。

玉虚宫东侧是治世仁威宫，明正德十年（公元1515年）养素道人募建。正德十五年门墙建枋，枋为四柱二层楼阁式，高约15米，红砂岩石料筑就。由于里面供奉玉皇大帝、三皇五帝，和护法的天将雷神，气氛显得十分威严肃穆。

玉虚宫西侧是天乙真人庆宫，也是由素养道人与治世仁威宫同年募建。这座宫供奉玄天上帝即玄武大帝，道教中地位极高的北方神，两壁有大小神像100多尊，彰显了玄武大帝创道的过程和事迹。相传玄武大帝是元始天尊即老子的转身，在武当山修行，道号“太素真人”，后得道飞升，玉帝封为“玄武”，镇守北方，掌握善恶，普济众生。天乙真庆宫内壁嵌有“玄天上帝传碑”，介绍了其过程。宋真宗为避其祖赵玄朗之讳，改“玄武”为“真武”，称真武帝君，披发、仗剑、踏龟蛇，从者执黑旗。天乙真庆宫在正德十二年（公元1517年）门墙建枋，其样式、高度、枋料均同治世仁威宫。

徽州大地，人杰地灵，历史上佛道两家宗教事业在这片热土上同时如此辉煌，影响如此广远，正反映了古徽州的经济、文化源远流长，这实在是古徽州文化的一笔宝贵财富。

原载《徽州五千村》（综合卷）

太平佛道文化

道文化是中华民族本土文化。传说中华民族始祖、五千年前的轩辕黄帝就是修道升天的，黄山人都知道。轩辕黄帝修道还有师父，叫广成子。三千年前，又出了老子，留下了五千言的修道真经《道德经》，这就形成了黄老思想。

道文化在我太平传播规模不大，但影响深远。历史上，黄山有八座道观，都有道长住持；山下太平，观殿有 70 余座，而绝大多数无道长，都由地方各村各姓轮流值年，负责卫生、香火，设茶炉免费供应行路人茶水。最大的法事，是负责所供神祇诞辰日的佾、会等祭祀活动，如耿城每逢庚年祭祀松谷庵张尹甫的祖师会，新明、焦村的汪公佾，新明的南坛胜会，新华的丁宣大会，新华、永丰的重阳会，仙源、甘棠的车公会等活动，都是规模宏大的道文化活动。“于民有功，民必祀之”，这些祭祀性的道文化活动，都是纪念历史上对老百姓有巨大功德的人物，纪念过程处处体现着传统道德。所以这些活动在以前一直长盛不衰，耿城松谷祖师会祭礼活动长达一个月，最后一次坚持到 1950 年。

道文化最典型的还有陵阳山窦子明得道升天的故事。窦子明是汉武帝(公元前 140～公元前 88 年在位)时，派来陵阳当县令，后来得道升天。到了唐明皇(公元 712～755 年在位)时，还封禅了陵阳山，为窦子明修建了仙坛宫，连李白都来朝拜了。窦子明陵阳山成仙的故事已有两千多年了，现在人们还能详细述说。

太平的佛文化比道文化要发达得多。在黄山，据《黄山志》载共有 88 所庵庙，著名和尚有 52 人。而山下太平的庵庙小庙居多，不完全统计在 160 座以上，咸丰、同治年间，太平天国烧毁掉的庙宇难以计数。例如新明龙王山有龙王庙，在康熙、乾隆时期，山下就有 36 座脚庵。

太平佛文化有一个现象大有思考的必要。就皖南而言，除了九华山以外，佛事香火相当繁盛的庵庙，像我们太平这样集中在几个乡镇而且名声远播的真是不多，焦村的翠微寺，乌石的永庆庵、西峰寺，太平湖镇的复松寺，甘棠兴村的钟山庵，彼此距离很近，香火却都旺盛。

黄山四大禅林祥符寺、慈光寺、云谷寺、翠微寺，现在仍旧香烟氤氲梵音磬声的就是焦村的翠微寺了。唐朝时，印度高僧包西来不远万里，慕名来到这里，仰望翠微峰，俨然一尊巨佛，脱口惊呼："此地即佛地也！"说"此处不留更留何处！"于是下定决心，身居石洞募化修行，发展佛事，开始建立起翠微寺，声名日益远播，连赵匡胤搞"陈桥兵变"，建大宋王朝，都来问卜吉凶。

从包西来开山建寺以来，虽几经兴废，但却佛缘绵长。到了清代康熙二十年，即公元1821年，俗家浙江嘉兴人雨峰和尚在浙江平湖县柏子林寺任住持期满，带领徒弟，风餐露宿，长途跋涉，来到翠微寺。感到翠微寺为一大名寺，却无文字可资，于是细蒐漫考，编撰了有名的《翠微寺志》。

1993年，演隆法师来当住持，翠微寺又开始了一个新发展时期，形成千尊玉佛佛事规模。

包西来开山以后，承接九华灵气，供奉地藏菩萨。据《辞海》根据佛教经典注释，释迦牟尼如来初传佛法是"初转法轮"。释迦牟尼托付地藏，在如来寂灭后，弥勒佛降世前的无佛期间，地藏是救度三界众生的菩萨，故地藏发下宏愿："地狱不空，誓不成佛。"翠微寺成了太平西部寺庙佛事兴隆的首寺。

同样，在乌石镇佛事也相当繁荣，然而也是历经磨难的。据史料，清乾隆年间，九华弟子云游至乌石祥山头，见杨岭拱秀于前，芦山屏障于后，是佛门参禅笃修的好地方，于是这里香火绵延，信士朝圣，名声日益远播。

位于西溪村的西峰寺，约建于北宋初年(公元1068～1078年间)，至今已千余年，由西峰法师初创而名，号称"小九华"。1952年从闻法师云游至此，刻苦修行，1992年圆寂。坐缸三年，1995年开缸，肉体不腐，面色如生。其弟子和地方信士自发捐资，肉体妆金，专殿供奉，成为太平湖畔一大佛家盛事。从闻法师坚心向佛，有一次，多人同船过渡，一女需方便，手中却提有猪肉，仓促间托交从闻。从闻无法，用一小指勾住。后回庙中，便剁去小指。佛教徒绝对戒荤，看从闻法师是何等的坚心！

甘棠镇兴村钟山庵是比丘尼庵，康熙癸丑年(公元1673年)比丘尼传须创建。相传明朝时有高僧看到西山如佛钟，西山前一小山如佛鼓，就在这里结庵，名钟山庵。后来兴村程姓人家的女儿，自名法玉，也入庵为尼，自此香火不绝。

太平湖镇也是佛缘很深的地方。早在清中期嘉庆年间(公元 1796～1820 年),秧溪有个宏大的佛寺叫五松寺,江北人谢某在此做斋公,在寺中管理香火,一心向佛,后剃度为僧,法名普渡。因太平军兵火,寺毁僧散,普渡化缘另盖小庙,名松寺庵,念佛行医,深得百姓敬仰,至坐缸圆寂。清末,松寺庵已成废墟。一高僧化缘,结庵萌坑,找到普渡,开缸看时,几十年了,俨然一尊肉身菩萨。一位徽商出巨资托当地乡董邵梦厚,在普渡松寺庵原址建舍六间。1970 年太平湖蓄水,松寺庵被淹,当地百姓把缸后靠选址掩埋。1980 年后,一位陈姓庐江人出资,当地捐工料,在埋缸处建小庙,香火渐旺。2004 年当地百姓再捐工料,建成现在的萌坑松寺庵。2006 年,山东一位老和尚、辽宁一位年轻和尚(青阳人)不约而同,化缘为普渡肉身妆金,并把松寺庵改名复松寺,每月的初一、十五,香客络绎不绝。普渡在太平天国败亡后不久圆寂,时在清同治(公元 1862～1874 年)年间,清末已是公元 1900 年前后了,几十年了普渡肉身不腐,而到 2006 年妆金,已有一百三十年了,肉身仍然完好,岂不是奇事?

四镇五庙佛事令人称颂,也叫人有些难以思议,或许这正是平常人和佛教徒之间的差异,但不要一言以蔽之为“迷信”,而是一种纯粹的精神信仰。而以普渡、从闻而论,可能以精神信仰来解释,也是难以叫人信服的了。

在这片土地上还出了两位不出家的佛学大师,同是乌石镇人,一位是出生于清道光年间公元 1837 年的杨村人杨文会,一位是出生于清光绪年间公元 1890 年的徐村人徐平轩,两村互为紧邻,不足五里。清咸丰、同治年间太平天国运动(公元 1851～1864 年),焚烧府衙、寺庙甚多,佛教遭到极大破坏,前后无继。1864 年太平天国一灭,杨文会时年二十八岁,当即开始佛学研究。第二年即 1865 年,移居南京,创办了金陵刻经处,金陵佛学堂(中国佛学院前身),成立佛学研究会,收藏保护佛典木版 10 万余件,佛典百万余卷,刻经 3 000 卷,佛图 18 种,恢复发展了佛学,被称为我国近代佛教得以发展的“圣火”。公元 1911 年清朝灭亡当年去世,他的金陵刻经处,金陵佛学堂一直延续下来。区政协文史委主任陈朝曙先生已有其传记《杨仁山传》发行。

徐平轩在公元 1921 年三十二岁受戒成为居士,几乎每到一处,就把刻印佛经和为民解困的善事做到一处。1952 年,受赵朴初之托,主持金陵刻经处全面工作，为金陵刻经处的恢复和发展耗尽心血，1967 年去世。

这就十分耐人寻味，这四乡镇范围内，无论是向佛居士还是佛门弟子，向佛之心都这么神圣，这么坚贞，我们真要认真思考、认真发掘，好好认识认识我们太平这块土地，以及这里的文化的宝贵之处了。

太平人的京戏缘

太平人和国粹京剧特有缘，特爱京戏。早在 20 世纪二三十年代，焦村、甘棠、仙源、新明等地，就有很多人唱京戏很在行，而且生旦净丑角色齐全。其中以新明的“项庆余堂”木偶戏班和后来的新明业余京剧团最为出色。1949 年以后，在皖南，虽有几个县有几个专业京戏班，但是也都没有太平京戏班影响深远。

庆胜舞台——庆胜京剧团

1949 年上春，徽班出身的陈老五老板带着他的三四十人的戏班，从芜湖、繁昌，经宣城、泾县，来到太平。当时班里当家的演员有著名的梅派青衣杨自来，他是杨剑春先生的父亲；有天津人张福培，工老生，嗓音清亮优美；武生张本安，艺名九岁红，扮相俊俏；有工老生的繁昌人徐老一家，儿子徐孝金，昵称“小金子”，擅演关公、包公戏，女儿徐银弟、徐孝妹，全家人个个顶角儿；陈老五老板的女儿陈玉英，青衣，女婿何新银，武生，俗称老何；老生阮正直，其父阮老工花脸；周老，佚名，工文武老生；女老生，曹鑫培。还有周传奇，管大衣箱，其子周学喜，捡场。

时隔不久，太平解放。戏班一贯都是流动演出的，可这时，太平刚刚到任的新领导不让他们走了，让他们留在太平，让太平有个自己的京戏班子。庆祝太平胜利解放的演出舞台就叫“庆胜舞台”，在车公庙（忠烈庙）内张巡塑像前，搭起固定舞台，台前木板搭桌，木板长条靠椅，就是观众席位，可以同时坐一百多人。虽然简陋一点，可是有了天天可以看戏的固定戏台了。开戏后，戏班里家属合伙卖点小包瓜子、小包花生米、拆零的香烟等，所得大家平摊，补贴家用。

庆胜舞台每天晚上都演夜场，开台是一出武戏，叫戏帽子，把气氛热起来，然后是场次多、人物多的戏，叫全本的戏，是正场戏；星期天下午或节庆假日，还加演日场。每天上午，小黑板海报水牌就出来了，庆胜舞台大门外挂一块，南门口、学门口、恒丰店门口（三不管地方）各挂一块。小黑板上端写“庆胜舞台”，左右两旁注明“日场”或“夜场”的日期和时间，中段大字写戏名，右下端标明票价。1953年前是“一千元”旧币，1954年开始使用新币，每次花“一角”钱就可以看全场戏了。这“一角”钱价值是多少呢？豆腐干可买10块，火柴可买5盒，买4根油条和一盏豆浆可以吃一个早餐。可以买2斤大米，大米到1958年才8分8厘一斤。假设每天有80人左右看戏，当时“庆胜舞台”演职员近40人，这样平拉一个人可得两毛钱。当然戏班是按劳取酬的，所以有的人收入低微，必须利用空余时间找点外补。可见“庆胜舞台”当年生活清苦，但是从不耽误演出，保证观众过足戏瘾。

1953～1956年，是“庆胜舞台”最兴旺、最红火时期，也是太平人过戏瘾最过瘾的时期。这有几个标志。

第一个标志，是不断充实演出力量，排演连台本戏。

“庆胜舞台”原本演职员近40人，功底扎实，为了使演出更精彩，1953年开春后就开始排演连台本戏，因此就不断外出请“角儿”，用连台本戏和新角儿提高演出水平，加强吸引力。

当时连台本戏有《三国演义》《水浒传》《西游记》《封神榜》《孟丽君》《金鞭记》等，加上其他传统戏，剧目就相当丰富了。就光这些连台本戏轮一遍，就要大半年，就像看电视连续剧一样，看了开头就欲罢不能，就想看到底，反正票价一毛，都能承受。所以排演连台本戏很火爆。笔者当年正在太平中学读初中，每个月还从零用钱中花四毛钱，周末必看。还记得看《西游记》中黑风怪偷唐僧袈裟、放火烧寺院、孙悟空从东海龙王处借来避火罩救唐僧的情节。那时候太平人天天看新戏，天天都不重样。

第二个标志，1953年下半年，名角高金宝、左艳秋和女儿高筱兰，一家三口，前来加盟。

高金宝，字云亭，在杭州跟随“江南活武松”（陈毅语，陈毅时任上海市长）盖叫天，因此高金宝来太平后，“武松戏”很快就叫响了。同时，他又是“活猴子”，自然，全本《西游记》就是他演孙悟空了。他还是“红生”，《华容道》的关公、《反五关》的黄飞虎，都是他的拿手戏。高金宝夫人左艳秋宗梅派青衣，同时擅演荀派花旦，老旦也演得好，她还扮演小生，甚至还唱黑脸。笔者记得看过她演的秦香莲（杨剑春正当少年，扮演金哥）。他们的女儿高筱兰正当青年，擅演武旦，“打出手”很精彩，笔者记得看过她的《十三妹》。

高金宝功夫深厚，是“庆胜舞台”和太平戏迷公认的，原班子里的青少年曾一齐写了红拜帖，拜高金宝为师，跟着练基本功。他们有杨剑春、潘来弟、陈金保、徐孝妹、周发弟、倪三宝、倪小妹等。拜了师，就是师父的嫡传弟子，满师前时刻领受师父管教指导，班子给的微薄工薪归师父收账，但师父管饭。学京剧练基本功是很苦的。上午两小时，下午两小时，例如练臂力，胳膊伸直，绑上两头削尖的竹签，胳膊弯不了；练腿功，腿上绑上小扁担，训练时间不到，就不能解下来。严师出高徒，杨剑春跟着师父学了三年，出脱成一个年轻俊秀的好武生。1956 年，年方 13 岁，就挑梁出演《杀四门》中的秦怀王、《汤怀自刎》中的汤怀、《八大锤》中的岳云等年轻武生角色。杨剑春先生至今念念不忘恩师教诲，言谈中总提及“我师父”三个感情深沉的字。

所以自 1953 年以后的多年中，“庆胜舞台”不仅屡屡请来名角，而且自身的新生力量也培养出来一批，因此演出场次增多了，星期六、日的下午，常常日场加演。

第三个标志，是二梅加盟“庆胜舞台”。

1954 年上春，从南京请来两个角儿是姐妹二人。姐姐梅素秋，旦角；妹妹梅素良，生角。记得她们演出的部分剧目如下：《红娘》，姐姐演红娘，妹妹演张生；《玉堂春》，姐姐演苏三，妹妹演王金龙；《花木兰》姐姐演女妆，妹妹演武装；《勘玉钏》，姐姐演玉姐，妹妹演张少莲。另外，梅素良还演过《失空斩》中的孔明，《定军山》中的黄忠等，笔者还记得“我要杀不了那夏侯渊，情愿献上人头！”这句台词。

二梅为“庆胜舞台”抓了不少彩。每天剧目水牌上，他们的名字是赫然在榜，在太平红了大半年，太平人民因此大饱眼福、耳福。

第四个标志，是合肥的郑艳娇加盟“庆胜舞台”。

郑艳娇工武旦，她的武戏抓场，刚健妩媚，婀娜多姿，矫健而柔美，敏捷而威武。《抗金兵》饰梁红玉，击鼓鼓声跌宕；《穆柯寨》饰青年穆桂英，妩媚而飒爽；而《破洪州》《挂帅》中的穆桂英又是一派元帅风范。给太平人留下深刻印象的是她在《盘丝洞》中饰演蜘蛛精斗悟空，动作洒脱。擒住唐僧后，为了诱逼唐僧成亲，穿肉色紧身服，外着彩衫，从后台滚出一个大球，从上场口飞身上球，双脚蹬球圆场，手中舞彩带，耍盘子，耍鞭，表示通过种种妩媚技巧，引诱唐僧喜欢自己，把杂技艺术运用于京剧表演。京剧本来就有水袖功、蹻功、扇子功、手帕功、椅子功等几十种特技表演，郑艳娇的这一特技，给太平人大开了一次眼界。

第五个标志，是“庆胜舞台”升级为“庆胜京剧团”。

1956 年，撤销石台县，石台并入太平。石台有京剧团，虽然演出实力不如“庆胜舞台”，但是两团合一，班底就雄厚了，那时行当配置都是双的，甚至是多套人马的。虽然南京“二梅”、合肥的郑艳娇先后离开，“庆胜舞台”本身就很棒，例如武行就有九岁红、何新银、杨剑春，老生就有徐老、张福培、周老（文武老生）、曹鑫培、阮正直（兼演小生），徐孝金兼演老生、红生、黑脸，旦行有杨自来（男旦）、潘来弟、徐孝妹、周发弟、倪小妹、徐银弟、陈玉英等，更有高金宝、左艳秋、高筱兰一家，所以，1956 年，“庆胜京剧团”一成立，加上当时高级农业社普遍成立，从 1953、1954 年开始，外县迁入太平的人口、砍伐队日益增多，演出不光夜场爆满，还经常加演日场。那时，仙源街上市场也特别丰富，一片繁荣景象，是太平人过京戏瘾过得最足的时期。

1957 年以后，剧团本身发生了变化，芜湖成立了艺术学校，高金宝、左艳秋夫妇奉调去当老师。九岁红张本安身体差了，加上 50 年代末 60 年代初情况特殊，剧团不可能超然物外，所以难以为继。不久，中央有文：县不留京。这样，庆胜京剧团宣告拆散，改为太平县黄梅戏剧团。一批京戏功底稍欠的下放当农民，张福培、徐孝金、何新银调去无为，不久转到芜湖京剧团，后来又转到屯溪京剧团。徐孝金、何新银告老后，仍回到太平。剧团其他成员转入太平县黄梅戏剧团，杨自来、杨剑春父子在剧团当老师，杨自来同时改唱了花脸。高筱兰夫妇去了江西彭泽剧团，后又到马鞍山，然后到太平黄梅剧团。

太平县黄梅戏剧团维持了 30 年，1989 年解散转业。

新明业余京戏

庆胜京剧团是太平人的专业剧团，而说起新明业余京戏，这就大大拓宽了太平人京戏缘的领域了。

20 世纪二三十年代时，新明桃林已经形成了茶叶收购市场，拥有十三家茶庄。茶庄老板们为了激发茶农销售热情，每年春茶前都开“财神会”，从芜湖、南京请来戏班唱几天大戏(京剧以前习惯称为“大戏”“京戏”),茶农们免费享受后,再开园摘茶,因此新明人耳濡目染,许多人爱上了京戏。

这要先从项德善说起。他是新明岭脚下(外招)人,由戏迷变成了新明业余京戏创始人,变成了新明业余京戏的“老板”。当他的班子拉起后,他的戏折子上写有300多个戏目,笔者小时候看过,点什么唱什么,一般唱戏人做得到吗?以前一个京戏演员如果肚子里不装40～50出戏,别想搭班唱戏,项德善肚子里装了多少戏会唱?他拉起的“托菩萨戏”,就是木偶戏,年年正月,被各村挨着请唱年戏,过节也有请唱的,大户人家办喜事也请。有一年正月,我们村请唱,我正童年,守在戏台帷幔外看他托着戏菩萨唱《徐策跑城》,闭着眼唱得入神入味,脚下一跺一跺的,上面的戏菩萨就一颠一颠的,后来联想,还真有点周信芳的味。

新明老百姓叫木偶戏“托菩萨戏”。“托菩萨戏”是怎么拉起来的呢?项德善把自己箱底加上筹借,共400大洋(当时1元大洋约可买2石米,一石合150斤),从屯溪、茂林、苏州等地,购买了一整套木偶和行头,又请来一位某大剧团的老师叫曹学霖的,教了全套锣鼓经和300多出戏。就这样,以项姓香火堂名“项庆余堂”为名的戏班建起来了。这就是项德善!中国京戏在“四大徽班”公元1790年进京,公元1840～1860年间才正式形成,可六十年后,在新明山村这块京戏热土上就发芽成长了。这全赖项德善之功。也真怪,当时的曲谱是“工尺谱”,现在已没几个人知道了,可新明当时那些青年农民们却一听就懂,一学就会,许多人都能唱两句,甚至也能登台,说明京戏真正富有魅力,说明太平人和京戏真正有缘。

戏班 “项庆余堂”木偶戏班,其实才13个人。其中文武场仅仅3个人。一个文场拉京胡,前期是请的人,到20世纪40年代末由项观楼担任;武场两个人,老山村的周天赐打鼓和板,内招的项汝湘一人打大小锣,行话叫“夹手”。但打闹台时,项德善大锣,项汝源小锣,项汝湘大小镲。还有3个“打下把的”,负责班内一切事务。

正式前台演出的是多面手,那就是缺角顶角,当初只六七个人。每个前台演出者都要熟悉全剧人物情节和台词,否则就顶不了。一遇唱“群曲”,包括文武场所有人都参加合唱。每个村的人请戏班唱,他们也都熟悉情节甚至唱词,假如演出时唱丢了漏了,他们马上就嘀咕“唱漏了”,有意见了,所以演员们要对剧情台词做到烂熟于心，才能得心应手。

项德善原本唱“窄口”，就是坤角，旦行，但后来焦村的李沛霖、仙源的赵佩卿（俗称三驮子）都是唱旦的，班中缺花脸，他便改唱花脸了。唱生角的先后有张玉根、崔之林、吴花、左兴康等。内招项汝源除了旦角，其他角都唱，最常唱的是净、丑。从这个戏班演员分布看，焦村、甘棠等地喜爱京戏的人同样不在少数，可见京戏形成后，流传速度之快、范围之广，说明京戏魅力之大。

“项庆余堂”的戏台，是由 20 多根竹竿穿搭而成的一个小四方城，穿搭十分精巧，一拉开，一固定，就稳稳当当，一收便成一捆，毫不散乱。真是一绝。拉开后高约 9 尺，宽、深各 1 丈多，分前、后两进，前进 5 尺以下和整个上顶，用灰蓝布幔包围，前后两进间隔处是天幕，有“出将”“入相”上下场口，中间设有“座椅”。演出时，演员手托木偶在前进围幔中，照旧迈台步，手中操作口中唱，唱念做打，手眼身法步，真是一心多用。皇帝升座，元帅升帐，“元帅”木偶往天幕“座椅”后一挂；“站立两厢”的木偶就分别往两边绳上一挂。所以四方城 6 尺高位置的左、右、后三方和天幕的后方都拉有细棉索，当晚要出台的木偶都穿戴好，挂在后进棉索上等候。文武场设在后进左角。

木偶有生、旦、净、丑几类，人物年纪大的木偶，出场前再带上“髯口”。一个木偶，由一个偶头和两只手组成。偶头安在约 2 尺长、2 厘米粗的竹竿上，偶头下安有表示肩头的木板。两个拳掌，右拳有一小圆孔，用来插枪矛或其他道具，左掌呈掌形或戟指形，都安在“7”字形约 1 厘米粗的竹竿上，“7”字弯处连接在“肩膀”上，外面穿上小戏装，就是一个古装戏中人物了。坐在戏台前看，那个小小空间有几个古装小人在翩跹起舞，真煞有趣味，只差不能做扑、跌、翻、滚、腾、越这些技巧动作了。

项德善不仅唱旦是旦，唱生是生，唱净是净，那木偶到他手里也活了。1956 年县文艺调演，新明由项德善率队，同时带了木偶戏，在仙源项家祠堂演木偶戏，他的《徐策跑城》获得了表演一等奖，花甲老人了，但他唱、念、做的功夫依旧宝刀不老。1955～1957 年，年年调演，新明业余剧团的戏，总是当作压轴戏，放在最后。

从小就在叔叔项德善戏班里长大的项观楼，拉得一手好京胡，熟悉全套锣鼓经，20 世纪 40 年代末他和宗工荀派的夫人宋紫霞，带着同样会唱京戏的宋紫霞侄女张慧仙，回到老家了。项观楼夫妇带回大码头演出信息。1950年秋冬，桃林、老山、外招、内招几个紧邻村子的年轻人就赶排了《武家坡》《女起解》《打猪草》三出戏，赶在1951年春节演出。《武家坡》由项克涛饰薛平贵、宋紫霞饰王宝钏；《女起解》由项富华饰崇公道、张慧仙饰苏三；《打猪草》是黄梅戏，由项克利、周恩良两少年饰演。这一演出，可大大激起了这四个村年轻人的兴趣，愿意学戏参加演出的人越来越多，演出规模越来越大，场次越来越多，“招桃业余剧团”水到渠成。项德善年事已高，由项克烈担任团长，从1951年春节一直演到80年代。木偶戏就不经常出演了。

张慧仙不久回天津工作了，但“招桃业余剧团”阵容相当整齐。青衣除宋紫霞外，有周丽华、项雪梅等。内招周莲六(男)兼演老旦和彩旦。老生有项克涛、项克煦、项昌传、项德利、项克利、项克朴、项汝煌、项观应等。小生有许长根、项耀祖、蒋发姣(女)。花脸有叶兴宝、项玉钧、项钦良等。团长项克烈兼演生、净两行。丑行有项昌应、汪祖荣等。

文武场也棒。前期，仍由周天赐司鼓，由项观楼司琴。后来，由于周天赐年老，改由项观楼司鼓，项克涛司琴，项道生二胡。大锣项德和，小锣项其先，饶钹项昌烈。项德涛除管服装、道具外，也打大锣。

演出剧目　“招桃业余剧团”成立以后的演出剧目，人们看了，简直有些难以置信：这是四个自然村的？是农民？是业余的？请看：他们演出的全本(即有头有尾的多幕剧)古装戏有《花田八错》《玉堂春》《鸿鸾禧》(即《金玉奴棒打薄情郎》)《临江驿》《甘露寺》《法门寺》《九件衣》《双狮图》《鸳鸯冢》《钓金龟》《破红州》《贺后骂殿》《武家坡》《打渔杀家》等；现代戏有《红灯记》《沙家浜》《智取威虎山》等；甚至还上演了昆曲《万花献瑞》《五子夺魁》。

他们还演出过许多黄梅戏，剧目有《双合镜》《天仙配》《采桑记》《打豆腐》《蓝桥会》《闹花灯》《打猪草》《钓蛤蟆》《讨学钱》《打桑》《戏牡丹》《补背褡》等。还有些小型戏曲，例如《小放牛》《种小麦》《打面缸》《看相》《逛新城》等。

一个农民业余剧团，演出剧目如此丰富，令人刮目相看。特别是排演样板戏后，《红灯记》《沙家浜》《智取威虎山》到三口上演，演出广场人满为患，每场都4 000多人，许多外村人都赶来观看。

泾县铜山有人来太平看了他们的戏，就把他们请去铜山。刚到时，当地人不熟悉，表现冷淡。可演出《智取威虎山》后，当地群众马上就送来炭火、茶水、糕点、夜宵，称赞比大地方演得还好，留他们再演古装戏。最后回程时，当地群众鞭炮齐放，热情相送。上海茶林场人看惯了上海大舞台演出，对农村业余剧团有看不上眼的心态，可看了他们演出后，却由衷称赞说“真想不到这是一个农民剧团”。

为什么“招桃业余剧团”那么受欢迎？举几个演出小例子。《智取威虎山》杨子荣打虎上山，电影京剧里是西洋乐器配乐，马蹄得得、风雪交加的音响效果特好，可他们怎么办？他们就巧借京剧锣鼓艺术，模拟得非常紧凑、逼真，行家们听了都称赞不已。

又例如表演《会师百鸡宴》，当解放军小分队如杨子荣之约，如期赶到威虎山，为了表现杨子荣英勇威武和枪法准确，有个“土匪”逃跑被击中，刚好被击腾空，两脚插入椅靠，瘫死椅上，他们就精心设计了两个“土匪”在椅旁被击毙，就势把牢椅脚，保证脚插椅靠的演员完成特技表演。这就不仅是表演精彩的问题了，更是为了演好戏、演好主要人物，大家全心全意、密切合作，表现的是为了京剧艺术而团结协作的可贵精神了。

又比方，演“小炉匠”栾平的演员项昌应，小学文化程度，可是对自己出演的每个角色都认真体会，仔细琢磨，因此每次演出都常常得到观众的热彩。这些都表现出招桃业余剧团，从团长到演员们，对京戏艺术的热爱程度，显示出他们对京剧艺术的体验水平和表演水平。

当年项德善为了拉起“项庆余堂”戏班，自翻箱底和筹借，凑够了400大洋；而20世纪50～70年代的“招桃业余剧团”，同样是自捐和筹借了6 000多元，办起了基本配套的服装和道具，有的小件物品，干脆就自己掏腰包了。

他们学戏是没有任何报酬的。白天做事记工分，晚上“唱戏只吃七分饱”，排练到深夜，自己补点什么吃一下，算是“夜宵”，排练完倒头就睡，第二天早上还要出工。即便是在这种艰难的岁月，也无法改变他们对京剧的澎湃热情和执着的追求！

仙源二十四姓

“正月十五闹花灯”是传统节庆。古典小说《说唐》上就写过薛仁贵的孙子、薛丁山的儿子薛刚看花灯打死人命，造成满门被斩的事。《水浒》上也写过宋江在青风寨看花灯惹祸的事。仙源城正月十五闹花灯也非同一般，是有历史的了。

明朝时，仙源城就已相当繁荣。正月十三到正月十五三夜，那真是灯月交辉，金吾不禁。不光城里，就连岘村、麻村、水东，也是家家悬灯，户户出彩。城区不光悬灯结彩，还有鼓乐喧天的彩灯游行。游行队伍高举“魁星点斗”“财神捧元宝”等大灯前行开路，紧接相随的是“风调雨顺”“五谷丰登”“太平有象”“国泰民安”的大字灯，都是八尺见方的真草隶篆立体大字。然后是各种戏剧人物灯，像“关公看春秋”象征中国人重义的灯是不可少的，还有像“吕布与貂蝉”寓意为国除奸的灯，“黄忠取定军山”寓意忠勇可嘉的灯，“孔明草船借箭”寓意有勇有谋的灯，等等。紧接的是“麒麟”“青狮”“角端（独角兽）”“獬豸”“白象”这五种神兽灯，“凤凰”“仙鹤”“孔雀”“锦鸡”“白鹇”这五种仙禽灯，随后的绷子灯，花、鸟、鱼、云等伴灯各 24 盏。城郊各村的游行灯有竹马灯（把各种动物形体扎成头尾两节，别在腰带上）、旱船灯（伴有各种水族形灯）等。县衙、祠堂、庙宇、孔庙等都是结彩、黄绫包柱。凡是开阔的地方，都扎着一座座几丈高的鳌山，上面都有走马灯、人物故事和灯谜。

灯会中最出彩的是麻村胡家的四青、四黄巨龙灯，龙珠灯前导，时盘时游，时合时分。每次出灯，都按照排定的姓氏顺序，到各姓祠堂大门前舞，再舞到祠堂里大天井，演舞毕，出“双龙盘柱”特技，青黄八龙，一左一右，盘上大天井后面祭祀大厅中的四大圆柱。

仙源城闹花灯规模最为宏大的一次是一九四六年正月十三至十五那次。为了庆祝抗战胜利，那次闹花灯除了传统的彩灯外，还从各乡调集了 120 匹骡马，分左右两队，挑选了六十名童男、六十名童女，都化妆为戏剧人物，一人一匹马，每匹马左右各一名男青年，都作马弁打扮，牵马护驾，游行于大街小巷、城郊各村，表现人们对抗战胜利的无边喜悦。

仙源正月十五花灯除庆祝上元节外，还有个“祭黄山煞”的目的。按传统风水观念，仙源县城坐北朝南，背后有金鱼袋山（即碧云山）做靠山，左高（青龙）右低（白虎），同时富溪河、麻川河在城南交汇，这种坐向很理想。可是仙源之南却有远远高过后座金鱼袋山的黄山，从风水上讲，会有恶煞之气，所以要祭拜，以免流年不利。

仙源城每年闹花灯，原都是各姓族长提前开会，公推一姓管年头，领头主办，制作大型游行彩灯。到了嘉靖二十二年（公元1543年），太平历史上著名县令、四川人刘元凯到任后，根据仙源城内城外各姓氏人数多少、祠堂数多少，排定了二十四姓，自动轮流管年头。

二十四大姓是这样排的：王、陈、方、牛、项，胡、项、八胡、崔；查、王、牛、孙、孙，张、项、黄、赵、夏；洪、陈、胡、周、郑。

这里面，胡姓是最大的姓，有麻村胡、南边胡、胡家园胡、岭坡上胡；项姓有东边项、西边项；陈姓有直街陈、恬湖陈；孙姓是西门孙、岘村孙。多次出现的姓氏是根据祠堂数和集中居住地来划分的。崔是指御史崔涯独管一年。而“八胡”的“八”，不是姓，是指胡、项、胡、项、牛、方、陈、王等八姓共管一年，大约是每隔十几年要大庆一次。

王姓

太平王姓，他的原来籍贯是今天的江西婺源。还是在唐朝天宝（公元742～755年）末年的时候，名叫王尚的来仙源担任县令。任职期满时，“安史之乱”已经爆发，社会动荡不安，而太平却相对安定。王尚就在仙源定居了。后来他的后代在三口、穰溪住过，以后又迁居到龙门滴水岩，到北宋（公元960～1127年）时候，迁到新丰，成为一个大姓。在仙源城里，王姓人住在城北王家坞和羊角坳等地，祠堂在羊角坳西。仙源王姓，是周朝王室的后代，本姓姬。周王室迁都洛阳后，叫东周。东周周灵王有两个儿子，长子姬晋，聪慧能干，立为太子，但因为直谏，触怒了父王，被贬为庶民。晋的儿子宗敬眼看王室不行了，急流勇退，隐居太原。因为是王室后代，当地人称作“王家”，因此宗敬家族不再姓姬而改姓王，尊太子晋为王姓始祖，逐步发展成为“太原王氏”。太原王氏后来因为战乱，有一部分人迁居到山东临沂，临沂属琅琊郡，就叫“琅琊王”。东晋时，太原王姓几乎都迁到南京，和琅琊王姓融合了。晋的第四十五代时，已到了唐天宝末年了，四十五代孙有了王尚。当时太平建县已十一年，王尚当了太平县令，太平王家就是这样来的。

王姓历代非常发达，遍及山西、陕西、甘肃、河南、山东、湖北、湖南、江西等地，有始发地太原、继发地琅琊等二十一个郡望。所谓郡望，因为人丁繁盛，名流高官多，居住的地方因此也抬高了名望。王姓在汉代就出了名宰相王陵，希望实行政治改革而建立了新朝的王莽；汉朝末年汉献帝的大司徒王允，认婢女貂蝉做女儿，买通吕布，刺杀董卓。三国后的东晋开国功臣王导，是东晋的第一任宰相，还有著名的书法家王羲之。唐代王姓著名诗人就有王勃、王维、王昌龄、王之焕、王建。宋代更有一个大名鼎鼎的政治家、唐宋八大家之一的古文学家王安石，他又是一个著名的诗人。元朝有三大剧作家，就有一个姓王的，叫王实甫。到了明朝，出了一个潇洒飘逸的画家，叫王冕，他改换传统双钩画法，创造出“没骨”画法，不用双钩，全用色彩点染。清末民初，王姓又出了个国学大师王国维，他尤其是在中国古典美学领域，异军突起，独领风骚，开辟了文学评论的新天地。

仙源王家宋朝以来出了许多有作为的人。例如，北宋时(公元 960～1127 年)，进士王懿官拜谏议大夫，进士王宰纲官拜刑部侍郎。南宋时期(公元 1127～1279 年)的王英发、王龙起是不同乡榜的解元，都是头一名举人。明代万历年间举人王参在山东费县当知县，在老百姓安居乐业上做出贡献。清末民初时，王家俭先后担任过山西审判厅厅丞、福建政务厅和财政厅厅长，年老回家乡讲学，伸张正义，被家乡父老称为“仙源保障”。还有王明文、王明福兄弟二人，在武汉经商，赢利为家乡办学，平价运回大米给家乡救灾；组织红十字会支援北伐军，办救济所收养妇幼老人，开展抗日救国活动。弟兄二人都因此过度积劳而先后去世，遗体归葬在水东六角冲。

仙源王姓还有一件轶事。清朝道光二十八年(公元 1848 年)春天来太平当县令的王衷亮，是辽宁省铁岭人，却是唐天宝年间在太平当县令的王尚嫡系后裔。辽宁铁岭王姓始祖王孟恭，是王尚后裔新丰王家第十九世孙。王衷亮得知自己世系脉络后，待任职期满，认真办理认祖归宗大礼，才离任而去。

说到仙源王家，不能不提大名远扬的王致和。王致和又名王之和。从小家境贫寒，可是他聪明懂事，又勤奋好学。康熙四年（公元 1665 年）中了举人，家族里大家帮衬，到北京读书，准备第二年参加全国会试。谁知会试落榜，他只得住北京，准备参加康熙八年的全国会试，谁知又没考中。他就做豆腐生意维持生计。可当天卖不完的豆腐会变质，于是他想起了家乡仙源做豆腐乳的办法就将当天没卖完的豆腐做成豆腐乳。他的豆腐乳特别好吃，一上市很快就销售一空。他自己就把自己的豆腐店取名叫“致和祥”，并配了一副对联：“可与松花相比美，也同虾酱作竞争”，横批“臭名远扬”。还作了一首诗：

明言臭豆腐，名实正相当。
自古不钓誉，于今无伪装。
扑鼻生奇臭，入口发异香。
素醇饶回味，黑臭蕴芬芳。

康熙十年（公元 1671 年），连康熙皇帝都知道这豆腐乳了，于是他微服私访，亲自来尝试口味，赞不绝口，亲笔给王致和写了“青方”两个字。回宫后又御膳房每日三餐，必有王致和臭豆腐乳。王致和臭豆腐乳就这样走进了皇宫，成了北京城的名牌。连后来的慈禧太后也要每餐必有王致和臭豆腐乳。状元孙家鼐知道了王致和豆腐乳后，不惜跑很远的路来品尝，还写了一副鹤顶格（又名凤顶格）嵌字联赠给王致和：“致君美味传千里，和我天机养寸心。”，就这样有皇家恩典，名流赞扬，百姓喜欢，王致和的名字和他的臭豆腐乳成了永远不倒的金牌。

现在，“王致和”成了北京一个大集团的金字招牌，产品已经销往全世界。

《宁国府志》也记载了王致和当年的一些事迹。他刚十岁的时候，父亲生病，他就懂得日夜守在父亲床前。后来父亲死了，他在坟边搭草棚守孝三年。后来到北京后发财了，仙源城里修孔庙，他花钱买了贵重的金龙木材捐献。家乡人遭灾，他及时救济；有人老病去世了，他出钱办后事，还安置后人。

陈姓

陈姓和胡姓同祖同宗，只是姓氏不同。周武王灭纣建立周朝后，因为崇拜上古五帝之一的舜帝，特意查访到舜帝的三十一代孙虞阏父，特别封赠他的儿子妫满作为陈国开国国君，把自己女儿太姬许配给妫满。陈国疆域是现在河南淮阳、开封、商丘到安徽亳州一带。妫满寿长，死后，追封为“胡”，后世称妫满叫“胡公”。妫满的儿孙一部分以国名为姓，姓陈，一部分以妫满死后封号为姓，姓胡。所以陈、胡两姓最早的奶奶是太姬，最早的外公是周武王姬发。

陈国被楚国灭亡后，陈姓子孙逐渐向西迁移到河南许昌、禹州一带颍河流域定居下来，所以后来陈姓的灯笼上，要印上“颍川”两个字，颍川就成了陈姓繁荣昌盛的最早发祥地，“颍川郡”就是陈姓的郡望。陈姓除始发地河南以外，从下邳(徐州一带)往南直到苏杭一带，都有分布。

刘邦建立汉朝时，他的重要助手之一的陈平，就是下邳人。

秦朝末年，中国第一次农民大起义的领袖就是陈胜。南北朝时，南朝梁时陈霸先接过梁的基业，在南京建立了南陈，当了南陈的开国皇帝，历经五代，到陈叔宝手里，被隋文帝杨坚夺了江山。晋代时，撰写著名的《三国志》这个重部头历史志书的人，就叫陈寿，历史小说《三国演义》基本上就是依据《三国志》来创作的。陈姓在唐代出了著名诗人陈子昂，宋代有著名文学家陈亮，元朝末年有著名的农民起义军领袖陈友谅，明代有著名诗人陈子龙。

陈姓在发展过程中，还分出了田姓、袁姓、虞姓、孙姓等多个姓氏，据说分出了40多个姓氏，其实都是同一个始祖，都是妫满。

仙源陈姓，是从三口洞青山下竹园里陈家延伸过来的。竹园里陈家祖上是江苏吴兴，南唐(公元923～936年)时候，为躲避战争，陈家祖上从杭州、金华一带迁至太平，到如今已经发展到四十多代了。仙源城里陈姓比较集中的住地是直街南门里陈家巷和城北恬湖里两处。新明乡葛湖村的陈姓、焦村陈姓也源于竹园里陈家，而新明乡牛婆汗陈家，是明朝末年从安庆市潜山县迁过来的，与竹园里陈姓同宗而不同支派。竹园里陈姓香火堂大门对联叫“金桃家声远，颍川世泽长”，颍川是陈姓发祥地，而“金桃”可能是竹园里陈家迁入太平的始祖了。

仙源陈姓在明代和清代也出了许多有功之臣。明朝嘉靖皇帝(公元1522～1566年)时，太平人陈宣，官做到南京户部主事，为官清正，很快调任北京户部主事，专管运河北运到通州的国库粮仓和粮食运输调拨，而两袖清风。管国库粮仓，责任何其重大。清代康熙皇帝年间(公元1662～1722年)，仙源人陈书很有军事才能，康熙皇帝平定西南时主动投军，当了湖北江华县令，又被派到云南定远，很快提升当了曲靖知府，因为过于劳累，三十五岁就死在任上。

陈、胡两姓的始祖胡公妫满墓地在河南淮阳，淮阳市动用了一千多万资金，修建了陈胡公陵园，供人瞻仰。

方姓

方姓，是从周王室发展下来的。西周时，周夷王不问政事，周王室开始衰弱，诸侯国都不听话了。他的儿子周厉王更是残暴无道，滥杀无辜，下属就把他杀了，推举他的儿子周宣王坐朝。周宣王比较能干，周王室开始复兴。这当中多亏了周王室的一个大臣，姬姓，名叫方叔。他率领人马，不但平定了各处的动乱，还把中原地区的文化和生产技术带到各地，使周王室全国都得到发展。他的后人就以他的名字中的“方”字为姓，姬方叔成为中华方姓的始祖。

历史上最出名的方姓人，首先是北宋末年祖籍歙县的方腊。明朝初年，朱元璋死后，朱元璋第四个儿子朱棣以保卫皇帝的名义，从他的封地北京起兵打南京。南京攻下后，他命令南京名臣方孝孺给他写文告，威逼再三，方孝孺骂他“叛臣贼子”，被割舌杀死。清朝前期，安徽桐城出了个文学家、经学家，著名的桐城古文派领袖人物叫方苞，由于古文复兴，桐城的古文化氛围显得比其他地方浓郁。

仙源方姓是从歙县搬迁过来的，年代已难查考，在仙源城里比较集中居住地在大、小水关，羊角河，伯官坟和西门里，在仙源城里，方姓是大姓。伯官坟是方家祖坟，据说是悬棺坟，坟址是金鱼形，有“金水养金鱼”的风水，所以用了悬棺安葬的办法。墓主人叫方廷玫，俗名通称叫“伯官坟”。

明朝以来，仙源方姓有很多可圈可点人物。方家山有一棵很古老的皂荚树，如果哪一年结出的皂荚数量是双数的话，方家就要出举人，方家人把这棵树看成神树，直到科举考试废除以后，这个秘密才传了出来。

明朝正德年间(公元1506～1521年)，方家出了个举人叫方琼，县衙和方姓宗族向上申报，为了表彰方琼刻苦上进，在县衙前直街树立了一座“鹏搏坊”，是“大鹏展翅扶摇直上”的意思。

明朝嘉靖年间，为官清正廉洁，嘉靖皇帝亲口称赞为真御史的崔涯，本是仙源方家人，因为出继甘棠崔家，却又住仙源城里，而仙源城里崔姓只崔涯一家，所以方涯只记作崔涯了。

明朝万历年间(公元1573～1619年)，仙源的方文辉，被派往浙江龙游县当教谕，因政绩突出，学问出众，被龙游人称作“蕴藉负一时之望，模范为多士之宗”，赞誉极高。

仙源城里方家，出了许多乐善好施的人，做了许多好事。明朝景泰年间(公元1450～1459年)，住在西门鲤鱼井边上的方景福，筑了一座桥，桥不大，才一丈多长，高不满五尺，宽大约六尺，只二个拱券。方景福取名叫“三思”，意思是无论是谁，过这个桥，想起桥名，都要静心反思，有没有什么事做错了，违背了人伦道德；看桥下流动的清水，想一想自己有没有想不通的地方。西门外有两兄弟，因为一点财产，来县衙告状，三思桥刚造好不久，兄弟俩停步一想，终于熄灭了告状的火气，各都退让一步，矛盾很快化解。这真是一个意义深远的善举。到了明朝成化七年(公元1471年)，三思桥毁坏，方景福的大儿子立即召集四个弟弟方必端、方必恭、方必敬、方必宏，花了不到一个月时间就将其修复好了。

方必通待人宽厚仁慈，又忠又义，在家族中是出名的孝子，后来他被供进了“孝子祠”，到了清朝，又供入了“忠义祠”。

南门外富溪桥(南门桥)，明朝崇祯三年(公元1630年)被洪水冲毁，方文述一个人独力捐资，将其重新修建成功。清朝乾隆皇帝三十八年(公元1773年)四月又被洪水冲毁，方士义、方延璧、方元德、方柳元、方村元五房共同修建。现在的南门桥就是那个时候修的，距今有二百三十多年了。

方家祠堂在羊角河西南，规模不大，所以又叫“香火堂”，现在还在，基本保留了原先的风貌，1984年改做了敬老院的一部分。

牛姓

牛姓是个不大的姓，在仙源城里也是小姓，但来历不算小，是商朝纣王王室的后代。商纣王荒淫无道，他的同父异母的哥哥微子启屡次劝说批评，纣王不听，他便离开了纣王。周武王灭掉纣王后，请他帮助治国，把宋国封给他，定都在河南商丘，范围在河南、安徽、江苏、山东之间，基本上是在安徽的淮北。

到了西周末年，微子启的后代中有个叫牛父的，担任了军事高官叫大司寇，作战勇敢，不幸身亡，他的儿子为了纪念父亲，就用父亲名字中的“牛”字为姓，牛父就成了牛姓的始祖。

牛姓姓不大，名人却不少。唐代就出了两任著名宰相，一个叫牛仙客，一个叫牛僧孺。岳飞抗金时，有个结义兄弟、忠实的将领，叫作牛皋。明朝末年李自成起义，他的有力助手、军师，叫牛金星。

仙源城里牛姓人口不多，住仙源城里西北一片，但老百姓口头上却活着一个人物，叫牛猫儿，又叫牛摸儿，偷技高超，是个神偷，很出名，但是他并不害人。知县传他到堂，无法惩罚他，只好说：“你能把我家中的紧要物品偷走，我以后就不再管你。”牛猫儿为了戏弄知县一把，把知县夫人的内衣偷了，当众亮相，知县只好干叹气。

但城里有个人他就偷不到，西门孙家的财宝星宿孙四郎官。孙四郎官是财神下凡，左脚踩金，右脚踩银，牛猫儿就想偷他一点金银，可是孙四郎官总不让他得手。一年正月十五闹花灯，东门黄家堂唱大戏。牛猫儿眼见得孙四郎官正坐在戏台前出神地看戏呢，赶快跑到孙家，朝大门缝往里一看，只见孙四郎官正点着一支大蜡烛，明晃晃的正在看书呢，家里到处都点着灯。因为孙四郎官是财宝星下凡的，牛猫儿始终偷不到孙四郎官家一点东西。

牛姓的宗祠在羊角河西北。

项姓

项姓最早得姓的始祖，是周王朝的王室家族，姓姬。周武王建立周朝后，既为了奖励建国有功的大臣和王室子弟，也为了让这些有功重臣和王室子弟分封开来，维持一方，帮助巩固王室，其中就分封了一个项国，就是今天的河南项城一带，从安徽界首向西北只两小时的车程。项国在春秋时期，就被山东的鲁国鲁哀公和齐国的齐桓公消灭了。项国国君的子孙们就不再姓姬而改姓了项。

项姓历史上名人，最是如雷贯耳的就是西楚霸王项羽了，他虽然失败了,却是一个伟大的失败英雄。《史记》上说他被韩信十面埋伏计打败,逃到今天安徽和县的乌江边,前有长江拦阻,后有韩信追兵,他只有随行的亲兵二十八人,真是插翅难逃了。乌江边的一个地方官准备了一只小船,劝项羽赶快过江,重新再来。项羽说:“天亡我呀! 我从苏州带领八千子弟,打到咸阳,今天他们没有一个还在,我一个人回去,即使地方父兄不怪罪我,理解我,支持我,我又有什么脸面去见他们呢?”把自己的乌骓马送给了地方官。

追来的汉将叫吕马童,是项羽的老相识。项羽笑道:“老朋友来送我了。我知道汉王拿千两黄金买我的头,还封万户侯,我知道你还没有立过大功,现在我成全你吧!”说罢,拔剑自刎而死。

仙源项姓有东项、西项之分。东项包括小东门和水东项,始祖叫项庆三,在元末明初时从江西迁来。西项住城西宜福垅和城内西部,始祖叫项容,南宋景定年间(公元1260～1264年)从歙县迁来。西项祠堂在西门里,已不存在。原仙源粮站房子就是东项家祠堂。东项家祠堂非常宏大,一般祠堂只有门厅和祭祀大厅之间有一个四水归堂的大天井,祭祀大厅和后进享堂之间只是一个一米多宽的小天井,而项家祠堂祭祀大厅和享堂之间却和前天井一样,是个大天井,1949年被改作县粮站,1980年又被拆建成了新粮站。

仙源城内项家,明代崇祯皇帝(公元1628～1643年)时,出了一个清正廉明、刚直不阿的高官,叫项如皋。他的官做到北京刑部福建司主事。因为崇祯皇帝朱由检性情刚愎,喜怒无常。许多官员秉公奏事,却遭到冤狱,项如皋调查核实,敢于为他们向崇祯上书,先后解救了二百八十七人。每当见正直大臣遭到皇上冤屈,他马上草成报告递上去,别人都怕得伸舌头,项如皋却说:“皇上如果发脾气降罪,我去承担!"多大的胆气,多好的侠义心肠!

项如皋死时,友好同僚给他办丧事,见他的箱子里只剩五两俸银和一件旧衣服,可见其为官十分清廉。

小东门外梅溪上有一座梅溪石拱桥,长有三丈多,宽和高均不到两丈,建造和修复都是仙源东项家人。第一个建造的人是乾隆年间(公元1736～1795年)东项人项守问,他家境并不宽裕,却乐于行善,修筑了这座桥。仙源城里的神偷牛猫儿,财宝星孙四郎官,还有黄家堂的黄道士,三个人年纪相仿。他们小时候喜欢在梅溪桥下洗澡,洗澡要脱掉衣服,于是三个人都灵光透射。一次刚好太白金星从空中经过，只见三道灵光挡住去路，低头一看，是他三个人，便点着头说："想不到这里还是块仙家宝地呀！"于是，仙源的名字就有了：仙源是出神仙的地方。现在梅溪桥已经加宽加固，成为公路桥，通向新明乡牛婆汗、沙滩河等地。

胡姓

中华胡姓和陈姓同宗。陈国灭亡以后，胡姓人差不多都迁到宁夏、甘肃东部、陕西南部这一带。汉武帝元鼎三年（公元前 114 年），把这一片地方设立为安定郡。魏晋南北朝时期，安定郡胡姓十分发达，出了许多高官、将军，有的一门父子兄弟都是高官。还出了三个掌握朝纲的国太。胡姓几百年里名声大震，"安定郡胡"就出名了。胡家灯笼上都印有"安定""胡"字。

胡姓始祖妫满传到第五十八代孙之一的胡乐陵时，已经是隋朝了，胡乐陵住长安，在隋朝当官。他有两个儿子，大的叫胡福，当隋炀帝的姑孰（今当涂）太守；小儿子叫胡裕，当了隋炀帝的兵部尚书。隋朝末年天下大乱，弟兄二人知道隋朝命不长了，都从长安把家搬过了长江，胡福在屯溪皇墩安了家，成了婺源清华胡姓的始祖，胡裕就隐居在黄山区三口镇的尚书里。

胡裕有两个重孙子，大的叫胡邦，迁搬到了宏潭，成了宏潭胡始祖，小的叫胡珲，定居在谭家桥碧山。胡珲和李白都当过唐明皇的翰林学士，李白来访问过，胡珲编的《太平胡氏宗谱》，请李白作了序。

胡珲的后代很繁盛，郭村胡、龙门胡都是碧山迁出的，还有很多到了青阳、泾县、浙江、福建、广东、湖南、湖北、江西等地。

而仙源胡姓是碧山胡姓在妫满第七十六代头上迁来仙源的，当时是南宋时期。

仙源胡姓到了明代，非常发达。现在的仙源胡是妫满第八十二代孙胡周保开始，作为一世祖繁衍下来的，人丁兴旺，居住范围大。仙源城里有城北岭坡上的胡家大门，有羊角河到大水关一带的胡家坳、胡家园。城外有南边胡，南边胡从车公殿往南，一直到现在 103 省道往南直到桐籽尖脚下都是，再往东麻村、屋里胡、朱家井，都是。现在除了桐籽尖下的胡姓村庄消失外，其他聚居地都有住户，只是在太平天国运动后，人口锐减。

当时有祠堂，其中一座是总祠，位置在现在仙源新街菜市场北边，规模相当宏大。岭坡上、胡家园和麻村各一座。麻村胡家祠堂维持到 1958 年才拆掉，可惜了一座“皖南事变”前的新四军兵站。南边胡氏总祠、胡家园祠堂、胡家大门里祠堂都在日本人的炸弹下，变成了断砖烂瓦乌焦木头了。

太平所有胡姓包括黟县宏潭胡、江西婺源清华胡、青阳泾县胡，凡始祖是胡福、胡裕兄弟二人的子孙，在明朝后期联了宗续了谱，统一排定了辈分的，当时就印了《婺源清华胡氏总谱》。所以哪怕因为太平天国战乱而逃跑到常州、镇江、扬州、无锡，或者安庆、汉口、荆州、沙市等沿长江一线的太平胡姓人的，到太平来寻根问祖，都能够叙上辈分。

仙源胡从明代开国起就出了不少名人。仙源胡始祖胡周保的第三个孙子叫胡泰亨，行名叫宁三公，在朱元璋还是吴王的时候，就中了进士。朱元璋亲自找他谈论国家大事，他见解新颖，对答如流，朱元璋很喜欢他，也器重他，把钱粮国库大权交给他掌管。后来又派他当云南知州，在一次平定叛乱时被俘，英勇不屈，后被杀。因为他当时名气很大，叛兵也感到他很正派，就把他的遗体包装好，不远万里送回仙源。清朝康熙皇帝建安徽省后，《安徽通志》上详细记载了他。明朝万历年间（公元 1573～1629 年），有叫胡笃卿的，中进士后，从汉阳一路当官当到云南，最后当到云南布政司参议的位置上退休，这个位置相当于副省长。他还留下了很多诗词文章。

清朝初年，仙源胡出了个大学者，名叫胡泉，字白水，学问广博，精通四书五经，一生教学生读书，学堂经常人多得坐不下。他一辈子只写了一本书叫《〈四书辨〉辨》。当时有人对《大学》《中庸》《论语》《孟子》这四部书提出了许多异议，写了《四书辨》，他提出了反对意见，写出了这一部书。因为他教学声望高，又有这部影响力很大的书，社会上都称他是“维护孔孟圣学的功臣”。到了清朝光绪年间（公元 1875～1908 年），仙源胡还出了一位叫胡师孝，号铁霜的人，是个学者，清朝光绪十八年（公元 1892 年）进士，入翰林院，任“观政天曹”职。后来外放在山东昌邑县当过多年县令，名声很好，好多青年得到过他的帮助，进步很快，都尊敬他叫恩师。他非常平易近人，却又不畏强权，更加得到老百姓和青年学生们的敬重。他的诗词、文章、书法，昌邑县人称为“铁霜三绝”。在他一百五十多年前的乾隆年间（公元 1736～1795 年）时候，著名的“扬州八怪”之一的郑板桥，恰巧在潍县当过知县。潍县和昌邑是邻县，郑板桥也是维护老百姓、不怕高官权势的，郑板桥的诗词、画、书法被称作“郑板桥三绝”，昌邑县人就把胡铁霜和郑板桥同等敬重，当成是昌邑县的骄傲。胡铁霜由山东转任湖北公安、松滋县令后，回家休息，恰逢做寿，昌邑县的学生和同僚都提前赶来贺寿。光绪三十四年，又把他派到湖北崇阳县当县令，赴任路上，转道沙市。太平天国时，胡姓族人逃难，很多人逃到沙市，集成了一个太平人集中居住的地方叫太平园。胡铁霜不幸在太平园染病去世，就安葬在太平园。胡铁霜去世后，昌邑县还来了许多人到太平园上祭，祭文叫人伤心得掉泪。

民国初年，仙源胡出了两个著名中医，一个叫胡紫绅，一个叫胡雨荪，都是药到病除的高明医生，连名医胡大侔都向他们求过学。仙源赵家赵佩卿和胡大侔在 1954 年同时调到省立医院，可是赵佩卿行医前，就是胡紫绅、胡雨荪的学生。

仙源胡姓在清朝末年民国初年出了胡之桢、胡庆道父子二人和出生于清朝末年、逝世于 20 世纪 80 年代末的当代心理学宗师胡寄南，另文介绍。

崔姓

当年刘元凯排二十四姓的时候，仙源城里本没有崔姓，因为当时正是明朝嘉靖年间(公元 1522～1566 年)，仙源方家的方涯过继给甘棠崔姓的舅舅家，所以就叫崔涯。可崔涯一直住在仙源。而崔涯又是重量级人物，嘉靖皇帝面前的监察御史，嘉靖皇帝曾在金銮殿上当着众大臣的面，称他是“真御史”。和他关系很好、又比他矮好多级的县令刘元凯自然要尊他为仙源二十四大姓的一大户。但是到清朝后期，仙源城里西门街已经形成崔姓村巷——崔家巷。

崔姓是周朝开国功臣、周武王姬笈的相父姜太公姜子牙的后代。而姜姓又是上古炎帝的后裔，因为炎帝的出生地有条河叫姜河，就以河名为姓。炎帝长大后，跑遍所有山川，尝试百草，发现了可以做粮食的、做蔬菜的、做药物用的植物，所以他被尊为神农氏。他和黄帝，并称炎黄，都是中华民族的始祖，这样，崔姓就是炎帝的后裔。

姜子牙立下周朝开国第一功，周武王封给他最大的国——山东齐国。到了他的长孙季子接位时，季子却不愿当齐国皇帝，把王位让给了弟弟叔乙，自己搬到崔邑住了下来，人们都称他叫“崔季”，他的儿孙们就以崔为姓，尊他为一世祖。

因为崔季有让王位的高德，所以崔姓一直很繁荣，晋朝时，连声势浩大、在朝廷掌握大权的王、谢等大姓，人数都比不过崔姓。到了唐朝，崔姓仍然是当时天下第一大姓。唐太宗编《氏族志》时候，把李姓列为第一，长孙皇后的姓“长孙”列为第二，往下无论如何也要把崔姓列为第三了，可见崔姓名望之高，人口之丰。

唐朝从唐高祖李渊算起，到最后一代皇帝哀帝，一共二十三代皇帝，崔姓从崔胤起就出了二十二个宰相。唐玄宗时候，崔琳当宰相，名声响遍全国，他的两个弟弟崔琏、崔瑶也都博学多才，功劳很大，权位很高，崔琳弟兄三个都享受门庭摆列仪仗的待遇。崔琳有六个儿子先后都考中了进士，当时很是轰动，当时人称作“崔氏六榜”，其中一个接替父亲当了宰相，这个宰相的儿子后来还当了宰相，一门公孙三代都当宰相的事，也仅是崔姓出现过。

中唐以后有个与白居易齐名的人，叫元稹，编了一本《莺莺传》，后来改编成了《西厢记》，又改编为《红娘》。这个莺莺人是真人，事是真事，莺莺就姓崔，她的父亲就是唐朝的一代宰相。

崔家在唐朝最后一任宰相叫崔群，他是在唐宪宗元和年间(公元 806～820 年)当了十二年的兵部尚书后拜相的，但不久不知得罪了谁，一下降职成为地方小官，贬到宣州府当了个小幕僚，在宣州洪林桥定居了下来。

崔琳的一个后代叫崔寿一，迁来了太平，在新明崔家墩上住了，崔寿一的一个孙子崔喜翁到甘棠定居，成为甘棠崔家的一世祖。他有两个儿子叫崔融、崔和，算来是五代后期、宋朝初年的事了

甘棠崔在南宋时期(公元 1127～1279 年)已经相当繁荣了，明朝前期，已经形成了三甲祠(崔融房)、七甲祠(崔和房)两大宗祠和榛、槐、棠、棣、杉、桅、漆、楠、杞九个支祠的独立一姓的大村落，这在整个皖南都可能是绝无仅有的。

甘棠崔在明、清时期甚至民国时期，出了四十多个著名人物，包括十个进士，三十个举人，留下了近六十部著作。就连外甥过继给舅舅的方涯改名崔涯后，也中了嘉靖己丑(公元 1526 年)科进士，是皇榜第一甲中人，虽不是状元，却是进士魁首之一。金榜题名之后，崔涯就被选派去当云南道监察御

史，很快又被嘉靖皇帝调到北京，当了中央的监察御史。他关心老百姓疾苦，惩治贪官污吏，很多贪官污吏听说他来了，都自动离职跑了。嘉靖皇帝当众亲口称赞他是“真御史”，嘉奖他竖牌坊，牌坊就竖在进仙源南门几十米的直街上，名字叫柱史坊，意思是他是国家的台柱子。但是最终却因为弹劾吏部尚书汪鋐，违背了嘉靖皇帝的意旨而去职回家。在家闲居，除了留下许多诗文，还在黄山留下了一件轶事，黄山北海醉翁峰下留有他的题名石刻，就是他有感而发的。唐代时有个中央高官东台御史胡爱九，不知何故贬来太平当了县令。胡县令郁郁寡欢，常到北海道人峰下道观和道士喝酒、论诗、下棋，常常喝醉，自称“醉翁”，后来人就把这相邻的两座峰叫作醉翁峰和道人峰。崔涯此时的心态和当年胡爱九的心态是一样的，这就是崔涯在醉翁峰刻下自己名字的心曲。

明朝隆庆年间(公元 1567～1572 年)，崔姓出了个进士叫崔廷健，身材魁梧，相貌堂堂，口齿流利，万历皇帝派他作“天朝大使”出使朝鲜。朝鲜都惊叹“真是天使”，送了许多奇珍异宝，他分文不取，全部带回交给朝廷，圆满完成出使任务，万历皇帝亲自嘉封给他“皇华一品”，批准在家乡建立牌坊。“皇华一品”坊四柱三层冲天楼阁式，石雕精美华丽，立在甘棠老街到六角楼的官道上，隔月弯河，正对着崔家长房三甲祠大门。这座精美的牌坊稳稳当当矗立近四百年，在 20 世纪 50 年代被拆毁。

到了清朝康熙年间，崔家又出了一位享受皇帝直接嘉封的大人物，叫崔彪。他在康熙皇帝收复台湾的战争中战功显赫，开发发展台湾功劳卓著，康熙把他直接调到身边管理皇帝的卫戍部队，亲封他做光禄大夫，享受一品待遇，赏赐一件黄马褂，见官大三级。

崔彪性情朴实，退休回家后，天天跟老百姓在一块，没事根本不跑县城。有一天，在今天黄泥巷地方，他和几个农民朋友干活，因为下了一两天雨，路上泥水不少。有人说，听说有个黄翰林作威作福，一路要吃要喝要东西，今天要从青阳过来，叫崔彪跟他开个玩笑教训教训他。说话的这地方有个亭子，让来往人歇脚避雨，亭子没有正式命名，老百姓通常就叫五里亭。几个人七手八脚，找了些柴草在亭子里烧了个火堆，火灰里煨了几个玉米粿焦黄喷香的。崔彪拿来黄马褂，用竹竿挑起挂在亭外，自己坐在亭子里。这条路本就是徽州到青阳、贵池的官道，一眼能看很远。黄翰林老远就看到了黄马褂，看到黄马褂就等于看到皇上，黄翰林急忙滚鞍下马，拜倒在地，三步一跪三叩首，黄翰林在翰林院不认识崔彪，但黄翰林知道此人来头不小，不然怎么会有黄马褂呢？黄翰林靴子、裤子、袍子、甚至马褂到处都沾上了黄泥浆水。崔彪从火灰里扒出玉米粿请他吃，黄翰林急忙双手接过试着吃，嘴里还说着“我皇万岁”。崔彪接着说：“老百姓就吃这个的，你不该一路上搜刮老百姓血汗。”黄翰林连忙跪下：“奴才知罪，谢主隆恩。”连忙藏好玉米粿，牵着马跑了。大家都笑说：“黄翰林变成黄泥翰林了。”因为太平话“翰”“巷”音近，后来大家就把亭子这里叫作“黄泥巷”了。崔彪因为功劳大，后来还被写进了清朝的国史。

崔家在清朝光绪年间(公元1875～1908年)又出了个外交家叫崔国英，被慈禧太后派去出使美、西班牙、秘鲁三国，出使一年，不仅维护民族尊严，为华侨争得权利，促进了友好，还写了出使日记十六卷，对三国各方面情况都做了全面记载和分析评价。这部日记是研究近代中外关系的很宝贵的资料。

现当代还有一位女生物学家，叫崔之兰。1949年以后，她一直担任北京大学生物系教授，她在青蛙类方面的研究，已达到国际水平。

查姓

查姓在全国姓氏中得姓较晚，总人口也不多。

唐朝灭亡后，有个梁、唐、晋、汉、周的五代时期。赵匡胤公元960年在河南开封建立宋朝时，有个南唐在南京和它同时存在了十六年，皇帝是李煜，是个有名的诗人。南唐虽然只存在了十六年，可是它有员大将，叫查文征，是军事栋梁。李煜向赵匡胤投降时，查文征一家全部迁到浙江海宁，成为海宁的旺族。这是查姓的来历。

太平的查姓也不多，但迁入较早，在朱元璋当皇帝期间，就从泾县方向迁来了，住在仙源城南，祠堂也在城南桂花坳——不过早就不存在了。

汪姓

太平汪姓差不多都把汪华看作先祖。宋朝初年，汪华后裔从歙县呈坎迁来太平岭村，就是今天的三口，已有一千多年。又据湖北、安徽、浙江、南开大学收藏的十多种《汪氏家谱》基本一致的说法，汪华有九子，其七子爽的次子处贵“应孝廉不捷”，而“居宣(州)之太平县”，以后就定居下来。处贵有两个孙子，小孙子名凤林，就是有名的汪伦，出生于今黄山区三口乡，汪姓应是在初唐与盛唐间就迁来太平了。汪华是隋末唐初绩溪人。隋朝末年天下大乱的时候，汪华也起兵，占领了宣州、歙州、杭州、睦州、婺州、饶州这六州，自称为吴王。太平龙门当时有一个人叫左难当，也起兵保护地方。汪华和左难当互相支援。谭家桥到歙县的箬岭这条通道就是汪华为了支持左难当开凿的，后来成了徽州府到池州府的驿道。左难当当时在今天太平湖水下原广阳城北五里。夯筑了一座里外两层的猷州城，猷州城东三里路，有一个大村子，左难当为了纪念汪华，把它叫作华村。汪华和左难当后来都归顺了唐太宗李世民。后来李世民出兵朝鲜，御驾亲征，薛仁贵当统领兵马大元帅，左难当阵亡，汪华替唐太宗留守长安，代行皇驾。因为汪华影响大，所以后来像新明密溪、葛湖、三口、谭家桥、仙源城北和水东都有汪公庙，每年正月十八汪华生日那天，都出“汪公佾”，抬着汪华坐像到各村接受香火，享受祭礼。出行的队伍，前头有“唐封越国公汪公大帝”虎头牌，后面抬着六角香亭，三十二副锡制銮驾，六顶黄龙伞，六面帅旗和麾、幢、旗、幡，还有香盘、花筒、签筒、玺、印、令箭、令旗等，浩浩荡荡，有半副銮驾风光。焦村镇陈村下街头有崇显庙，供奉汪华的第九个儿子叫“九相公”，每年二月十二九相公生日要出佾，纪念汪华及夫人和九相公。

汪姓在历史上出过不少重量级人物，著名的有宋朝诗人汪元量，宋朝宰相汪伯彦，元代相当于宰相的中书左丞汪惟正，清代著名的诗人、书法家、古文学家汪士皇。

汪姓迁入太平很早。先到三口，后到仙源。2006 年《黄山日报》周末版刊登过考证李白访汪伦的那个汪伦的文章，认为汪伦是从三口迁往桃花潭的，汪伦是今天太平三口镇人。这篇考证文章选在 2008 年出版的《黄山区志》的 1 213～1 214 页。所以汪姓什么时候入迁太平，还很有发掘研究价值。

汪家祠堂建在中市街西边。

孙姓

孙姓得姓的来头很大，有两个来头。

春秋时，楚国有个叫蔫贾的人，掌握国家最高的军政大权，被人害死，他的儿子叫蔫孙，字叔敖，带着母亲隐居到湖北云梦泽，种田过日子。孙叔敖心地非常善良，又非常孝顺。一天他种地，看见一条两头蛇，心想：听说两头蛇既毒又凶，谁看到了就要死。于是他就把两头蛇打死埋了，心想我一个人去死吧，不要让别人再看到它了。埋了蛇后，回到家，跪在母亲面前大哭，诉说了事情经过后，哭着说不能为母亲尽孝了。母亲听了，反而高兴地劝他说："你的心这么好，举头三尺有神灵，人做事，好坏心，存心有天知，你不但死不了，还会交好运的。"果然不久，谋害他父亲的人谋反，楚王处死了他，并派人把孙叔敖接回朝廷，接替他父亲，掌管楚国最高军政大权，他的后代就用他的名字"孙"作姓。

还有个来历是，陈国陈厉公的后代叫陈天宇。陈国被楚国灭了之后，陈天宇到齐国当了官，他的儿子陈书立了功，齐王赐给陈书姓孙。后来齐国发生了内乱，陈书又逃到吴国，他的孙子就是大名鼎鼎的孙武，吴国的最高军事长官。孙武写的《孙子兵法》，到今天，许多国家还都在研究。孙武的后代孙膑，也是中国历史上响当当的军事家。

《百家姓》把孙姓排在第三位，说明孙姓在历史上就是个大姓。因为齐王封陈书姓孙，所以陈书，也就是孙书，就成了姓孙的始祖。

孙姓早先最有名的就是三国时吴国的吴王孙坚和他的两个儿子孙策、孙权。父子三在东汉末年军阀混战中建立起吴国，立国虽然不足六十年，可是国力是非常雄厚的，江苏、安徽、湖北、江西、湖南、两广、福建、浙江等整个东南都是他的势力范围，东吴甚至有了海军，还有商业船队，可以到达印度尼西亚。

吴国是在孙权手里强大起来的，就连南宋时候著名的诗人辛弃疾写诗也这样说："生子当如孙仲谋。"孙仲谋就是孙权，戏剧舞台上的扮相，也是红脸红胡须，说明有魄力。

传说原先秧溪河的孙家，就是孙权的后代。

到了唐代，唐太宗的时候，陕西耀县（今陕西省铜川市耀州区）有位神医孙思邈，医德高尚，医术高明，唐太宗很信仰他，长孙皇后一场大病，就是孙思邈治好的。贫苦人来治病，孙思邈不光送医，还送药。孙思邈喜欢栽杏树，为的是取杏仁做药，贫苦人就主动帮栽杏树，作为报答。孙思邈住的山上长起了大片杏树。有一天,一只老虎吃东西卡住了喉咙,来找孙思邈。孙思邈一心善念,救治了这只老虎,老虎就每天给他守护在杏林里。所以中医药界从那时起就传下了一个典故,叫"杏林虎影"或叫"虎影杏林",就是赞扬医生医德高尚、医术高超的意思。

中药界一直敬孙思邈为药王菩萨,孙思邈原来住的那座山以后就叫药王山。

唐代还有个著名的书法家孙过庭,留下有名的草书帖《书谱》。

仙源岘村孙姓,是从安徽枞阳县孙家畈迁移过来的,那么西门外孙家和岘村孙同派,那么他们最近的先祖就是枞阳孙家畈的了。西门孙家分城里孙家、城外孙家,城里城外各有一座祠堂。

仙源孙姓有几个了不起的人物。

一个叫孙林,南宋绍兴年到淳熙年间(公元1136～1189年)人,宋高宗绍兴二十四年(公元1154年)中进士后,接连担任知县、知府职务,他不论到什么地方,都始终抓紧四件事:兴办学校、发展文化、平均赋税、缓解矛盾。甚至遇到年成不好,还替困难人家代交赋税,为官十分公正廉明。宋高宗问他:"你怎么能做到又爱护老百姓又能秉公办事呢?"孙林回答说:"只要公正了,就能清明办事。"宋高宗又问:"那么你怎么就能做到公正呢?"孙林说:"只要做到清廉,不贪不贿,就能做到公正。"宋高宗又追问:"那么你怎么会做到清廉呢?"孙林说:"生活做到俭朴,不贪图享受,不奢侈,不攀比,自然就清廉了。"孙林在九百多年前就总结了为官清廉的准则了。当时的理学大家朱熹就这样评价他:"爱护老百姓,又能教育好老百姓,这是自古以来真正的力官之才啊!"

一个叫孙璧文,仙源岘村人,同治六年(公元1867年)举人,当过婺源、全椒等县的教谕。他一生淡泊名利,喜欢读书。光绪元年(公元1875年),太平县知县邹钟俊、教谕马征麟,提倡发展文化,重振"仙源书院",他们二人捐了私藏书80多种,一下兴起了私人捐书的风气,仙源书院藏书达到一万多卷,马征麟整理编辑了《仙源书院书目》七卷。

私人捐书出力最大的就是孙璧文。他到处劝人出资买书,自己到处采购,从湖南、湖北、江苏、浙江、福建、广东、上海、日本长崎等地,买回21 500多种书,共27 350卷,存在书院,接着他又续编了《仙源书院书目》7卷。仙源书院藏书总卷数达到 33 000 多卷。

可惜这些书后来有些散失了，未散失的也最终都被日本侵略者的炸弹炸成了灰。

提起仙源姓孙的，谁都会想到财宝星孙四郎。孙四郎虽然左脚踩金，右脚踩银，财宝跟着他走，可是他从不显富，平时穿戴总是平平常常。有一回他到景德镇，想选买一点好瓷碗。一般民窑只烧老百姓用的东西，在瓷器市场上基本上卖的是这一类货。好瓷碗只有官窑才烧。孙四郎从上街头看到下街尾，看哪一家都是暗摇头，最后问一句"有没有官窑瓷碗？"老板一回答"没有"，他调头就走。老板见他相貌平常，衣装平常，又是外地口音，没把他放在眼里。

直到最后一家，他得到的是同样的冷淡，他不由得长叹："偌大的景德镇，连一件像样的官窑瓷碗都没有。"看他人不怎么样，口气倒不小，老板冷冷地说："有倒是有，就怕你买不起。"孙四郎朗声说道："货还没有，你怎么知道我买不起？"老板就叫伙计从后间搬出几种样子的碗出来，果然比民窑烧的漂亮多了。他跑到街心，几脚一跺，当场跺出一大堆金元宝来，对老板大声说："你去约一约，只要是官窑碗，我全要了。"说着，又跺出几堆元宝来。结果他把整条街所有的官窑碗全买了，又请人把这些碗全都打碎，保留一个完整的碗底，太平话叫"碗垛"，破碎的部分朝上，把整条街全铺了一层。到景德镇谁都知道有条太平话讲的"碗碗垛儿街"，看是很平整的街面，可是打赤脚不能走路，感到全是尖锐的东西硌脚。

黄姓

仙源黄姓迁来太平，大约在元末明初，能追溯上去的是从武昌过来的。当时武昌有个黄元集当新安太守，就在屯溪皇墩安了家。唐朝时候，他的子孙有迁到祁门左田的，到了朱元璋当皇帝的洪武年间(公元 1368～1398 年)，有个后人叫黄德芳的，迁到太平县龙门乡沙田，现在属新华乡，到现在已经有六百多年。明朝初年，就有一部分迁入仙源城里。黄姓到仙源城里，发展很快，很快就成为大姓。到了明朝中后期及清朝，集中居住的地方有东门以内一大片。进东门靠街南一带叫黄家堂；进东门直到直街，是孔庙街或学前街，又叫黄家街；进东门朝北还有黄家巷。可是黄氏宗祠却在黄家街向西过直街后黄门里。

寻根问祖，黄姓来历很大，有两个来头，都来自上古五帝。一个是从黄帝开始。黄帝的儿子少昊有个孙子叫台骀，当了水官，被封在山西汾水，成为汾水的神。他的后代分别建立了成、沈、姒、黄等小国，黄国的子孙就以国为姓，这是最早的黄姓，黄姓人把台骀当作黄姓的始祖。

另一个说法是上古五帝的第二个帝颛顼，他的玄孙陆终有六个儿子，所以后代很多，其中有一支在夏朝时因为有功，封为黄侯，黄侯的后代就以黄为姓。

黄姓在历史上也有不少名人。汉朝时候，有个宰相叫黄霸。三国时，刘备的五虎上将之一叫黄忠。火烧曹营八十万人马时，有个“周瑜打黄盖，一个愿打一个愿挨”的黄盖。有个说法，黄盖就葬在陵阳山。唐朝时起义的黄巢，鼎鼎大名。到了宋朝，出了个很有名气的诗人、文学家、书法家黄庭坚，和苏东坡齐名，又是好朋友。清朝出了个著名的思想家、文学家黄宗羲。

仙源城里黄姓，有一家人应该不能忘记。仙源麟凤桥是乾隆三十年修成的。首先倡议、带头出钱的就是黄光健，另一个黄姓人黄廷选负责督造。黄光健的孙子黄景星到汉口经商，赚了钱不忘记家乡。道光二十二年(公元1842年)太平遭受雪灾，他拿出很多钱送来家乡救灾。咸丰年间(公元1851～1861年)，因为太平天国战乱，太平全县十室九空，沿长江往上游往下游，到处都有太平难民。黄景星和另外一个叫汪金鳌的，在汉口合办了救济所，专门收容救济太平跑去的难民。同治年间，仙源麟凤桥被洪水三次毁坏，三次维修的钱，都是黄景星独力支付的。黄景星身在汉口经商，心里却时刻关注着家乡，为家乡办了许多功德无量的好事。

清朝经历康熙、雍正、乾隆、嘉庆等代，一直到道光，仙源的书画界出了个“仙源画派”，黄家人占一多半。其画风画技，笔墨通灵，影响面非常广大。最早的叫黄太松，康熙年间(公元1662～1722年)人。他有个特点，喜欢喝酒，酒到半醉，画兴特别浓，一会儿工夫，可以连画多幅。他曾游杭州，大家公评他的翎毛花卉作品，都是第一流的。可惜他的作品存世不多，现在能看到的只有一幅《黄山图》；他的儿子黄本复传承了他的画技和书法，孙子黄梦彩也爱诗画，还喜欢音律弹琴。第二个代表人物是黄太松的重孙子黄裔，是乾隆、嘉庆年间 (公元1736～1820年)人。他特别善于画翎毛花卉，当时社会流传“黄裔画的八哥会叫，喜鹊会飞。”他画的山层峦叠嶂，挺拔苍秀。他的作品都传到了日本，得到“妙笔夺天工，芳声传异域”的评赞。黄裔的孙子黄钟，可以说深得他的家传，花鸟作品富于创意，在安徽全省都广为传颂。

还有黄锐，同样善工山水花鸟，并且精工人物画。

黄太松和他的曾孙黄裔和黄锐三人，前后跨越 100 多年，称为清代三大画家，名动江南，和当时太平人在外地著名画家邵岑中、刘太宪，五人并称为“仙源画派”。

说到仙源黄姓，不能忘掉“仙源三星”里的黄道士。黄道士就住在东门里城墙边，东墙上窗户正对着挂榜山太阳起山的“榜山架镜”一景的半圆山坳里。黄道士练道家功夫，每天太阳出山前，他就坐在窗前正对着太阳出山的地方练功，采天地之英气，取日月之精华，青年时就练成了飞遁的本领。

一年正月里，快到元宵节了。仙源城里年年正月十五都要闹花灯。黄道士的小叔叔比黄道士大不了多少，也贪玩，两人之间讲话，也不分大小。小叔叔突然想到扬州去玩，黄道士就说：“我想办法带你去。”小叔叔却又说：“你个讨饭料，说梦话。”

正月十三晚饭后，仙源城里里里外外灯火一片，花灯会开始了。黄道士偷偷把小叔叔拉到后院，说：“我有办法了，到扬州看灯去，不让别人晓得。”他在后院扎了一条稻草龙，他先骑上去，叫小叔叔骑在他身后，抱着他腰，闭上眼睛，不叫睁眼就千万不要睁眼。果然一会儿小叔叔就听得耳边呼呼风响，像在半空中飞一样。不一会儿，小叔叔感到悠悠地往下降落，落到了地上。黄道士说：“叔叔，到了，睁眼吧。”他叔叔睁眼一看，果然比仙源热闹多了，叔侄两个玩了个通宵，第二天又玩了一天。第二天晚上，黄道士说：“回去吧。”叔叔还舍不得走，黄道士就给了三个铜钱给叔叔，说：“三个铜钱，你一次只能用一个，最多用两个买饭吃，不要一下用完。”说罢，他先走了。

他叔叔一个人一直玩到正月十六，要回家了，侄子先走了，他只得步行，先头还照侄子讲的办法用钱，奇怪的是，每次用钱，口袋里总还是三个。一天，离家的路不太远了，走得又饿，就把三个钱一下子买吃掉，再摸钱，口袋空了，只好要饭回家。

一到家，一副狼狈相，黄道士迎着拍手笑：“讨饭料，讨饭料。”

赵姓

仙源赵姓主要居住地是南门桥以前，叫赵家宕，再往南，中市街天都书院附近一带也有居住的。明朝有名的知府赵象家就在中市街。大水关内有一口赵家井，说明大水关也有不少赵家人住。赵家祠堂在今天南关小学前院。

赵家人说，仙源赵姓是宋朝王室赵匡胤、赵匡义家的后代。北宋末年，金兵想灭掉宋王朝，宋王朝的人纷纷跑到江南山区避难，有一批就在仙源住下来了。北宋国都开封沦陷，宋高宗赵构就把国都迁到杭州，大将军韩世忠、梁红玉夫妇二人扼守长江天堑，岳飞仍旧守在中原地区，由此江南得到安定，社会逐渐得到繁荣。

赵姓也是上古五帝之一的舜帝的后代。大禹因为治水有功，舜帝就把天下交给了禹。禹老了以后，把帝位交给舜帝的一位大臣的儿子伯益，伯益不愿意接手，躲了起来。到了周王朝时，伯益的后代名叫造父的，驯马驾车有功，周王室把他封在赵，造父的子孙就拿封地做姓，姓赵，造父成了赵姓的始祖。

中华赵姓出了两个时期皇帝，出过许多名人。战国时期，赵籍建了赵国，在今天的山西，传了十一代。战国时有七雄，燕、赵、韩、魏、齐、楚、秦，赵国是战国七雄里的强国、大国之一，立国 182 年。到了公元 960 年，赵匡胤建立了宋朝，北宋南宋，共 18 代皇帝，立国 320 年。《百家姓》是宋朝编写的，所以把赵姓编为百家姓的第一姓。

除了出了帝王以外，赵姓还有许多传扬千古的名人。秦始皇的儿子秦二世时的宰相就叫赵高。三国时，刘备的五虎上将之一的赵子龙，浑身是胆，勇猛无比。宋朝赵匡胤当皇帝，赵普功劳显赫，是历史上有名的宰相。元朝有个赵孟頫，是历史上著名的书法家、画家，他的书法有棱有角，既端庄又活泼。

仙源赵家历史上的人物，其中可圈可点的闪烁着历史光辉的有好几个。

第一个榜上有名的叫赵象，他学历不高，但却是一位青史留名的有名知府。但此处从略，另作专记。

仙源城南赵家第二个有名的人，是个官不大、却医术高超的人才，叫赵天向，是清朝同治、光绪年间人。他年轻时就被选派到江西高安县当县丞，相当于副县长，后来调到南昌府当经历。所谓经历，是府衙以上才有的一种文职小官，主要工作就是管文件收发、文书往来的事。他很精通中医中药，以前叫“岐黄术”。公务闲空时，常常给同僚、百姓们配个方、看个病，总是把脉准确，药到病除，后来名气越来越大，弄得江西省巡抚都请他把脉开方，而且很满意。

光绪六年(公元 1880 年)，慈禧害病，要各省推荐名医，江西巡抚没推荐专职医生，倒把他推荐去了。赵天向在慈禧起居的体元殿给慈禧把了 34 次脉，脉象说得准确，慈禧心下舒服。在太极殿和太医共同讨论，拟定药方 55 次，因而得到慈禧的多次赏赐，慈禧特别开恩，批准他就住在皇宫、吃在皇宫共 55 天。

赵天向不是名医，却是圣医，是仙源赵家，也是整个仙源的荣耀，真正专业医生的医术恐怕也难以达到这个高度。

现当代仙源赵家出了个军事家，叫赵元龙。他公元 1895 年出生，本名叫德驹，但人们却十分熟悉他的字元龙。他的品性，用现在的话说是思想开明，与时俱进。

童年时候，一年腊月二十四，过小年，祠堂祭祖，男丁凡能走路的，都要到位。进祠堂一般一年只进一次。他进祠堂后，不觉新鲜，就到处走走。他突然迷迷糊糊，走到一个地方，听到什么地方有人讲话：“他将来是个大官，大家都要保护他。”当时他人小不在意，后来老了闲来无事，回顾一生经历，前后联想，想起小时候进祠堂这件事，觉得自己一生真的扑朔迷离，有些意思。

他从小就喜欢社会新事物、新文化。宣统元年 (公元 1909 年)考入清朝末年的新型学校——安徽陆军小学，学校在省会安庆，1912 年毕业，1914 年进入安徽督军营，不久又被选派北京陆军第一预备学校，很快又考入保定军校，1917 年毕业。

保定军校毕业后，一直到抗战胜利，这二十多年里，他基本上是过着军事教官、军事高参的日子。1925 年春天，接到广东黄埔军校命令，到黄埔军校在周恩来部下担任军校第四期战术教官，第二年在国共合作叶剑英部队里担任中校参谋长，不久到南京中央军校当了十多年的高级教官。接着到陆军大学学习，三年后，抗战爆发，从那以后就一直随军到新疆、甘肃、西安等地，当高参和高级军官。因与胡宗南不和，坚持到抗战结束就退出军事生活，到家乡仙源麻川河岸边，办起水碓，干给人舂米的生意。闲暇时，在住屋和水碓周围栽竹栽树，种菜养花，过平淡闲逸的老百姓日子。

1949 年以后，土改中赵元龙被判刑 5 年，1958 年被管制 3 年，1972 年被判反革命罪，服刑七年。1980 年重新审查，全是冤案。这期间他的罗、程两位夫人先后去世，尽管孤身一人，他仍坚持信仰孙中山先生倡导的“三民主义”。1980 年以后，他先后担任了安徽省文史馆馆员、太平县政协常委。1992 年去世，享年 97 岁。

夏姓

仙源城内夏姓不是大姓，仰山、许家墈有几户。乌石乡有个夏村，现在已经淹没在太平湖底。据说南宋时，国都临安(杭州)的卫戍部队司令官叫夏贤贵，就是乌石乡夏村人，夏贤贵建造了夏村八景。宋、元时候，夏村夏姓人口众多，相当繁荣，而到了明清时期夏姓就已经败落。仙源夏姓主要住在过南门桥后东边到麻川河岸一片。

夏姓是怎么来的呢？上古尧帝因为自己的儿子丹朱不成器，尧帝就把帝位交给了舜。舜也因为自己的儿子高均承受不了皇帝位，就把帝位交给了治水有功的大禹。大禹老了，本来打算把帝位还给舜的一个大臣的后代叫伯益的，可是伯益却躲起来不见面，禹只好传位给了自己的儿子启。启建立了奴隶制社会，夏朝就改变了尧、舜、禹时的社会制度，多数人成了少数有权有势的人的奴隶，奴隶主越来越残暴。《三字经》上说：“夏传子，家天下，四百载，迁夏社。”到了夏朝建立 400 年的时候，最后一代皇帝桀更是残暴无比，商朝开国的皇帝成汤，就把夏桀灭了。夏桀的后代就把夏朝的朝名“夏”作姓，夏姓的始祖可能是大禹，也可能是禹的儿子启。

夏姓的祠堂在南门桥南头折向东，富溪河南岸。

洪姓

在太平，洪姓人数不多。即使像永丰有洪田、新明有洪家湾等标志姓洪的人集中居住的地名，可以想到这些地方姓洪的先前是比较繁荣的，但现在却是人数少的小姓，就是仙源城里历史上姓洪的人也是不多的。

可是洪姓的始祖，历史上却是公认的了不起的失败英雄。是谁呢？他就是有名的共工氏。

远古时期，有个有名的伏羲皇帝，《易经》《八卦》首先就是他发明的。他有四个得力大臣，文能文，武能武。第一个大臣就是共工，共工是姓，名字叫康回。共工生得画如黑漆，发像朱砂，身体魁梧，力大无穷。他的封地在黄河北岸，非常会水，也会用水，伏羲皇帝就封他当水神。

伏羲去世以后，伏羲的女儿女娲接替了伏羲的帝位。中国人是黄种人，传说就是女娲在正月初七那天，用黄泥做成了许多男体和女体，那天太阳好，泥人很快就晒干了。因为中国人是正月初七那天诞生的，所以几千年来，中国人一直把正月初七当作自己诞生的日子，叫“上七”。初七大晴天，全年身体就会健健康康的，所以正月初七是人过生日，也叫过小年。

女娲接替了她爸爸伏羲的皇帝位，共工氏非常不满，因为他是水神，就发起洪水来作乱，造成天下洪荒。女娲就派善于用火的火神祝融去征服，把共工打败了。所以后来人就拜祝融火神，请祝融保护不发生火灾，上山做事、用火，先在山下敬山神、敬火神。

共工被打败了，非常愤怒，一头撞向顶天的柱子不周山，把不周山撞倒了。不周山一倒，西北的天就塌掉一大块，女娲采集许多五色云母，熔化成膏，补好了天。

共工受到几次挫折，安静了好多年。

到了轩辕黄帝时，他又出来捣黄帝的乱。因为轩辕黄帝和炎帝发生过战争，黄帝占了炎帝不少地盘，共工和炎帝是同族，他就和另一同族的蚩尤联合，和黄帝对抗。在今天北京市西北的涿鹿大战一场，共工又败了。

到了尧、舜时期，共工又运用他的神通，造成第二次天下大洪荒，滔滔洪水淹没了整个天下，大多数人都被淹死了，少数有本领有能耐的人都住到高山上去了。当时最高的山就是昆仑山、天山这些山，这些山上集中了很多功夫深厚的人，比如姜子牙就是上昆仑山学道家功法的，比如那些高功夫的剑仙侠客都是上昆仑山、天山学的。以前上学读《千字文》“天地玄黄，宇宙洪荒”，就是指的这次水漫天下。

洪水满天下，舜帝派大禹的父亲鲧去治水，鲧采用堵的办法，越治水越大。舜帝改派禹去治。禹采取疏导的办法，该劈山就劈山，该开河就开河，“长江三峡”就是大禹用大锛挖开的。大禹用了十三年时间，终于把滔滔洪水引导流向东洋大海，共工又彻底败了。

大禹登上帝位之后，吸取了以前教训，不准共工氏住在黄河以北平原地带，一闹洪水就一片汪洋，把他安置到南方多山地带，人可以住在山坡上，即使发生洪水，也会来得快，去得快，不会造成太大的灾害。共工氏到了南方以后，南方有了这个大水神在，所以南方就水网密布，湖泊众多，气候湿润了。

为了防止共工氏再闹洪水，大禹派祝融就住在湖南的南岳衡山最高峰看着，祝融去世后就埋葬在衡山最高峰，后来人就把衡山最高峰叫祝融峰。现在祝融峰上还有祝融墓古迹。

共工氏后代都有操控水的神通，所以就在“共”字边上加上三点水，成了“洪”，就以“洪”为姓；把“工”字加三点水，就成了“江”，所以南方的河道都叫江。共工氏就成了天下洪姓的始祖。他虽然失败三次，但他终于为人造福了，所以人们都认为他既不甘失败，又造福于人，是了不起的失败的大英雄。

仙源洪姓人原居住地在今天仙源南关小学东边，洪姓祠堂在南关小学北头的东边，《仙源镇志》上说“天都书院东下首”，天都书院就在南关小学的北头。

周姓

仙源周姓，从历史看，明朝时候就是大姓望族了，明朝嘉靖年间出了个耿直之士，敢于和嘉靖皇帝非常宠信的高官严嵩斗的周怡，周怡的亲弟弟周恪、周怡的堂兄周怿都做到了知府。周姓在仙源的影响就更大了，一直到现当代，仙源城里，周姓人口都是相当多的。

周姓的来历是很有根底的，追根到底，要到上古五帝的第三位帝喾。喾的元妃姜嫄有一次到野外游玩，突然看到一排巨人的脚印，她很好奇，就踩着那大脚印走，没走两步，突然感到小肚子里有东西动，回到家知道怀孕了，第二年就生了一个儿子。姜源觉得这个儿子可能是怪物，不吉利，把他丢在一条巷子里，让别人抱去。谁知牛马狗猪从他身边经过，都放轻了脚步，不敢惊动他，更不敢踩着他。姜源又把他丢小河边，让水漂走，谁知所有的小鸟都飞了来，大鸟用翅膀托着他，小鸟用羽毛焐着他。他被姜源丢来丢去，没哭一声，安安稳稳的。姜源感到很奇怪，明白自己害怕是怪物的这个儿子，会这样得到百灵护卫，连忙抱回去好好喂养。因为几次丢弃，就起名叫弃。

弃长大以后，对植物有天然的兴趣，农业的所有事情一看就懂，一做就会，不管是种菜还是种任何一种粮食，总是长得又多又好。尧帝继承了喾的帝位之后，就派他经管农业，当农师；舜帝继承尧帝之后，把他的职位改叫"后稷"。弃担任后稷期间，改进了许多耕作方法，发展了许多种粮食作物，农业得到很大发展。"后"是"土"的意思，"稷"是谷子，可以泛指粮食，粮食必须长在土里，这是人生存、维持生命和阳光、空气、水一样重要的东西，后人就把后稷当作神供奉。从那以后，各地各县都建立起"社稷坛"。"社"也是土的意思。每年二月上旬春耕春种开始前，县令要带领全体官员和老百姓代表，准备很隆重的祭品，举行隆重的祭礼，三跪九叩，中国人历朝历代敬重农神，看重农业。

后稷的后代逐渐成为以农业为本的大部落。到了夏朝末期，部落出了个首领叫古公亶父，在渭水平原上岐山一带叫"周原"的地方定居下来，名字就叫"周"。

古公亶父的孙子就是有名的周文王，他的儿子周武王建立了周朝，立国791年，32代37王，是中国历史上最长的朝代。周朝最后被秦始皇灭掉，周王朝的后人没有国家了，就把国名当作自己的姓，古公亶父成了周姓的始祖，往上寻根，老祖宗就是弃，也就是后稷。

仙源周家是怎么来的呢？仙源周姓和龙门周、弦瑞岭瑞塘周家，是一门三兄弟，龙门老大，仙源老二，弦瑞老三，原籍在江西南昌。北宋末年，南昌周千十有五个儿子，迁来太平三个。

仙源城里周姓居住地比较广，主要是住在"伯官坟"往北周家巷、过横街连黄栗巷一片，统称周家村。周家巷、黄栗巷都有井供用水。在西门内，也有不少周姓居住。

周家祠堂坐落在"伯官坟"西北，在城里规模仅仅次于项家祠堂。原建在明代，历朝历代不断扩大修建，最后一次修建在1932～1949年间，一直充公使用，前后做过茶站、供销社和财政局，一直到1963年。1964年拆毁。

仙源城里周家，明代嘉靖年间(公元1522～1566年)的周怡，那是彪炳青史的，是个不忘根本、不忘本色、不怕坐牢、不怕杀头的硬汉子。官做到中央级吏部给事中，专门考察官员的，敢于和皇帝特别宠信的大学士严嵩斗，敢于给皇帝写报告解救被皇帝被严嵩冤屈的官员，结果真坐了两次牢，罢了一次官，贬了一回职，最后他还是他，不但得到昭雪，证明做得对，而且加了封，还恩赐在仙源城里县衙西北划地建了“周恭节祠”，敕建了两座牌坊，一座叫“恭节坊”，在徽（州）青（阳）驿道（今 103 省道）弦瑞卜落家桥地段，修大（渡口）岩（寺）公路时被拆；一座建在县衙前，叫“鸣凤坊”，毁于日机轰炸期间。乾隆年间（公元 1736～1795 年），周怡的著作目录收进了《四库全书》，他是太平历史上享誉最高、留下史绩最多的一位人物。他的墓地在弦瑞凤凰山，安放在他父母亲墓右下首。

郑姓

仙源郑姓是什么朝代、从什么地方迁来，暂时无考。《新明乡志》中的“郑姓”是从祁门迁来的，到今天已有 900 多年。《焦村镇志》中的郑姓也是从祁门迁来，但才有 300 多年，那是清朝了。而太平城里排二十四大姓，是嘉靖二十二年也就是公元 1543 年的事，那时候郑姓就已经是大姓了，那么郑姓迁来仙源城里，至少是明朝初年的事，明朝初年到现在快到 700 年。或许是新明郑姓的延伸。

仙源城里郑姓比较集中的居住地是横街的东街郑家巷一片。按仙源城区以前的老格局的方位说，是县衙东城区东北。整个县衙占地，西到黄栗巷，东就是郑家巷。黄栗巷目前还比较完整，而郑家巷只是个基本模样了。郑家巷再往东，就是城里东项居住地了

郑家祠堂就在郑家巷里。

郑姓跟许多姓氏一样，来源于周王室，姓姬。西周到了周幽王，荒淫无道。幽王把他的叔父封为郑桓公，封地就在河南新郑，包括郑州市在内一片；职务是司徒，专管民事、户口、田地、赋役、财税这些事。等于把大半个家交给叔叔当了，自己就专顾享乐。娶了个美女褒姒，容貌很美，就是不笑，周幽王想尽办法要她笑，她都不笑。旁边有献媚取宠的人出了个馊主意。周王朝国都是镐京，就是今天的西安附近。为了防止外族侵略，在骊山顶上设立了烽火台，一遇外敌，就放烽火。所谓烽火，就是用干牛马粪在烽火台上

烟囱里烧，浓烟滚滚直冲云霄，邻近诸侯望见浓烟，立即发兵来救。周幽王竟然听信了这个主意，把褒姒带上骊山顶烽火台，动用国家紧急军事信号，放起烽火来。各路诸侯兵马紧急赶来救驾，褒姒见各路诸侯急急忙忙赶来，却扑了个空，就拍手大笑起来。周幽王见褒姒终于笑得这么开心，很高兴，马上派人向各路诸侯说：没有军情，只是为了褒姒美人一笑。各路诸侯见周幽王为了自己的妻子高兴，竟然拿他们开玩笑，非常愤怒。不久，外族知道了这事，知道周幽王完全丧失威信，就大举进攻周王室，再放烽火已经完全无效了，周幽王被杀，西周灭亡，周幽王的儿子平王（名宜臼）就到洛阳重新建都，史称东周。

《东周列国志》说，周幽王的父亲周宣王在位四十六年，他在位的前期就有周朝要灭亡的童谣，童谣应在一对做弓箭为生的夫妻身上，周宣王就杀掉这一对夫妻。丈夫投胎成了褒姒，终于灭掉西周。东周虽然存在，但其实是诸侯大国争霸天下的战国时期了。

郑桓公见周幽王昏庸无比，就先到河南荥阳建立起自己的后路，周幽王一被杀，郑桓公就在这个时候建立起了郑国，郑桓公的后代就以郑为姓。所以郑姓开始发祥的地方就是河南荥阳，始祖就是周幽王的亲叔父郑桓公。

郑姓在发展过程中，出了好多对中国历史卓有贡献的人物。汉代就有个郑宏，有名的经学家，有名的《四书》《五经》的专家。明代有个郑和，前后七次率领船队航海，最远到了欧洲、非洲，打通了明王朝和海外的联系。明朝末年，郑成功从欧洲人手里收复了台湾，成为有名的民族英雄。清朝乾隆年间，出了个郑板桥，他的诗、板桥体书法和画竹，成为文坛上的“三绝”。

张姓

仙源张姓，主要是在城南张家坦，祠堂也在张家坦。张家坦就在原车公庙后边。张姓什么时候、从什么地方迁入仙源，暂无资料查考。据《新明乡志》介绍新明举坑张姓，是从仙源越山迁进的，到现在已 200 多年，仙源张姓或许和越山张姓有亲缘关系。

张姓的始祖很早，是轩辕黄帝的后代。轩辕黄帝和蚩尤作战时，由于蚩尤的人都身材高大，力大无穷，皮肤粗糙，非常凶狠，近身作战，无法取胜，总是相持不下。这时，黄帝的儿子少昊的第五个儿子挥发明了弓，用很有弹性的虎筋做弓弦，把利箭射出去，这就等于能把自己的手臂伸得很长去打击敌人，而避免了近身作战的弱点，蚩尤就只有挨打的份，这样就很快地打败了蚩尤，黄河以北的地方就很快统一了。

弓箭就这样发明了出来，对人类发展做了一个大贡献。黄帝就根据弓箭的发明等于延长了人的手臂的意思，就特别加封自己的这个孙子姓张，叫张挥。张挥就是张姓的始祖了。

在历史上，张姓是第一大姓，有四十三个郡望，就是历史上张姓人口繁荣，出高官显爵的地方很多，可以说甘肃、宁夏、陕西、山西、河北、山东、河南、湖北、江苏等地方，张姓的门户都很显要。所以历史上张姓人物贡献巨大，而且名声巨大的人很多。西汉汉武帝时(公元前140～公元前87年)张骞出使西域，从陆路打开通往欧洲的“丝绸之路”的事，读过小学的人都知道。他第一次出使西域前后13年，中间被匈奴人扣押了11年。第二次又奉汉武帝命令出使，不怕困难险阻。两次出使都出色完成任务，加强了汉朝和中亚地区各国的联系。到了东汉，又有个张衡，是伟大的天文学家，发明了解说天文现象的浑天仪和预测地震的地动仪。同样是汉代，有个张道陵创立了道教，用符水咒法给人治病，人称“天师”，中国道教由张道陵定型。到了东汉末年，有个张仲景，他精深研究《黄帝内经》等古代中医经典，结合治疗当时流行的伤寒病，写出了中医至今都奉为经典的《伤寒论》《金匮要略》等著作，对汉朝末年以前的中医理论和经验做出了全面总结，创立了中医理论，中医界一贯敬他叫“医圣”。到了汉朝末年的三国时期，有了猛张飞，他不但武艺高强，而且是中国传统的“忠义”典范。

唐朝盛唐时期，有个张九龄，他不但是著名诗人，而且是难得的宰相，推行不论资格用人的政策，专门设了十道采访使，专门负责到全国各地探访人才，对盛唐社会发展做了重大贡献。到了明朝万历年间，有个张居正是个有魄力的政治家，在当宰相时，推行“一条鞭”赋税法，就是全面丈量土地，根据占有地亩数量缴纳赋税，这个政策对霸占土地的豪梁大户有所抑制，对地少的人户的负担有所减轻。清朝末年，有个张之洞，他是清朝政府掌握军政大权的“军机处”五大军机大臣之一，是学习西方洋务的领袖人物，对清朝末年的洋务运动有巨大贡献。

从上面张姓人物看，中国历史上这些张姓人物，都是推动中国历史发展的动力性人物和里程碑式人物。

仙源张姓，在清朝光绪年间有个人物应该青史有名。近现代有传闻：皖南山区种牛痘是太平人首创的，说的就是这个人。他叫张文锐，仙源张家坦人，就是"车公庙"（忠烈庙）后张家坦。咸丰年间跑反（注：方言。意思是躲避战乱），一家迁去湖北沙市，落脚经商，很有发展。光绪八年（公元1882年），他从荆州、沙市一带带回了牛痘苗技术，就在张家坦（车公庙后）自家原住地建立了"保赤局"，开创了太平为儿童接种牛痘疫苗的历史。接种牛痘疫苗的程序是这样的：用窄口小刀在手上臂划出"一"或"十"字刀口，把很细的疫苗管里的苗液轻轻吹在刀口处，等苗液干后穿上衣服，再喝黄豆汤催发，使刀口发炎红肿后结痂，痂干掉落就完成接种过程。干痂中生有菌种，收回再提炼供下回接种。接种牛痘疫苗，一个人在儿童时接一次就行，就可以终生预防天花。张文锐建"保赤局"以后，太平每年春天，各乡村医生就都开始给孩子种牛痘了。

清雍正年间的1727年，江苏句容医家俞茂鲲在他的《痘科全镜赋集解》中介绍说："种痘法起于隆庆年间（公元1567～1572年）宁国府太平县姓氏失考，得之异人丹传之家，因此蔓延天下。至今种花者，宁国人居多。"这一重要史料的发现，把太平人发明种牛痘法这一重大贡献的历史，比张文锐种牛痘又提前了三百多年，确凿肯定了种痘法是太平人发明的。

明代嘉靖年间，太平县令刘元凯排的仙源二十四大姓，其实没有二十四姓，他是按居住地和人口数多少划的。其中有些姓是重复出现的，例如陈姓有直街里陈、恬湖里陈；项姓有东门项、西门项；孙姓有西门外孙、西门里孙；胡姓有麻村胡、南边胡和城里胡，而城里胡又包括岭坡上大门里和羊角河胡家坳和胡家园；牛姓也有两处，按实姓只有十八姓。

明清时期，太平是很繁荣的，仙源城里管花灯会的，后来又增加了章、朱两姓，章、朱两姓都不大，所以出花灯是两姓共管一年。

章姓

仙源城里章姓是从乌石迁来的。元朝末年，章萱五从外地到池州当官，到他的管辖地乌石垅察看，很羡慕乌石垅的山水，最后就定居在乌石垅秀石村，繁衍至今已经有650多年。仙源城里的章姓是乌石章姓迁来的，应当是在“二十四姓”划定以后的事。仙源进南门后向东一片，叫章家坦，就是章姓集中居住的村。章家祠也在这里。

章姓是姜姓的分支。姜子牙帮助周武王讨伐商纣王、建立周王朝，立了头功，周武王把占据大半个山东的齐国封给了他。后来姜子牙又把齐国的一些地方分封给他的孙子。其中一个孙子封在鄣，就是今天山东诸城市一片，建立了一个小诸侯国，叫鄣国。姜子牙死后，齐国就吞并了一些姜子牙在世时分封的小诸侯国，包括鄣国。整个一个齐国王室成员和姜子牙分封的小诸侯国成员，本都一家亲，大家都姓姜，鄣国人都把这种同室操戈的事当作可耻的事，就不愿再姓姜，而把原来自己的国名鄣作姓，改姓了鄣，后来又去掉邑字偏旁（“邑”作偏旁时就写成挂耳旁——“阝”），改为“章”。整个春秋、战国时期，黄河流域战争、兼并，此起彼伏，章氏一族逐步南迁到江西南昌一带定居下来，在南昌得到了发展。南昌早在秦朝末年就设置了豫章郡，隋朝时候改为豫章，豫章就成为南昌的古名，成为章姓的发祥地，所以章姓的郡望就是豫章。

元朝末年，章萱五到池州当知州，应当是从南昌来的，那么整个太平章姓都是通过章萱五而从南昌而来的。

朱姓

朱姓在整个太平，人数都比较少，仙源城里城外，朱姓都不是大姓。除新明乡以外，其他各乡镇都没有集中成村的朱姓人家。根据《新明乡志》记载，朱姓在新明乡是大姓之一，集中居住地在木广，现在新明乡政府所在地黄亭铺也有住户。朱姓祖籍在江西婺源县，清朝乾隆年间（公元1736～1795年），朱姓子侄辈的后裔迁到木广，到现在繁衍已十三代，260多年。朱姓迁到仙源的一部分，应当在康熙盛世稍后的事。

朱姓是上古帝王的后裔，来源有两支。

最早的一支是上古五帝第二帝颛顼的后代。颛顼有个玄孙叫终，他结婚以后，妻子怀孕十一年都不生产，后来妻子的左胸后开口，生下三个儿子，右胸后又开了口子，也生下三个儿子，这六个儿子后来都成了一些姓氏的始祖。第五个儿子取名叫安，颛顼帝赐他姓曹。周武王建立周朝以后，曹安的后代名叫曹挟，武王把他封到邾邑。邾又名邹，属地是今天山东肥城、邹县、滕州、济宁、金乡等地，就是临沂市以西、曲阜以南，微山湖和济宁市以东，枣庄市以北一片，也就是稍后一点孔夫子的家乡一带。春秋时候，楚国灭掉了邾国，把邾国王室曹挟家族迁到今天的湖北黄冈市，把黄冈改名叫邾，曹挟家族为了纪念被灭的祖国，就把邾做了自己的姓氏，把偏旁去掉，就叫朱。

另外一支朱姓是从宋姓分出来的。商朝最后的君主纣王被灭以后，他的哥哥微子，周武王把宋国封给了他，叫他负责管理商朝王族的遗民。当时的宋国范围在今天河南东部和山东、江苏、安徽等省之间，国都在商丘，与陈、胡二姓始发地的陈国南北紧邻。到了战国时期，宋国被齐国、楚国、魏国三家共同灭掉，宋国王室家族中一部分人就改姓宋为姓朱，这是朱姓的第二来源；另一部分人仍旧以原国名为姓，就是现在的宋姓。

朱姓在中国历史上虽不是大姓，却是名门望族，除了是古代帝王的后裔，还出了两个王朝和一些伟大人物。

唐朝末年，有名的朱温建立了后梁，开始了五代的历史，立国 17 年，共历三代皇帝。最有名的是建立大明王朝的朱元璋朱洪武，明朝共有 277 年历史，国力相当强盛，共有十六代皇帝，有个朱亮祖，是朱元璋得力助手，开国功臣，封为永嘉候。

回头看宋朝的南宋。今天江西婺源县出了个大理学家朱熹，在孔孟思想不断受到社会潮流冲击的情况下，他研究《四书》《五经》，建立起维护孔孟思想的朱氏理学，维护了孔孟思想。宋代以后读书人读书，参加科举考试，都是用他评注的《四书》《五经》。

明朝灭亡以后，朱元璋王族的后裔朱耷，名号“八大山人”。朱耷善于诗、书、画，他痛哭明朝灭亡，所以他的作品签字，都要写一个狂草的“哭”字，就像是“八大山人”四个字连在一起，所以“八大山人”就成了朱耷的艺名。朱耷因为痛失明王朝，所以他的画总是打破传统，比方画鸟只画一只眼、一只脚，画花没有什么叶子，喻义是“国家残破”。他的这种画法却为后来的写意画打开了天地，在传统的工笔画和近似工笔画画艺中，推出了写意画，后来乾隆年间出了有名的“扬州八怪”，作品风格都受他的影响。例如有名的郑板桥，他的兰花、竹子、岩石就没有传统的工笔，全是写意了。

朱耷常游江南各地，新明樵山神仙洞他曾游过。近年发现洞里有朱耷的题诗和署名，洞内潮湿，诗已模糊，但“朱耷”两字还能辨认。

古镇甘棠

“甘棠”一词，源自《诗经》第一卷《召南 · 甘棠》，朱熹有注云：“南国之人，遵召伯之教，服文王之化。”《辞海》第 1 620 页“甘棠”条注云：“朱熹集传：‘召伯循行南国，以布文王之政，或舍甘棠之下，其后人思其德，故爱其树而不忍伤也。’后世因用‘甘棠’称颂地方官吏之有惠政于民者。”太平县“甘棠”一名，自明代起，崔家文人学士们即已开始使用。明代中期以后，甘棠文化逐渐发达，学士文人辈出，万历十六年(公元 1588 年)甘棠崔氏修谱，有程文绣者作序，其中就已有“寿一公由宣迁太平东乡之甘棠居焉”一句，成为而今可见的甘棠使用“甘棠”之名最早的文字资料。

甘棠此地，因为自然环境条件优越，人类活动历史因而非常悠久。1957 年发现的今甘棠政务新区与耿城镇之间的高台地蒋家山新石器遗址，考古推断，该处先民活动距今至少在 5 000 年以上，出土文物有陶、石、玉三类，品种非常丰富，有耕种、狩猎、捕鱼、纺织、碾压等工具和形体多样的生活器皿。稍后在今黄山一中东面的龙王井处又发现新石器时期先民活动遗址，其中有长背双把石刀，磨制精良，鉴定为国家一级文物。21 世纪伊始，国际人类学会曾在南京就长江南古人类活动问题召开年会研究，认为长江南也是人类诞生地之一，蒋家山、龙王井的新石器遗址就提出了佐证。

甘棠镇张家埂的赵庄，发现有近百座汉墓，相当集中，随葬品有精美的陶器和光洁的铜镜等，可见秦汉时期甘棠人口已相当繁荣。而 1996 年，在城北龙门水库附近发现的碗家冲唐五代时期民用瓷器的瓷窑工场，则相当壮观，占地达 6 000 多平方米。在采集到的 110 多件标本中，完整的碗、瓶、盏有 10 多件，其中碗最多。完整的器皿和残片，显示胎质细密，釉质厚润。以青釉为主，并有青黄釉和黑釉。生产规模较大，工艺水平较高。这么大的一个瓷器生产工场，可见其产品就不仅仅是内销了，应当是皖南山区腹地一个生产规模相当可观的小瓷都了，甘棠当时经济繁荣，文化发达，自不待证明。

唐宋时代甘棠人口姓氏等情况难以查考。宋末，崔寿一迁来太平，后随其孙崔喜翁定居甘棠，经过元代后，甘棠就成了没有其他姓氏杂居的崔村。其他姓氏只是住在崔村外围。到了明代，由于有了徽州到池州、青阳的驿道，这里就成了“赶坦铺”，成为县治仙源西线第一大铺。这个崔村，从明代以后其规模状况，我们先列举下面这几个史实作为依据。

明代中期，就有崔喜翁两个儿子崔融、崔和的两大宗祠，其长房宗祠俗称三甲祠，位置在现省直属粮库东大门里，尚余后进充粮库用，二房宗祠俗称七甲祠，位置在原甘棠第二小学(今甘棠公学)后院。两大宗祠下分椿、槐、棠、棣、杉、椷、漆、楠、杞 9 座支祠。俗称九大份。一个姓氏的家族聚居一处，有这等规模的，尚不多见，足见其门第兴旺。

据 1919 年的一幅甘棠平面草图表明，西起六角楼，东约至今平湖广场，北到祥符山、青龙岗，南抵今平湖路，都是崔氏家族居住地，村中道路分割出 21 个居住区，外围还有胡、徐、汪、杜等村落，可谓人烟聚集，门第兴旺，文化也相辅相成，随之发达。

而文化发达的显著标志，那就是人才辈出：以进士论，明代有崔涯、崔廷健、崔师训，清代有崔国正、崔洲、崔国榜、崔国英、崔国霖、崔澄、崔湘、崔汝立。其中，史载有名的崔涯为官清正耿介，嘉靖皇帝亲口称赞为“真御史”；崔国因在光绪年间出使美、日、秘三国大使，为中国早期外交工作做出了重大贡献，写下的《出使美、日、秘三国日记》16 卷，成为中国早期外交文献中的重要史料。明清时期考中举人的能开列一长串名录，达 60 人之多，可谓文星灿烂，亮烛半天。

清代前期，甘棠文星河汉中，却出了一位级别相当高的武将，叫崔彪。他正巧赶上康熙大帝亲征台湾而招兵，因身材魁梧，力大无穷，被选拔在康熙中军大营中当卫兵。一天，康熙大营遭夜袭，危急中，崔彪背起康熙一口气跑了一二十里路脱了险。又因作战屡建奇功，擢升台湾水师左营左都督。几年治台有功，康熙三十六年(公元 1697 年)奉调京都，授直隶抚标左营右都督管游击事。康熙亲授荣禄大夫，食俸一品，御赐了黄马褂。

在医药界，早在清康熙年间 (公元 1662～1723 年)，名医崔默庵，由于医术高超，往往一剂中药就让病人药到病除，因此有了一个“崔一帖”的外号，真名现在知道的人倒不多了。民国太平县志记有其名，其神医事迹至今仍有口碑相传。生于清末，卒于 1972 年的名医胡大侔，从乃祖到其孙，五代名医。胡大倅本人医德高尚;医术高超,而且善于接受新鲜事物,20 世纪 30 年代中期,他到上海学习西医,走上了中西医结合的研究之路。几十年的医学实践,在胸外科、内科、妇产科等多领域都有很多创新。成果献于国家,经验授予弟子。1959 年调任安徽省立医院中医科任副主任。1949 年前后,太平好多闻名的中医,好几个出自他的门下,例如仙源赵佩卿就得其倾箧之授,与老师一样,同时调省立医院任中医。

当代女生物学家崔之兰,1934 年(时年 29 岁)毕业于德国柏林大学生物系,获博士学位。回国后,先后在北京大学、云南大学、清华大学任生物系教授。1949 年以后,一直任北京大学生物系教授,并任中国解剖学会理事,中国动物学会理事和北京分会理事长、《动物学报》编辑,她的"蛙类鼻器官发育"研究,在国际上大大推动了两栖类发育形态学的发展。

甘棠刘村的刘雨岑,陶瓷艺术家。专攻花卉翎毛,终生在瓷都景德镇从事陶瓷艺术的创作,是陶瓷界著名的"珠山八友"之一,在业内人士和陶瓷爱好者中享有盛名。他的创作多次收入陶瓷画册,选登报刊。尤其是他的"水点桃花"技法所做的瓷器画,特别招人喜爱,大戏剧家田汉曾赋诗"早传春色满人间"给予高度赞誉。1964 年聘为全国政协特邀委员。

甘棠现代人物中还有两位值得提出。一位是九华山名僧义方,俗家名叫崔思庆。从小爱读经拜佛,1932 年,刚满 18 岁的崔思庆,只身到九华山出家。出家后,研读了明代版本 6 777 卷《大藏经》,讲经打坐,传戒收徒,从无虚日。1949 年以后,任九华山最古老的寺庙化城寺住持,创办了九华小学。抗美援朝时,发动全山僧尼捐献"中国佛教号"飞机,支援抗美援朝战争。1955 年周恩来总理出访缅甸,义方为随员之一。嗣后,作为中国佛教界人士,多次出访友邻各国。

另一位叫崔思道,1938 年底入校成为黄埔军校第十六期学生,1939 年 10 月毕业。同期去军校的有甘棠老街崔村的崔之仁、崔振德、崔有松、崔良驹,还有先一期第十五期的崔思群。崔思道到台湾后,先后担任台湾太平洋舰队司令和"国防部"次长,军武行中高级人士。2007 年年届 83 岁,现尚健在台湾。

甘棠老街,尚健在一位民间篆刻艺术家,年届 91 岁高龄的崔海如老人,现居住甘棠老街中街祖传老屋里。他 13 岁开始随父学习篆刻,至今一直篆刻不止，伏案灯下，不戴眼镜，笔画款式娴熟于心，不用拓写，手起刀落，一枚印章一气呵成。即使是如同粗头发丝一样的笔画阳刻，照样清晰，不破损，不弯曲。2000 年 12 月获"中国书画艺坛名师"荣誉证书，给他作品的润格（报酬标准）定为每方 50～150 元。2001 年 1 月《中国书画艺坛名家大师全集》载有他的事迹，与已故中国书法家协会主席启功先生同列一书。多年来，国内多家报刊载有他白须飘胸的照片。慕名求印的人遍及全国各地，他刻的印甚至远涉重洋，到达东瀛日本。这位崔老人如今仍精神矍铄，耳不聋、眼不花，记忆清晰，口齿清楚，一家报纸刊载他的照片时，称他为"黄山顶上一老翁"。

在甘棠老街河街北，原横街（下街头）今直库粮库东，今甘棠公学（原甘棠第二小学）南，原有一处四方广场，名伙戏坦。戏台的后台就搭在月湾河上，北向，露天。明清时期，有戏台，有供戏班居住的房屋"戏子居"，还凿了一口专供戏班用水的井，名"戏子居井"（因为旧时唱戏人被视为"下九流"人，故不与共饮一井水）。每逢节日喜庆，进学、乡试，晋身科甲或升迁赴任，都要请班唱戏，以示庆贺。这种态势是一般村镇所不能比肩的，这是甘棠老街旧时文化生活颇为繁荣的一种突出表征。只可惜戏台、戏子居都已湮失，只有戏子井还在继续为村人服务。另外，六角楼东旁关帝庙中有万年台，祭祀关公时在庙内唱戏，关公庙东旁的东平王庙，庙中也有戏台，每年阴历七月十八至七月二十四，庙外滚车，庙内唱戏。

甘棠老街的元宵灯会是有规模的，可与仙源灯会相媲美。仙源灯会由二十四大姓轮流坐庄，而甘棠灯会则由崔氏 9 大份（9 个支祠）排行执掌。出灯的主体是戏剧人物，仙禽、神兽、花、鸟、虫、鱼、云等伴灯。魁星、财神开路，紧接着是"五谷丰登""太平有象""国泰民安"等三米见方的立体大字灯，随后是一组一组的戏曲故事，如《关公看春秋》《吕布貂蝉一太监》《黄忠取定军山》《八蛮进宝》《刘备跃马跳檀溪》《草船借箭》《借东风》等。还有漂亮的五禽五兽灯，五禽灯是凤凰、锦鸡、仙鹤、孔雀、白鹇，五兽灯是麒麟、青狮、角端（独角兽）、獬豸，白象。但每年出灯，都要省去白象灯。只看这些灯的内容，就显示了甘棠深厚的文化底蕴和当地百姓的善良愿望，那扎灯的工艺也可想是如何精细了。

甘棠老街旧时的文化活动还有一场声势浩大的"车公会"。仙源车公庙建于唐代，甘棠老街的晚，是在清朝顺治年间(公元1644～1661年)建的，名东平王庙。庙址在今直属粮库门市部处。庙前檐约两层楼高，雕梁画栋，拆于1958年。八辆单轮巨型大车，全高八尺四寸，厚六寸，重540～580斤。车木质，由大圈、子圈(二道圈)、车轴、辐条、头档、二档、短撑、木栓、铁镲等组成。大圈二面漆黑底，绘红色火焰圈案，火焰显出风向，两面要一致。子圈漆蓝底白花。其余木质部分全漆厚重的暗红色。车会举行前，先从庙中请车，再洗车，然后试车。在阴历七月二十四及前一日这两天，为正车日，八轮大车鱼贯滚动，全村的每处的通道、祠堂、庙宇都到，家家户户焚香鸣炮接车。村中每处广场，处处表现车技，有平滚车(徐徐滚动，鱼贯而行)、夹篱笆阵(隔一穿花滚)、飘反车(车向内倾斜约40度，人在内推转大圆)、发绕车(一人一车，左倾左滚、右倾右滚，走"之"形)、拍绕车(一人一车、人在车后，两手轮换猛拍大圈，拍右右滚，拍左左滚)、螺旋车(原地转圈愈转愈速，逐渐内倾至45度。趁车速稍慢，猛煞二档，车身直立)。无论怎么滚，都必须使火焰方向与滚动时产生的风向一致。七月二十四日傍晚杀公鸡祭车，而后收车。同时，庙内戏台停锣。

甘棠老街似乎一年到头热闹不断，而这些热闹都有其浓厚的文化内涵和隆重的纪念意义。现在不妨文字浏览一下甘棠沿月弯河两岸的崔氏老街大致建筑面貌和它的文化氛围。

自弦瑞塘西来，过甘棠峰(今黄山一中处)，便进入甘棠地段。约在今黄山区建委楼前有一座四门亭，即甘棠老街东村口亭，沿巽峰山下行至今平湖广场公园西头，过九步三孔桥，进碧岩关这二道村口亭，就进入老街的上街头。上街头到现在与之交叉的天都路止。天都路原本是甘棠崔村纵通南北的老路扩建成的，向北通向祥符山。与老街交叉处，名十字街，和现在的形状相去不远。过十字街直到月弯河边，叫中街，沿河到四角楼(本名水口阁)一段月弯河两岸合面街，叫河街。而在四角楼东七星桥往北的街叫横街，又习惯叫下街头。在这条街上，当年较大的商号有50多家，商号现可记起的有泰和春、庆茂和、和继、豫秦、鼎升、正丰、裕源、恒茂、永茂、正泰、广兴、同福源、葆余、同新和等，河街有两家很出名的药房，名瑞芝堂、保和堂。闻名远近的甘棠纸伞坊店20多家，民国时最出名的是崔八寿家。任这一点记忆浏览，便可想见甘棠老街的商业经济生活面貌。

从四角楼西行，月弯河北有五马坊。“五马”，汉代指太守乘坐的五匹马拉的车，所以“五马”借指太守，相当于知府。该五马坊是明代为知州崔锦颇有官声所立。

紧挨五马坊西有义学，清光绪维新变法后，称九思学堂，恰呼应崔氏9堂份。而“九思”则又语出《论语·季子》:“君子有九思，视思明，听思聪，色思温，貌思恭，言思忠，事思敬，疑思问，忿思难，见思义。”取校名“九思”，显然以之为求知问学，待人接物的准则。这所学校，为崔氏的人才辈出，确是立下汗马功劳的。在这所学校里，贤能的学生可以帮老师教后来进学的人；学境困难的可以免费入学；崔氏族中规定，为父母者不让子弟读书，是要负责任的。崔氏认为读书是“变化气质、讲明礼义以成就为人之道”的根本，否则便会“粗野成习”“甚至放辟邪侈、为奸为盗”。所以要求“凡我子孙能读书作文而取青者故贤矣，苟有不能者毋遽之不肖，尤当从容化诲、择师取友，以俟其成”“否则父母亦与有责焉，岂可尽委诸子弟之不肖哉!”从《崔氏家谱》族规“劝向学”的内容看，其之所以不断涌现人才，当是不但族中重视教育，家长亦与学校密切配合，学校又做到能者为师，读书上进之风浓郁所致。而且不把做官作为读书的唯一目标，而是把成人成材作为根本，其教育理念值得一书。

义学紧西隔壁是义仓。义仓本是象公祠。明时山东崔姓中有崔象者，在太平为官，为扶助甘棠崔氏本家中困难者和解决青黄不接时缺粮问题，他出钱在此处建义仓储粮。甘棠族人为记其功德，将义仓建为象公祠。故甘棠每年元宵节灯会中“五禽五兽”灯，其中五兽灯独缺白象灯，就是不愿犯崔象之讳。崔象仅有一女，父女均终老太平，崔象之墓在今弦瑞栗树冲，民国时，甘棠老街人每逢清明、冬至尚去扫墓，奉之如本族祖先。

义仓之西有于督将军祠，为纪念因一心为国却愧对甘棠家人而自刎于斯的于督将军而建。

再西，就是三甲祠，因保甲制所编东乡三甲而名，今甘棠之境，明清时名东乡。三甲祠又名世德堂，气势巍峨，雕梁画栋。明嘉靖年间，三甲祠维修，当时明廷中的三朝元老、四部尚书的广阳人毕锵，作为崔门女婿，为岳家宗祠书写了“唐相后裔”黑底镏金大匾。该匾现存黄山区文化局。崔姓在唐时，曾出过23位宰相，该匾既显其门第荣耀，又显其崔村兴旺。

三甲祠又名世德堂，每年腊月二十三晚，是祠堂祭祖之时。祭祖膳桌摆列36桌，每桌系红帷，点一对红烛，共72支红烛，所有梁钩上挂有大小宫灯、琉璃灯，烛火融融，红光一片，着实可见其气象之不一般。

三甲祠大门前，隔月弯河，有一座同样高大巍峨、雕琢精致的楼阁式牌坊，名“皇华一品坊”，为明代中期的进士崔廷健而立。崔廷健有著作《皇华集》传世。

三甲祠西有东平王庙，东平王庙西有关帝庙。关帝庙在今省直库粮库西大门西侧。

最西头便是如今健在的由省人民政府1989年5月公布的省重点文物保护单位六角楼。从甘棠峰西来，到四门亭处南折，再沿巽峰山南西行，恰到六角楼处与老街出口路相接。古时徽青驿道经过甘棠，经巽峰山南北两侧均可通达，故甘棠老街也是古驿道的一部分，六角楼便是古道旁酌村西亭，今103省道与218省道交接处。

六角楼建于明万历年间（公元1573～1620年），由崔宪根据太平建筑师毕昌带回的北京皇宫图样参照修建的，17块石雕出自当时青阳著名石雕艺师汪道科之手。六角楼曾因火毁，在明崇祯四年(公元1631年)，由崔应兆重建。

甘棠老街这座村口亭楼，与原先的一系列古建筑，成为一组相当辉煌的建筑群，成为甘棠老街古文化底蕴深厚的标志。尤其是六角楼，高23米，三层，每层6条脊，挑起18条飞檐，18个翘角，渐高渐收，与楼顶高2米的琉璃穹顶，形成欲冲天而起、直干云霄的飞势，且迎风发声，犹如凤凰长吟。蕴含着甘棠老街先人们希望后人不断展翅高飞的企盼。

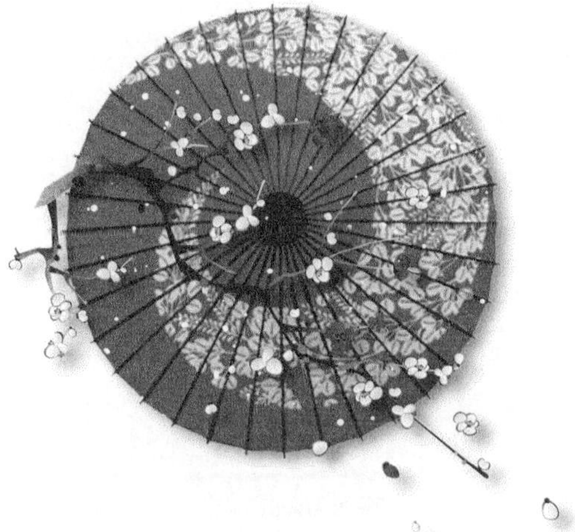

施政长记民为贵　律己不忘永思贤

〇 人物篇

首任太平县令李孝偁

李孝偁是唐天宝四年太平建县的首任县令。太平原是泾县西南境的地盘，皖南腹地，旧志多认为“不可舟楫”“不可车马”，建县初始，困难多多，李县令“温恭请简，令行化洽。”古志记载，他具有古圣贤的温、良、恭、谦、让的品格，他生活简单朴素，不尚奢华，威仪自具，令人心悦诚服。他的政令只要发出，就像春风化雨一样。

首任县令，开创工作是千头万绪的，诸如人口、山场地亩、出产、地方经济收入等等，辖区的所有情况，都要清查造册，这是为一方父母官的基本政务。在李孝偁的努力下，这些基础工作也都很快得到落实。

开元天宝盛世，全国的交通是发达的，驿道畅通，杨贵妃爱吃荔枝，快马传送，从广东送达西安，也就几天时间。但太平是新建县，交通工程就相当浩繁。李县令首先打通了由仙源经岭瑞塘、越龙门岭、经万村去泾县的通道，保持和泾县的畅通。接着又把130多年前越国公汪华为支持戴国公左难当打开的箬岭通道进一步加宽，并延长通往徽州府。因为箬岭太高，达8里多路，就在岭脚、岭中、岭头设立路亭，布施茶水。往西初步开通密崖岭，通向青阳。因为县治设在仙源，所以东边还有今旌德一大片地方仍有鞭长难及的困难，所以又打通黄花岭，与泾县南、绩溪联通。虽然没形成规模驿道，通车马还很困难，但毕竟可以通达了。

而到了天宝六年，太平建县第三年，唐玄宗敕封天下名山，黄山、陵阳山都在敕封之列，李县令又命陵阳山建供奉窦子明的仙坛宫，黄山轩辕峰下已经废圮的晋朝建的轩辕古刹重新修建，更名福固寺，上座供奉轩辕，大堂主座供奉观音。福固寺的重建，虽由月轮和尚主持，但作为皇命敕建，没有李孝偁的大力支持是很难成功的。根据现存的庙基看，其正殿就有五进台梯，宽有五丈开外，相当宏伟，加上僧庵、膳房等附属设施，是一项较大的工程。轩辕峰上有神仙洞，供奉观音，也始于晋朝，上下梯道也年久失修，也都在首任县令职责所在范围。还有，黄山后山玉屏峰下，唐代就建有的松山寺，现在仍能看到通往福固寺的很古老又很牢固的石板路、很古老的麟趾桥，这些社会公益性设置，也都是首任县令的功绩。

毕竟是盛唐时期，天下经济繁荣，老百姓的赋税徭役也不繁重，曾有报刊资料显示，唐朝时平均 5 800 多人才供养一个官员。李孝偁借助福固寺重建之机缘，得到一些皇帑（国库银两），加上地方义举和乐善好施之人的捐资，乡村之间修桥补路蔚然成风。比方今谭家桥碧山胡家村人，当时唐明皇翰林院的翰林胡珲，和李孝偁就是同时代人，今胡家村就有许多遗迹很古老，胡家村口绿柳桥就是那时建造的，桥腰“绿柳硚”三个楷书阳刻字，经过一千二百多年的风雨剥蚀，现在还能辨认。胡家村到福固寺的山间古道，还可以显示出当时交通状况，看得到福固寺的佛事，那是“佛号经声，寒暖不辍”，反映出盛唐盛貌，甚至也可以让我们看到李孝偁温厚敦憨、汗渍斑斑的样子。

李孝偁开创了新建太平的局面，为人为政全心全意，心地宽厚明亮，不仅百姓感戴、朝廷降恩，就连盗匪也敬仰他。在太平任满后，改令泾县，一次，广德几个盗贼跑到泾县偷盗，来到孝偁屋前，听说这是李孝偁的家，都感到一种正义不可侵犯的威压，转身逃遁。恰好朝廷派出招抚地方小股盗匪检查地方治安的招讨使袁参来到泾县，听说这事感到奇怪，一调查，知道了孝偁令太平以后大量政绩和老百姓敬仰感戴的呼声，立即具表上奏唐明皇，唐明皇降旨，着即由泾县令升任宣州长史。长史是刺史（即知府）的得力助手，刺史外出，可以代替刺史掌管军政大权。

唐明皇的孙子唐代宗李豫大历年间（公元 766～769 年），有个叫陈简甫的，为宣州编写《开元以来良吏记》，李孝偁的政声政绩详载于中。

诗人县令许浑

许浑是唐朝中期著名诗人，江苏丹阳人，唐文宗李昂太和年间(公元 827～836 年)的进士。他从小就勤奋苦读，身体不大好，所以喜爱山水林泉。他擅写律诗，笔势雄浑而又清新，情景相融。尤其是一首《咸阳城西楼晚眺》的颔联“浮云初起日沉阁，山雨欲来风满楼”名传千古。

唐朝虽然经过了一场持续八年(公元 755～763 年)的安史之乱，但毕竟国力雄厚，恢复较快，中唐时期，唐朝天下仍然国泰民安。太平地处长江之南，安史之乱没有波及，所以太平仍是一片山川秀丽的“远峰晴日画屏开”和物阜民丰的“百里笙歌拥地来”的景象。从许浑给太平人留下的诗作里，特别是读到他与太平老百姓亲密关系的诗句，我们可以真切感受到他没有“县太爷的高傲”，没有与“卑贱草民”的隔阂，感受到这位著名诗人县令的平民意识和草根作风。

他留下很多诗，这里只选读两首。先读他到太平上任后写给太平前任县令的诗《移摄太平寄前李明府》(“明府”是唐时对县令的敬称)：

病移岩邑称闲身，何处风光贳酒频。
溪柳绕门彭泽令，野花连洞武陵人。
娇歌自驻壶中景，艳舞长留海上春。
早晚高台更同醉，绿荫为帐草如茵。

大意是：我来太平这山间小县时身体不大好，啊呀这里这么安好平静，简直无事可做，我是养闲来了。哪里的风光有这么好哇，惹得我天天买酒喝，没钱了就赊酒呢？我的门前溪边杨柳依依，我简直就是当年彭泽令五柳先生了；放眼看去，山山水水，山花烂漫，子民们都像武陵中人哪！听到娇好的山歌，不由停住脚步，简直进入神仙境界了；看到小民闲时起舞，就像海上仙山的春光旖旎一般。我现在呀，早早晚晚常有书生或老农带酒前来共醉，喝醉了就在绿荫下、草地上呼呼睡去……

许大诗人把他来太平后的闲适安逸生活用诗告诉了朋友，字里行间充满了对太平山水林泉、武陵源般的自然环境和安逸生活的喜悦心情。你看他，走到哪里都驻足一番、陶醉一番。这位诗人县令非常亲和，真正是亲民之官，常有吏民来和他共醉，醉了后十分随意，放浪形骸。读了诗后，读者都不由得与他同乐了。

许浑不说他是来当县令，而是来养闲了，正反映了太平当时的自然环境、生活环境是多么美好，社会生活是多么富裕安逸，县令的政务看来并不繁重，所以他觉得来令太平，真是进入壶中天地（神仙洞府），来到海上仙山了。

我们再读他一首五言律诗《泛溪》，写的是他游麻陂潭的感受。

疑与武陵通，清溪碧嶂中。水寒深见石，松晚静闻风。

循迹驱鸡吏，冥心失马翁。才应毕婚嫁，还此息微躬。

大意是：我怀疑这里和武陵是相通的，你看清波粼粼的溪水，夹峙在这两岸碧绿的峦嶂之中。水深而澄碧，就像冒着寒气，可那溪底的卵石却历历在目；两边山脊上的排排青松，晚来静寂，能听到松涛风声。看看我现在，一个县令也和小民一道呼鸡撵鸭了；想想我来此小县前的误解失落，仔细体味我倒是失马的塞翁。刚刚去农家参加罢婚嫁喜宴，这一天的游乐应酬还怪累的，就这样回去歇息歇息我的身子了。

这是诗人写自己参加农家婚嫁喜宴后游麻陂潭，回想自己来太平为令的感受。诗的前四句写麻陂潭所见，自然、轻松，特别体现出这里的环境——清纯的水、真切的松涛等自然温馨的气息。大自然对人就是那么的自然、朴实，诗人本性就爱山水林泉，本性就是自然、朴实的，所以很快就融为一体了。

诗人虽然身体不太好，可是生性潇洒，他在大唐由盛转衰的时候，来到这个风光秀美、环境安逸、生活富庶、民风清纯的太平小县，应是一种福气。他用诗歌记录了他的所见、所闻、所遇、所感，他给太平人留下了一笔丰厚的精神财富和文化遗产。

与民同乐的县令孙觉

孙觉，字莘老，江苏高邮人。他的名与字，是他比喻自己是个老学子而有所觉悟的意思。北宋宋仁宗时人，和包公同时代。年轻时，师从当时著名的大教育家胡瑗。宋仁宗皇祐元年（公元 1049 年）中进士，嘉祐元年（公元 1056 年），来太平为令。到治平元年（公元 1064 年），一共八年。

大教育家的得意门生，毕竟与众不同，他非常儒雅，衣帽穿戴、举止行动，都注意按照要求行事。下车伊始，首先就是加强礼教建设，注重人文教化。县衙自从李孝偁首令太平时设就在现在城北岭坡上，孙觉来时已开始向南扩展。根据记载，县衙已经移临横街，比以前要扩大许多。为了注重讲学，他特别在县衙大院里增建召集青年子弟听课学习的场所，并且定下议程，到期一定如期开班，他亲自讲解《四书》《五经》。

历朝历代都非常重视建设孔庙的。唐太宗就曾下令，天下各县都要建孔庙。

孙觉来太平做的第二件大事就是移建孔庙，“移建学宫于县东”。“学宫”就是孔庙。他移建以后，以后历代孔庙就再也没有迁建过，就在今仙源城里直街往大东门的医院那一片。据载孔庙旧址在仙源城西门里。由此可见，北宋前期，孙觉来令时，太平城已有规模，城西门已定位，横街直街已定型，县衙大院已经临横街，所以才能“移建学宫于县东”。

从清朝留下的县衙图和学宫图比较看，县衙简单，学宫却庞大紧凑，可见以前非常注重学宫建设，而县衙只具备了一些必备的办事机构、钱粮储备和刑事机构的三大功能。孙觉从城西门内把孔庙迁建到以后的地址，工程是浩大的。在日机轰炸前，孔庙东西宽 54 米，南北长 100 米，内部设施主体是中、东、西三部分，后来历朝历代有所增建，其规模可推知孙觉移建时已经基本定位。据记载，迁建以后，“春秋释奠，民用知学，风俗侵美”。孙觉令太平八年，他不但快速完成了孔庙工程，而且开始了春秋两次的祭祀大礼，老百姓知书达礼了，民情风俗逐渐纯正美好了，人文教化的力量不断显现。

孙觉做的第三件实事是修建县厅。据可见的史料显示，太平在宋以前的县衙都比较简陋，但孙觉修建县厅的目的是什么呢？他不是为摆当县令的威风气派，他是为了宣传太平。他认为太平交通闭塞而富庶隆盛，文化缺乏而民风淳朴，所以他建县厅是改建、扩建，把整座县厅，用今天的白话说是建成"太平县史志馆"或叫"太平县展览馆"，把县厅的所有粉刷墙壁全部当作展板。根据他的规划，县厅墙壁展览内容有三大部分：第一部分是人物，凡能考校的县令和地方人物，按时间、地点编出次序；第二部分是山川地理和物产饮食、经济用途的可嘉之处；第三部分是民情风俗、性情喜好。孙觉认为，太平山川极为秀丽，物产极为丰富，经济极为富庶，环境极为安逸，民风极为淳朴，而交通十分闭塞，文化十分滞后，所以他要作广泛宣传，让"君子得以览焉"，以利将来。

孙莘老先生这一举措在中国的历史上可能非常罕见，在印刷术还刚发明的时代，他在这个小地方把一地的历史和文化书写在墙壁上，把县衙大堂建成了当地人文历史和风土人情展览馆留给后人。他是第一位为太平县编写史志的"太史公"，是第一位给太平县正式做广告宣传的改革家，是第一位多方位准确评价太平县的政治家。

孙觉在嘉祐二年十二月，亲自写了《县厅记》，来记录了他的这一善举，可惜年代久远已失，无法为今人所欣赏。

孙觉做的第四件大事是首建"众乐亭"。以前的亭，功能很多，多数是方便行路的路亭、茶水亭、灯亭(夜间照路)。再就是营造气氛的村口亭和风景亭。方便行路的亭子，让行路辛苦的人感到温馨，而村口亭、风景亭供人观光，心情为之振奋，情感因之升华，文化氛围，立即提高了等次。而众乐亭的功用与其他种类的亭子，性质完全不一样，它所要体现的是与民同乐、万众同乐的执政理念和亲民理念。

孙觉到任第三年即嘉祐三年，在迁孔庙、建县厅等工程和众多政务繁忙中，就着手选址建众乐亭。经多方选择，最后，众乐亭的地址选在小东门外，过梅溪桥的左前方高坡上。除城北亭子山外，这里是城东、南、西几方的最高阜，右下有城北流来的梅溪水，经梅溪桥飞流直下至麻川河，发声如雷。麻川河亮花花的水流经眼下，水声哗哗入耳，水东、仰山、麻川平畴沃土尽收眼底，挂榜山、天马山、桐籽尖可以对坐叙话，人一登临亭中，心胸豁然开朗，快乐无比，名副其实为众乐亭。

但孙觉的心胸远不止此，他认为作为亲民之官，不应该只考虑自己的忧患得失，不应该遭到挫折打击就安于自弃、不能振作，也不应该一朝得志荣迁，就又浩然笑歌，悠然忘返，而应该“无忧于中”，不动声色而后乐，应该众乐则乐、众忧与忧，这样的心胸才是君子之道。孙觉从学胡瑗在先，效法范仲淹在后，直取“先天下之忧而忧，后天下之乐而乐”圣贤境界。嘉祐三年六月，孙觉亲自撰写了《众乐亭记》。

孙觉任职太平，产生了“民用知学，风俗侵美”的社会效果，稍后的北宋、南宋期间，太平涌现了不少历史名人和有功之臣，当为孙觉为太平开垦文化厚土、发展文化教育的渊源之故。

悲情惠政的县令刘元凯

刘元凯，字舜举，号云鹤，四川阆中人。古人取名，寄意良深，刘元凯的名和字表达的意思是，要学习上古舜帝治理方法，做任何事情都得像舜帝那样身体力行，就一定会取得成功。他少年即有大志，要成为云中之鹤的人物，参加全四川省试，得到第一名解元的学衔。嘉靖二十年（公元1541年）登进士第，二十二年由任职京城的太平籍官员周怡向皇上奏请，来到太平为令守，任职五年。

初治之始，刘元凯就带着随从考察民情，求教于民，把沿途所见、考寻所闻，全部做了详细记录，见善必采，遇恶必究，该建立的、该刈除的、该崇仰的、该惩处的，做到贤愚了然，善恶明判。然后依照圣贤之言和大明律令，一一成序，形成一份醒世、警世、劝世、明世箴言。这份箴言文辞优美，感情充沛，言之有据，判之有理，是德化之言，又是惩顽之律。全县父老读此箴言，深为感佩，由衷向善。与此同时他还下令加固了牢狱，整理了刑具，除极少数豪强依据大明律予以治罪，少数小吏黜归乡土，一般情况都予以训斥后而豁免。

自南宋朱熹理学盛行，一般平民也都形成了男尊女卑思想，如果女婴多生，后生女婴往往被丢进便桶溺死。太平当时也有这种恶习。刘县令深恶痛绝，命令各里排普查，凡以往溺女婴之家，一律按年补征钱粮赋税；自即日起，凡溺一女婴者，加征三年钱粮赋税。

刘县令虽一介书生，但办事雷厉风行。半年下来，小民冤枉得以申辩，社会风气为之一新，被太平人民送上一顶“刘青天”桂冠。周怡具表奏闻嘉靖，刘元凯得授予“众得侯”的爵衔。

刘县令到任第二年开始，连续三年，太平遭遇大旱，庄稼无收，饿殍匍匐。为了治灾治荒，他吃尽千辛万苦，跑遍各里各排，安排救济，安抚人心，做到没有一个人外出流浪，逃荒要饭。就在赈济不暇之时，他的妻子长期病冗床榻，而全县的灾情让他无力顾及家庭。等到旱荒过去，妻子的病已经积重难返，不久就一命归天，遭遇丧妻之变的他一时真正到了悲痛欲绝的程度。

刘县令任县令数年，在整顿社会风气和赈灾救灾的同时，多管齐下，修葺城东北的众乐亭，修葺文峰书院并改名“天都书院”，又附带整修了书院的射圃，修葺县衙西的社学、嘉会所、太学馆等处。每逢初一、十五，他必亲到这些地方，为诸生讲经说义。他的讲学，旁征博引，深入浅出，深得十子儒生的欢迎。

刘县令在太平的日子艰辛备至，他靠朝廷给的俸禄，计划自己的生活和县衙的马夫、轿夫、更夫、马料等项开支，遇见贫病者，还要支持一些。家中一切家务，全由夫人操持，夫人在岭坡上开垦种菜，以补家用。他父亲已经去世，老母跟着他到太平赴任，每日尽管公务繁忙，他均要抽出时间，亲奉慈母，因公外出，也必嘱夫人事母至孝。

刘县令酷爱山水，具有诗人的灵性和浪漫气质，他在太平留下了大量的山水诗作，记载在太平的历史文献中。板石潭的石刻至今已有七百多年，让我们仍能感到他那诗仙李白般的豪迈情怀。他对黄山尤为热爱，早在赴太平的途中，做过一个梦，梦中一个自称是江南典史的人向他求文，到了太平后，才知黄山三十六峰之胜，而太平县的典史竟姓黄名山，江西丰城人，如此巧合，让他深悟托梦的江南典史应是黄山的山神，因而他急切想登临黄山，以酬平生山水宿志，但是，公务繁忙，三年旱荒，丧妻之痛，让他在五年任期内，竟一次也没有上过黄山，实乃一大憾事。但他却留下了多篇咏颂黄山的诗，如《望黄山》《月夜黄山对酌偶成》等。他在离开太平时，将五年内所作黄山的诗，编辑一册，写下《录黄山诸作序》一文，今天让我们读来仍能感到他对黄山的痴情。《月夜黄山对酌偶成》诗云：

举世逐纷华，道人秉幽烛；天游寄黄山，奇绝不可述；芙蓉开不调，石笋煮不熟；上有双白鹇，下有丹泉浴；明月展碧空，光映三十六；入此酒杯中，清辉润诗骨。

与他同时代曾任四部尚书的广阳人毕锵，给他的评价是：“先生天挺人豪，英迈伦表，其心事合神明，其学术妙经济。”他在嘉靖二十六年任满升知州而去。离去时，仅是书箧衣囊而已，太平人思念不已，把他在“名公祠”和众乐亭里都供上长生禄位，还写了九百多字的《刘侯惠政记》，刻了一块高近六尺、宽近三尺的功德碑。这块石碑立在孔庙中几百年，最后毁于日机炸弹硝烟中。

换代之际的县令鹿兆图

鹿兆图，字祥琏，山东福山县（今山东烟台市福山区）人，贡生。清兵入关建立大清王朝，第一代皇帝顺治二年（公元 1645 年），他来令太平，即清王朝建立后的太平首任县令。

政权刚刚建立，新旧朝代更迭，社会混乱，民心涣散，人口逃逸、房倒屋塌、田园荒芜、商旅倒闭等等问题，不利于新政权的巩固。鹿兆图深知责任重大，在此之际，首要任务就是稳定人心，保证耕有其田，商有所业。他所采取的措施是：一、召集原各商户，趁局势已定，大力备足货源，保证商店货架满盈；二、安抚乡村农民，鼓励农民努力找回逃散在外的亲朋故旧回老家种地，当年不交赋税，鼓励开荒并免征赋税三年。在这样的政策措施之下，民心得以安宁，社会得以安定。

为了进一步减轻百姓负担，鹿知县在太平做了一件拨动旧体制沉疴的大事。自朱元璋当皇帝后，建立了延续 260 多年的公粮民征民解制度，公粮由府县衙门下公文摊派任务，然后实地征收、实地护送，所有费用统统由老百姓承担。这项制度本意在防止地方官吏侵吞公粮，但在沿途送粮的过程中，各地官吏仍可借查验为由而索拿卡要；因此，就得向百姓加征“火耗”以弥补路途“损耗”，从而更加加重百姓负担。不服从的人轻者打板子、充军，重者砍头、剥皮。260 多年中，“所解一差，动以巨万，破产亡家，鬻卖男女，流离琐尾，哭声振野。”小百姓不但承担经济重担，而且还要承受苛刑，“民不堪命”，说起来都不寒而栗。鹿知县洞察此害，既要解除百姓身上这一重压，更要为新政权巩固而消除民愤、民怨。

鹿知县想到一个人，就是臧里（今庄里）的程言。程言是明朝最后一科进士，中进士后被派到江苏省江宁当知县，刚当一年，明朝宣告灭亡，政归大清。程言作为大明遗臣，没有归附大清，而是选择了回家当老百姓。鹿知县亲自上门拜访，共商大事。程言也久有此心，见知县如此关心民瘼而礼贤下士，便欣然从命，承担起草表文事，痛陈公粮民征民解给百姓造成的痛苦，同时论及“水可载舟，亦可覆舟”的道理，要求改为“官征官解”，以解小民倒悬水火之苦。

程言能言善辩，他领受鹿知县的委托，甘冒斧钺鼎镬之险，上府台，赴抚台，泣血痛陈。因为大清政权刚刚建立，程言诉状又深切腠理，府、抚衙门均受理此事，而且上奏顺治皇帝。顺治从大清朝廷着想，当即御批准行。此一创举，本为太平百姓着想，岂料竟成了大清朝廷一项重大改革，惠及全国百姓。从此以后，百姓缴纳公粮，只用送达县衙就行了。

史料未见鹿兆图知县前程如何，而程言在康熙年间（公元1662～1722年）逝世，安葬在岳岭头往南里许，臧里人家家户户，每年清明、冬至、过年，把程言当作自己先祖一样奉祀，1949年前年年如此。他们还在臧里的岳岭头，筑了一座“纪德楼”，高悬大匾，纪念程言的大功大德。楼两间，高两层，楼下一明一暗，供人歇脚，晚上投宿；楼上半明一暗，供登高远望和投宿。抗战时期，名医胡大侔为避日机轰炸，把他的诊所搬到纪德楼，方便病家就诊。

明察秋毫、治理有方的县令陈恭

陈恭，字圣玺，福建侯官人，贡生。顺治十八年(公元 1661 年)冬天任太平县令。志书上记载他“慈祥恺悌，泽洽蒸藜”，是一个慈祥和乐、尊敬长者的谦恭君子，所言所行都如同雨露一样滋润着老百姓，同时他又是古圣贤一般的有传奇色彩的人物。

我们先读他的《莅境口占》，这是他初到仙源的即兴之作：

征车初下雪纷冬，玉积帷前六六峰。
到处漫传新令尹，此方从昔驻仙翁。
地饶绿竹儿栽马，山有苍松树种龙。
且嘱皂鞋泥莫拭，早春还看课郊农。

大意是：刚下马车就赶上纷纷大雪，车帷前的黄山三十六峰像玉一样堆积。耳边听到到处在传说“新县令到了”。我终于到了这个以前住过仙翁的地方。举目看去，土地富饶，绿竹葱茏，小孩子用小竹子当竹马骑，山上的松树古老粗壮，像一条条苍龙在抬头看天。吩咐衙役我靴子上的泥不要擦掉，早春到来，我就要去看望老农春耕了。

这是陈恭对太平的第一印象，他很喜欢太平，喜欢黄山，心里高兴，连太平老百姓都在盼望他呢，他也计划着要为太平人好好做一番事了。

趁着冬雪闲暇，好好清理一下案卷，一理案卷他就发现一桩冤案。这桩案件上任知县拟判“大辟”，就是死刑斩首。案犯是道泰乡(即今之谭家桥)一图(图：清代地方行政单位)江姓人，名江观老，年过六旬。案情奇怪，是江观老“因奸杀死罗氏女人命”。案件现场是少妇罗氏上吊自尽，江观老当场被巡更的逮住，别无人证物证。陈恭于此看出破绽，他先提审了江观老，然后带着仵作(办案人员)去实地调查。

命案发生地道泰乡道一图是谭家桥铺司所在地，其街道有一里多路长，各种作坊、商铺、钱铺、饭庄、客店一家挨一家，雀岭那边是旌德，箬岭那边是歙县，还有汤口等地常有人来做买卖。谭家桥田多，历来是个小米市，历史资料显示，歙县每年吃的米，有40%靠谭家桥等地供应。命案发生的当天，罗氏的丈夫挑米过箬岭到歙县去卖，准备第二天带货返回。罗氏家住街后，因罗氏颇有姿色，所以常有浮浪子弟借故搭讪，差不多都被罗氏冷脸冷言支走。唯有一个铺兵是俊俏后生，罗氏没给脸色。

陈恭让仵作带他到罗氏家，向罗氏公婆详细询问了经常来人情况、江观老平时为人情况、其媳妇罗氏情况，并到罗氏夫妇卧室和罗氏上吊处看了情况，发现床上盖被有不太显眼的血痕，最后又到铺司察看了房舍、马厩和马匹饲养情况，并逐个安慰了铺司吏员和铺兵，从中觉察到一个铺兵略显异常的情况，其他吏员铺兵见到陈恭，恭敬而眼光不躲闪，唯有此人像有什么怕被陈恭发现了似的。陈恭心下已然明白了几分。

通过审案和察访，陈恭做出了如下的判断：一、江观老六十开外，罗氏女仅二十出头，没有任何前因，而且江观老还带有点长亲身份；二、江观老从没有过这类苟且行为；三、江观老已六十多，身材也不高大，很难短时间内做出这种大案和假想案情；四、据仵作验尸记录和这次调查，罗氏颈项勒处没有淤血痕迹，可是头脸却有胀紫色，是先闷死后吊的特征，同时也没有罗氏自己吊死的相关状态特征。所以可以推断，这是一起因奸不遂而闷杀再做上吊假象的命案，故江观老难以认定为是凶犯。

排除了江观老作案嫌疑，那么这个凶犯究竟是谁呢？陈恭将目标锁在那个铺兵身上，结果一经提审，一切水落石出。

原来那个铺兵姓许，本地人，年二十五岁，从小不甚爱读书，爱与女子厮混，模样颇俊俏，且能干事，遂谋了个铺兵，常去外地办差，颇知世事。他常来罗氏家串门，也怪罗氏年轻喜俏，对许某不似对其他人冷淡，有时还有个微笑。许某以为罗氏有意，于是心存算计，等到那天罗氏丈夫挑米到歙县去卖，挨到天黑，拨开罗氏房门，施加暴行。罗氏惊恐，正待喊“救命”，被许某扼住被头，活活闷死。许某见罗氏不动弹了，一时计上心来，找了罗氏房中一根布带，做了个罗氏上吊的假象。毕竟心虚害怕，临离开，忘了带关后门。而江观老平时有个“顺手牵羊”的恶习，许某刚走，他刚好经过这里，见晚上后门半掩，就摸进来想发点小洋财，刚巧两个巡夜人经过，见门半掩，也进去查看，逮个正着，再举火一查，见罗氏悬梁，就出现了如同《十五贯》差不多的一场戏。江观老贪小便宜，小偷小摸，连同罗氏上吊，无凭无据，无法申辩，在堂威、板子的威势之下，只哭泣“冤枉”，而不甘认死罪。

陈知县走马上任，即破重案，县人都称神奇。

陈知县的奇事越来越多，宣州郡守也都耳闻。第二年五月过了端午节后，派了一张姓、一刘姓两位别驾（郡守的文史副职），来太平暗暗查访了一遍，前后花了十来天。

无论是砍柴的还是放牛的，都知道县太爷有一副奇怪的对联贴在仪门上，叫：“有一刻暇，且耕尔地；无十分屈，莫进吾门。”好像这位县太爷只当甩手掌柜，不想管闲事，但太平却是一个和谐之地。陈恭是怎么做的呢？他在每乡每图都挑三两个年尊而有威信的人，做巡查调解工作，宣讲乡约，发现家庭、邻里间发生矛盾，当场化解；发现不道德、不守法的问题，立时训导。同时，每姓氏宗族，必推一个公平方正之人，发现本族无论男女长幼，凡忠、孝、节、义之人，不定时据实登记报送县署，分级旌表。以前县衙官员常常好坏不分，致使好人湮闻，劣迹之人倒常登高堂，弄得人们莫衷优劣，而陈太爷治下的太平县，听不到一个人讲怨言，都说太爷治理有方。

两位别驾走了许多乡图以后，又悄无声息地进到仙源城里，两位在城里转了一天，见仙源城里干干净净，各个商店、作坊整整齐齐，买卖有序，听不到争价贵贱的声音。他们找了个离县衙正门很近的客栈住下，待看早衙办事情况。第二天五鼓，已然天明，两位别驾静听衙内动静。只听得三声云板响，呵堂“威武”声把树上栖息的鸟儿惊恐扑翅飞走。吏员们进退有序，非呼不敢直立。片刻，两宗案事当众宣告文牒，皆称陈恭太爷如包龙图再世。

两位别驾大人至此不得不承认陈知县勤政廉政而又治理有方。顺治十八年至康熙七年（公元1661～1668年），陈恭在太平八年，无为而治又公平方正，始终把太平老百姓系在心头。他常常为了公益义举，不动国帑而自割薪俸，本文不一一罗列，单从他留下的多首黄山诗里选看两首，可洞知其胸臆。

布水峰

谁将飞沫挂危峦？长使穷藜穿眼看。

我欲制成真帛练，年年披与此山寒。

天都峰

峨峨千仞耸天都，俯视群峦未可徒。

此际想应通帝座，欲将民隐一高呼！

青天县令邹钟俊

邹钟俊，字儁之，江苏吴县人。由生员进国子监读书，皇帝特许外放为官。清同治十年(公元 1871 年)至同治十一年任太平县知县。离任两年后，光绪元年(公元 1875 年)至光绪四年再度任太平县知县。

钟俊知县初任期间，就大破两宗巨型冤案，被太平人呼为邹青天。

整个咸丰年(公元 1851～1861 年)，太平军石达开部队的开进造成全太平县十室九空，直到同治二年(公元 1863 年)，太平军驻太平的首领古隆贤才率余部向清廷投降，逃散在外的老百姓陆陆续续才回来一些。同治年间(公元 1862～1874 年)，太平建设虽在恢复中，可是元气伤得太厉害，特别是绝大多数人仍处在贫困中。年纪稍大的人对咸丰初年及以前的富裕日子，记忆犹新，十年大劫把原来的富裕生活破坏殆尽，人群良莠混杂，偷、盗之事时有发生。

其中一宗巨案，是对新丰王家王霖雨的抢劫案。王霖雨原很富有，大劫初发，他的金银细软，坚壁得很安全，大劫过后，又取出密藏于家。谁知走了水，一天夜间，几十人入室抢劫。王霖雨报县后，前任知县判定新丰本地人所为，揪住一平时有偷盗行为者，其吃刑不过，诬扳多人，结案时，判定主犯重犯当死者七人，牵进案内几十人。可赃物无法追寻，最终不得落实。前任只在任一年，结了个无头案而去，朝廷深知邹钟俊睿智，邹钟俊随即走马上任。

牵扯几十人的巨案，而且有七个判为斩首示众的重犯，这可真不是一般的案件。邹知县不得不谨慎对待。在调查中，他不经意听到王霖雨家很老诚又较胆小的管家一句小心翼翼的话，强盗中有个人的口音是某邻县人。钟俊立时和邻县联系：一，密切注意某人情况；二，要求较大的商铺、钱庄、银号注意收银情况，很快发现有人使用或兑换王霖雨家被抢的金银首饰。巨案立时告破，涉案者无罪释放；而当年办案徇私枉法者，视情予以量刑惩处。被抢之家和多家被冤苦主，感激涕零，高呼“邹青天”。

另一宗巨案，事涉长寿乡六大姓之一的谢姓，有个谢长法被妾毒死，案由天衣无缝，但邹钟俊总是怀疑。在察访过程中，得知谢长法正妻妒心很大，在穰溪河一带小有名气，又未生育。谢长法性善，夫妻间忌恨已非一日。谢长法为求子息，设法找人再娶方氏女，更增其妻妒心和仇恨。其妾方氏日常被正妻驱使干粗重活。恰巧当地有一孙姓小伙子，同情谢长法之妾方氏，几次凑巧帮忙做了事，有两次恰巧被谢妻看到，这样就给谢妻留下了口实。一日，晚饭后，谢长法重感冒卧床，想吃辣面汤刺激发汗，谢妻早怀诡计，要一箭双雕，命方氏烧面汤。面汤刚烧好，谢妻又命去园中掐葱做葱花，增香味，乘这个空子，谢妻把准备好的砒霜投入面汤中，然后命方氏送面汤进房，并命方氏夜陪丈夫，就这样构成"谢长法被妾因奸毒死亲夫案"。

本案关键在烧面汤过程中谢妾方氏有个到菜园掐葱的过程。邹知县设计夜审谢妾，以"秋后处决刑期将近，人犯须详述犯案真实过程，可得地狱宽恕"为由，命女禁和一书吏共二人，细录谢妾口供，得"汤面原在锅中，园中回来，大妇已舀入碗中"一节。邹知县立即与石埭县联系，从药铺查得"某日某妇购三分砒霜"，于是案情大白。

两桩前任乱判大案，几个月中，邹知县连连告破，县人民心大振，宵小之辈都敛迹潜形。紧接着，钟俊知县又连连翻了几桩积案，涉案苦主感激涕零，真凶被缉归案，一时县内风气迅速归正。以前县内不合理的苛规，尽皆摘除，诚实小民不再有人敢行欺凌的，那些道德败坏现象都在不断消失中。

邹知县却为人十分慈祥，与人相见，十分亲切真诚，毫不摆架子。太平旧时蚕桑本十分发达，可是因为生活富裕，这些立命的根本却被弃之不用，十年浩劫，又荒芜干净。邹知县走遍各乡图，鼓励发展。

在这过程中，又发生食盐大案。在邹知县任职前，太平食盐虽由官府监管统办，但都从外地运进，其中多有私盐。太平人贩私盐途经浙江，被浙江缉私拿住，酿成五人毙命大案。邹知县冒被严谴之风险，到浙江了结公案。又亲往府台呈文，领取我太平试办食盐分销许可，由县负责运进官盐，不愁缺盐，县人人心得以大定。

邹知县为建设太平文化以教民、育民，其功同样令人起敬。

他亲自给各乡各图下文，细心踏实采访节孝、义行、善举等人事，详文上官给予旌表一千七百余人，在麻村徽青官道上建"太平总节孝坊"以旌表，其已亡故的，则供奉于“节孝祠”，节孝蔚然成风。

他亲自到仙源书院（由天都书院改名）开课，对生员习作亲自细细批阅，评定等级，拿自己俸金给予物质性奖励，士子们都十分敬仰，逢人都夸邹县公。

其中，他和教谕马征麟，为了仙源书院藏书，不仅捐出自己多部藏书，而且拿出俸金为书院采购图书，又号召县内绅士人等捐资捐书，县人捐书读书之风大盛。书院藏书多达五万余卷，照当时县人人数，可以达到人手一卷，教谕马征麟编成《仙源书院书目》七卷。这一盛举是太平县治史上独一无二的，这才是教民、育民的一切之根本。

任职期间，麟凤桥基又遭洪水冲击，同时由城东北高埠迁往城北重兴寺、乾隆三十年建麟凤桥又迁来桥北头的众乐亭，年久失修，钟俊知县首先带头捐俸，号召捐资，两工维修同时并举。

钟俊知县智慧过人，思维缜密，处事赛过包公；为了太平山民，敢冒风险去争取利益，真正做到爱民如子，所以他总是真诚待人，毫不骄矜。下面这个例子足应流传千古。一次，邹知县带一二随从去龙门。当时龙门岭头守岭人是龙门周姓人，叫周梦鹤，住岭头茶庵，煮茶供人饮用。邹知县小歇之时，和周梦鹤言谈甚洽，当场命随从研墨铺纸，书一联相赠：

岭势登龙，惟冀暑天烹茗叶；

人名梦鹤，不愧寒夜守梅花。

周梦鹤珍藏着这副对联，并请人用上好木料，阴刻为木联，茶色为底，石绿色染字，十分高雅，悬挂在龙门岭头茶庵中，直至20世纪60年代被毁。

邹钟俊任满离开太平后，县人共议，把他和宋时知县孙觉、明时刘元凯，合建一祠供奉，名“三贤祠”。

三朝元老毕锵

毕锵出生于明正德十二年(公元 1517 年)五月初五正午时。自幼好学，言辞伶俐，才思敏捷。他最爱读的书是《春秋》，同时遍览诸子百家，不以一家之言为宗。嘉靖二十二年(公元 1543 年)26 岁中举，翌年参加应天府(南京)廷试，第五名进士及第。进士及第后一直任京官，不久遭排挤，贬为温州"提学副使"，后又改任安徽、湖广(湖北一带)地方官。万历初期因与宰相张居正政见不合而辞官回家。万历十年(公元 1852 年)张居正死，即被召回京师，历任工部、吏部、户部尚书。万历十四年(公元 1586 年)，毕锵 70 岁，以年老多病，三次乞休而告老还乡。从中进士后至退休，头尾 44 年，除中途辞官近十年，为官约 34 年，历仕 19 任。

初任刑部广东司主事

二任刑部河南司主事

三任刑部陕西司署员外郎主事

四任刑部湖广司署郎中事主事

五任户部山西司署郎中事主事

六任浙江按察司提学副使

七任广西布政司右参政

八任广西按察司按察使

九任浙江布政司右布政使

十任湖广布政司左布政使

十一任太仆寺卿

十二任应天府府尹

十三任南京户部右侍郎

十四任刑部右侍郎

十五任户部左侍郎总督仓场

十六任南京户部尚书

十七任南京工部尚书

十八任南京吏部尚书

十九任北京户部尚书

毕锵为官清廉、勤政，特别在张居正死后，召回京里后，在痛陈时弊、改变时弊上尽责尽力。值得一书的历史功绩是他与海瑞合作，为历史做出了贡献，——在赋税上推行“摊丁入亩”，就是上了史书的明朝改革赋役制度的“一条鞭法”的雏形。他当应天府尹时，海瑞为江南巡抚，二人政见相合，成为莫逆之交。所谓“一条鞭法”，是一个州县的赋役征收要量地计丁，丁粮全部交官，而一年所需的力役（老百姓的义务工），由官府招募，付给工食费；而杂税土贡与税粮合一，计田征银，由官府折办。这种赋役征收法，不但减少了老百姓的赋役项目，也相对减轻了老百姓的经济负担，对后来的赋役征收产生了积极的影响。

毕锵70岁退休后，为地方做了不少好事。谱、志载：“二十余载，以恭、让、节、俭表正乡闾。”平日，不着轻服，不驾华车，不近声色。割让好田给县学，出钱养赡学校中贫困学生。办义校供子弟读书，出仓廒赈济灾贫。帮助家贫者办丧事，出资掩埋客死者尸骸。常暗中帮助人解脱苦难，而被解脱人却不知是什么原因，像这些事，“不可胜数也”。州县官吏常向他请教办理重大案件办法，他不畏强暴，察微观细，判断一些疑难大案公平公正，迫使地方豪强有所敛势。故此，毕锵退归林下，颇得民心和地方官员的拥戴。万历二十四年（公元1596年）八十寿辰，为之撰写寿文、赶来祝寿的京官、各地方官，远及两广和山陕等地，有四、五十人之多。六年后，万历三十年，明神宗下诏“加毕锵为太子太保，命有司问存于家。”太保，是周朝以来设置的辅佐皇帝治国理政的最高行政长官之一，有太师、太傅、太保，名为“三公”，位列“三公”地位十分显赫。“三公”各朝代都有设置，但名与实各不相同。到了明朝，基本上成了皇帝给的奖赏性的最高级荣誉。而“太子太保”，是除了辅佐皇帝治理国政，还要承担教导太子的职责，太子登基后继续辅佐他治理军国大事。可见毕锵为官为民都还不错，不然退休十年了，八十老朽了，皇帝干吗还给他个最高级荣誉，还责成地方官拜谒、看望呢！

毕锵前后有三位夫人，首任李氏，广阳李姓；二任崔氏，甘棠崔姓；末任邵氏，秧溪人。嘉靖年间（公元1522～1566年），崔氏三甲祠维修，毕锵贺有苏体风格的“唐相后裔”四字大匾，该匾现存黄山区文化局，是真迹文物。另有传说，毕锵退休后，皇帝亲自来探视过，毕夫人亲自下厨，烹制了一锅炖的菜，口味甚是香醇浓厚，皇帝见是一品夫人亲自操持的菜，便名为“一品锅”。一品锅一般最底层为干笋，避免焦煳，依次上来是油豆腐、一寸见方大小的五花肉块、肉圆子、白豆腐、粉丝、鸡蛋饺子，烫菠菜等，也有根据口味加放豆腐皮、香菜、腌菜的，不一而足，用碳火炉炖成，锅中菜味醇厚，肉不腻人。可能这早已是黄山周围民间过年过节和宴请宾客的传统风味菜，经这位皇帝一赞赏，便得了个“一品”的名声。现在大约因为端铁锅上桌，不雅观，其实没吃过的人只要吃了，肯定常常思念。2006 年，我在祁门牯牛降，吃过一次久违了的一品锅，名色品种还没传统的丰富，可那口味远不是现在大酒店的花色所能比拟的了。

万历三十六年(公元 1608 年)十月二十五日，毕锵去世，终年九十二岁。据《毕氏宗谱》载，去世前一日，毕锵感到不适，先写好遗嘱，再穿戴好衣帽，叫家人请来地方各官和好友聚会，谈笑诙谐如常，岂知意在告别。送走客人，命子媳妇孺跪听修身、齐家之道。言毕，正襟危坐，合目而逝。逝后三年的万历三十九年(公元 1611 年)七月初七，万历皇帝遣使奉诏到毕府哀悼，给予“尽瘁半生，绰有勋勤伟绩”的褒奖和“兹赠尔为太子太保、锡之诰命”的封赐，哀荣十分隆重。

在毕锵七十岁退归广阳后不久，万历皇帝念他为官功绩突出，赐他在广阳城中街建造一座府第，地址在广阳城内广阳乡高建队东面，章村队冲担岭东南；具体说是在明时石埭县衙西，桂家巷东。县衙在中轴线以东，那毕府基本上是居城区中心位置，人俗称宰相府或尚书府。

毕府呈长方形，坐北朝南，占地广阔。所谓占地广阔，据现今年长者回顾，其进深有多长呢？府门在东西大街上，府后围墙抵北门里河城街，南北通长在 300 米以上，东西宽度大约占有东西大街北面的三分之一。《红楼梦》第二回“冷子兴演说荣国府”中，有一句“街东是宁国府，街西是荣国府，二宅相连，竟将大半条街占了”，从外观上描写荣、宁二府的气势，毕府占了三分之一的街面，完全可信。

府前是东西石板大道，道两旁设有数对石狮、石马、石人、石鼓。府门东边跨街竖一座石牌坊，坊顶嵌一匾，上刻“文官下轿，武官下马”，这是皇帝封给毕府的威仪。府大门门楣高悬皇帝赐予的大竖匾，上书“状元及第”四字。大门两旁对联，上联“四部尚书第”，下联“三朝元老家”。如此威仪，足见府主声名显赫。

府前向南直通广阳南门，达舒溪河，隔河可遥望河南方圆七八里的大树林，一片绿色葱茏。进得府门，前后有三大进，庭院衔连，楼阁错落，间以花园水榭、暖阁凉亭。飞檐翘角，雕梁画栋，房柱、屋梁、门窗都雕刻有花卉、鸟兽和人物故事。整座府第布局严谨，结构巧妙，精致高雅，色彩辉煌，堪为古建筑中一件雅作精品。

据说毕府曾藏有许多稀世珍品，尤其是有多张玉雕花架床，长、高各尺余，床架用翡玉雕成，被褥用翠玉刻就，床上有象牙琢成的人物，其他金银饰品不计其数。太平军到广阳时，毕府后人将这些宝物埋入府中的七口井里，太平军只掘得三口，另四口已永无人知了。

时光流逝，毕府逐渐衰落。1949 年以后，还有不少人住在里面，其前庭大院还成为供销部门的废品收购站。直到 1970 年，已维持了 380 多年的毕府，才被拆除，可见其建筑质量也堪为古建筑史上的一个奇迹。

五马坊下忆赵象

仙源城南有个地名，叫五马坊，原来这里树有两座高大牌坊，坊名就叫五马坊，是皇帝敕建纪念清正廉洁的知府赵象的。唐宋以来，从南门桥起一直往南，逐步形成了一条大街，名叫中市街。明清时期，这里都是鳞次栉比的人家，一直延伸到103国道。姓氏大小有十多个，最大的就是赵、胡两姓。在明朝弘治（公元1488～1505年）后期赵家出了一个人，名叫赵象。

赵象，字惟贤。象，是学习、效法的意思；贤，是高尚的道德。赵象从小性格温和知礼，衣食住行知道谦让，孝敬家中长辈，尤其是学习十分勤奋。科举时代国家选派人才除了考举人、考进士外，还可以直接从县学、府学的秀才中，选考优秀人才到国子监去读书，称优贡生，然后直接参加最高级考试。赵象就是正德十六年（公元1521年）选拔的优贡生。可是他没等参加进士考试，就被朝廷派去当地方官了，可以想见他的才干。

赵象第一任就被派到山东西北部的乐陵去当县令。乐陵和河北武术之乡沧州很近，一个年轻文弱书生到这种地方去为官，能拿得下吗？但赵象深知，真正的尚武之人是十分重德的，不重德练不出高功夫。赵象到任之后，着青衣小帽，带两个随从进行私访，果真发现一个大户的浪荡子，仗着学了点小功夫，家中又有钱，在地方欺男霸女，家中就关了几个被他抢来的姑娘。传闻还逼死了一个姑娘。赵象同时又发现了几个仗义疏财的武术高手，于是心中就有办法了。他不声不响把几个侠义之士请到街坊小酒店，结交为好友。然后由他们把那个浪荡子“请”来县衙，准备先礼后兵，谁知那浪荡子口出狂言，趾高气扬，遂不得不让几位高手对他修理一番，他才变乖招认罪行。

大明刑律是严酷的，比唐、宋律令都重，像这种逞强凌弱、欺男霸女，奸逼人命的行为，按大明律该当剐罪。赵象将这个浪荡子逮捕以后，通知该大户，好好护送被抢来的姑娘们回家，每个姑娘赔偿一百两纹银。该大户获悉儿子被捕，知道罪恶非轻，沿用过去的老办法，进县衙求情，送来一千两银票，请求宽刑。他以为有钱能使鬼推磨，没有钱摆不平的事。谁知赵象银票照收，然后将他“枷示三天”，给他判的罪名是：一、家规不严，容子行凶，人命关天；二、行贿买通，亵渎大明律令。随后，将浪荡子递解济州府，由府台处置。一千纹银分派各里甲兴办学校，不足部分，赵象从自己俸银里带头捐资，号召大户都为本里甲办学出资出力。这一举措使整个乐陵人心称快，豪强敛势，豪杰归心，民风归正。

在乐陵三年期满，他被派到邻县庆云当知县。这个县比乐陵县小得多，财政比较困难，但却山清水秀，是个旅游的好地方。嘉靖皇帝的妈妈章太后喜欢旅游（黄山半山寺到天门坎路上有一平一竖两块十分平整光滑的大石头，就是她老人家留下的梳妆台），她要来庆云县玩，这可急坏了县衙里的大小官员。而赵象却不慌不忙，他早知道章太后吃斋念佛，她远离京城，是不会摆銮驾的。据此，他首先安排了一个素净的地方给章太后安歇，旁边安排一个佛堂，焚烧檀香，保持十分安静的环境。然后请了两个厨师，专门操办章太后的素馔。安歇处的外院，安排了八个童男、八个童女，听候传唤。又雇了八个健力轿夫，专候章太后出行抬轿。章太后身边的宫女和太监可省了不少差使，弄得他们上下欢喜。

济州府闻知赵象在庆云县成功接待章太后，甚得太后满意，感到很奇怪，怀疑他是不是搜刮百姓而中饱私囊了？调查结果，不但没加重老百姓负担，而且吏员也不叫苦；一查账，报销的规格都没有突破。但知府还是不放心，又派人视察赵象住处，结果发现除了两个随从，只有一架书和一个装衣服的旧藤箱，生活十分清贫。考察人长叹道：“天下清官竟然有像这样的！真不可想象。”

赵象的政绩可算是上达天庭了。不久朝廷提拔他去当湖广桂阳府知府，府治在今天的湖南郴州市，辖区北至湖南耒阳，南至广东英德，中部东段是大庾岭，西段是南岭，东西五岭绵延，使整个桂阳府南北联系沟通相当困难，而且地形复杂，人群杂居，所谓山高皇帝远，就是这样的地方。赵象到任以后，首先“拓驿道，靖地方”。为了治下六县联系通畅，必须拓宽驿道，增设驿站和铺兵，加快信息传递。在这个基础上，他又加强六县联防联治，使穷苦百姓少受惊扰欺压之苦。同时并举的是“办乡学，兴教化”。赵象亲自为各县下了一道檄文，要求每一个较大的村庄，都必须办一所乡学或义馆，里甲和大户要募捐，以保证子弟读书。他说：“人而无知，不知其可也。”他自己解囊捐俸。檄文同时要求县令和教谕不时关心、督察各乡学、义馆。在办学的前提下，要求各县荐报各种懿行，同时择著者报府，予以旌表。

最得人心的是大张旗鼓的“丈田亩，均赋徭”的赋税办法。明朝正德（公元1506～1521年）、嘉靖（公元1522～1566年）年间，土地兼并现象悄悄开始，地方富户包括高官的家族，许多人都成了大地主。赵象此举针对土地兼并情势和减轻农民负担而来，就是把赋税徭役按土地多少摊派完成，那豪强大富和官宦家族占有很多土地，自然就多承担赋税徭役了。这一办法事实上是后来海瑞和毕锵等人推行“摊丁入亩”的先声。至万历时期，首辅（宰相）张居正在“摊丁入亩”的基础上，总结经验，推行了“一条鞭法”，把各种赋税徭役包括人丁费统统计入田亩征收，在全国推行，既保证了国库收入，又抵制了土地兼并。张居正却因此大大触怒了占有大量土地的官宦阶层和豪强大户，所以张居正死后不久，还遭到掘墓暴尸的打击。而赵象比他们分别要早二十至三十年，又只在一府范围，同时，他又有同步的“拓驿道，靖地方”一招，一些大户尽管不满，也无可奈何，只有照办，真正无地少地的农民是拥护的。他能把那么一个困难而复杂的地方治理下来，对明王朝有益，嘉靖帝自然是高兴的。

这过程中发生了一件事，桂阳老百姓知道后感动不已。有个在外地当知府的，他的家中也有不少土地，他带来亲笔信，叫他家人备银五百两上门通融，要求少报田亩。赵象拒收，不予通融。来人以“无人知晓”为由，继续要求。赵象正色道：“若人勿知，则己勿为。天知，地知，尔家尽知，吾亦知之，何谓无人知晓？暗室亏心，神目如电。尔大户也，小民奈何！念在同僚，吾不罪尔，黜退！”来人只得抱惭而退。这件事很快在桂阳一府六县传为美谈。赵象又檄传各县：勿得受赂徇私。桂阳全郡政风一时肃然。

赵象在桂阳府任满后，朝廷还准备给他升职。他深知如果继续升迁，凭自己的性情，不干好，不利民，誓不罢休，所以他深知担子越来越重，同时也看到仕途风险会越来越大，他已经力不从心了。虽然还没到老退时，就以“行将老迈，微躯难济”为词，坚持要求告老还乡，终于得到批准。

赵知府告老还乡的消息很快传遍整个桂阳府，既是告老，就无法留任，只好考虑送行。可是赵知府一身正气，两袖清风，不但不收礼品，连饯行酒也不接受的。大家最终想了个办法，用当地产的岩石叫“郁林石”，雕了四只狮子，给赵知府归途作镇舟之宝。赵象从到山东乐陵当县令起，为了不加重地方负担，从来就不带家眷的，只带两个随从。赵知府除了自己和两个随从之外，船上只有一箱书和随身行李，别无长物。从桂阳府治(今湖南郴州)乘船，经耒水，北上入洞庭湖，顺长江，经武昌东下，从芜湖入青弋江，小河口进麻川河，到达仙源。四只石狮子放在船中，全程水路，平安到达，家人非常喜欢，自此亦将其作为镇宅之宝。这四只石狮子，清朝嘉庆《太平县志》记载还在：“至今子孙世宝之。”

赵象是嘉靖二十二年(公元 1543 年)秋季到家的，太平历史上著名县令刘元凯，当年春天刚刚到任。刘元凯到任后不久，就知道了赵象的人格和清节，很是崇拜，经常拜访求教。赵象说得很恳切：“牧民也者，恤民也。秩俸外，锱铢皆是脏私。”意思是说，管理地方，关键是爱护老百姓；特别是钱物，除秩俸外，多向老百姓要一丝一毫一点一滴，都是贪赃徇私。一句话说到底，为民父母官，就是要廉政爱民。所以赵象远在外地为官几十年，从不带家眷子女，只带两个随从，不增加任所负担。

不久，湖广桂阳府为他申报旌表的喜报来了，嘉靖皇帝圣旨嘉奖，破例特许给赵象府第所在的中市街南北两头，同时敕建“五马坊”，以嘉奖赵象为官几十年的勤励和清节。

牌坊的名字很多，“五马坊”是什么意思呢？汉朝时，知府享有五马拉车的威仪：一匹头马在前引导，两匹辕马并排驾辕，左右辕外各有一匹马叫“骖马”帮辕。因此，“五马”就成了知府的代名词。

赵象虽然在知府一级的官员中政绩突出，可是级别其实并不高。府级首官一般只有正六品或从五品。赵象由一个知府，而得到嘉靖皇帝敕建两座牌坊的嘉奖，这确实是十分罕见的，很可能在明、清官制中仅此一例。五马坊建于明朝嘉靖(公元 1522～1566 年)中期，中市街南头一座，毁于日本轰炸，北头一座直到 20 世纪 50 年代初期被拆除。

父子星座

——近现代仙源著名胡氏族人：胡之桢、胡庆道父子

胡之桢

胡之桢，仙源南边胡家人。同治年间出生，经历了光绪（公元 1875～1908 年）、宣统（公元 1909～1911 年）二朝，民国初年去世，是光绪十四年（公元 1888 年）的优贡生。

所谓优贡生是什么身份呢？明清时期，在私塾或地方义学或者家学读书的叫童生，童生经过县、府、省三级考试合格，就叫生员，也就是秀才，才有资格进入县学或府学读书，学业期满参加省级考试考举人，举人考取后，再参加全国会试，考试合格后叫贡士，再参加皇帝亲自出题、并亲自视察的殿试，定出进士名次，进士的头三名就是状元、榜眼、探花。这三名以外的进士，还得参加朝考，朝考只考两篇作文。朝考成绩再结合会试和殿试的成绩综合评估，然后分等级派到外地为官，一般都是知县或者是教谕，也有少数选派为府台和巡按的。

县学、府学的生员可以去考举人的，叫贡生，意思是准备贡献给皇帝的人才，所以科举时期，除了像爬楼梯一样参加各级考试，最后得以为官外，省府每隔三年还从县、府学的高年级生员也就是贡生里，选考有限的几名，保送到国家级学校——国子监读书，这部分由省里经过选考合格、保送的贡生就叫“优贡生”。优贡生就省去了参加考举人过程，而直接参加中央考试了。由此可见，胡之桢才学就是远远在一般贡生之上，因为一个省只有有限几名，而且第二年参加中央考试，最后的朝考是一等，可见会试、殿试是非常优秀的了。

朝考以后，他被分派到福建西北部和江西临近的泰宁县当知县。这个县前几任知县不知道什么缘故，久积的案卷近三百件没办了，差不多都涉及刑事，涉案的人犯都关在牢里，不但涉案的人犯家庭担子沉重，就是县衙也

加重了伙食和狱政管理的负担。看来，朝廷对泰宁县情况很清楚，也看准了胡之桢的才干，把他派来清理这些棘手的事。胡之桢到任后，由于他秉性认真而善良，也明了朝廷派他来的用意，所以到任后，只带三二仆从，日间勘察调查，夜间研究案件，三个月左右，就把近三百件的案卷处理完结。该上呈府衙的上呈府衙，该转交他县的转交他县。少数欺压老百姓的豪强，就按律加以惩处。那些因穷困而偷盗、家庭争斗、邻里泄愤等一般性案件，只传来人犯和其家人，当堂具结画供，一律交地方保甲取保回家。原先几乎人满为患的监牢为之一空。老百姓有的因为冤屈得到伸张，恶人得到处罚，而大多数的免去牢狱之苦，全家得到团聚。才二十几岁的胡之桢，一时间，被全泰宁的老百姓称为“胡青天大老爷”，他们把胡之桢恭称为泰宁人的福星。

明清时期的知县，一般任期至少三年，还有五年的，多到七年的，才被调任或升任，而胡之桢在泰宁刚一年期满，就被调任到福建瓯宁（今建瓯）去办理瓯宁的积案。任期一年就调任，在明清时期为数是不多的，说明朝廷和省、府衙门，对胡之桢的能力是非常倚重的。

在知道了胡之桢离任的消息后，那些切身得到恩惠的泰宁民众成群结队到省、府衙门求告留任胡之桢。在接任的新县令已经到了泰宁后，有些人就来硬的，跑进县衙，把官印拿走藏了起来。没有印办移交，胡之桢就走不掉。有的人干脆喊：“胡青天大老爷走了，我们就不交钱粮！”胡之桢只得把真心留任的人请来县衙，感谢，安慰，说：“朝廷的圣旨，省府的命令，我胡之桢不能违抗啊！”这样，才办了交接手续。

那时候，官员上任、离任，是没有车旅费的，完全自己掏腰包，靠俸金的一点积蓄。第二天，胡之桢就雇了船，扬帆起程。泰宁县城万人空巷，都到码头岸上烧香跪拜送行。其中，有一家男妇大小，在河岸上跟着船叩头跪拜，这一家的主妇一边跪拜，一边大声哭诉：“我的丈夫，我的儿子，吃冤枉坐了两年多牢，是胡青天大老爷开恩，我一家人才得到活命，这个大恩我没法报答啊！”

胡之桢离开泰宁以后，泰宁几乎家家户户都在家给胡之桢竖了长生禄位，早晚上香，清水上供，祝胡之桢禄位绵长，还把他供进了县衙中的“名宦祠”，永远纪念。

胡之桢到了其他接任的县里，也像在泰宁一样，首先清理积案，稳定社会。后来,升任当了兴化府知府,不久又升为道员。道员就是道台,是省督抚衙门分管省衙某方面工作的官员,相当于副省长,光绪皇帝赏了二品顶戴,享受朝廷二品大员的俸禄。按品级,道台不过是五品,督抚不过三品,二品已是朝廷六部大臣的品级了,胡之桢职位是道台,可是品级仅次于宰相,相当于中央六部大臣了。

民国初年胡之桢去世,一生清寒,两袖清风。

胡庆道

胡庆道是胡之桢的儿子。跟他父亲一样,是一位英才。清朝末年,日本政法大学毕业。民国成立之初,他就回国担任安徽省高等检察厅检察官,帮助当时的杨检察长制定司法检察工作各种法规和制度,综合治理全省的狱政,为全省司法独立打下了基础,为民国司法的开创工作做出了贡献。

由于处事能力强,1914 年,上级委派他担任芜湖地方检察长。芜湖地处水陆要冲,五方杂处,什么贩烟聚赌、诱拐诈骗,都是司空见惯,习以为常,老实人总是受害。胡庆道到任,立即张贴榜文,晓以大义,公开鼓励检举。几个月下来,发现几十起案件,一律依法惩处,那些素来吃这种饭的不良之辈,个个都不敢以身试法。庆道乘胜而入,清理积案,整顿监狱拘所,芜湖社会空气为之一清。

担任司法工作有规避制度,不宜在本乡本土工作,1917 年,他被调任江西省南部的南康县知事,就是以前的县令。南康县的民事纠纷、刑事案件,比较棘手,地方势力插手,晚清以来就有习惯势力,前任县令往往无可奈何,首恶元凶往往逍遥法外,百姓有苦难言。庆道下车伊始,就有耳闻,他明察暗访,分析评判,完全掌握了县内塘江镇一个郭姓豪强,强奸一余姓女子后并加杀害。女子只有一个寡母,孤苦无援,哭诉无门。而郭某串通地方绅士保甲,隐瞒不报,只将女子掩埋而已。庆道当机立断,将强奸杀人犯郭某逮捕法办,抚恤了女子的寡母,并依法惩处了包庇犯罪的地方势力,南康人民拍手称快。

1919 年,胡庆道又调任都昌县知事。当年都昌县的情况更糟:犯了法被逮捕却又被保出串供的,应缴钱粮硬要老实户包交的,议决什么事的公众意见常被一言堂独断,婚姻大事常有闹婚、悔婚事件,邻里乡村常有械斗,庆道都能很快断清判明。他发现之所以出现这些问题，主要是缺少文化教养，就一口气在各乡村办起了几十所小学，又带头捐资办起了县立初中；还建起“报功祠”，张榜表扬各乡村中立功立德的人，正气得到伸张；又办起了“平粜所”，用平价向老百姓卖米，扼制了少数人垄断米市。他在做这些的时候，始终是克勤克俭，而且刚正不阿，不怕邪恶势力威胁。他的这些政绩，府台一一做了考评，上报给省抚台。抚台准备调他去乐平知事，以进一步显示他的能力，都昌老百姓立即推选代表上府台请求给庆道留任，庆道于是被留在都昌几个月。可是乐平县不愿意了，频频打电报催促。庆道离开都昌时，老百姓蜂拥着，扒着车，拦着路，舍不得放行。

乐平的人，民情强悍，常常因为小事发生械斗，有时会死伤很多人，以往的县衙往往无法制止。庆道下车伊始，印发白话布告，动之以情，晓之以理，公之以法，闻有械斗，立即赶去现场，呼吁制止，登高宣讲大义，大家都感到庆道心意诚恳，很受感动，好斗之风逐渐止息。庆道采取发展教育的办法清澄民风，办学校几十所，又办起县立图书馆。

抚台衙门给他几任政绩综合考评，宣布庆道为全江西省“模范知事”。离开乐平时，老百姓成群结队，抬着酒菜来送行，从早到晚络绎不绝。

最后调到清江县，才两个月，国民革命军北伐军到了清江，地方政权由北伐军接管，庆道回到了安徽，一回到安徽，省最高法院就聘他为首席检察官。

1927 年，国内战事频起，庆道事母至孝，父亲胡之桢业已辞世，庆道不违母命，于是辞职回到家乡。

当时家乡民风虽然纯朴，教育却是不怎么发达，除了家学、义学、私塾外，没有官办学校。庆道立即找到县政府原教育局局长陈之澍，创立了太平县立初中，设址在今天的仙源中心学校。现在的黄山一中就是在胡庆道和陈之澍共同创办的太平县立初中的基础上发展起来的。陈之澍是清朝末年的优贡生，1914 年担任孔庙的奉祀官，1917 年担任劝学所长，就是明清时候的教谕，后来的教育局局长，庆道辞职回家，他也已经不为官了，两人志趣相同，很是投合。

办起中学以后，庆道又在仙源城里创办了太平图书馆，把原先天都书院从清朝光绪初年由县令邹钟俊、教谕马征麟、地方贤达孙璧文等人捐献、购买的近四万多册藏书转入图书馆，可惜十多年后的1938～1943年日本轰炸，庆道和陈之澍为乡梓谋福利的满腔心血连同晚清以来几十年间积存的宝贵图书资料，全都化为灰烬。

庆道回家后创办的第三件大事就是续接清《(嘉庆)太平县志》，编修民国《太平县志》。志书正修撰中，1928年到上海筹措事务，因病医治无效，在上海方仲盘寓楼不幸去世。庆道英年早逝，身后不名一文，丧事一切费用由同乡汪少岩兄弟和方仲盘等人共同办理。

庆道回家一年，出面为首替家乡办起了三件大事，而一有空他就读书。有人问他为什么这样好读，他说："我当了几任官，之所以没有渎职，就是读书才懂得了许多道理。现在到了民国，时代虽然变了，可道理不会变，只是方法不同。以前我在任上，不取民间一钱一物，还常常拿俸金补贴公用，清贫惯了，但读书不能忘记。"

有朋友见他衣衫破旧，给他钱，催他买点新衣服。第二天，朋友见他衣衫依旧，就问他为什么不买，他歉意笑笑："昨天我看到几本好书，我买书了。"

庆道真是安贫乐道的好典型。

胡之桢、胡庆道父子，一样的英才，一样的安贫，一样的政绩耀眼，替老百姓着想，真是仙源胡门和仙源古城的双子星座。

心理学理论与实践的一代宗师——胡寄南

祖籍是仙源城南胡家的华东师范大学心理学一代宗师胡寄南教授，是我国当代心理学理论与实践的奠基人，加拿大多伦多大学心理学华裔荣誉教授江绍伦称他是“杰出的心理学家和师表、现代心理学宗师”。

胡寄南祖父母因为太平天国运动而形成的太平人口大迁徙而到了上海，胡寄南因之在清朝末年 1905 年 11 月 18 日在上海出生。当时祖父已去世，父母亲要为生活奔波，家境十分清苦，小时候主要是依靠双目失明的祖母抚养，从小就培养了自力更生、吃苦耐劳的品质。孟轲老夫子说得是一点也不错的：“天将降大任于斯人也，必先苦其心志，劳其筋骨，饿其体肤，空乏其身，行拂乱其所为。”

他从小尽管家庭清苦，可是勤奋读书，兴趣广泛，小小年纪，就有了颇为远大的志向，刚满 16 岁(公元 1921 年)的他，就只身上北京求学。有几个 16 岁的人能有这种胆识和眼光？

不久他又回到上海，考进复旦大学首届心理学系。1925 年毕业，取得学士学位。紧接着，考入了美国俄亥俄州大学心理学专业，1930 年取得硕士学位，很快又转入芝加哥大学，1934 年取得博士学位。回国后，先后在浙江、暨南、中央、复旦等大学担任教学任务。新中国成立后，除了 1958～1962 年调入中央教科所工作并兼北师大教授外，一直都在华东师范大学工作。

寄南毕生勤奋好学，博览群书，善于思考，治学严谨，在生理心理、实验心理、社会心理等方面造诣极其深厚，形成了一整套心理学基本理论体系，直接受他指导、培养的心理理论和实践研究人员有近万人。

他把心理学理论运用于社会工作指导，总是发挥着心理学理论的积极作用。例如，他的“心理因素对手术镇痛的作用”这一课题，就取得了明显成功，成为国内心理学和医学上共同的重要理论问题。心理学理论上有“信息转化”理论，寄南和上海交通大学合作，在“交大”开展为残肢病人配装假肢的康复工程中，寄南的理论取得了显著的效果。

寄南对中国优秀人才个性心理品质的培养，做了广泛研究，1984年北京《父母必读》登载了他的研究成果，这篇论文成为父母教育子女的优秀典范教材。

改革开放以后，人的思想变得越来越复杂，家庭矛盾、社会矛盾越来越多，心理问题也就越来越突出。寄南又把心理研究的重点目标放在社会心理的心理治疗的研究上，从心理因素、心理条件、心理剖析、心理评价等方面，给心理治疗提出了系统的理论与实践基础。现在不少电视台都辟有"心理诊所""心理医生"，几乎都源于寄南的这一理论思想。

胡寄南之所以能成为现当代心理学的一代宗师，是他具备了特有的功力和条件。现当代西方心理学各个学派的理论，苏联巴甫洛夫学说以及全世界其他各国心理学理论著作，他都完全容纳于胸。他从小就扎扎实实掌握了中国古代汉语，从而遍读了我国古代的相关著作，了解了古人关于"心"的活动知识。当然他的现代汉语和英语也是应用自如的。他每当发现一个新问题，总是要通过考察、实验，加以论证。他又独具慧眼，善于从社会活动中去研究问题、思考问题，因此，他有了很多人都不具备的悟性，总是不断地为当代心理学的发展，做出及时的、创造性的贡献。他从大学毕业时起到最后，他自己的著作、译著，总量加起来，已经是等身之量，然而他在华东师范大学淡泊名利、严谨朴素是出了名的。

1989年11月20日上午8:35，寄南与世长辞，享年84岁。华师大为他举行了隆重的追悼会，全国各著名大学，加、美、英、法等多国世界著名大学都发来唁电，痛悼一代心理学宗师的离世。

华师大给他的嵌名哀挽长联十分准确地概括了他的人格，总结了他的一生：

人生若寄名利轻于鸿毛两袖清风归时遗憾少

吾道其南事业重于泰山光明磊落身后教泽长

寄南以他自己的精神彰显着一个人、一个事业建树者必须具有的品格。

寄南的五个儿女也都卓有建树：

长女斐佩，解放军五个女少将之一，解放军洛阳外国语学院副院长，英语教授。

长子天培，上海交通大学副教授。

二女乐佩,长春电影制片厂电影演员。

小女美佩,北京供电局医务室医生。

小儿复培,美国计算机尖端人才,知名人士。

神医崔默庵

清朝康熙(公元1662～1723年)年间,甘棠出了一位名医,名崔默庵。现在知道这个名字的人可能不多了,可是“崔一帖”“崔半仙”这名字,可能还听说过。他怎么有这个外号性的名字呢?就因为他给人看病,有如现在照X光、做CT那样的本领,一下就抓住病源,药性药理滚瓜烂熟,用药十分对症,医德又高尚,常常是一帖药就药到病除。下面有几个“一帖”“半仙”的例子,听了不由你不佩服。

得神药一帖见效 有一年三九寒天,大雪盈天。一大早,有个家住龙门三叠桥的人就登门求医,他的妻子患病很凶,无法抬来,只得请求出诊。崔医生二话没说,收拾好药箱,抬脚就走。赶到病人家中,只见病人气息微弱,神志昏迷。号脉以后,崔医生抓紧用了开窍提神的药,又用银针刺穴急救。然后开好药方,叫去抓药。冬天日短,药抓回来已是半夜。崔医生一直守着病人,看着煎药,看着服药,直到第二天早晨,病人脱离危险,他又仔细嘱咐了病人家属一番,才往回赶。

走到龙门岭头,崔医生对岭头亭子看了一眼,见里面有八个人正在说笑饮酒,特别是桌上有一张碧绿的大荷叶托着肉食很显眼。他走了两步,心想这大雪天哪来新鲜荷叶,必有来头,如果求来做药引子岂不是好。再回头,只见只剩了一个人。他快步走到那人跟前跪倒,讨取那张荷叶。那人道:“你既然要,就拿去吧。”他正伸手取荷叶时,耳边只听得“后会有期”一句,那人也不见了踪影。看那荷叶时,上面的鲜肉也没了。他像得了无价之宝,擎着荷叶回家了。从那以后,他无论给谁看病开药,总放一片荷叶进去,病人总能一帖见好。后来荷叶用完了,只剩下梗子,便用梗子到药里搅拌一下,病人也能一帖见效。就这样“崔一帖”就出了名。他也给自己总结了一条宗旨:“诚心行医,必能药到病除。”

观气色药到病除 “望闻问切”是中医治病的诀窍,好多中医名医,只要看一看人的脸面“五行”气色,便能准确判定其人病体如何。曾有这种故事:

一人送病人就医，医生给病人开了药后就让回去服用，包管无事；却要送病人的人住下来认真治疗，那人不信，不肯就医。结果病人痊愈，无病之人却暴病而死。崔一帖就有这个神通。

一次，他出诊回家，经过一家人家，见一农家妇女在院内喂养一群乌骨鸡。他见那妇女面有病色，就借口搭话，要买一只乌骨鸡。中国古代，男女授受不亲，更何况彼此面生，那妇女便自管进屋去了。

崔一帖无法搭话，回到家后，估计那人家会来人的，便做好了安排。正要安歇，忽听外边有人说："崔先生，我送乌骨鸡来了。"崔一帖请来人进屋问清了姓氏住地，知道就是那农妇家人，道："是不是你家大嫂肚子痛？我路过你家门口看出来了，我并不要乌骨鸡，你家乌骨鸡翅是你家大嫂要用的药。鸡拿回去，我已经配好了药，你赶紧拿回去照方子办吧。"

原来那农妇当天晚饭后突然腹痛难忍，想起找崔医生看。忽又想起下午仿佛就是崔医生找他买乌骨鸡，就让丈夫赶紧送鸡求药，谁知崔医生已经为他准备好药了。崔医生为她备了两帖药，一帖熏药、一帖内服。熏药煎好后，和煨的乌骨鸡一起倒在洗干净的马桶里，让病人坐上熏。熏了一会，疼痛逐渐缓解。两个时辰后，又服下另一帖药，就没事了。事后，看马桶，那农妇排出了许多如同青蛙卵一样的东西。

切微脉轻祛怪病 别看如今尚有的甘棠老街，那可是从唐宋以来，就是徽州通池州的通衢大道，无论是官员还是商贾或者贩夫走卒，都要从这老街过。

却说徽州有一个人在芜湖一家商店当朝奉（商店管事人），得了一种怪病，不能吃饭，人瘦成三根骨头四条筋，肚子却胀得像盖了一口大锅。在芜湖已经看了好多医生，都不见效，只好抬回徽州老家等死。这天经过老街，轿夫、跟班在一个饭店里吃饭。饭店老板是个热心人，见病人这个模样，便向他们介绍了这条街上的名医崔一帖。

大凡危重病人求医，是希望求他自己知道了解的名医，而对他没听说过，又被说得神乎其神的医生，则往往将信将疑。这个病人也这样抱着碰碰运气的心情，走进崔一帖药房。岂知崔医生一号脉，不用问他的情况，便说出了他的病状病因。这个徽州病人立即容颜大改，啧啧惊叹，连忙拱手请"半仙"救命。崔一帖叫人杀一只大公鸡，用半斤大蒜、半斤红枣、配上几味中药，文火煨烂，让病人定时喝那鸡汤。第二天天亮，病人就感到肚腹中松泛多了，也不呻吟了。白天，竟然想吃东西，喝下了一碗稀饭。第三天，崔医生告诉他可以回家了，给他开了个方子，叫他回家再吃药疗养一下。半个月后，那病人已能起床出门闲走，他专门花钱请人送来感谢信，说已能一日三餐进食，略有微弱体力，只是消瘦太过，尚需继续恢复，并称赞崔一帖真是救命活神仙。

察细微妙手回春　那徽州病人得崔一帖救命之恩，他的村人也都称奇，渐渐知道甘棠有个崔一帖。不久，那村里有一家两代寡居的单传独苗，得了一种怪病，不发烧、不疼痛，只是昏昏迷迷，日渐消瘦。婆媳二人听那朝奉说了崔一帖的神奇，备下重金，请了轿子，把崔一帖抬过箬岭，请到家中。崔一帖到后，人家劝他休息后再看病，他坚持要先察看病情。他走进病房，只见那孩子肤色苍白，骨瘦如柴，气息微弱，迷糊似睡的样子。脉息无什么怪异状况，体温也比较正常，只是用手抚摸检查，他发现孩子后背有一个碗口大小的软肿块，这是恶性肿毒。回到堂前，先前请的几个医生也来了，大家寒暄后，便讨论起医案来。崔医生看原来用的方子都对治肿毒的路，为什么越治越差呢？又去反复察看了病人，苦苦思索，难得结果，很是苦闷。便信步走出门外，低头踱步。忽见路边古井旁一棵草下，有把破木梳已经腐朽，旁边死了许多小虫子，又引起了他的注意。他细看，那草是一种有毒草药，小虫子的死肯定与小草、破木梳有关。病孩肿块如果是虫蛊成病，那么这草与木梳可能有用。于是，他大胆将毒草和破木梳泡制好，敷在肿块上，果然不久，肿块破裂，爆出许多像蚕非蚕的小虫。他亲自动手，去掉小虫，洗涤伤口，用药敷好。又叫病孩母亲换掉孩子衣裤和被褥。这样亲自看护了几天，病孩肤色转变，不再昏睡。他不放心，察看病情，调整药位，又留守医治了多天，直到病孩有了食欲，且能下床行动，他才放心离去。

一个患病等死的朝奉，一个患有无名肿毒的小孩，都被崔一帖治好了，“崔一帖”“崔半仙”的名称就在徽州响了起来。病孩的母亲祖母千恩万谢，雇了轿子，挑了元宝，把崔一帖送神仙似的抬回到甘棠。

崔一帖虽是清康熙年间的人，正因为他医德高尚，医术超群，所以三四百年过去了，人们还在传闻。传说他晚年隐居雾山，而后不知所终。

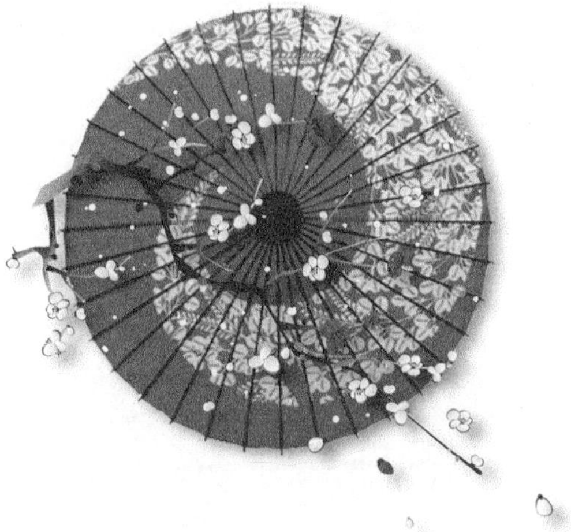

史海学游初摭拾　人生欲究唯纵横

〇 探究篇

胡氏源流考

参天之树，必有其根；怀山之水，必有其源。人之有生莫不有祖，人之有祖莫不有宗，有祖有宗则如河流之有源，萌蘖之有本。尝考我胡氏，据司马迁《史记·五帝本纪第一》载，肇自黄帝轩辕（黄帝崩，葬桥山），至于昌意、颛顼（音：专序，名：高阳）继立，颛顼生穷蝉、穷蝉生敬康、敬康生句望、句望生桥牛、桥牛生瞽叟，瞽叟生虞舜（重华）。（但汉代刘耽《吕梁碑》则认为舜的祖先是虞幕，颛顼生虞幕，幕之后依次是穷蝉、敬康、乔牛、瞽叟、舜。《左传》昭公八年杜预、郑众注皆言有虞氏系出虞幕。）

舜本姓虞，因出生于姚墟（今山东菏泽市东北）以地姓姚。《史记·五帝本纪第一》又记："舜父瞽叟盲，而舜母死，瞽叟更娶妻而生象，象傲。瞽叟爱后妻子，常欲杀舜，舜避逃；及有小过，则受罪。顺事父及后母与弟，日以笃谨，匪有解。"（译文：舜的父亲瞽叟是个盲人，舜的生母死后，瞽叟又续娶了一个妻子生下了象，象桀骜不驯。瞽叟喜欢后妻的儿子，常常想把舜杀掉，舜都躲过了；赶上有点小错儿，就会遭到重罚。舜很恭顺地侍奉父亲、后母及后母弟，一天比一天地忠诚谨慎，没有一点懈怠。）尧为其仁德所感，以女娥皇、女英妻之。舜随娥皇、女英居于妫汭之滨（亦称妫水，古水名，在今山西永济南，源出历山，流入黄河），子孙皆随母姓妫（音归）。郑樵《通志氏族略》说："虞舜，另有二姓，曰姚、曰妫。因姚墟而生而姓姚，因妫水而居而姓妫。"

另据《胡氏宗亲网》宗亲胡学谦《胡氏源流总系大纲》："虞舜生商均、商均生箕伯（一曰：夷伯）、箕伯生强（一曰：强馀）、强生虞颉（一曰：颉）、虞颉生虞思（一曰：思）、虞思生有龙（一曰：友龙）、有龙生青旰（音干；一曰寿胖）、青旰生叔仪、叔仪生康仲、康仲生祖妫、祖妫生发（谥：思公）、发生妫方、妫方生振、振生维、维生寿固、寿固生敖、敖生元捷、元捷生偃、偃生姑猛（一曰：姑益）、姑猛生公允、公允生蔺、蔺生慎叔（一曰：项叔）、慎叔生野、野生无执（一曰：无）、无执生蓾（一曰：胜）、蓾生叔正、叔正生献子、献子生亚寿、亚寿生原寿、原寿生梦延、梦延生阏父(又作:遏父)、阏父生妫满。”

“舜第三十二世裔孙阏父,位居周陶正(主管制作陶器的官),武王十分敬重陶艺精湛而恪尽职守的阏父,便将自己的元女太姬嫁给其儿子妫满为妻。”

又据司马迁《史记·周本纪》记:“武王克商立周时,追思先圣王,乃褒封神农之后于焦,黄帝之后于祝,帝尧之后于蓟,帝舜之后于陈。”妫满乃得领今河南开封、商丘、淮阳和安徽亳州一带之地。建都于宛丘(今河南淮阳)为侯爵,奉守舜祀。

满,字少汤,本妫姓(黄帝四十二世孙、舜帝三十三世孙),生于殷纣王七年(公元前 1076 年)十月十五日。薨于周成王二十九年(公元前 986 年)正月十五日,寿 81 岁。周成王为使“三恪”(周王朝尊黄帝、尧帝、舜帝的嫡脉后裔为“三恪”)继续奉守黄帝、尧帝、舜帝的宗祀,追谥妫满为胡公,史称陈胡公。《逸周书·谥法解》曰:“保民耆艾曰胡;弥年寿考曰胡”。胡有“弥年寿考”即“年高寿长”之意;也有“大”之义。“胡公”乃大公也。妫满公葬于淮阳城东南柳湖(现称龙湖)旁,因湖水浸,以铁固之,故称铁墓。周成王 9 年(公元前 1033 年),满公子皋羊将父亲灵位由妫满更换为胡满。满公在位 60 年,传 20 世至闵公越,为楚惠王所灭国,遂废闵公之子 19 人。其第六子澄,遂以祖谥为姓,始有胡姓焉。新朝王莽称帝,追封妫满公为陈胡王。姬妣薨后葬县城东南,其陵现称为元女冢。姬氏生二子:长子申公犀,次子相公皋羊,一作臬羊。从满公出生至今(公元 2001 年),胡氏已有 3 100 多年历史,1 300 万人口矣。

安徽太平城南胡氏第二十二世孙升明编撰

公元 2015 年,岁次乙未暮春朔日

太平胡姓始祖胡裕公隐居太平三口尚书里的传说

安徽太平(今黄山区)三口、谭家桥一带,有个关于胡裕来太平调查白茶的故事。不光这一带胡姓人知道,其他姓人也知道。1984 年成立县级黄山市后,当时的市政协文史委出刊《黄山文史》,有人就已整理成文入册。

隋朝隋炀帝大业年间,炀帝杨广得帝位后,把国都从长安迁到洛阳,调动人力开挖河北通州到洛阳南到扬州的大运河后,在扬州建行宫,以扬州为陪都享乐地了。

他听说黄山(当时名黟山)有白茶,常年饮用可以延年益寿,就派工部尚书胡裕到黄山察访,发现今天的三口、谭家桥一带果真有大片的白茶树。一经细问,深知茶农辛苦,一年要挖春、夏、秋三次茶棵地,施绿肥,手工采摘,杀青烘烤制作,流汗熬夜,制得成茶,才能维持基本生活。如果这些茶叶报告给炀帝,肯定要作贡品进贡朝廷。到那时自己会得到炀帝封赏,地方官也会加官进爵,可这些年年辛苦的茶农们就会衣食无着了。

当时已是炀帝后期,"六十四路烟尘,七十二处草寇"(《隋唐演义》语)纷纷扰扰,天下大乱,看样子炀帝自身已难保了;再加黄山此地山清水秀,峰峻峦美,白云出岫,薄雾氤氲,环境清幽,宁静怡适,是宜居处。胡裕萌生了隐居太平的心思。要想栖居此处,可身在官宦,还得想个万全之策。胡裕思前想后,于是将冠服印绶束之屋梁,自身隐逸了。

原来古时官场,凡不愿为官者,可挂印封冠,自己出走即可。于是山民茶农们都纷纷传言"胡裕弃官"了。其实是胡裕想出的金蝉脱壳的隐身之计。

不久,炀帝被杀,天下归唐。胡裕却已将妻小搬来了尚书里。此处原名叫什么已无可考。但胡裕身为尚书隐居此地,茶农们就称此地为"尚书岭"。后来此处人烟聚集,就改名为"尚书里"。"里"比乡小,是民众聚居的大村落。"尚书里"现在是个小自然村。当地人说,村里老石拱桥就是胡裕出钱建造的，将近1 500年了。胡裕的孙子胡松，曾在唐王驾前当“办事官”，叫“散骑常侍”。重孙两个，长重孙胡邦迁去宏潭，成为安徽黟县胡姓始祖；次重孙胡珲，唐明皇时翰林学士，迁去今天谭家桥罗村碧山，建有翰林府第。其处风水佳好，坐南朝北，取咸阳故地念兹在此怀念祖先意，西边左首青龙方位，夫子峰矗立云表，如文笔挺秀；东边右首白虎方位，地平开阔，南倚骆驼山，北望踏马岗。凤溪源于夫子峰，横贯全村，从绿柳桥下东向流入南北向的龙溪。踏马岗东端有胡珲墓，其下为村口，唐时“绿柳”古桥仍完好。李白访胡珲，胡珲建“问余亭”，均在此地，现重建于桥头南端。太平胡氏子弟延及南中国和海外者，均根出碧山。

碧山胡氏历代为官或薄有家产者很多，故翰林府地基现仍保存完好。

尚书里到碧山，山路约15华里。现在这一带白茶仍有，但茶农们早已习惯生产绿茶。

胡裕兄弟都南迁黄山。其兄胡福，隋炀帝的姑孰（今安徽当涂）太守，迁居今安徽屯溪皇墩，其后迁今江西婺源清华。清华胡与太平胡，1911年以前一直联宗统谱。

仙源城南胡氏八景诗摭拾

仙源城南《胡氏家谱》的《艺文》部分，不仅载有“仙源城南胡氏八景”及其赞诗，还载有明代嘉靖(公元1522～1566年)年间仙源城南胡氏闻人名士与当时官场名臣崔涯和周怡、周恪兄弟等人游八景中文峰、麻陂潭的诗作，为仙源保留了一批又一批由文字记载的传统文化。

举凡所有的家谱族谱，差不多都刊有本家族聚居地的八景诗、十景诗、十二景诗，以颂赞本家族的地望。这实在是我们传统文化中相当厚重的一部分。一个姓氏、一个家族成为一个地方的望族以后，他们都十分重视自己聚居地的名望建设，希望本地本族不断发达，子孙繁荣，人才辈出。地方名望建设除了教导本族子弟遵从祖训、维护地方、孝敬长亲、努力读书出仕外，一项重大内容就是挖掘当地的山脉水系、地形地貌特色，包括当地的标志性建筑，给予风景命名，以七言绝句或七言律诗的形式，加以描绘赞颂，庄重载入家谱，以提高当地本族的名望，以教导子孙热爱本土，建设家园。我们现在如果提起某处地名，往往会联系起当地的姓氏和该处的某些名胜特征，如岭下苏家、新丰王家、龙门周家、三口陈家，头脑里往往浮现一个姓氏及其居住地的地域风貌的基本轮廓，甚至能如数家珍报来该地名胜古迹、名人轶事，这实在是我们的先辈教导之功，是我们民族传统文化的影响力。

这当然首先要依靠某姓氏在某地的发展繁衍。下面先就因仙源八景而说一说仙源城南胡氏的来历。

先交代一下胡氏得姓和胡姓入迁太平的简要情况。

周武王伐纣兴国后，追崇上古五帝之一的虞舜帝的治国方法，访到舜帝的第三十一代孙虞阏父正是自己部下负责陶器生产的官员，于是特别封赠虞阏父的儿子妫满为陈国国君，疆域在今天河南淮阳、开封、商丘到安徽亳州一片。妫满死后，因他长寿而加谥号为“胡”。“弥年寿考曰胡”，就是在世高寿，死后追封谥号叫“胡”。其儿孙的一部分就以其谥号为姓，“胡”就成了中华胡姓的来历，另一部分儿孙以国号为姓，就是陈姓的来历。胡公妫满就是中华陈、胡两姓得姓始祖。今河南淮阳市建有妫满的墓园，叫“陈胡公陵园”。

到了隋朝大业（公元 605～616 年）年间，胡公妫满第五十九代孙胡福（隋姑孰太守，今当涂）、胡裕（隋工部尚书，或曰兵部尚书）兄弟避乱南迁。胡福避居今屯溪皇墩，其后代有迁往婺源清华的，成为胡姓望族，叫清华胡。胡裕避居今黄山区三口镇尚书里。胡裕的儿、孙两代单传，而重孙两个。长名胡邦，迁居今黟县宏潭，成为宏潭胡始祖。次名即唐玄宗时的翰林院学士胡珲，其家迁居今黄山区谭家桥镇碧山，大诗人李白曾来造访，为胡珲编写家谱写了《乾元已亥谱序》，写了《赠碧山胡公白鹇诗》《山中问答》等诗，得胡珲赠双白鹇而去。

胡珲的子孙很繁荣，从唐至今太平所有胡姓族人都是他的子孙；宋代时，他的不少子孙就已迁往福建、湖南、两广地区。宋代中期，妫满公第七十五代孙，也即胡珲第十四代的一个子孙叫胡鏁，在北宋末或南宋前期，从谭家桥碧山迁来仙源城南，其后代繁衍十分繁盛。可能在明代或清代前期，婺源清华胡牵头把胡福、胡裕兄弟二人的后代世系编入了《清华胡氏统谱》，笔者有幸看到从统谱上印下来的仙源城南和麻村胡氏家族居住分布图。出仙源南门，除了富溪桥南头的赵家宕是赵姓聚居地外，中市街两侧直向南延至桐籽尖（文峰）山下即仙源车站南全片，再向东麻村、屋里胡、朱家井，全是胡姓居住地。仙源城内还有大水关至羊角河两岸胡家园、胡家坳、胡家大门里。早在明代，仙源每年正月十三至十五元宵节都有灯会，按当时仙源姓氏轮值。嘉靖二十二年（公元 1543 年）太平知县刘元凯为了轮值有序，按姓氏人数多少排了个轮值表，共排了二十四姓。所谓仙源二十四大姓是这么来的。其中胡姓人数最多，按胡姓宗祠数三座，胡姓每轮要值年三回，即胡姓重复了两次。还有项姓每轮轮值两回。所以二十四姓，其实是二十一姓。

城南胡从妫满公第七十五代孙胡鏁，由碧山迁城南后，其后代越发展越繁荣。大约到了明代，城南胡逐步以生在宋末元前期的胡周保的后代为主体了。明初，胡周保的四个孙子中的宁二、宁三两人颇是出人头地。宁二充任大使。宁三为贡补进士，曾当面应对明太祖朱元璋的策问，很得朱元璋器重，朱元璋痛恨贪官污吏，却委托他负责当时南京国家粮库。后来他充任云南知府，因为平乱而牺牲。《安徽通史》和嘉庆《太平县志》都载有他的生平事迹。从明代起，城南胡尊胡周保为一世祖，以周保公的四个孙子宁一、宁二、宁三、宁四为四大房系，现在城南胡姓都是胡周保的后代，而从胡鏫，到胡周保七代中其他支派，除了家谱有载迁往龙门漆园里、八甲和青阳高坦等处外，都已失考。

可见，城南胡在明代时就已成为望族，既成望族，族中长者和闻达贤者就会和别的望族一样地写出本族地望赞诗，寄托本族希望。

仙源城南胡共列有八大地望景观，依次为文笔凌云、麻潭影天、天马呈祥、蛾眉发秀、天都南峙、富溪北锁、万顷松涛、东郊秋色等八景，都以七言绝句赞颂。从这些景名看，古人列地望之景，并不是为了感官刺激，而是体现本氏族的发展希望，其含义与今天的景点开发的意义相去甚远。

下面依次介绍景观赞诗，并加以适当解释。

文笔凌云

一峰斜对众峰晖，何必嶙峋埒翠微；

为有文光冲斗壁，毫端独挟五云飞。

仙源正南之峰名文笔峰，又名文峰，俗名桐籽尖。明代时峰顶有塔式庙，嘉靖九年(公元1530年)，皇帝诏命孔庙不供奉孔子像，而改为木主牌位，于是移孔像于文峰庙中。埒，读liè，同等、等同的意思。诗的三、四句赞颂文笔峰像文曲星的一枝巨笔，有了文曲星的巨笔，会五彩祥云护顶，涌现许多文人才子。五云，五彩祥云，祥瑞之兆头。

麻潭影天

十里云光一鑑中，渔舠渔舫弄波红；

龙宫犹在最深处，头角棱棱听信风。

舠，读dāo，船身窄的小船。诗意是说麻陂潭是藏龙之地，你看龙头正在昂起，听着信风。呼应“文笔凌云”，象征人才辈出之意。

天马呈祥

腾腾天马驻东南，远略何须汉武贪；

几度形家夸得位，金门扬策鬓花簪。

天马山，就是麻陂潭南岸的象山和三口镇的轩皇山合体之形，马头向北，尤其是晴朗的月明之夜，就像一匹昂首扬鬃奋蹄的奔马。“形家”俗称风水先生。风水先生夸赞说：有了这匹天马，有人京城应试，就会头插金花，跨马扬鞭游京城。就是中状元后，要在京城跨官三天。诗意显然和上两景前后寓意蝉联，相得益彰。

“远略何须汉武贪”。汉武帝刘彻是文景盛世的汉景帝的儿子，他执政治国，气度恢宏，接受董仲舒建议独尊儒术，孔孟儒家学说从那以后，成为几千年来考察选拔人才的根本学问和标准。这句诗的口气宏大，太平城南胡姓读书人的气度会超过汉武帝的。

蛾眉发秀

峰头百级落平沙，翅展蛾眉秀足夸；

不道正蟠列祖座，氤氲佳气荫千家。

这一景观是仙源城所倚的碧云山，其山脊像向东西展翼的蛾眉，山脚缓缓软拖，秀色可餐，其势如同置放列祖列宗的神座，佳气氤氲，庇护着千家万户。这一景观寄托了仙源城南胡氏对列祖列宗的崇敬和感恩的情思。

天都南峙

天子都三自古传，风风日日不知年；

玉皇特赐琼瑶笏，撑我东南半壁天。

黄山自古就有轩辕黄帝、浮邱公、容成子炼丹得道升天的故事，所以黄山古名叫“三天子都”。诗用“笏”比喻黄山可擎天。“笏”是古代君臣在朝廷见面议事时，臣子双手拿着的象牙板或是长条形玉板，上面记录所议之事。诗用“笏”比喻天都峰可以擎天，象征本氏族会出经天纬地之才，这样的愿望不谓不宏大，不谓不美好。

富溪北锁

麻川森森赴东溪，雾水南流到北齐；

万派仙源环聚内，桑麻蟹稻价如泥。

发源于甘棠雾山的富溪河和麻川在仙源汇合，致使仙源田园肥沃，灌溉便利，是有利于休养生息的鱼米之乡，桑麻蟹稻年年丰收，为本族的繁荣昌盛提供了十分丰厚的物质基础，诗充满对皇天后土的感激之情。

万顷松涛

彻夜天风送海涛，千章古干倚云高；

因思当日栽培者，几许忧勤几许劳。

富溪河入口麻川河的南岸，明代时，原是一片高阜，上有一片古松，沿富溪河岸还有一片修竹，两河交汇处，河风不断，风送松涛阵阵。诗以物拟人，人才辈出如古松倚云。当年培养济济人才，列祖列宗付出了多少忧患和辛劳，感激祖恩祖德之情溢于言表。

东郊秋色

一望秋郊色胜春，蒸霞艳锦闹溪滨；

试看李杜文章在，应掇宫袍象笏新。

东郊，在仙源，不仅是水东一带，还包括麻村以东大片田园，包括挂榜山、天马山，包括婉曲清粼的麻川河水。秋天田园金色灿灿，山上杂色斑驳，鸡犬之声相闻，云雾炊烟相映，一片丰稔富饶的热闹景象。如果李白、杜甫长在，他们一定会换上新袍服，执上新象笏，以新的诗文向皇上进献的了。可见，本诗如同是对八景景观的总结，意在感激浩荡皇恩。

仙源城南《胡氏家谱》不仅以虔诚敬仰、感恩报答的心情，以七言绝句的形式描绘了具有象征意义的聚居地的自然景观，还记载了本地历史上闻人名士游览名胜的诗文，为仙源留下了又一笔不菲的文化遗产。

仙源城南《胡氏家谱》载，明代嘉靖年间，城南胡有名士胡柱，字麻川，他乐善好贤，常和县内士大夫饮酒赋诗，赓和甚富，家谱选录了其中四人同游麻陂潭的酬唱，诗题就是《游麻潭》。

第一首是嘉靖(公元1522～1566年)时太平在京为官的耿介之士周怡周都峰先生(先生是以天都峰名为字的，名实很是相符的)的，是一首七律。

麻川初泛涨新波，霁景当如嘉会何？鸥鹭翩翩舟外是，烟云冉冉席边多。樽当碧浪浮珠玉，衣傍青山带薜萝。儒雅风流今胜事，泳归随处濯缨歌。

这是描写雨后初晴游麻陂潭所见之景的。水鸟在船边飞翔，烟云在席边飘逸，杯中酒和潭中水形同珠玉，身上衣衫还沾有薜萝草叶，在这如珠似玉的潭水中游玩，真是哪里都是可取下帽子清洗其缨带的。古人爱水之清之洁，常以“沧浪之水清兮，可以濯我缨”来形容。这首诗表现了诗人和大自然融为一体的心情，也表现了麻陂潭如同一块翡翠一样碧绿晶莹得可爱。周怡是仙源城内周家人，官至吏科给事中，负责稽查官员要务，和明代历史上有名人物严嵩同朝为官，曾弹劾严嵩而得罪了嘉靖皇帝，坐了几年牢，出狱后，回太平闲居多年。这诗当是闲居期间所作，诗意是符合官场遭贬而在家闲居、脱却官场烦恼的心情的。

第二首是胡姓闻人胡良胡南岗先生的，也是一首七律。

何事风涛苦作威，奔腾东下疾如飞。茫茫堤柳真堪喜，浩浩烟波亦可悲。浪拍一川从鲤跃，雷轰九地骇鼍移。明朝日丽光涵碧，载酒观澜醉落晖。

周怡的诗是写麻陂潭雨后，虽然涨水了，但那雨后的环境是很可人意的，所以显得儒雅风流。而胡良却写的是风雨大作时的景象，大风逞威，浪涛奔腾，烟雨迷蒙，雷声轰鸣。整个麻陂潭是五里长的S形水道，两岸高山耸峙，风雨大作时确是如此，故作者期待的是"明朝日丽光涵碧"时，再来"载酒观澜醉落晖"。

第三首是周学周松泉先生的，是一首七绝。

花柳沿堤景物舒，游人乘艇泛川余。冥冥道体从何觅，春浪满江鱼跃如。

周松泉游麻陂潭的感受跟周怡、胡良二人不一样，他的体验似乎更深一层，他在告诉我们"道"。何谓"道"？可以理解为天体运行，万事万物从生成而至坏灭的规则规律吧，顺应其规律，人类社会和大自然就和谐共生；人类活动如果不顺应大自然规律，逆自然规律而行，大自然到一定时候就会报复。周松泉的诗就体现了这个思想，"花柳沿堤景物舒"的时候，乘艇游潭就非常舒服，就像"春浪满江"的时候，鱼儿的游弋腾跃也就自由自在，假如河干水浅，大自然限制了你鱼，你想腾跃也不可能了。

周松泉生活时代是明嘉靖年间，嘉靖年间太平的王阳明理学研究活动已经很活跃了，周怡就是一位出色的研究者，细读周怡《游麻潭》诗，就有一种超然物外的儒雅之风，和周松泉诗有异曲同工之妙。王阳明的理学和朱熹的理学，主体强调不同。朱熹强调外在条件对人的制约，而王阳明则强调人应该自律，所以王阳明的思想被后人称为"心学"；周怡、周学的诗加以体会，会明显感到这种思想的光彩。但是历代统治者都喜欢用制度、法律约束人，所以王阳明的思想也就成了一笔历史上曾经有的一笔财富。

第四首是胡姓闻人胡柱胡麻川先生的诗。是一首七律。

雨后寻芳涧水边，洋洋巨浪涨麻川；气蒸天马腾仙客，波绕文峰灌垦田。杨柳阴浓如覆盖，杏桃花艳欲烧天；值时耕种勤为本，劝尔三农莫迟延。

相比较之下，胡柱的诗要质朴得多，他的笔下是一片绚丽多彩的三春画卷：气蒸天马，波绕文峰，杨柳阴浓，李桃花艳，所以奉劝大家要值时耕种，不误农时。然而他诗的气势又是广大恢宏的。雨雾初晴，云蒸霞蔚，天马山轩皇宫神仙因此而腾云上天了；麻川巨浪洋洋泱泱在绕着文峰流淌灌溉万亩良田。杨柳之阴浓郁如巨伞，桃李之花艳若烧天的火焰。在他的笔下，仙源大地是何等广大、何等富饶、何等美丽、何等可爱！诗人呼吁人们要热爱故园这片热土。

从上面简单赏析可以看到，我们的先人留在家谱上的诗，无论是宗族地望诗，还是赏玩记游诗，其意蕴都十分深厚，寄托着当时人们对本地、本族不断兴旺发达的殷切希望。

下面不妨再读几首仙源城南《胡氏家谱》保留下来的四首游文峰的诗。这是嘉靖年间某年九月九日重阳节登高诗，题为《九日集诸会友游文峰》。相邀登临文峰，也不是常有之事，留下这次登文峰的诗，确也是十分难得。

第一首是崔涯的七律。

衣冠九日款禅关，玉露金风送渐寒。老足登山防屐齿，瘦筇拄石破苔斑。云藏山寺心无竞，鸟逐天赊意自闲。坐倒清樽移白日，兴来随地尽君欢。

崔涯是嘉靖己丑(公元1529年)会试第一，在同游者中年龄最大，身份最高，资格最老。款，叩门；禅关，即文峰庙。嘉靖某年九月九日，崔涯一行行色庄重，衣冠楚楚，登上文峰，好尽了一番兴致。文峰虽不算很高，但却是矗立平畴。笔者青年时曾登其顶，亲见庙基犹存；纵目四望，眼界十分宽阔。在崔涯的眼里是，云时来掩藏山寺(即文峰庙)，心情十分幽静；鸟在广大的空中飞翔，显得十分清闲。“赊”有长、宽、远等意；天赊，广大的天空。作者借云藏山寺，鸟逐天赊，来写自己一行的闲适豁达之意。几个人就在庙前席地而坐，直喝到红日西坠。崔涯因弹劾宰相汪鋐，被嘉靖皇帝斥退不用。后倭寇犯福建沿海，有人举荐平倭，崔涯坚持不就。他曾独游麻陂潭，作《独泛麻川钓鱼》一诗：“独泛沧浪把钓钩，乾坤老大任遨游。得鱼不得无关系，一壑清风自在流。”这首诗和游文峰诗心情是一样的，说明他秉公官场而被斥后，早就置自己官场忧乐、宦海浮沉于脑后，一心追寻无拘无束的生活了。

随游的有周怡，他是嘉靖戊戌(公元1538年)进士，比崔涯小十多岁。他的诗也是一首七律。

归来深沐圣恩宽，此日游歌各尽欢。崖草香浮秋社酒，山云清映野人冠。风流自有黄花趣，潦倒还惊白露寒。雅集文峰真胜概，新诗应侈后贤看。

过去人读书入仕，对皇帝是很敬重的，这首诗第一联就倾吐了这种心境。但同时也告知我们此时他已被斥在家闲居，而心情仍然颇为轻松愉快：岩草清香与酒香相融，俯瞰田间农民似在云间劳作，这不正如陶渊明桃花源里的景象吗？不过，他正因为比崔涯年轻得多，所以几年的牢狱和被斥还家，还不免心有余悸，"潦倒还惊白露寒"。不过登临文峰，毕竟是一次风流儒雅之事，那就把历史、把自己留给后人去看吧！这份豁达其实也是不亚于崔涯的。

第三首是胡柱胡麻川的一首七律。

步入峰头天界宽，群英毕集罄交欢。

山翁为有穿云屐，朝士还能野服冠。

千林夕照秋容净，万壑风生草色寒。

留着茱萸莫攀尽，明年此日又来看。

胡柱这首诗表现了他和崔涯、周怡和周怡的弟弟周恪之间的友谊。须知，崔涯是监察御史，周怡是吏部给事中，都是监察大小官员的官，管官的官，都是"朝士"，虽然都被斥闲居，但身份在。周恪是知府，也是朝廷命官。而胡柱只是平民一个，但在胡氏家族中很有声望。仙源城南《胡氏家谱》载有一篇祭他的祭文，说他"乐善好贤，常会合邑士大夫饮酒赋诗，赓和甚富"。这次登文峰，就他们三官一民四人，胡柱感到"天界宽"，是"群英毕集"，而能"罄交欢"，可见这次四人登临文峰，不存在官民界限，甚是惬意，就像崔涯说过的那样，"坐倒清樽移白日，兴来随地尽君欢"，还准备"明年此日又来看的"。

第四首是周怡的弟弟周恪周少峰写的七律。

扶杖追欢坐落阳，老怀还借酒为狂。

万山空翠霞连鹜，一派寒声雁叫霜。

戏马霜台延景好，龙山破帽恋辰良。

踌躇古意思何极，潦倒秋亭且尽觞。

周恪中举后，由知县升到知府，但大约看到崔涯、周怡已经做到高官，尚且被罢斥回家，所以升为知府后不久，就辞官不做，回到太平，置买田地，解救族中贫家生活。可见周恪此时也同崔涯、周怡一样在家闲居，过老百姓的日子。诗中颔联，借写景道出为官千里，还是不如回到老家的好。而紧接着颈联写坐在文峰，放眼看去天马山和仙源的来龙山，何等壮丽，不但展现仙源一派好景，也回想起太平过往的良辰，真如《增广贤文》上所说的“美不美，乡中水；亲不亲，故乡人”，故乡的古意是绵延久长的，就像手中杯里醇厚绵柔的陈年佳酿一般。

仙源城南《胡氏家谱》所载八首景观诗，应该是寄寓了包括城南胡姓在内的所有仙源各姓希望本地本族兴隆发达的美好愿望，又载有八首当时仙源闻人贤达所写的游览诗作，表达了他们的热爱家乡的情怀，这十六首仙源的先人留下的古诗，真正值得我们对古仙源细细品味。

李白访胡珲之研究

2006～2008年的新一轮地方志修撰中，我们在1930修成的太平仙源《城南胡氏家谱》中，发现了卷首旧序载有盛唐大诗人李白写的《乾元己亥谱序》，这一发现为大诗人李白与胡珲“白璧易白鹇”的掌故找到了真实的佐证资料，这一史实至今已被尘封了1 260年，它不仅是太平地方史上一笔宝贵的财富，也给李白研究提供了一份重要的历史文献。

一、李白与《乾元己亥谱序》

李白所写《乾元己亥谱序》，是太平仙源《城南胡氏家谱》中旧序的第一篇，原文如下：

乾元己亥谱序

余在翰林，为同列者所谤，诏命散迹江湖。适采石而过黄山，访翰林同事故友胡公珲，退休养白鹇以自娱。主其家稍久。一日，以谱图示余，曰：“钦奉我太宗皇帝诏、高士廉岑文本，取天下谱牒，参诸传，作《民族志》修，是以应诏。得余本，窃附己意，增新而遗诸后。敢请一言，以弁其首。”余受而观之，为之叹息不已。胡盖舜之后也，周封其裔孙胡公满于陈，子孙以谥为姓。世居咸阳，代有显人，曰刚，为汉大司农；曰贡，为交趾都尉；曰广，为太子太傅；曰福，为姑孰刺史，避乱歙之黄墩；曰裕，为尚书，福之弟也，因隋亡于唐，隐遁宣之黄山。传至邦公，迁宏潭。惟公家碧山。今作是谱，深得一本合族之道，此予所以观其图而叹息也。呜呼，世之氏族，孰非古帝王盛德之后哉！然历世浸远，支脉日分，盛衰隐显之迹，有不齐矣；死生患难、庆吊救恤之礼，不能以相及矣；同气相视如途人矣。是故无谱非贤子孙莫能修也，有谱非贤子孙莫能传也。珲，亦胡氏之贤子孙哉！自有虞至于今，上下数千百年，蝉联奕叶，而文献足征矣。《传》曰：“公侯之世，必复其始。”未有先世功德深厚而其子孙不能繁衍盛大者也，胡氏之族其可量也哉！故援笔序此，以复其请云。

旹(注:即"时")

乾元二年己亥秋七月初浣陇西李白太白书序

以上就是李白为胡珲编修太平胡姓的第一部家谱《胡氏宗谱》写的《乾元己亥谱序》。乾元是唐肃宗李亨的年号,乾元二年是公元 759 年。当年甲子纪年为"己亥"。文中"主其家稍久"一句,"主"同"住",表明在胡珲家时间较久,也说明二人交谊甚厚。

先理清这一段纪年。唐玄宗天宝纪年是天宝元年至天宝十四年,即公元 742 年至公元 755 年。"安史之乱"开始于天宝十四年十一月,十二月破洛阳,第二年天宝十五年六月攻破潼关,唐明皇开始逃难;七月,唐玄宗大儿子李亨称帝为肃宗,改元"至德",所以天宝十五年也就是至德元年了。公元 758 年,肃宗又改元为"乾元",公元 760 年又改元为"上元"。而公元 762 年,肃宗退位,代宗即位,则改元"宝应",李白去世。

二、李白认识胡珲以后的游历

关于胡珲,后文另有论及。但为了理顺李白访胡珲的时间问题,先把李白天宝元年入翰林以后及其最后去世之间的游历,按郭沫若编的年表形式加以简述。

天宝元年(公元 742 年)。李白四十二岁。春季在山东,四月登泰山,不久南下浙江,结识道士吴筠为友,住剡中(今浙江嵊州市)。秋天,吴筠应玄宗召入京,荐李白,白于是应召入京为翰林。是时,胡珲虽家太平碧山,但曾祖胡裕是从咸阳迁居太平的,高祖胡乐陵有名望,编有《胡氏统谱》。胡珲的父亲胡松,曾任御前常侍官。据太平仙源城南《胡氏家谱》载,胡珲是翰林,可知当时已在翰林院了,故李白称为"翰林同事故友",可见,李白在天宝元年秋天入京为翰林后,就认识胡珲了。

天宝二年(公元 743 年)。李白四十三岁。在长安。历史上著名的要杨国忠磨墨、高力士脱靴而"醉写蛮书"一事,就发生在这一年。

天宝三年(公元 744 年)。李白四十四岁。春天在长安,应召写《清平调》词三首,把杨贵妃、唐明皇、牡丹花结合描写,遭高力士、杨玉环、张垍等人进谗,被玄宗"诏许还山",赐金放归。三月间离开长安。会杜甫于洛阳,娶宗夫人于开封。当年在河南、山东两地，年底住兖州的任城。而胡珲仍在长安。

天宝四年（公元745年）。李白四十五岁。整个上半年在任城。秋初到兖州会杜甫。秋末经扬州，再到浙江。年前到苏州。

天宝五年（公元746年）。李白四十六岁。正月在苏州。春夏往来于扬州、淮安等地。秋初回扬州，住到过年。

天宝六年（公元747年）。李白四十七岁。在扬州过年后，二月到南京。五月到当涂，在当涂横望山住到秋天，再去浙江会稽，不久回南京，此后在南京住了两年。

天宝七年（公元748年）。李白四十八岁。游了一趟安徽霍山、庐江，不久回南京。

天宝八年（公元749年）。李白四十九岁。在南京。

天宝九年（公元750年）。李白五十岁。五月，从南京顺江去九江。秋天到开封、洛阳，在洛阳过年。

天宝十年（公元751年）。李白五十一岁。春天从洛阳到山东兖州。秋天游河南西南部一带，不久到梁园（今河南商丘），然后游塞北边陲，写下许多边塞诗。

天宝十一年（公元752年）。李白五十二岁。春天游今河北南部邯郸、广平一带，夏天在今河北中、北部，秋天到了幽州（今河北北部和辽宁一部分），忧心安禄山造反。

天宝十二年（公元753年）。李白五十三岁。春天从幽州回到魏郡（今河北魏县）。不久重游太原。不久经洛阳回梁宋（今河北、河南、安徽交界处，古属魏、宋等国），又经梁园南下。秋天到了宣城、秋浦。入冬回到南京。

天宝十三年（公元754年）。李白五十四岁。春去扬州，魏万从山西王屋山南下游浙江，到扬州与李相遇，同游南京，李白把已作《李翰林集》诗稿交于魏刊印（此集今已不存）。与魏万分别后，曾长时间住贵池秋浦，往来于秋浦、宣城、南陵等地，曾游陵阳山、黄山。

天宝十四年（公元755年）。李白五十五岁。在安徽宣城时间多，后去江西九江。宗氏夫人从梁园寄来信，李白《秋浦寄内》诗自叹："我自入秋浦，三年北信疏……"，于是秋天回梁园。当年十一月安禄山叛乱，山东兖州老家一子一女无暇顾及，只能和宗夫人南逃，避住九江，而往来于宣城、南京等地。

天宝十五年(至德元年)(公元756年)。李白五十六岁。春天往来于宣城、当涂、溧阳等地，秋天去余杭，不久经南京到秋浦去九江，上庐山隐居屏风叠。永王李璘三次请他谋划，宗夫人阻止，李白一心想报国，后终入永王军。

至德二年(公元757年)。李白五十七岁。正月为永王幕僚，作《永王东巡歌》。二月永王兵败，李白避去彭泽，被捕囚九江，宗氏夫人奔走营救。宣慰大使崔焕、御史中丞宋若思为之昭雪，李白被释放出狱，参谋军事，赴河南讨贼，崔、宋二人上书肃宗荐举李白而不果。十一月，李白卧病安徽宿松山，肃宗判李白长流夜郎(今贵州北部桐梓一带)。

乾元元年(公元758年)。李白五十八岁。开始流放，逆江而上，沿途多有友人挽留。十月，肃宗册立太子，大赦天下，独不赦季白。

乾元二年(公元759年)。李白五十九岁。春二月，沿江上行至白帝城，关中春旱，肃宗大赦天下，李白被赦，立时到江陵。南游岳阳，适贾至贬岳州司马，同游洞庭，游零陵，与怀素相遇。(着重号由笔者所加)。

上元元年(公元760年)。李白六十岁。春天，从零陵回岳阳，即去江夏(武昌一带)，复到九江、庐江，后去了南昌。

上元二年(公元761年)。李白六十一岁。春游南京，后来往于宣城、和县之间。大将军李光弼镇守临淮关，李白决计从军，行至南京发病(胸肋发炎、腐烂，叫脓胸症)，半途返回。入冬，归当涂太守、族叔李阳冰处养病。

唐代宗宝应元年(公元762年)。李白六十二岁，在当涂养病。三月间上横望山向道士吴筠告别。脓胸症已向胸壁穿孔，成为“腐肋病”。十一月死于当涂。死前将诗稿托付李阳冰编集。

对于李白这二十年的行踪，要明确几个问题。

一、李白在天宝三年春三月被“赐金还山”，离开长安后，就再也没有回过长安了，因此在乾元二年流放遇赦前，没有和胡珲见过面，因此访胡珲不在天宝十三年。

二、胡珲在李白离开长安后，当在天宝十五年六月，安禄山打破潼关，玄宗逃难后，他才设法回到碧山的。可见从天宝三年三月以后直到天宝十五年六月，李白和胡珲没有再见过，故尽管天宝十二年秋，李白已到宣城，天宝十三年长住秋浦且常往来于秋浦、宣城、南陵之间，而且上了黄山，天宝十四年春夏仍在宣城一带，但胡珲仍在长安，李白应该会知道这些的。所以，“李白天宝十三年访胡珲”是不可能的。

三、留心读郭沫若关于乾元二年李白的行踪，春二月遇赦，立时回到江陵。而游岳阳会贾至，已经是九月的事，故其行踪空缺了六个月，整整半年。这就是我在上文加着重号的缘由，注意这段时间的空缺。又，郭关于乾元二年至上元元年李白行踪也有不合情理之处，即宗夫人在庐山，族叔李阳冰在当涂为官，而李白都置之不理，却去湖南兜了个大圈子：江夏——岳阳——零陵——岳阳——江夏——再到寻阳——又去南昌，即五十九岁、六十岁都在湖南，次在江西，颇不合情理。而本文下文中的王琦的《李白年谱》却有“入寻阳”添注，入寻阳就会“适采石”，与上文的谱序写作时间的衔接就自然了。

三、李白乾元二年访胡珲

现在学界一般公认李白在天宝十三年（公元754年）游陵阳山和黄山，《求白鹇》诗也作于这一年，即访胡珲就在这一年。但现在从《乾元己亥谱序》的发现，和上面李白的天宝元年以后的行踪，可以帮助说明李白访胡珲不在天宝十三年，而是在五年后的乾元二年。

下面我们先看看有关资料的记载。

《詹瑛系年》（即詹瑛之《李白诗文系年》）关于李白在乾元二年的行踪是这样说的：“白之得释，当在二月。还江夏、岳阳，旋赴零陵，去时在本年秋季。据《巴陵赠贾舍人》诗考证，贾至抵巴陵在乾元二年九月，李白诗当亦在是时。”巴陵即湖南岳阳，而零陵在湖南南部，“去时在本年秋季”，阴历九月了。郭沫若《李白与杜甫》一书，关于李白的年谱也持此说，就是说李白遇赦是在二月，但直到八月，他只在江夏，即只在今武汉一带。可是李白《乾元己亥谱序》却是在“秋七月初浣”写的，即阴历七月上旬写的，并且“主其家稍久”，说明李白应在夏六月就已到了胡珲家了。而胡珲请李白写序，是天假其便的，李白是突然来到的，胡珲才动请李白写序的心思，要陪李白游玩一段时间后，才可启齿。

再看《王琦谱》关于李白在乾元二年的行踪："未至夜郎，遇赦，还江夏、岳阳，入寻阳。"寻阳即今江西九江一带。这里，王琦谱比詹英谱增加了李白"入寻阳"的行踪。李白在天宝十四年十二月应永王璘邀请时，和宗氏夫人就是隐居在庐山屏风叠的，抱着"为君谈笑静胡沙"的热望下山后，不想永王败亡，自己亦被判罪长流夜郎。唐肃宗至德二年（公元757年）十二月，和宗氏夫人于寻阳分别后，起程溯江去夜郎，直到乾元二年（公元759年）二月遇赦，和宗氏夫人分别已十五个月。按人之常情，遇赦后，首先要见的人是最亲的人，也就是他的宗氏夫人。故王琦谱"入寻阳"一说是完全符合情理的，理应是看夫人、去采石后，再去湖南，才有合常情。

其三，上海古籍出版社出版的清康熙年间编纂的《全唐诗》其380页下，辑李白诗前，对李白的简介中有这样一段话："……（永王）兵败，白坐长流夜郎，会赦得还，族人阳冰为当涂令，白往依之。"这里，与詹谱和王谱比，又多出李白得赦后奔李阳冰的行踪，即："白往依之"。李白虽遇赦，但罪犯"叛逆"的戴罪之身，不免仍有余悸，所以先要投靠族叔李阳冰，以解决归宿问题，就完全在情理中；顺道访胡珲这位共事头尾三年的故友，而且早年来过黄山，熟悉路途，也完全是自然合理的事。

其四，今黄山区前身太平县的清代嘉庆《太平县志》卷八之《流寓》目，记的第一个人物就是李白："天宝末，由翰林供奉流放夜郎释归，往来宣、南、泾、太间，杖履遍于川原。犹雅爱黄山，访胡公晖（珲），笼双白鹇以去。"这段话也说得很清楚明白。当年具体主持修这部志的是太平县教谕孔传薪，他在《序》中对记载人物有这样一句话："登载一代人物较之山川风土尤为紧要，必详细确查。"那么关于李白访胡珲的史事，他在修志时当是确查以后而得出的结论。

其五，李白《乾元己亥谱序》所说的"适采石而过黄山"，译成今天的话，就是"到采石去而经过黄山"，"适"是"到……去""往……去"的意思。据此我们可推测李白的行走线路应是：由寻阳沿江东下，经今贵池（他已很熟悉）下船，再经青阳到石埭、到陵阳山、仙源、福固寺、胡珲家，再经仙源，下麻川，顺青弋江，下长江而去采石。

太平建县在唐天宝四年（公元745年），天宝六年唐玄宗敕封天下名山，现在黄山区境内的陵阳山和黄山，一并受封，同时，唐玄宗还改“黟山”名为“黄山”，敕建陵阳山的仙坛宫；敕建黄山轩辕峰下的颓圮很久的轩辕古刹为福固寺(按：轩辕古刹始建于晋代)，该寺与轩辕峰腰的神仙洞，同时供奉观世音。现在看福固寺石基遗迹，主庙共有五进，可见规模宏大。当时香火旺盛，信士弟子遍及池、徽、宁三府。从太平县治仙源到谭家桥罗村的古官道，福固寺为必经之地，从福固寺偏东北顺山间步道折向东，就到了碧山胡家村口绿柳桥，步道约15华里。太平建县后首任县令李孝偁很是勤政，可以推想，从仙源经福固寺到翰林家碧山，路途会是十分通达的。

解读李白的《至陵阳山登天柱石、酬韩侍御见招隐黄山》一诗，也可证明李白这次是得赦归来之作。这是一首应答韩侍御的古风诗，共30句，其中第13、14、15、16四句，含蓄地表达了他此前的一段险恶经历：“时泰解绣衣，脱身若飞蓬，鸾凤翻羽翼，啄粟坐樊笼。”李白天宝十四年十二月应永王李璘之邀下了庐山，本来为了报效国家，脱绣衣而从戎，身心很轻松，他自比像鸾凤一样要大展羽翼，岂知却很快就“坐”进了樊笼。从所引四句诗可见，这诗是写在流放遇赦以后，当是访胡珲而经陵阳山之作。

其六，《白鹇》诗结尾“笼寄野人还”，也告诉了我们李白是乾元二年访胡珲无疑。李白自称“野人”，“野人”是在野的人，就是老百姓，正和他流罪释归的事实相吻合。而认为他天宝十三年访胡珲，当时他仍有翰林身份，恰恰违背了“野人”这个史实。乾元二年释归后，翰林的头衔身份已被褫革。他才是“野人”一个，故完全可以肯定李白访胡珲就在乾元二年，而绝非天宝十三年。

根据以上六点，我们对李白在乾元二年的行踪可做如下推断：二月得释，还江夏、岳阳，入寻阳，上庐山会宗夫人，与夫人沿江东下，由贵池下船，至陵阳山，到仙源，经福固寺到碧山罗村胡珲家。住过一段时间后，沿青弋江而下，至当涂族叔李阳冰处，停留一段时间后，启程赴湖南岳阳、零陵的。李白有诗叫《沿高溪下陵阳三门六剌滩》，高溪是黄山区麻川河在唐时的名字，属青弋江上游。高溪流入舒溪河，舒溪河在唐时又名陵阳溪。六剌滩在黄山区新明乡三合村的麻川河段。麻川河在历史上一直是正常通行的水道。这首诗所写的就是三门六剌滩的水景，可见李白带着白鹇当从仙源乘船，沿麻川河，顺青弋江入长江，顺流而到采石去的。李白这首诗是三联小律，录于后："三门横峻滩，六刺走波澜。石惊虎伏起，水状龙萦盘。何惭七里濑，使我欲垂竿。"经访问三门当地老年人，认为李白此诗写得很实际。

这里面还有个问题，就是郭沫若《李白与杜甫》中李白年谱，认为李白投靠族叔李阳冰是上元二年（公元 761 年）的冬天，即遇赦后的第三年的冬天了。郭氏可能因获得相关史料有限而未能作正确判断。上元二年李白已 61 岁，此时他已明确患了脓胸症，行动很困难，到唐代宗宝应元年（公元 762 年）十一月，62 岁的李白即因脓胸症胸壁穿孔流脓在当涂采石去世。所以，到族叔李阳冰处，以《全唐诗》的说法较为合理，是乾元二年流放遇赦以后，途中访问了胡珲以后的事，而不可能带着重病还在外飘荡许久才去归依族叔的。

另一说是"李白上元二年（公元 761 年）访胡珲"，虽有可能，但是不确定。这时候，他的关注点是想报国，曾想到临淮关投军，结果在南京发病了。因为患病了，活动范围缩小了，只能是以当涂为原点，在南京、和县、宣城之间活动了。

四、李白访胡珲的机缘

李白是在天宝元年（公元 742 年）秋天因唐玄宗召入长安而供奉翰林的，天宝三年三月，即因为行为"疏散"，被讥谤为"褊促"，而被唐玄宗"诏许还山"，即李白自己说的"诏命散迹江湖"了。被永王邀请下庐山，正想抒展宏图大志，满兴而来，却获罪流放。据郭沫若考证，在唐明皇面前进谗的有张垍、高力士和唐明皇的宠妃杨玉环，唐明皇曾三次授李白官职，却被杨玉环阻挠了三次。而他只有在翰林院的文人圈子里才感到舒心些，所以称胡珲为"翰林同事故友"是情理中事。可是天宝三年离开长安后，他和胡珲便一下十多年没见面。

太平仙源《城南胡氏家谱》在"珲公"名下有注："唐学士，隐碧山。"按《辞海》1125 页"学士"条解释，学士是官名；并特别说明"唐代翰林学士亦本为文学侍从之臣，因接近皇帝，往往参与机要"，这就和李白《乾元己亥谱序》所说相吻合了。那么结合当年大的政局形势推想，天宝十三年李白来黄山，正当盛唐后期，政局仍稳定，胡珲既为学士，还会仍在翰林院，李白既离开长安，和胡珲就不会有见面机会。"安史之乱"爆发后，唐明皇避难四川，凄惶不已，他只会带领亲近之人和护驾部队，像翰林学士这样的文学侍从官员是不可能随驾的，胡珲自然要回到出生地隐居。江南没遭安史之乱的破坏，仍很安全。计算时间，安禄山是天宝十四年(公元755年)十一月叛乱，立即向西进兵，十二月就攻占了洛阳，第二年六月攻破潼关，唐玄宗即仓皇西逃。设或胡珲就在唐玄宗开始逃难时回家的，那么李白乾元二年六月来访，胡珲已经到家三整年，他修家谱，养白鹇都有足够的时间了。李白乾元二年来访，二人真是劫后重逢。

李白有实现其政治抱负的心，这种心情一直维持到他去世前。当年玄宗的召见，他认为机会大好，结果好景不长。永王李璘征召为幕僚，兴高采烈地满怀希望却差一点连命都送掉。李白有政治抱负，但他更是大诗人，富有天真幻想，所以遇赦释归后，尽管满腹冤屈，却仍希望唐肃宗“勿弃贾生才”，自比汉代贾谊而希望得到录用。不过，历经了一次生死劫，他对李唐王朝和自己的政治前途的看法，又清醒了许多，这个“清醒”，正是促使他包括访胡珲在内，希望见到老朋友以一吐压抑许久的心曲的心理和情感的动因。而访问胡珲，因为胡珲是他的“翰林同事故友”，上述他那复杂的心态，可以推想，尤其想和胡珲见到面，以释忧怀。

现在再读李白流放夜郎和遇赦释归过程中的几首诗，来看李白的心理与情感变化，可以探究到李白访胡珲的情感机缘。

先看第一首《流夜郎至西塞驿寄裴隐》，这是逆江上行至湖北黄石西塞山时所作，现仅录最后六句：“我行望雷雨，安得霑枯散。鸟去天路长，人愁春光短。空将泽畔吟，寄尔江南管。”此时李白的心情是很悲苦的。年已花甲，却要去千里之外荒野的夜郎了却残年，东归无日，春光尚有几许？故其迫切希望天降雷雨，解救他“枯散”的残生。但他却又明白那是如同屈原泽畔行吟一般，空有愿望，而这种愿望只有向朋友、知己们说说而已了。

释归回到江陵以后，那首《自汉阳病酒归寄王明府》所寄之意就更加明白了：“去岁左迁夜郎道，琉璃砚水常枯槁。今年敕放巫山阳，蛟龙笔翰生辉光。圣王还听《子虚赋》，相如却与论文章。愿扫鹦鹉洲，与君醉百场。啸起白云飞七泽，歌吟渌水满三湘。莫惜连船沽美酒，千金一掷买春芳。”《子虚赋》是汉代司马相如假托子虚、乌有这些假人名写的赋。李白得释，心里自然高兴，“蛟龙笔翰生辉光”，可是君王，你想我再给你写好听的颂词，我却是不愿再那么做了。他想干什么，诗句说得很明白，那就是和朋友知己寄情诗酒，托迹山水，白日放歌，痛抒胸臆去。可是，“圣王还听《子虚赋》，相如却与论文章”，他的心中却仍存与君王论文章一念，能解此一念的，胡珲当是最合适的对象。

再读他在江夏写的《江夏赠韦南陵冰》，这是一首政治抒情诗，诗中诗人情绪就更激烈了。韦冰曾为安徽南陵令，是李白游南陵、宣城时的东道主之一，亦是好朋友，而这时韦冰也仕途遭贬。故人相见，惊喜非常，又勾起满腹悲愤，诉说不已。全诗共 34 句，前面大段追忆往昔交游，爆出积压已久的不平之气，暗含着对肃宗朝廷的讽刺，其实是大梦初醒的痛心自白。现录最后 4 句：“我且为君捶碎黄鹤楼，君亦为吾倒却鹦鹉洲。赤壁争雄如梦里，且须歌舞宽离忧。”捶碎黄鹤楼者何？为韦冰极度不平也！倒却鹦鹉洲者何？要为自己翻此不白之冤案！但是黄鹤楼捶碎不了，鹦鹉洲也倒却不了，极大的悲愤中包含着回天无力、无可奈何的悲伤。诗人满腔的爱国壮志、济世雄图，只不过是自己一场天真的迷梦，一场真实的悲剧罢了。

但就是在这同一首诗中，却有这第七、第八两句：“西忆故人不可见，东风吹梦到长安”，流放途中想念故友已不可能见面，可他还是梦魂紧系着国都长安，希望“勿弃贾生才”的梦想之路，他还是不想被堵死，找到胡珲，这种梦想或许就能找到部分答案。

联读这几首诗，再读他的《乾元己亥谱序》，可以发现如果他从江夏直接去了岳阳、零陵，第二年春天再回来“入寻阳”，而不是释归后尽快地去庐山见夫人，倒显得其情感有些奇怪了。无论从王琦的李白年谱看，还是读李白这些诗，他释归后人寻阳，接着“适采石而过黄山”，更为符合李白当时复杂的思想感情。詹瑛、郭沫若的李白年谱中，就恰有这一段时间空白，很可能漏掉这一段史实，而王琦谱就能和《城南胡氏家谱》和《李白鹇》顺畅衔接，自然而合理。

现在不妨再推想一下，李白访胡珲想说些什么话？根据以上资料和情况可以想知，其一，李白和胡珲是“翰林同事故友”两重友情，是不同一般的，离情别绪是满肚子话要说，包括那一段冤情；其二，李白一向有政治抱负，尽管遭了不白之冤，满腹怨愤，可是仍不忘长安，不忘关心政局，以关心自己前程，而胡珲颇为熟悉朝廷内部情况，从朝廷归隐林下才三年，当是朋友中最适宜询问的人。无论倾诉衷肠，还是打听政局，访问胡珲都是最合适的。

五、胡珲何许人也

胡珲何许人也？这需要从中华胡氏得姓缘起作简要说明。李白在《乾元己亥谱序》已有简约交代："胡盖舜之后也，周封其裔孙胡公满于陈，子孙以谥为姓。"据江西九江市胡观文先生于世纪之交主编出版的《中华胡氏人物大典》载，周武王灭纣后，追崇舜帝之德，查到自己部下有专管陶器生产的虞阏父是舜帝的第三十一代孙，即封其子妫满为陈国国君，并以己女太姬许配为妻。妫满长寿，死后谥号为"胡"，这便是今天中华胡姓公认的本姓氏的缘起。

据太平仙源《城南胡氏家谱》世系表看，妫满传至五十八代孙之一的胡乐陵时已是隋朝。胡乐陵生有二子。长名胡福，隋炀帝时，为姑孰(今当涂)太守，隋大业年间(公元605～617年)天下大乱，胡福避乱迁居今黄山市屯溪黄墩，成为今徽州胡和江西婺源清华胡始祖。次名胡裕，隋炀帝的工部尚书，大业年间，避居在今黄山区三口镇尚书里，成为太平胡姓始祖。其居住地尚书里之名一直沿用至今，尚书里的古桥，据说是胡裕所建。太平仙源《城南胡氏家谱》在胡裕名下注有"隋尚书，隋亡遁黄山"一语。

据太平仙源《城南胡氏家谱》记，胡裕单传一子，名胡仁；单传一孙，名胡松。松生二子，即胡裕的曾孙，长名邦，迁今黟县宏潭，为宏潭胡始祖；次即胡珲，为唐学士。清乾隆、嘉庆《宁国府志》之"冢墓"中"太平县"目，记有"学士胡辉(珲)墓"："在县南碧山。辉与李自友善，尝赠联云：'溪水流声十里，笙歌从地出；山峰拱秀千年，图画自天香'。"该志由清代当时著名学者洪亮吉总纂，2006年10月出版点校本，胡珲墓内容载其第1089页。太平仙源《城南胡氏家谱》与《宁国府志》所记胡珲及其故里事，事实相同，只是人名用字有异。

胡珲为什么成了学士而与李白结了缘呢？这得从李白《乾元己亥谱序》所记的"世居咸阳"说起。胡姓是西周陈国的开国国君妫满的后代，原住河南东部，但后来大多迁向了西北的甘肃东部、宁夏、陕西一带。中华胡姓公认的郡望"安定郡"，汉武帝元鼎三年(公元113年)设，范围在甘肃东和宁夏一片。从西汉至隋，尤其是魏晋南北朝时期，胡姓十分发达，出了很多达官闻人，"安定胡"因此出名。

长安即西安，除西周建都名镐京、秦建都名咸阳外，从西汉到唐代，先后共 11 个王朝，以为国都，名长安，它成为仕宦商旅的聚居地就是自然状态。太平胡姓始祖胡裕的祖辈“世居咸阳”，胡裕本身就是高官，隋就建都长安（隋炀帝时迁往洛阳），家住咸阳更是正常。这就是胡裕的祖辈“世居咸阳”的来由。

现在再看胡裕隐居太平尚书里后，他的儿孙辈情况，也即胡珲的父亲、祖父的情况。明嘉靖时，赐状元及第的江西吉安人罗洪先，为当时的太平《胡氏宗谱》写的《嘉靖甲申谱序》（嘉靖三年，公元 1524 年）的一条信息：“裕之后，常侍公松，太邑之胡所由始也。”常侍公松，即胡裕的孙子、胡珲的父亲胡松。“常侍”是官名。《辞海》1663 页有注：“魏晋以来有散骑常侍，为经常在君王左右之官，简称常侍。”明万历年间，赐状元及第、司马局洗马兼翰林院修撰、秣陵（即今南京）人焦竑，为当时太平《胡氏宗谱》写的《万历丙午谱序》（万历三十四年，公元 1606 年），恰好为罗洪先的谱序做了注脚；其中说到胡松：“曰松、曰学，为常侍，剿反寇功不让于单骑。”松，即胡松。学，是迁居屯溪黄墩的胡福的曾孙，迁往江西婺源清华，为清华胡姓始祖。他俩都因功当了常侍官，能在皇帝面前走动。可以推想，胡珲博取功名，会比一般人有条件，且得以进翰林院，既有机会接触皇家图书资料，又有时间走访祖居地族人。

上文罗洪先写的谱序开篇明义：“胡氏统宗谱者，统胡氏之宗乐陵公者也。”胡乐陵，太平仙源《城南胡氏家谱》明载，即胡福、胡裕的父亲，胡珲的高祖，还没出五服。他“世居咸阳”，两个儿子都是隋朝高官，他整理他的祖辈谱系会有条件。那么唐太宗李世民下令全国献谱牒而修《氏族志》，他整理的《胡氏统谱》定已收藏皇家，胡珲当了翰林定有机会读到，这就为他退隐碧山重修家谱提供了条件，李白作《乾元己亥谱序》，也就有了着落。

从《乾元己亥谱序》可以读见李白和胡珲的关系，即后人称说的“友善”，李白“主其家稍久”可证。该谱序落款是“秋七月初浣”，即阴历七月上旬，那么可信李白在六月就已到达。

六、朱熹《乾道辛卯谱序》及其他

太平仙源《城南胡氏家谱》保留了自唐至清多次修谱由他姓闻人和本姓

名人写的谱序共8篇，外姓闻人朱熹等五人的序都论及李白、胡珲之事。

现在需要说明一个问题。一般认为，过去的族谱宗谱有攀扯同姓或他姓著名人物的嫌疑，李白为太平胡姓宗谱写了《乾元已亥谱序》，也有人因此存疑为“作伪”。故本节内容，特别举出宋代大思想家、教育家朱熹为当年太平《胡氏宗谱》写的《乾道辛卯谱序》为证，还有明嘉靖年间南京吏部尚书湛若水，明万历年间翰林院编修汤宾尹和上文已引的明嘉靖状元、江西人罗洪先和明万历状元、南京人焦竑为当年太平《胡氏宗谱》写的谱序。

南宋孝宗乾道辛卯年，理学大家朱熹为当时太平《胡氏宗谱》写了《乾道辛卯谱序》(乾道七年，公元1171年)。该谱序对胡姓缘起，胡福、胡裕南迁繁衍，胡姓对社会的贡献都做了论述，其中尤其是对胡珲与李白的关系作了肯定。兹将该序有关胡姓缘起和胡珲与李白的关系一节，加以句读，抄录于下：

“阅及宗谱，备查胡氏根本，方知出自舜之后也。武王克商，寻舜后而封胡公满于陈。以后生齿渐繁，星居分野，在先多住咸阳。及裕公、福公南渡，迁于徽、宣之间，碧山、清华乃其始迁也。复迁浙之龙泉、绍湖等处，闽之崇安等处，江、广之西北庐陵等处，并池、太、秣陵一带诸宗，皆一脉流传者。向仕于汉者固多，刚公、广公其杰出者，实有名于当代。仕于唐者甚众，学公、珲公其最高者，一与李克用并功，一与李白友善，后访至于其家，赠诗而作谱序，故胡氏修谱自此始矣。”

朱熹对胡珲的评价相当高，认为他是“仕于唐者”中的“其最高者”至于胡珲与李白的交往，说得更是明白不过。太平胡姓修谱即从胡珲开始。

上文所引秣陵焦竑《万历丙午谱序》，在讲到“曰松、曰学，为常侍，剿反寇功不让于单骑”后，接着说“珲居翰林，督四夷，馆学不下于谪仙”跟朱熹一样，他认为胡珲很有教化之功，学问不比李白差，评价也是相当的高。

关于李白访胡珲、作谱序、求白鹇等情节，太平仙源《城南胡氏家谱》所保留的旧有谱序中，还有资政大夫、南京吏部尚书、前翰林学士、知制诰国史湛若水写的《嘉靖戊戌谱序》(嘉靖十七年，公元1538年)和赐进士第、翰林院编修、文林郎、年青侍生汤宾尹写的《万历丙午谱序》都有论及。湛序说：“珲修谱，李白为之序。”汤序说：“珲公家碧山，有白鹇之异，谪仙以双璧易之。”这些都为李白《乾元已亥谱序》作了注解。

七、碧山何处

现在从福固寺走小路到碧山，柴林茂密，已经不通。而乘车从迄溪桥往西可以顺山间公路直达罗村，到了罗村就到了碧山。

胡珲以碧山为隐居地，可见此山是风水宝地。以胡珲故居地为标志看，村庄坐南向北。按传统居住地风水，讲究后靠前平，左高右低。后有来龙山，略高，前有踏马岗，低平。这两条垅岗都源于夫子峰，就像夫子峰伸过来的两条胳膊抱着村子。夫子峰在西，左首，高耸入云，源于夫子峰的凤溪自西向东，穿溪村中，从东边村口桥绿柳桥下流入龙溪。据村中老人说，凤溪两岸以前桃柳成荫，风景很美。

绿柳桥，是传统的村口镇风水的水口桥。两桥的石块略泛红色。桥面中腰外侧的桥名刻石，虽年深日久，字迹仍可清晰辨认为"绿柳桥"三楷体字。桥长 8 米多，宽 5 米，高至水面约 6.4 米。桥身苔蔓、枝覆、藤缠，桥下水浅、沙明、流清。桥的北端曾经有个"太白书院"，"太白书院"没了，取而代之的是一个废弃的纸厂和牛栏。"问余亭"立桥南头，跨路，是个砖木结构的亭子，北面对着"绿柳桥"，东西两面，山脚小径通行亭中。南面靠来龙山，原供有护法神韦陀菩萨，联云："三眼能观天下事，一鞭惊醒世中人。"亭柱有两副对联。一副即清嘉庆《宁国府志》所记李白赠联，上句"溪水流声十里，笙歌从地出"，写源于黄山夫子峰的凤溪河，源远流长，汩汩有声；下句"山峰拱秀千年，图画自天香"，写村西远处高耸云表的黄山夫子峰，真正拱秀如画。另一副是胡珲答联："绿柳桥边山径，青莲马上诗机。"问余亭千年不圮，20 世纪 60 年代被拆，2013 年重建，为不影响通车，改建于绿柳桥上。

站在绿柳桥上看胡珲故居方向，沿来龙山脚进去，有一里多路。

宅基的遗址还在，中段呈弧形向前微微拱出，两端略略向后曲进。东西开间，全长约 60 米，南北进深约 54 米，总面积约 2 000 平方米。1 200 多年来，胡珲的后代居住原地的子孙，对于他们的祖基保护得很不错。据村人介绍，安徽电视台曾为胡珲原宅基地拍过纪录片。宅基正向前三米外，有一口半圆形塘，近门塘塝呈直线，长约 17 米，就是胡珲养白鹇的"玉潭"。胡珲的后人介绍说："这叫半月塘"。池塘不大，成半月形，四周石砌依然完好，只是没有了"影照玉潭里"的那个玉潭的秀澈。但不管怎样，我们还是有了一个强烈的感觉：太白求鹇定在此处！

池塘对岸，据老年人讲，原有一棵十分漂亮的树，枝叶纷披，十分好看，可惜被人用钢筋箍死。黄山区《谭家桥镇志》记为“琪树”。

查《辞源》1 120 页注引《全唐诗》481 页李绅的《琪树序》云：“琪树垂条如弱柳，结子如碧珠，三年子可一熟。每岁生者相续，一年绿，二年碧，三年者红。”村人所言该树形和《辞源》所载形貌概同。真正可惜了这棵宝树，令人唏嘘不已。

碧山之所以叫碧山，名字来历很可能是源于琪树。因为琪树人们认为只有仙界才有。特别是它的籽如同碧珠。而胡珲居住此处且有这一棵鲜有的仙树，结有这特有的碧珠，因而有了碧山之名。

胡珲故宅基西北向踏马岗南坡，原有太白庵一座，相传是胡珲给李白建的常来常往的旅居处。门朝西向黄山夫子峰，三间两进，中有天井，其木雕石刻十分精美。因年久失修，已于 1951 年倒塌，现仅存遗址。

清嘉庆《宁国府志》所记的“胡珲墓”，就在其故宅基东北向对面踏马岗，目测直线距离不到 200 米。

八、李白访胡珲之诗作

提起李白访胡珲的诗作，人们就会想到那首《赠黄山胡公求白鹇并序》和《山中问答》；而二轮修志中，谭家桥镇还有新发现，那就是李白写的已被尘封了 1 260 多年的《访胡公珲》诗。

社会上流传的《赠黄山胡公求白鹇》和《全唐诗》所录的相同，但跟太平仙源《城南胡氏家谱》所载，却有多处出入，而太平仙源《城南胡氏家谱》所记则更为符合情理。下面先全文抄录太平仙源《城南胡氏家谱》所记者，再抄社会流传的，以存比较。

谱中所载：

闻安定世家有双白鹇鸡，盖是家鸡所伏。自小驯狎，长无惊猜。以其名而呼之，皆能就掌取食。然此鸟其性耿介，尤难畜之，因余酷好，竟莫能致。而胡公辍赠与余，惟求一诗，余闻之，欣然适意，援笔答之。

解余双白碧，易君双白鹇。白鹇白于雪，白雪耻容颜。照影玉潭里，刷毛琪树间。夜栖寒月静，朝步落花闲。我愿得此鸟，玩之坐碧山。胡公能辍赠，笼寄野人还。

社会流传：

闻黄山胡公有双白鹇，盖是家鸡所伏，自小驯狎，了无惊猜。以其名呼之，皆就掌取食。然此鸟耿介，尤难畜之。余平生酷好，竟莫能致。而胡公辍赠予我，唯求一诗，闻之欣然，适会宿意，因援笔三叫，文不加点以赠之。

请以双白璧，买君双白鹇。白鹇白如锦，白雪耻容颜。照影玉潭里，刷毛琪树间。夜栖寒月静，朝步落花闲。我愿得此鸟，玩之坐碧山。胡公能辍赠，笼寄野人还。

两下相较，社会流传的诗，似颇多失真。

从题目看，前者称“碧山胡公”，较后者称“黄山胡公”为亲切。碧山是当地沿用已久的土名，而“黄山”是新改才十多年的名字，故当时从使用习惯上还是以“碧山”名自然顺口些，又前者因是胡公赠而颂白鹇，而后者却是“求”，两者相去颇远。

序文中有三处颇为突出。一处是前者序文称胡珲为“安定世家”，恰和李白读胡珲家谱资料，为胡珲写谱序密切呼应。另一处是前者“因余酷好”，是看见白鹇后而才爱好，而后者却是“余平生酷好”，于理不通。因李白诗唯此诗专唱“白鹇”，其他诗中均未见“白鹇”字样，所以说“平生酷好”不通。第三处是序文之尾，后者有“因援笔三叫，文不加点”，李白作风虽狂放不羁，但在胡珲“翰林同事故友”处当不致如此卖弄。而且，“援笔三叫，文不加点”这些词句，历来都是评论那种“倚马可待”“一挥而就”的文思敏捷者作文的用语，李白怎么会在写给“翰林同事故友”胡珲的诗中这样自己夸耀自己呢？以评价别人写文章的用语来写自己，情理欠通，根本不符合李白之才情。

最突出的是诗的头两句。前者是“解余双白璧，易君双白鹇”，因胡公辍赠，觉得受之颇丰，故解下身上佩璧以交换。白鹇是鸟中珍禽，而璧是士大夫才可佩带的贵重饰物，应该说易之相当，也才符合李白与胡珲的故友关系。然而后者却是“请以双白璧，买君双白鹇”，便有些不妥。明明是胡公赠，为什么却提出“买”呢？文题中是“求”，诗中又“买”，不符合李白与胡珲的“友善”关系，李白又何以用语如此矛盾呢？

以上是两相比较而存疑，没有肯定与否定的意思。

《山中问答》一诗，首句即确定“碧山”，且诗的意境非常符合黄山之麓的碧山情景,也符合李白《乾元己亥谱序》中所说“主其家稍久”一句之意,为李白、胡珲“友善”一说,作了鉴证。

下面是二轮修志中谭家桥镇发现的李白《访胡公珲》一诗:

千重云水万重山,谁识胡公隐此间。

饲得珍禽足娱老,白云如海任飞盘。

此诗是谭家桥镇罗村村在广泛收集村史资料过程中发现的,是李诗还是伪作,详情待考。但其首句所描写的景象,确是进入罗村而到碧山之所见,在碧山胡家村展眼西望,夫子峰正是山色有无、白云如海,极符当地特色。诗为七绝,押韵合辙,通俗流畅,夸张合理,可以说和李白所写的绝句类短诗,风格是一致的。若与《山中问答》合并品读,便觉得韵味一致,表现了李白十分喜爱胡珲居处的心情。

九、李白游太平的综述

从前面的李白行踪可知,李白来太平究竟有多少回,很难说清,但是时间段可以大致肯定,一个是天宝十二年秋到天宝十五年春之间,社会流传的天宝十三年间是个能肯定的时间;一个就是本文所说的乾元二年六、七月间,访问胡珲。现在就李白游太平结合本文的陈述和太平民间的传说,做些简约的综述。

天宝十二年秋至天宝十五年春,李白住秋浦时间颇长,常往来于秋浦、南陵、宣城之间。天宝十四年春,宗氏夫人从梁园寄来家信,他有《秋浦寄内》诗说道:“我自入秋浦,三年北信疏……”说明在秋浦住得很久了。而且他来往于秋浦、南陵、宣城,交通似不是以长江为主,而多以舒溪为主的。除了“白龙降陵阳,黄鹤呼子安”(《登敬亭南望怀古赠窦主簿》)“欲往泾溪不辞远,龙门蹙波虎眼转。杜鹃花开春已阑,归向陵阳钓鱼晚。”(《泾溪东亭寄郑少府谔》)“涩滩鸣嘈嘈,两山足猿猱。”(《下泾县陵阳溪至涩滩》)等诗作外,还有和汪伦的交游,和新丰十景的关系,说明这几年间,李白的足迹踏遍了太平不少去处,是可以肯定的。我们也不必拘泥于那么确切的做李白行踪表了。但是可以肯定的是,李白对中国“道”一直是追崇的。唐玄宗就崇道,天宝六年封禅了黄山、陵阳山,敕建了黄山福固寺、陵阳山仙坛宫。天宝十三年,福固寺、仙坛宫,肯定是钟磬融融、香烟袅袅,李白信道,肯定要上陵阳山参拜窦子明的，而且真的在仙坛宫前遇见了黄山白鹅岭隐士温伯雪，道中朋友，自是见契，陪送温伯雪回黄山，给黄山留下了如同“醉石”一样的许多逸事趣事，并写下了《送温处士归黄山白鹅旧居》。这首诗描写了黄山的山势山貌，写了温伯雪的修炼，写了一路的行程，表达了重来黄山的愿望。

“去去陵阳东，行行芳桂丛。”真实写出了李白自己舍不得离开太平的“行行复行行”难舍情志。要去的地方是“陵阳东”——泾县、南陵、宣城等地，可是走走又回来。太平虽然当时建县才七八年，可是仙源早就有植桂的传统习惯，桂花树很多。仙源当时不叫仙源，就叫桂城，“仙源”之名是宋元时期才开始的。中唐诗人许浑来太平当县令，把太平比作武陵溪，可见当时仙源风光如何秀丽，李白到仙源比许浑为县令早近一百年，那句“行行芳桂丛”，可见对仙源是何等恋恋难舍了。

李白这次是从仙源乘船顺麻川河下行的，行经三门时，被三门的山水又勾留住了，于是又写下了《下陵阳沿高溪三门六剌滩》，为太平留下了另一首好诗。高溪就是麻川河，隋唐时叫高溪。这是李白天宝十三年游太平的基本情况，游陵阳山而上黄山，再从仙源走水路回去的。

李白访胡珲是乾元二年。他顺江东下，贵池下船，是熟门熟路，这回路经陵阳山，登上了陵阳山最高峰——中峰天柱石，写下了《至陵阳山登天柱石，酬韩侍御见招隐黄山》。他心中其实有一股熊熊烈火不得熄灭，就像在江夏写给被贬官的老朋友南陵县令韦冰的诗那样，要“捶碎黄鹤楼、掀翻鹦鹉洲”那样，本来是“拥兵五陵下，长策遏胡戎”而遏止安禄山的。谁知反而“鸾凤翻羽翼，啄粟坐樊笼”了，本来有志报国，却变成了“反叛逆贼”了。陵阳山是他崇拜的窦子明的升仙之地，这回他是想登上天柱石仰天长啸一番的。由此可以推知，他遇赦东归，是不会如郭沫若所说的到湖南去兜一个大圈子的，而想早一点见到能了解一些情况的人。胡珲是他此时最想见面的人，而且几年同事，他对胡珲情况自然了解。

《乾元己亥谱序》说李白在胡珲“主其家稍久”，除了上属情况外，还有些补零。

碧山北的平岗叫“踏马岗”，传说李白来碧山后，胡珲常陪他在这里骑马趟马，在踏马岗西头南麓，胡珲还为李白建了“太白庵”，三间两进，粉墙石雕，供李白常来住地。太白庵千多年来维持不倒，后终因年久失修于 1951 年倒塌，现遗址尚存。

罗村有一条史传有名的龙岭驿道，其南端有个地名叫黄泥汗，唐宋时期是一处九十九家商家集镇，造纸、酿酒是这里的强项，纸的质量好，上好的米酒味醇香浓，这两样东西正合李白心意，你想，胡晖家离此不远，哪有不来光顾品赏之理？

不远处的黄帝源有个溶洞群，其中最大的洞深300米，内分八宫，多处莲花形岩。当地传说，胡晖陪同李白游过，因此史传名为“青莲洞”，因为李白号为“青莲居士”。

石门峡口地名叫白亭，是长岭的岭头，现建有白亭检查站，这里原来建有供人休息的传统路亭。这里西倚黄山，凭高临下，风光万千，传说胡晖陪同李白曾来此处，李白驻足良久，赞赏不已，于是后人在这里建亭，名为白亭。

现在的石门峡景区大门就在这里。鹊岭下的留杯荡，也有李白留杯的传说。留杯荡成为一个湖是清代道光年间的事，是鹊岭山体大滑坡形成的。这里原来是个偌大的芮姓村镇。隋朝末年，绩溪义军领袖汪华，为了支援太平义军领袖左匡政，就派部队打通了鹊岭和箬岭，所以岭下芮姓大村庄可能在那时就非常繁荣发达了。发源于天星洞的桃树汗，流到村中，就是一条不小的河了。集镇繁荣，河水滔滔，崇山峻岭，绿树葱茏，这种地方，胡晖自然要陪同李白来游，自然要享受一下当地的酒菜，而留下一段美丽传说的。

李白游太平，从现存李白诗看，大有可能在两次以上，但行程最清晰的是天宝十三年、乾元二年，这两次都是从贵池、秋浦南下，经过陵阳山，而后由仙源乘船东下的。

这些传说恰好充实了李白为胡晖写的《乾元己亥谱序》中的“主其家稍久”的内容，两者相映生辉。

十、几句题外话

社会上有种不好的风气，好攀龙附凤，于是就有了一个推而广之的比附：“修谱攀名人”，就是以前修撰宗谱好拉上一些名人，言下之意，宗谱上拉上一些名人，是修谱人虚构捏造用来给本宗族添彩的。因此，有人认为，《城南胡氏家谱》中李白给胡晖写的《乾元己亥谱序》，很有可能是胡晖后人甚至胡珲本人所为，是为《胡氏宗谱》装门面的，根本没有李白这回事。

自然不排除历史上有某种故弄玄虚的事情，但是李白访胡珲是社会公认的事，尤其是《赠黄山胡公求白鹇》《山中问答》都是康熙年间御制《全唐诗》上有名的诗，这可是史实！再说，唐太宗修《氏族志》，牵动各姓氏广修宗谱，胡珲的高祖，也即上文提及的胡福、胡裕的父亲胡乐陵公，就修了《胡氏统谱》，当时在咸阳。胡裕南迁太平，传到胡珲是第四代，他隐居碧山而修谱，也很自然，上文已论及。李白这时来访，机缘巧合，可谓天假其便，天缘促成。至于其中往来，本文已从多层面、多角度，结合事实，作了尽可能地分析，已然有了一个完整的结构，不是空穴来风。

另外，还要补说一句。我们的古人是尊重史实的，正如清嘉庆年修编《太平县志》的教谕孔传薪说的那样："必详细确查。"想来胡珲或胡珲后人不至于虚构出"李白作《乾元己亥谱序》"这种亵渎大诗人李白的事情来。再说，太平胡氏始祖胡裕的孙子胡松，迁居黄墩的胡福的重孙胡学，已是皇帝亲近的常侍官；胡松的儿子胡珲已是学士翰林，《胡氏家谱》都已注明是朝廷命官，又何必去借重李白呢？而当时李白已是一个罪判流放刚刚赦免的野人，胡珲有必要去借重一个"叛逆者"的名头吗？胡珲请李白作序，完全是和李白性情投合，私交甚重的缘故，而且是天缘巧合，事先并未预约。所以那种"比附"只是简单且无根据的类比而已，而这种不经证明的比附，用来做学问，是极其有害的。

中国科举制度纵横谈

中国的科举制度始于隋，成于唐，止于清末，其生命长达 1 300 多岁。清朝后期，由于西学东渐，中国感到自己的传统敌不过西来的坚船利炮，于是乎就废弃自己传统的人才遴选制度，学习人家的实证科学。

其实，就遴选人才的考试而言，世界都是在学中国。越南的科举考试比中国晚 15 年，就是从中国学的。朝鲜则是在中国五代时期的后周，公元 958 年，仿照中国科举制度开科取士，也跟中国差不多，到 20 世纪初年即中国的清朝末年才停止的。自宋至清，中国周围好多国家，都派人到中国留学，并参加中国科举考试，取得功名再回本国任职。

公元 1855 年，英国参照中国的科举取士办法，开始实行“自荐入选、统一标准、公平竞争、择优录用”的文官考试制度，选用政府官员。很多国家选用政府官员，都学习英国的办法。对此，孙中山先生在他的《五权宪法・民权初步》中说：“现在各国的考试制度，差不多都是学英国的，穷流溯源，英国的考试制度原来是从我们中国学过去的。”可见中国的科举制度并不就落后腐朽，只是西方的实证科学来得快。特别是晚清咸丰帝时起，接连三代皇帝都很短命，中国内部越来越糟，当时的志士仁人急于富国强兵，才废科举而学西哲。

一、科举制度形成前的人才遴选制度

中国人才遴选制度源远流长，是在不断地变革过程中，形成一套完整的制度的。上古五帝时，人心质朴，崇贤尚能，所需官员很少，在因事设位而用人的轩辕黄帝时，只“置左右大监，监于万国”(《史记・五帝本纪》)，协助黄帝工作的只有四人；对于具体工作，则举有专长的人专门负责，例如名“胡曹”者，善制衣冠，黄帝即委其职。就是帝王的位置，也是先推举、后考察决定。《史记・五帝本纪》记有帝尧年老要选人禅位的一段对话，大意是：大臣依次提名，首先被提的是帝尧的儿子丹朱，帝尧以“顽凶”否决；又提共工，帝尧又以“似恭漫天”否决，最后才确定了舜。

（一）贡士制

是周朝的制度。时代变迁，人心也变得复杂了。到了周朝，重要岗位都由王室成员和开国功臣担任，并且世代承袭，只有士和府、史、胥、徒等这些文书干办人员，由地方推举，叫“乡兴贤能”，就是贡士，贡是荐举的意思。

由于有了贡士制，春秋时就出现了“士”这个阶层，凡有一技之长，哪怕是鸡鸣狗盗，也都受到尊重，所以春秋时期，思想就特别活跃。诸侯大夫们纷纷养士，齐国孟尝君、赵国平原君、魏国信陵君、晋国春申君就是史册上养士闻名的四公子。春秋战国时期，一方面纷争乱战，一方面却给思想繁荣提供了环境和土壤，这就形成了著名的“诸子百家”。

（二）察举制

这是汉代的制度。顾名思义，就是考察荐举人才。这一制度在汉代是不断发展变化的。汉代是在相当混乱的基础上建立起来的中央集权帝国，所以，西汉帝王都希望广揽人才以振兴大汉，刘邦的《大风歌》就如实地表达了这种愿望：“大风起兮云飞扬，威加海内兮归故乡，安得猛士兮守四方！”

首先是汉初的“贤良”与“策问” 汉初，汉高祖刘邦在地方上设“三老”这个官职，负责地方教化，以安定混乱的人心。汉文帝刘恒二年（公元前 178 年）就下诏地方，报举贤良方正、敢直言极谏之士，充实国家机构，表现出广揽贤才、广开言路的胸襟。汉文帝十五年（公元前 164 年），又下令地方推举贤良方正者到中央，由文帝亲自策问，要他们直接向皇帝陈述对国家时政的建议，文帝亲自评定采用。这就是“对策、射策”考试的起源，后来的科举考试中的策试即源于此。西汉由汉初初步繁荣而进入历史上有名的“文景之治”时期，应归功于汉文帝的开放用人的政策。

然后是汉武帝的察举制 汉武帝为改革官场弊端，接受董仲舒建议，在元光元年（公元前 134）下令郡国（郡大于县，但大小不等。国，相当于县）推举孝廉一人；元封四年（公元前 107 年）又下令州（州即国）每年各举秀才一人。这种举孝廉、秀才的办法，后来历代差不多都沿用。但这种制度也产生了弊端。因为孝廉、秀才的产生，主要取决于乡闾舆论，以声名取士，而推举权又掌握地方官员手中，所以士人都不得不走权贵之门，交游结纳，于是作伪求名、沽名钓誉的人也就多了起来。

为了避免这种现象蔓延，到东汉安帝(公元107～125年)时，规定被察举孝廉的人，必须年满40岁才有资格，而且增加了考试，先试于公府，再试于端门。公府，中央级官府；端门，天子之殿的正门。就是说要经过中央公府和天子金殿两级高规格考试，相当于科举时代的会试和殿试。察举制的这种改进，避免了开后门的弊端，开了后世科举考试的先例。

再是各科取士制度 汉代除了上述办法外，还有明经、公府辟举和童子科等选士制度。所谓明经也是由地方推举，经过中央考试，可以补授博士弟子。公府辟举，就是由中央直接选拔。而童子科，可以说是汉代的一项新创造，即凡12～16岁的童子，博通经典者，可予培养为“神童”，这在古代确是很有价值的一项措施。

(三)九品中正制

东汉末年，军阀混战，察举制无法实施。曹操为了广纳人才，率先提出了“唯才是举”而不考虑其门第、出身、身份的用人政策，因而三国时，许多名人都不出自豪门，所以曹操的这项政策，就遭到门阀世族的抵制。曹操死后，其子曹丕当政，采纳了吏部尚书陈群的建议，设立“九品中正制”，既能缓和世族的情绪，又不至于埋没人才。所谓九品中正制，是中央和地方都设中正官，由中央直接控制；地方中正官负责对地方人才的家世(叫“品”)和德、才(叫“状”)做出简评，给出等第，等第分上上、上中、上下、中上、中中、中下、下上、下中、下下九等，造册上报，供吏部选官参考。上品任高官，下品任卑职。升官也即升品，降品就是降职。

这种九品中正制，开始实行时颇为正常有效，但魏晋以来，豪门世族势力日渐膨胀，中正官全由大官垄断，“品、状”标准逐渐不讲德才，不论贤愚，只论门第，弄得豪门大族当高官，草野寒门只能任卑职了。

到了南北朝，九品中正制仍沿用，寒士地位也有所上升，朝廷并曾试用考试办法和其他办法抑制豪门势力，但已积重难返，选举人才失去客观标准，完全取决于中正官了。但这种官职品位制却被沿用了下来。

二、科举制度概览

魏晋以来，由于长期由官居高位的世族把持人才遴选权，没有权位的庶族与寒门，入仕的路往往被堵，所以庶族寒门渴望改变这一状态。物极必反，豪强数百年的世族豪门，“旧时王谢堂前燕，飞入寻常百姓家”而逐渐崩溃，比较公正取士的制度，随着社会变迁，也就应运而生。

(一)科举制度的创设

隋炀帝大业三年(公元607年)，开始通过考试选取所需要的人才。考试的内容为十科，其中学业全面优秀的叫明经科，属上等；文才秀美的叫进士科。后来的科举会试中选的，统归于进士科。

可见，所谓科举考试，就是分科而举士的意思，达到量才录用的目的，显然比此前的人才遴选制度要公正客观。这种考试不像以前由州郡选举、再经朝廷策试的那种，而是由州郡逐级考试，最后再到朝廷考试而定夺，所以这种举士制度就彻底肃清了重门第的风气。但，隋朝的科举考试还没形成完整体系。

一代风流天子隋炀帝虽然仅当了12年的皇帝，却做了两件名垂千古的大事，其历史贡献不算小。

(二)唐代的科举制

科举取士到了唐代就形成了比较完备的制度。唐朝的士，来源主要是三个。其一，在学校读书出身的生徒，每年冬天，中央和郡县的官学都可以通过校内考试，挑选学生送礼部参加考试。因为每年都有，所以叫常贡。其二，州县考送的，叫乡贡。乡贡也是常贡。其三，由天子下诏选举的叫制举，制举不是年年有的，所以不是常贡。

唐时的科举，主要的是指乡贡，这是平民入仕做官的出路，所以影响很大。但他们必须参加考试，取得某科出身的资格，才能应吏部的铨试，就是再经吏部考试后由吏部量才授官。豪门子弟还是享受荫袭制度，但只有五品以上的子孙，可以直接应吏部的铨试，不合格的仍不授职。可见唐代的科举取士更加客观。武则天称帝后，还特别开了女科，让女子通过考试，合格的同样可以进入仕途。虽然女科不持久，但也是唐科举中的一件大事。

唐代科举报考办法 上面说的常贡，年年举行。仲冬月(即阴历十一月)，州县学馆监督举选学业已成的生徒，报送尚书省；而乡贡由应试者本人携带家籍凭证，向州县报考。地方考试入选后，地方长官要设宴饯行，并送起程上路，直送尚书省参加考试。考试由吏部考功员外部主持，唐明皇开元二十四年(公元736年)改由礼部掌管。考试及第后还要参加吏部考试，及格后才可授官。

唐时的这种考试只分两级，第一级是地方、州县的考试，叫乡试；第二级是中央的省试。后来的宋、明、清的考试比这要复杂些，乡试是省级考试，而省试更名为会试。

唐时科举的科目比隋时初设时要少，只有六科：秀才、明经、进士、明法、明书、明算，但最常举行的只有明经、进士两种。唐高宗咸亨(公元670～674年)年以后，只趋向于进士科。参加进士科乡试第一名的叫解元，省试第一名的叫状元。

唐代科举考试内容 隋时，科举考试内容比较简单，进士科只有试策一样，到了唐朝，高宗时加了杂文。汉魏以来，杂文是指各类文章，此处指的是科举应试中除经史之外的应时试文。据《新唐书·选举志》载："进士试杂文二篇，通文律者然后试策。"根据唐时文坛情况，杂文主要指诗赋。明经科加贴经。以后应试内容逐渐发展为口试、贴经、墨义、策问、诗赋五种。无论哪一种，内容均源于儒家经典，当时是《五经正义》。

贴经 主考官取儒家经典(主要是《五经正义》)的任何一页，只留一行，其他全部遮去，露出的一行，又用纸贴3～5个字不等，令应试者填出贴去的字。后来应试人越来越多，主考官又常用孤本经书或绝句，只露出开头，让人填写。例如：考《左传》，只露出某年，令试者填出该内容，这就必须烂熟于心，才能做到。因此，就有人把孤绝幽隐的句子编出来背诵，这种应对办法叫贴括。这是第一难关。

墨义 这是比较简单的笔试问卷，主考官根据经文出30道、50道乃至100道题令应试者做出答案。只要熟记经文包括注疏，一般都能答出。

口试 是用墨义题，当面口试回答。

策问 要求应试者对现实问题提出建议，题目涉及政治、吏治、教化、生产等各方面问题，自然也要以经文为理论依据，又要符合当时实际情况，切实可行，所以这是比较高深而实用的科目。

诗赋 唐朝初年，科举考试以策为主。唐高宗永隆二年(公元681年)，考功员外郎刘思立认为明经科抄义条，进士科默旧策，都不是实学。所以他奏请进士科加试一诗一赋。唐代考诗赋自此始，但不是考试的内容主体。天宝十三年(公元754年)策问之外必考诗赋。而到了文宗太和八年(公元

834年),进士科考诗赋和考策问正式居于同等重要的地位。唐诗经过盛唐的繁荣,已经成为正式通行文体,亲朋之间信息沟通,都以古风、绝句、律诗作为工具,而诗赋成为科举考试的必考内容,更加促进了唐诗的繁荣。

唐代科举录取情况 唐时科举考试录取的人数没有定数,但录取人数是不多的。进士及第很难,少的时候只有几人,多的时候也才三四十人,不超过五十人,俗称"登龙门"。明经科更难。当时有句谚语,"三十老明经,五十少进士",就说明这个情况。白居易考进士时,年27岁,那年进士及第只有十七人。唐时考中进士的,都要到慈恩寺的大雁塔下勒石题名,以显荣耀。当时有诗赞白居易:"慈恩塔下题名处,十七人中最少年。"

可见,通过那种相当艰难的考试,能够进士及第,是多么地不容易。

(三)宋代科举制的发展

唐朝末年和五代十国的历史,教训了北宋王朝,要加强中央集权,就是要重文轻武,武人太多,容易混乱,需要大量的文职官员,所以加强了选拔人才的考试,增加各科录用的名额。同时彻底废除了察举制。宋太祖开宝六年(公元973年),吏部主持考试只录取了十一人。宋太祖亲自复试,取中进士一百九十六人,其他各科取三百多人,共取五百多人,比唐时多出许多。此后,每次开科,都取数百人,而且提高了及第的待遇。因为皇帝亲自复试在讲武殿举行,所以就形成了殿试制度。

王安石改革科举制 宋王朝加强了科举取士制,却忽视了学校教育,宋仁宗时的范仲淹,宋神宗时的王安石对此都有批评,主张改革。王安石为相后,推行了一整套政治改革,其中就包括对科举取士制的改革。其一把取才和育才统一于学校,其中太学学生通过自己学校考试,成绩优秀的,不必通过科举考试就可以直接授官。其二,反对科举以强记博诵和诗赋取士,主张注重经书义理,所以在神宗熙宁二年(公元1069年),就废除了贴经和墨义的考试,代之以经义考试。其三,每次考试共分四场:第一场考《礼记》《左传》等大经;第二场考兼经大义共十道,后改为《论语》《孟子》义各三道;第三场考论一道;第四场考策三道。这些内容除了需要记忆,已有了可以发挥自己的思想和见解的余地。其四,颁行王安石自己作的《三经新义》,以他自己对经书的新解释作治世之用的教材,士子应试要以为底本,但士子们却只读不用。

王安石有政治抱负，但他对科举制度的改革，只是一星半点，所以最终不起大用。

(四)明代的科举考试

明代科举考试，变得更加繁难，繁难在八股取士。

先看一般程序：

明代只有进士一科，考试分三级：第一级叫乡试，在各省府进行，考中的称举人；第二级在京师举行，由礼部主持，称会试或省试；第三级会试中试，天子亲自主持策试，称廷试或殿试。廷试中第者称为进士。金榜题名分三甲：第一甲仅状元、榜眼、探花三人，赐进士及第；第二甲若干人，称“赐进士出身”；第三甲若干人，称“赐同进士出身”。

参加乡试的资格有三类人，有府、州、县学的生员考试及格者，读书而没有做官的和当了官却未入流的。所谓未入流的，古代官职分九品，九品以下的称未入流，如典史、驿丞一类，都是无品位的官。

参加会试的资格有乡试考中的举人，准备参加会试未中的举人和国子监的监生。

明代科举考试内容 明代科举考试内容有经义、当代诏诰、律令、经史和时务策等。经义限于《四书》《五经》。《四书》以朱熹的《四书集注》为标准。

考试分三场：第一场考《四书》义三道，经义四道；第二场考论一道，诏诰表内科一道，判语五条；第三场考经史时务策五道。

八股文 考试所用的文章体式，一律是八股文。当时称时文，开始于明宪宗成化二十五年(公元1487年)。这是一种严格注重格式的文章体式。每篇文章都要有破题、承题、起讲、入手、起股、中股、后股、束股八个部分。所谓破题，是规定用两句话点明题目的要义。承题是接着破题的内容继续阐述。起讲是开始议论。入手是承接起讲以引起正式议论的入手之处。由起股到束股的四部分才是正式的议论，而中股才是议论的中心。由起股到束股的四部分内容中，每股都要有两股排比对偶的句子，共八股，故俗称为八股文。

“八股文”的题目摘于《四书》中某词句，应试人写的内容也要根据朱熹的《四书集注》，叫“代圣贤立言”，不得自由发挥，而且字数也有限制。因此，当时学校培养学生，就是教学生做八股文，甚至连经书也不去认真研读，更遑论其他了。可这种严重束缚思想的文章成为科举考试的主要工具，竟然从公元1487年一直使用到公元1806年。

（五）清朝的科举考试

清朝的科举考试因循明朝，为了防止冒名顶替、弄虚作假等舞弊行为，其考试过程的规定却比明朝更加周密。具体详见下图。

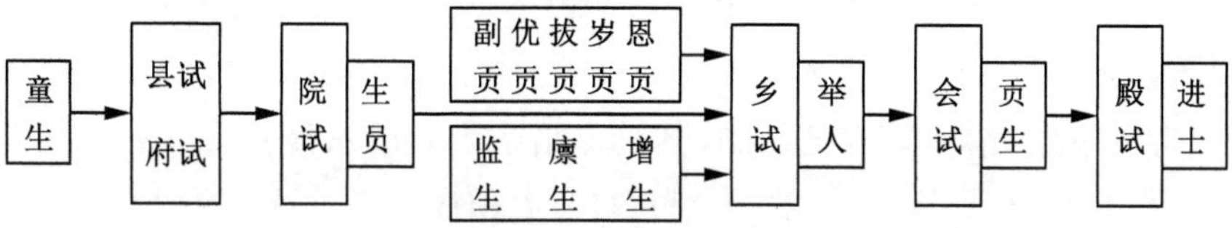

从上图可以看出清代科举考试从地方到中央几级考试的整个程序，与明朝不同的是，增加了一道院试。

应试者在幼年时，先在私塾认字、读书、写字、对课、作文，为入县学做准备。只在私塾读书还没入县学的人，称为童生。但入县学很不容易，先要经过知县主持的县试、知府主持的府试合格后，再应省学政主持的院试，录取后，才能成为所在地的县学学生。入了县学或府学读书的人，叫生员。生员享有县府的伙食和免缴田赋丁赋的待遇。初入学的生员叫附生，后经县学每年的考试，学业在一等前列者，可升为增生和廪生。廪生数额还少于增生，是资历较深的生员，级别高一级，以后参加乡试，并有具结保证应试生员没有身家不清和冒名顶替等问题的责任。

下面看清朝院试前后过程情况。

院试

1. 童生先应县试，再应府试。县试、府试都考五场（每场一天），除了《四书》《五经》外，其第三场专考做《四书》文一篇、律赋一篇、五言八韵试贴诗一首。合格后再应院试。

2. 童生应院试，须先向本府礼部报名，填履历表，履历表上要有县学廪生作保，同时报名应试的五人（不含本人）互保；再填写《学宪印卷票》。

3. 结状，即写保证书。保证书上必有廪生作保，应试五人互保。落款有

"具结状童生×、里长×、邻佑×、认保廪生×、派保廪生×、业师×、互保童生(五人)×"等签字画押,如有舞弊,则共同有罪。

4. 领应试证,即准考证。准考证注有考生的年龄和体貌特征,以防假冒。

5. 院试的主考官,由皇帝派所在省的学政(又名学院、学台)主持。

6. 院试分正试、复试两场,考八股文、试贴诗、默写《圣谕广训》中的一节。其应试用纸是朱印的6×20的长方格纸,即一页纸共印六行格,每行二十格。

7. 院试合格后,填写县印的《县试保结亲供印单》,简称《亲供》,内容包括姓名、年龄、籍贯、三代履历、本人身材与面貌特征。

8. 院试取中后,送捷报到上庠(即府学),被取者为生员,即秀才。

进学捷报纸张老黄色,高约1.4m,宽约0.6m,上写大字"捷报,×××第×名入学",另有约10×30cm的报条,上写"报×××第×名入学"。

院试凡落选的试卷,在试卷封面上贴有批语纸条,如"语多不洽"等语,以说明不录取的原因。

9. 县学、府学部勒碑刻文,叫"卧碑文",内容为约束生员的行为,既规定了不可做的事,又强调上报皇恩,下立人品。

10. 县学、府学部在学宫内读书,学宫前有半月形水池,叫"泮池"。明、清时生员入学须先进学宫拜孔子,老师则在学宫中明伦堂教授,生员拜孔子后即到明伦堂拜老师,故入学又称"进学""入泮"。

11. 生员年满60岁后,逢其原入学之岁,例如:入学年为"已丑"岁,再逢已丑之岁,其年纪都已七十多岁,可入学拜孔子,称为"重游泮水",享受曾为秀才而享高寿庆典的礼遇。

12. 清代书院多为练习科场考试而设,以时文(即八股文)为考课的主要内容,一般每月由知县、教谕各上一次课。

13. 国子监的学生跟府、县学生员一样参加乡试,他们的准考证叫"监照"。入国子监的学生名称和身份一般有六种,统称贡生,他们都可以参加考试。

副贡 乡试正式录取的叫举人,可直接参加廷试,故其身份是贡士。乡试中备取的,虽不能直接参加廷试,却可以进入国子监读书,准备下科参加考试。因为是上科乡试副榜公布的备取，故其身份叫副贡。

优贡 每三年由各省学政对生员考送一次，但录取人数有限，被录者即可入国子监读书，以备参加乡试或可授知县、教职，这样的叫优贡。

拔贡 每六年或十二年，由各省学政从生员考选，县学拔一名，府学拔两名，保送入京，入国子监读书；也可经廷试合格，授京官、知县或教职，故称拔贡。

岁贡 每年或两至三年，从府、县学中选送廪生入国子监读书，叫岁贡。因为府、县学生员可挨次升贡，故俗称"挨贡"。

恩贡 每当皇家庆典的当年，根据府、县学的岁贡常额，加贡一次，叫恩贡。先贤的后裔可直接进国子监读书，也叫恩贡。

监生 没取得生员资格，也想到国子监读书而参加考试的人，可用钱粮捐到身份，这样的叫监生、例监，也叫捐监或例贡。

上述这些人和府、县学的增生，廪生等生员一道参加乡试，但府、县学刚入学的附生生员还不具备参加乡试的资格。

乡试

乡试由各省举行，三年一次，在干支纪年的子、卯、午、酉年的阴历八月举行，本省府、县学生员与贡生、监生均可参加应试。考试分三场举行，每场考三天。第一场考《论语》《孟子》文各一篇，《大学》或《中庸》文一篇，五言八韵诗一首。第二场考五经《诗》《书》《礼》《易》《春秋》文一篇。第三场考策问一道，内容有政治、经史、时务等，涉及兵、农、刑、礼、吏治、河防、盐铁、工赈等方面。考取者为举人，第一名举人称解(jiè)元，因为举人赴京参加会试，各省均派人护送，即解送。各省录取举人人数，根据本省人口、物产、财赋情况而定，因为举人要拿皇家俸禄的。举人可参加廷试考进士，也可经拣选授给官职。

乡试有关的程序和规定如下：

1. 上科廷试已取的进士，委派到各省作乡试的正副考官，叫作"恭应考差"，"考差"也叫"闱差"。

2. 应试人的卷子均盖有主试关防、监临关防、提调关防、监试关防四家考官的红印，应试人用墨笔做卷，称为墨卷。

每份墨卷均由专人用朱色按评卷要求，誊写一遍，朱卷只誊文章，不注姓名，以防止考官认识字体而作弊，称为朱卷。卷首要留有考官评卷批语的空白，空白与朱卷骑缝处盖关防印。例如：清光绪己丑(公元 1889 年)恩科一份朱卷，主考官批“五艺均无出色处”，同考官却批“典瞻风雅倜傥不群”。

墨卷封面还盖有弥封官、监临官两关防印，背面盖“印卷官×××”红印。湖南谭延闿 14 岁以廪生应乡试，其卷子开头还列有他的上三代的姓名、简历。但朱卷只誊他的文章，朱卷被取中，再调墨卷，唱名发榜。

3. 墨卷书写有格式规定，用统一发放的红色誊写格纸，每字方格高约 1cm，宽约 1.5cm，竖行。要求试文的点句、勾股规范，书法端正，蚕豆粒大小的小楷。试文要避庙讳、御名、圣讳。

试卷若要涂改，必须注明。按涂改式规定(叫部式)办理。

不合格的试卷不但作废，考生除名，而且不准再试。

4. 试卷做八股文，题目用《四书》《五经》原文句，诠释用程朱理学对《四书》《五经》的注释，文章的体裁、结构、行款、字数都有规定。

5. 乡试《题名录》(即《登第名录》)，要正式印制呈皇帝御览，同时印发各衙门。《题名录》的第一名前要加印主持乡试的官员名录。例如清同治十二年(公元 1873 年)癸酉科江南应天府乡试中式举人 180 名，休宁县廪生汪昌鼐 34 岁，为第一名，他的名字前面就印有监临官、外提调官、内提调官、监试官等人的姓名、官衔、籍贯、出身(举人或进士)。

6.《同年齿录》这是与举人同时录取的“中式孝廉方正”名录，不同榜，但同科同年。

中式人以年龄长幼为序，载有他们的姓名、籍贯、生辰、家庭始祖、太太高祖、太高祖、高祖、曾祖、祖、父(考妣)和他们的中式名次等内容。

“孝廉方正”是新君登极之年举行的由皇帝特诏举行的科目，故称“制科”，有“博学鸿词”“孝廉方正”“保举经学”“巡幸召试”等科目，这种考试重在品德的检测，所以发榜时，其发送到地方的报单，都印有“上谕”“京发”等字样，以示隆重。

7. 中式举人要经复试合格后，才能参加会试。复试的目的是“核对文义字迹，与原中式是否相符”，试题有四书题、诗题，诗题并规定了供选的韵，诗文都不点句勾股。例如：同治年庚午(公元 1870 年)科各省乡试中式举人的复试的四书题是“信以成子君子哉”，诗题是“赋得微绿含风树满川得微字五言八韵”。

武举 唐武则天称帝时，开创了武举科，明、清时称为武科。武科考试内容分内场、外场，内场默考《武经》，外场考武艺，内容一般有马箭（骑马射箭）、步箭、开弓、缀石（举石）、舞刀（包括单刀、双刀、长柄刀）。

会试

乡试的第二年二月，举子们集中京城，参加由吏部主持的中央考试，叫会试。会试共考三场，每场考三天。考题内容范围和考试科目形式，跟各省的考试概同，但其第一场考题，规格高，由皇帝亲自从《四书》中选题，密封送至贡院内专门制卷的内帘室，刊印颁发。

会试取中的，叫贡士，意思是为朝廷贡献的人才。

殿试

殿试是会试以后由皇帝亲自对贡士亲发策问的考试，试期一天。清朝初年，殿试在天安门外举行，乾隆五十四年（公元 1789 年）移至保和殿内（因为人数不多），皇帝亲临，鸣炮奏乐，仪式很是隆重。

殿试卷连封面封底一共 22 面。封面由应试人署名“应试举人×××”。第二面是应试人根据规定写出自己的履历。第三、四、五面盖印弥封关防。第六、七、八面“冒策”，宣告策问缘由和策问题目，“冒”，透露之意。第九、十面写第一问的策文。第十一、十二面写第二问的策文。第十三、十四面写第三问的策文。第十五、十六面写第四问的策文。第十七、十八面写第五问的策文。第十九面策尾，即全卷的结尾。第二十面应试人署名画押（署名用楷书，在楷书署名之下，把自己名字用草书连写成一体，形体很是好看，称为“花押”）。楷书署名和草书花押相结合起来，是表示守信、负责的意思。花押有时可用自定的特殊符号代替，相当于现在的盖印、按手印。第二十一、二十二面由主试官拟定名次并签字画押。试卷的卷底背面盖印卷官印。最后送皇帝亲审。名次正式确定后，在封面用朱笔题写“第×甲第×名”。

殿试结果分三甲。第一甲三人，叫“赐进士及第”，状元、榜眼、探花，俗称三人为“三鼎甲”，鼎，顶尖的意思。第二甲若干人，叫“赐进士出身”。第三甲若干人，称“赐同进士出身”。同明朝例。

传胪大典 殿试后发皇榜公布名次，要举行盛大的传胪大典。所谓传胪大典，先宣旨，再唱名，再出榜。当天，金榜经皇帝看过，由捧榜官承托，御仗鼓乐前导，校尉举亭(亭是旧时官府举行重大仪式时表示皇命的象征)，到东长安街外张挂，由状元率众进士观榜。榜上姓名之上是名次，姓名之下是籍贯。

传胪大典后，礼部为文科进士举行恩荣宴，俗称琼林宴，兵部为武进士举行会武宴，同时以皇帝名义赐衣、发旗匾银两。

得中状元和得中同榜进士的，吏部都要发送《捷报》。《捷报》是送往得中者家中的，其内容包括得中者姓名，名次和选授的官职名份，跟金榜题名一样荣耀。状元捷报用黄绫特制。下面是状元捷报的样式：

> **捷　报**　　报录人：×××
>
> 贵府少大老爷×××恭应
>
> 殿试第一甲第一名
>
> 赐　进士及第
>
> 钦　点翰林院修撰

《捷报》中的“赐”“钦”二字，不但顶格，而且要朱写，以示圣恩隆重。修撰，在唐宋时，是史馆中的官员，到明清时，则成为翰林院主修一类的官员，由殿试第一甲第一名的进士即状元充任，一甲第二、第三名进士即榜眼、探花和留在翰林院庶常馆里的庶吉士，则在修撰之下担任编修。

所谓庶吉士，是指在翰林院设庶常馆，从新进士中选文学、书法之优者留馆学习，名为庶吉士，三年后考试(或可提前)，其优者留翰林院担任编修、检讨等职，余者分发各部任主事，或优先派任知县。

朝考

除上面一甲进士三人和庶吉士以外，其余进士要经过朝考后，才能根据成绩授职。所谓“朝考”，就是指新科进士授职前在朝廷的考试，考试内容是以《四书》《五经》内容为题作文两篇。清代规定，除“三鼎甲”立时授官外，其余进士则要综合会试、殿试和朝考，成绩择优授官，所以综合成绩殿后者，有可能还当不了实职官。

品级 状元为正六品，榜眼、探花为从六品，其余进士为七品。

明清时官员级别还有服饰的区别，官服的前胸、后背用金线、彩线绣出图案，俗称补子，也叫背胸，作为官员级别的徽记。明代官服已有，到了清代，则更加明确。文官绣鸟：一品鹤，二品锦鸡，三品孔雀，四品雁，五品白鹇，六品鹭鸶，七品鸂鶒，八品鹌鹑，九品练雀。武官绣兽：一品麒麟，二品狮，三品豹，四品虎，五品熊，六品彪，七品彪（同六品），八品犀牛，九品海马。

科举时代的秀才、举人、进士彼此间常情常理中，同样注重级别，秀才以举人、进士为尊，自不必说，就是秀才中、举人中、进士中，彼此间都得十分注意级别。例如：同榜举人、同榜进士中，一要尊重名次、二要尊重年庚，即以名次在前或以年龄居长为尊，但年龄居长者名次倒反居后，也得注意尊重年轻而名次在前者。至于前科得中者自然尊于今科得中者。同科考中的举人、进士，彼此泛称叫“同年”，“同年”中再注意名次的先后和年龄的长幼。

贡院

是乡试或会试的场所。贡院里面，一个应试者所居住和考试用的一间号舍，总宽约 3 米，分为内、外两半。外间为应试处，仅一凳和一块宽板搭的写字台，应试者从头到脚都能在号舍前看得见。最前是半人高的木栅门，上锁。内半间仅一床铺，放被褥和简单行李用品，一角放一净桶。应试人只能携一竹编细巧的考篮，上面屉子里放笔墨砚台和小水壶，屉下篮里放纸张。应试者进入号舍，即行封栅。

号舍以 100 间为一横列，每列分 50 间、50 间两半，中间是南北直通大道，大道中有一座“明远楼”，专供考场巡绰监察人员登临瞭望检查所用。

贡院墙外遍铺荆棘，所以贡院又称“棘围”。遍铺荆棘，自然是为了安全和防止内外串通，就像古时行军打仗，安营扎寨后要安放鹿砦一样形成障碍。

清代的贡院现在人们还能了解不少情况。清代全国出名的贡院有顺天贡院、江南贡院（即应天贡院）、广东贡院。其中广东贡院在康熙年间有号舍 5 000 多间，到道光元年（公元 1800 年）有 7 600 间，同治年间（公元 1862～

1874年)时达11 000多间。江南贡院是苏皖两省应乡试处,号舍多达20 000余间。

现以顺天贡院为例对贡院一般结构作简单介绍。顺天贡院在北京东城当时的贡院大街,是清代会试、顺天府乡试的考场,有号舍10 000余间。号舍每列顺序用《千字文》的四言句的字编排,即天字号、地字号、玄字号、黄字号……循序排下去。正中大道南大门上方,悬有"贡院"巨匾,大门外有东西辕门、东西牌坊。进大门前要经过搜检处,应试者进大门要做身检,检查衣帽和携带之物。进大门后不远,迎面有"龙门坊",过了"龙门坊"就是考场区。从龙门坊直北的中间大道,依次有明远楼、聚奎堂、至公堂、会经堂等考官们巡绰、监察、议事、处分事务的场所。大道两旁同列的号舍山墙上,字号相同,即《千字文》句中字,东西院墙与号舍之间设有瞭望岗楼。

锁闱 考期临近,考官奉命入闱。考官入闱,宋朝初年就开始锁院制度。直至考毕,阅卷后定出等第,方可出院。以江南贡院为例,每科应试人员达20 000以上,每份墨卷都誊清为朱卷,然后轮流批阅定等第,可见其工程之浩繁。所以,江南贡院每次放榜,比其他贡院都要迟。

浮票 考生入场后,按《贡院座号便览》指点,寻找自己号舍,按号入座。领卷时,看卷面上贴的"浮票"上的字号,是否与座号相符,交卷时,揭下浮票,备日后查检。

考场作弊 科举考试中的作弊现象可总括为三类:一类是"夹带",表现是把相关内容用蝇头小楷抄在衣襟里面,有的字更小,一个字只3平方毫米大小。例如:某考生抄了353篇八股文,字数约20万,题目都出自《论语》。一类是"捉刀",是考前替人写好八股文。一类是"枪替",现在叫"枪手",代替别人入场考试。

考场作弊一经发现、破获,当事人都要被戴木枷在贡院大门外示众,而且永远丢失再试资格。

科举考试的程序、环节、措施的严密、严厉之程度,叫残酷。例如:乾隆辛卯(公元1771年)正科江南乡试,20 000多人应试,仅录145人[该科太平〈今黄山区〉人苏俊才、项舒朝、孙志修三人在榜,而且都在前八十名之内],130多人中取1人。又比如同治十二年癸酉(公元1873年)科,江南乡试20 000多人,只取了180名。无怪乎明清科举制度下会出现王冕、唐伯虎,也会出孔乙己了。

闱艺 参加乡试、会试考中的人，可以自行刻印、刊发他们在乡试、会试中所写的文章，这类文章称为“闱艺”。这种文章集子，先是自己的姓名、籍贯、履历，接着从始祖起，介绍本姓本世系中的尊属名人，再介绍自己受知受业的老师，最后才是自己选刊的文章。下面表是明清时贡院考官、场官之概况。

明清时贡院考官、场官一览表

试别	院　试	乡　试	会　试	殿　试
考官	本省学政	正　副 主 考 同　考	正　副 总 裁 同　考	读卷大臣
场官	提调 教官	监临 监　提 试　调 受弥誊对收 卷封录读掌 搜印督巡供 检卷牌绰给	知搜稽弹 贡查查压 举王大官 大臣 臣 监　提　巡 试　调　察 与乡试同，但增有“巡墙”（贡院墙巡察）	监　稽 试　查 大　大 臣　臣 监收弥收 试卷封掌 印稽巡填 卷查逻榜
科名	生增廪贡 员生生生	举　人	贡　士	进　士

三、科举制度之废除

由于时代的发展变动和自身存在的缺陷，实行了 1 300 多年的科举制度，至光绪三十一年（公元 1906 年）丙午科，正式停止。

科举制度废除后，清政府在其最后的五年中，仍然用科名奖励出国归来的留学生。留学生归国后，要通过相当于原先的会试——学部考试和廷试（即殿试），合格后，仍然授科名，如“法政科举人”“经济科进士”，同时发《学部执照》考试合格证，然后量才授官。学部，即后来的教育部。

直到 1911 年辛亥革命推翻了清政府后，科举制度才完全废除。

起名的忧虑与思考

胡升明

20 世纪 60 年代以后，给孩子起名又退到以前没有“排辈诗”之前的状况了。现在给小孩起名，赶潮流的多，起单名的极多，还有起外文名字的，按自己家族“排辈字”起名的越来越少了。长此以往，恐怕连自己的祖父、曾祖父是谁都不知道了，就更谈不上知道自己的祖宗是谁了。这是一种历史断裂现象，这样下去，一旦离开家族，到外地去发展，到时候想寻根了，又没有家谱，可就没有任何根据了，这可是特别可悲的事情啊！

本来，在族谱中，家族迁居（开基）始祖之下的代系排列，严格分明，不容混淆。这是族谱中最具史实价值的部分。家族实行名字排行制（古称“昭穆”），俗称“排辈分”。即在同一辈分的族人中名或字须用统一规定的单字起头，再与其他单字结合成名或字，以示区别。这样就能使一个家族正本清源，长幼有序，只要一看按辈分起的名字，就知道这位族人和自己是什么关系。

可是现在，不按排辈字起名，似乎已成一种潮流，可辈分又不得不记住，怎么办呢？关于“名字”与“辈分”的连接问题。我便想在续修家谱时规定一条：今后，给我们的后人起名，不管是赶时髦，起单名，起复名、起英文名都好，均叫“官名”。但为了对后人负责，希望同时要起一个谱名。

所谓谱名，是指每个家族都有自己独特的字辈，同一辈分的人取一个相同的字以示标志。这些作为辈分的字，依照字辈取的名字，就叫作“谱名”。修谱时，家族内普查对象如果是老谱上已载人员，照已有谱名填写，如果是老谱之后出生的人员，就不能急于填写，要待普查结束后，由续修家谱的主编统一填写。这样就不会发生重复的现象。若有人向主编提出他希望取一个什么样的谱名，只要不重名，不发生冲突，一般主编是可以满足他的这种要求的。对于出现谱名读音相同的情况，就要采用同音字替代，替代的原则是老谱已取的不改，改动修老谱时还未出生的，同样都是在修老谱之后自取同一名字的，改年轻的，不改年长的，以此类推。这则是起谱名的原则。

以前，一个人有名、字、号。我想把这个谱名就叫作“字”，也算随着时代的变革，给“字”一个新的含义吧。这个“字”，即用“谱名”在给孩子上户口时，就务必请户口部门记入“曾用名”一栏中备存。在修谱时再将这个人的“俗名”“谱名”一并报给修谱人，载入家谱。谱名在入谱时有修改的，也要及时申报户籍部门进行相应的更正。这样，“官名”方便今人，“谱名”方便后人，两厢得宜。说到底家谱更多就是为后人准备的，正如我们今天看前人也是查谱名的。因为官名不能明世系，所以不能由其归族，假如家谱中、祖墓上所有的留名都用谱名，对后人的寻根归族就会大大有利了！

像孔氏家族在明朝就立有《孔氏行辈告示》，其中写道：“立行辈所以分尊卑，定表字所以别长幼。迩来我族人满数万丁，居连数百里。岂唯目不能偏识，而且耳不能遍闻。若无行辈则昭穆易紊，无表字则称谓不伦。在前业经奉旨更定。今依所定吉字开列于后，凡我族人俱当遵照开行辈，取名训字。有不钦依世次随意妄呼者，不准入谱。”（这段文字的意思是：所以拟订排辈字，主要是为了区分辈分，在同辈中再取一个字，是为了分别同辈中的大小。现在我们的族人已有数万人，散居在方圆数百里之内。肯定没有人能将所有的人都认识，可能连耳朵也没有听到过所有的人名。如果没有排辈字，世次先后就会紊乱，一辈中的名字也会乱套。在前面我们已拟出辈分字，得到了圣上的钦准，现在从“吉”字起写在后面，凡是我们的族人，都要遵照执行，若有人不按皇上订的规定给孩子起名，而随意起名的，不准写入家谱。）

当然，这种按族谱排辈分的方法，在农村常可见到一种俗象：由于世系分支发展速度不一，一些年届七旬的老翁，还要向三岁稚童称“叔”或“伯”。俗谓“白头哥，坐地叔”（即对平辈的白头老翁仅呼“哥”，而尚在襁褓中的叔辈，即使上年纪老者也要唤其为“叔”）。这就是所谓“长幼有序”也。

"名""字""号"趣说

人必得有个"名"。孔子说:"名不正则言不顺。"苏轼也说:"世间唯名实不可欺。"他们所说的"名",既是凡事则均有名义,无名义就无法办事;人要有个名,有了名字,就有了相应的身份,有了相应的尊严,就不是个无名无分的人,所以我国很早就有了人的姓与名的说道。《姓氏追根求源》关于人的姓氏来源最早可追溯到黄帝或黄帝之前。例如现在全国姓氏中大姓之一的"张"姓,就是因黄帝的一个孙子叫"挥"的,因为发明了弓箭,黄帝嘉奖他"发明弓箭等于人长了长臂膀",所以叫他姓弓、长"张",叫"张挥",张挥就成了今天全国张姓的第一代祖宗。后来随着《易经》的使用,社会活动日益丰富,逐渐形成人的姓名越来越多彩的《姓名学》,《姓名学》是我国的国粹,伟大国学的一宗国宝。

本文仅从姓名博学中的"名""字""号",说一说我们通俗不过的"名字"。名字,其实是"名"和"字"两重意思,而"号"是部分文化人因志趣爱好而在名、字之后,配上一个称号,其韵味就像一首乐曲演奏过程中增添的"华彩段"似的,饶有情趣。男性多一些,知识女性中也有。只是现在我们越来越不看重自己名字的意义,只把它当作自己的代号罢了。

一、小名与乳名

人的名在人出生后就要有的,太平传统,这时的"名"通俗叫小名。一般在婴儿出世第七天叫"七朝"(也有第三天的,叫"三朝")"洗澡"后定名。所谓洗澡,是解去褴褓,由女亲们共同手托婴儿,撩澡盆里温热的艾水,给婴儿先洗口腔,再洗眼垢,后洗身子,挤去乳头里污垢,然后穿上胎衣胎裤,戴上虎头帽,穿上绣花胎鞋,由女亲中长辈抱出堂前,拜见家中长亲。这时,由婴儿的祖父或者父亲喊出个小名。但据我祖父留下的家族成员的《八字命单》看,无"小名"一说,叫"乳名"。"乳名"就是从小起定的沿用终生的名字,是入家谱的正式名字,因为以前男子出生,洗澡定名后,就要正式入录家谱的,可见乳名和小名不等同，意思是在哺乳期间就定的入谱而沿用终生的名字。而小名只是在十五岁以前的少年时期用的名字。

我们太平民间起小名，有几种习惯：有随出生时季节的，例如“冬至”“冬日”“冬生”“冬耇(狗)”“秋生”“春生”“春耇”等；有根据出世时的体重的，例如“六斤”“七斤”“八斤”“九斤”等；有寄托希望的，例如“来福”“加寿”“来喜”“来顺”“小财”等。但比较普遍的，“三朝”或“七朝”这一天就正式定下了，既是小名也是乳名，这终生的名字也就是官名、谱名，民间叫作“连根到”。所谓官名，就是社会公开用的名字，所谓谱名，就是登记上家谱的名字，是一个意思。

我国北方，常用“铁蛋”“铁柱”“拴住”“狗剩”(狗都不吃的)呼之，明显希望孩子健健康康长大。我们安徽淮北，常以“毛孩”“大毛”“二毛”“三拐”(老三脾气常拗)为男孩小名，女孩常以“丫头”“毛丫”“丫羔”(小女儿)为小名，但不论男孩女孩，都有个乳名即官名。

二、起名字

这个名字是指乳名，因为男孩要入谱登记的，习惯又叫谱名或官名。中国人起名字，从上古以来内容是不断丰富的。上古时候，人的姓、名一般都和出生地的山名、水名、地名、物名、事名、劳动名有关系，和日本人的姓名来由有些相像。比如轩辕黄帝的母亲叫有蟜氏，而“有蟜”本身是一个部落名。后来，姓名的内容逐渐丰富，但那时人的名字以单字形式较多，例如夏朝禹以后，是他的儿子“启”，其末代皇帝叫“桀”；殷商开国皇帝叫“汤”，末代的纣王叫“受”；周朝文王姓姬，单名叫“昌”，武王单名叫“发”，帮武王建立周朝的大元帅姓姜，单名叫“尚”。两汉时期，人们也是以单字为名的，如刘邦、项羽、曹操、刘备等。就是到了隋唐时期，人的名字虽各含意义，却难看出人物关系，比如历史有名的唐太宗兄弟四人，依次叫建成、世民、元吉、元霸，从名字上就看不出他们的兄弟关系。到了宋代，开始出现兄弟名字采用同偏旁部首的字，例如有名的文学家苏轼、苏辙兄弟二人，名字的作用越来越明显了。而到了明代，就更普遍了。但是还有个问题，往往在一个家族中五服之内又容易出现同偏旁部首的字作名字的现象，就难分出辈序。唐太宗时虽然修了《氏族志》，理清了全国所有的姓氏，但理清家族世系脉络的谱牒修订工作还没有十分成熟，所以往往超过三代后，名字难免会出现重字问题。

明代在人名关系上有两大突破：一、继承唐宋以来重视谱牒修订传统，努力考订本家族的世系传递脉络；二、开始考虑制订家族男丁成员世系程序定名的用字问题，就是理清了辈序问题，于是百花齐放地出现家族或局部自立或多地联宗的辈序诗。这样，同族的人名，就知道谁谁属于哪一辈，也能避免同辈中过多重名的现象了。

辈序诗原叫“世次昭穆”，“昭”在左，“穆”在右，用以分别族中长幼的。十年前黄山区各乡镇修地方志，有些乡镇在《谱牒辑录》条目中，记载了一些姓氏的辈序诗，这里举几例。新明牛婆汗陈姓是五言绝句20字：“一天裕明光，显达焕文章。良相尊朝右，恩荣万代昌。”意思是在大好时光下，努力读书，以求显达，到朝堂上做高官，家族就会永远昌盛的。但牛婆汗陈家已到了“恩”字辈了，需要修谱续订了，现在只剩下4个字了。三口竹园里陈家是四言诗32个字：“首益维良，宗本嗣光。绍其家学，元世克昌，承厥斯道，继以孔长，载冠万业，济美联芳。”意思是说，我陈姓本是善良根本，世代昌盛，我们应该抱守本宗，承继前辈道统和家学渊源，广职万业，帮助并联谊他人。陈姓源出于上古五帝中威望最重的舜帝，周武王建周后，追念舜帝，访得舜帝之三十二代孙妫满，妻以己女太姬，封妫满为陈国第一代国君陈侯，史称陈胡公，国都在今天的河南淮阳。淮阳现在建有陈胡公墓园。妫满的儿子中有以国名为姓的，于是有了中华陈姓，尊妫满为得姓始祖。新明牛婆汗陈家和三口竹园里陈家辈序诗不同，说明是同大系，不同小宗的，都是妫满的后裔，衍化史上有了分支，但辈序诗可明显读出他们牢记舜帝和得姓始祖妫满的祖德的。说明辈序诗都是有寓意的。

中华胡姓与陈姓同源同宗。妫满长寿，逝世后谥号为“胡公”，故又称胡公满，“胡”有长寿意，故妫满的儿子中有以其谥号为姓的，因此有了中华胡姓，同尊妫满为得姓始祖。中华胡氏分支也很多。太平胡姓隋末唐初时源自西安，到了元末，太平胡姓出了一个《易经》大师，所以明末清初（康熙）修谱议辈序诗时，就从《易经》六十四卦名中按五言绝句形式，排出了20个字，是“咸观渐有豫，同履益丰昇，家恒师萃大，鼎济晋乾中”。1930年修谱时，续了10个字，是“谦巽人随泰，明孚兑覆临”，共30字，太平胡姓现在发展快的，到了“师”“萃”辈了。

有了辈序诗，起名就方便了，就是把辈序字后配上一个字。这续配的字有两个讲究，一是寄托了长辈对孩子的希望的；一是出世后排生辰八字时，“五行”中缺什么补什么就配个什么字。例如，我名为“炘”，是因为五行缺火，“炘”是火光、热气炽盛的意思。

按太平传统风俗，15岁以前是孩提时期，长辈喊他们只喊小名，或者只喊乳名的后一个字，并跟上尾音“儿”，太平话音ng，舌尖抵上门齿发“嗯”音，如“春儿”“欢儿”，只有入学后，老师才喊全乳名。

起名也有根据排行的，例如《水浒》上阮氏三兄弟。其实早在商周时期就有了排行用字了，那时惯用“泰”“仲”“叔”；“伯”“仲”；“伯”“仲”“叔”“季”；“孟”“仲”“季”“殿”表示从大到小的顺序。例如“不分伯仲”，就是分不出高低，“伯仲之间”就是兄弟之间。体育比赛中的季军、殿军，也是从这儿来的。一个季度的三个月顺序孟、仲、季，人们称长辈“伯伯”“叔叔”，也是从这里来的。

举个例子。周朝周文王姬昌有两个哥哥，叫泰伯、仲雍，老大、老二知道祖父喜欢弟弟姬昌，将来王位要禅让给他，于是他二人跑到了江南，带去了中原地区先进的农耕技术，和江南土著人共同开发，江南生产发达起来，逐渐形成了“吴”，人们就把泰伯、仲雍共同尊为“吴”的首领和吴姓始祖。周武王伐纣立周后，访到两位伯父下落，派使者接他们回去，可他们不愿回去了。这是江南吴地、吴姓的来历。

那么人的这个名，有什么作用呢？用苏轼的话说，就是一个人的名，反映了一个人的道德、修养、学养、人生态度等等“实”。一个人的名是很庄严的，他代表了一个人的品行、操守、信誉，品行、操守、信誉好，有什么事“我某某某担保”，他的名字就是黄金，别人放心；否则，别人就摇头，甚至嗤之以鼻。过去立什么文书、契约，十分讲究签字、画押，就是信用。签字必须正楷，不得潦草，并在名字下方用草书方法写上表示自己信誉的某个字或符号，叫“花押”，是十分神圣的，后来发展成签字、盖章或按手印。现在出现了名字连草的符号代表签字，特别是什么商品上市广告请某形象代言人，那个“花草”是请专人设计的，不是本人笔迹，是不能表示什么信誉的。过去签字，一定是先正楷后花押。

可见，人的名只在严肃的场合使用：①供长辈呼唤用，只唤名的末一个字；②供人录家谱用；③供政府登记存档用；④供师长称用；⑤供参加考试、参加社会活动签名用；⑥供一切能表示个人信誉的场合用。家中同辈，只喊称谓，社会宾朋要么以其名的末字加上“兄”“弟”称谓唤之，要么称他的“字”，是不能直唤其名的，直呼其名是极不礼貌的。

女性之名，有同男性一样按辈起名的，但一般多与金、玉、宝、琴、芳、香、茹、媛、花、枝、兰、蕙、云、霞、美、丽、红、素等事物有关，以体现女性纤娇、柔美、贤淑的特征。也有以“×娣”为名的，如“来娣”“富娣”等，寄寓父母多添弟弟的心愿。我主张，女性之名应与她的兄弟同辈序起名，但辈序之后的配字以优雅字眼为好。

三、“字”与“名”

按传统，男子满15周岁，成为青年，在他15岁生日当天，举行“弱冠”礼，把头发梳拢到头顶，盘成髻，戴上发罩，横插上簪子，表示进入青年，可以参加社会活动了。而在弱冠之前，头发是披散的，就像电视剧《红楼梦》中贾宝玉那样，是儿童，叫“垂发”或“垂髫”。而行弱冠礼后，长辈根据他的乳名，配上一个“字”，名、字就齐全了，“弱冠”礼正式完成。到了20岁，表示正式进入成年，要行“及冠”礼，除去发罩，戴上可以进行社会活动的用丝带编织成的帽子，叫“纶巾”，也叫“诸葛巾”，就像戏曲舞台上诸葛亮的帽子，帽后有两条飘带。过去读了书的男子进入社会参加活动，是不能不戴帽子的，公开场合不戴帽子是平民。到了清朝，紫、青色缎子面，玛瑙顶的瓜皮帽，取代了纶巾。而到了民国，“弱冠礼”“及冠礼”“瓜皮帽”都被抛掉。一般人家名配字，实际情况也淡化了。但官员家庭、读书人家还是重视名配字的，重视名与字不同场合的使用区别。反映国民党人生活内容的电视剧，剧中人称人都是只称其“字”而不直呼其名的。例如，称李宗仁，不呼其名“宗仁”，只称其字“德邻”；称张治中，不呼其名“治中”，只称其字“文白”。有些需要配字的人，在入学读书时，请老师代办，而没有仪式了。可见传统文化中人们是重视名与字的使用关系的。

太平民间传统习惯，无论男女，15岁之前，大人们都喊他的小名，过了15岁，就不喊他小名了，因为称他小名像喊小孩似的。但在家族日常生活中仍常有小名大名并存并用现象。例如家族中晚辈称叔伯长辈，或以辈序加称谓，如大公公、三叔叔，或以其小名或以其乳名的末字加称谓，如春叔叔、桂公公，听来同样正常而亲切。

女孩子满 15 岁，进入青春时期，近代以前要行“及笄”礼，即把原先松散的头发按青年女子一般垂髫发型绾成云环大发髻，插入簪子，使之固定。同时由父母起个闺名，不再喊她小名了。但在太平传统中，女孩在过“三朝”或“七朝”时，小名闺名同时命定或者只定下一个闺名沿用终生，也叫“连根到”。

以前，因为女孩过了 15 岁，可以出嫁，所以“及笄”礼中有个“开脸”程序，太平叫“开面”，俗名叫“蜡面”，到了近代“及笄”礼也废弃了，20 世纪 50 年代前后，民间妇女还保持蜡面的风俗。“蜡”是涂上蜡去污垢毛发，这里是引申借用。被蜡面人坐矮凳，仰面闭眼，蜡面人对面坐高凳，两手绷开双股白棉线，牙齿咬一头，协调配合，双股白线产生绞劲，挨着绞去脸上的汗毛。女孩蜡过面，显得水嫩，容光焕发，白里泛红。但女孩蜡面，一般都在正式出嫁前三天。其实，以前民间中青年妇女蜡面是常事，一蜡过面，就显得容颜楚楚的，这是以前妇女的一种美容方法。

现在说到“字”与“名”的关系。按传统，人若配“字”，要到满 15 岁时。上面说了人的名字使用范围大有讲究，那么 15 岁后开始和社会有交际，而名字又不能让人乱用，懂礼数的人是不直呼他人之名的，怎么办呢？那就配“字”，所以“字”是供社会朋辈称呼使用的。

配“字”必须根据“名”的意义来，不是随意的。“字”对于“名”的意义有两个：①在大多数情况下，“字”对“名”起补充、完美的作用；②当“名”的意思过强、过大、过显时，“字”则起到中和、平衡的作用。很有趣的。

先看“字”对“名”的意义起补充、完美作用的例子。

孔子，名丘，字仲尼。什么意思呢？孔子出生于山东曲阜的丘尼山，他的名与字，都是山名，又排行老二，所以叫“仲尼”，排行老二为仲，名与字极为普通。孟子，名轲，“轲”是车，配字子舆，子是虚字，“舆”是指车厢，也极为普通。苏轼，字子瞻，“轼”，是以前车子前头的扶手横木，扶着扶手向前看，所以配字为“瞻”，“子”是虚字。小苏苏辙，字子由，“辙”是车轮压出的迹印，车子顺着车轮印子走叫“由”，所以他的字叫“子由”，子是虚字。兄弟二人的名与字，都很普通。

再看现当代的例子。蒋介石，字中正，“介”是道德操守，他的名是希望道德操守磐石般坚固，所以他的字“中正”，意思也就很明白的了。原国民党名人李宗仁，名“宗仁”，是本宗皆仁人之意，或为“以仁为宗”，配字“德邻”，邻舍都是有德之人，显得胸襟宽大，秉性敦厚。

我们黄山的世界文坛奇人苏雪林，名梅，“雪林”是字，梅花开如一片雪林，花繁似锦，色彩鲜明，可见这位大作家大学者的心态，她的著作60部，总字数2 000多万的功绩也彰显了她名字的意义。再举个巴金《激流三部曲》之《家》中的主人公“觉新”其名，作者巴金赋予“因觉悟而新生”意，配字“明轩”，明轩是贤达、飞举之意，和“觉新”的意义，相得益彰。

我也给自己配了个字，叫“焕然”又“焕之”，是希望“炘”之名的火光、热气炽盛状态长期保持下去的意思。

现在再看“字”对“名”起中和、平衡作用的例子。

东晋大诗人陶渊明，名“潜”。潜，有“没入水中活动”“秘密地、悄悄地”“深、深处”等义项，所以他配有两个“字”，一叫渊明，水深处明亮；二叫元亮，“元”作根本、原本讲，原本就亮。

唐宋八大家之首、唐代散文家韩愈，名“愈”，有超越、胜过的意思，所以配字叫“退之”，希望保持平和，不要激越。南宋词人有叫刘过的，“过”有过错一义，所以配字“改之”，面貌焕然一新。当代大画家齐白石，名“璜”，璜是半圆形玉，“白石”是字，把“玉”降级为“白石”，不希望自己名望过高，只希望是普普通通的一块石头。著名辛亥革命烈士秋瑾女士，名“瑾”，瑾是美玉的一种，瑾又表示美德；配字“璇卿”，璇，是次于玉的美石，也是不希望自己名字多么高贵，与齐白石的“字”，有异曲同工之妙。“卿”是爱称、昵称。

如果有兴趣，研究一下从古至今的姓名包括配字，就会发现我们传统中人名，都有一个共同特点，就是不过激，都遵循老子《道德经》中的“不为天下先”，遵循《中庸》中的不偏不倚等精神，从而求得人生的平庸之福。但现在的人名除了文化层次低的人群外，有两类少数现象是不应提倡的：一是爱起些稀奇古怪的名字，所谓新潮，不知道名字对自己的意义，只把它当作自己的编号；一是爱起些大口气的名字，显现着干大事的派头。其实传统起名，绝对讲求平稳、朴实，有的名因为某种需要，显得大了、重了、贵了，还要配个“字”给平抑一下，上面已有举例。起名真的不可过大过重，实不符名的例子有不少,有的损失是看不见的。

四、"号"与"别号"

"名"与"字"是长辈给起的,而"号"则是自称,是自己根据自己的生活环境、社会阅历、志趣、爱好、理想、抱负等情况,起个自己喜欢的自称,以丰富自己的乐趣,也有对自己的名、字的意义起补充作用的。"字"是要向社会公开的,以便自己处身社会,朋辈们方便称呼,而"号"无所谓公开,都是"自号",朋辈也可以用来和"字"同样称呼自己。

自己立"号"的文化传统,在三国之前还未见例子,晋代才开始兴起的。

比较早的是陶渊明。他弃官归农后,因为住所前有五棵柳树,就自号"五柳先生",并用这个号给自己写了一个赋体自传,叫《五柳先生传》。唐代大诗人杜甫,其名甫,"甫"是对男子的尊称,又是对男子的名讳的尊称,所以杜甫字"子美"。因为他在长安时,住在长安南边汉宣帝的许皇后的陵墓"少陵"的西边,就自己号称为"少陵野老",因此时人就称他叫"杜少陵"。唐代著名诗人杜荀鹤,生于石台贡溪,前期生活以九华山为原点,自号"九华山人"。他在太平生活很长时间,和浙江诗人罗隐过从甚密,乌石与太平湖镇交界处水下,原有一个牧鸭湖,就是他不得志前养鸭谋生的地方。

明代文学家、大书画家徐渭,名"渭",源于姜子牙垂钓渭水,周文王访贤,请他为国相军师,徐渭以渭水之名为名,配字"文长"。但他厌弃官场,热爱自然,姜子牙又是道家人物,因此自号"天池山人""青藤道士",道士崇尚自然,又自署作画署名叫"田水月",这些都是徐渭的自号。非常崇尚徐渭的当代大画家齐白石,擅治印,印又多,其印有汉印之风,粗犷而古朴,于是他自号"三百石翁","三"表示很多,石可读 shí,也可读 dàn,"石"是旧制重量单位,一石 150 市斤,两种读法都对,都合他实情意趣。他崇拜徐渭五体投地,自治一方书画闲印,印文是"青藤门下一走狗",也是他的自号,可见大画家之风骨。

宋代大文豪苏轼,他号"东坡",这个号的来历十分有意义,我们今人都大有借鉴的价值。他和"唐宋八大家"之一、年龄和官职都高于他的宰相王安石关系不错。王安石也很看重他,所以他到王安石家可以直进直出。一次,去拜访王安石,王安石不在,他径直去到王安石书房,坐在王的座位上,正好一眼就看到王安石刚写下的两句诗，没有诗题：

西风昨夜过园林，吹落黄花满地金。

苏轼青壮年时颇有傲气，但不是狂傲，而是在交流中，在学识上显得高人一筹。今天看到王安石的这两句诗，不由从心里暗笑起来，菊花哪像这样落瓣的？顺手拿笔就在后面续上两句：

秋花不比春花落，说与诗人仔细吟。

写罢，也不署名，也不打招呼，径自走了。

王安石回到书房，一看，微微一笑；一问家人，果不其然是苏轼。历史上说王宰相叫"拗相公"，就是办事有股韧劲、拗劲。过了不久，他通过皇帝圣旨，把苏轼调到黄州(湖北黄冈)当节度副使，相当于副知府。苏轼知道闯了祸，可又不以为然。到黄州后，住房在府衙东坡。去的时候是春天，等挨到秋天菊花开时，他大吃一惊，恍然大悟，别的地方菊花不轻易落瓣，而黄州的菊花果真落瓣，自己乱批王安石的诗，才知道实在是错了。知识是无穷尽的，人说王安石饱学，能说出任何一个问题的出处在哪本书上，这次来黄州的经历，着实教训了自己恃才傲物的陋性，于是便以住地"东坡"之名为号，牢牢记着这件事，永以为戒。苏轼后来信佛了，有个和尚朋友，叫作佛印，故人又称他叫"东坡居士"，居士就是信佛而不出家的人。他的这种因遭小贬而得福而悟道的豁达心情，读读他的《前赤壁赋》，便可知晓何等豁达。

像苏轼这样有学问而信佛却又不出家的人称居士的，在唐宋时期有史载的有几个。诗中有画的王维，字摩诘，他的名和字就是一部佛经《维摩诘经》的名字。李白是有名的"青莲居士"。白居易晚年居住洛阳东香山，自号"香山居士"。欧阳修在安徽滁州当官，写了著名散文《醉翁亭记》，自号"醉翁"，又自号"六一居士"。南宋著名的女词人李清照，后半生颠沛流离，而信佛，自号"易安居士"。

像秋瑾有豪侠之气的女子，着实少见，她自号"鉴湖女侠"，鉴湖是绍兴城内西区的一个风景区，她矢志为革命贡献自己，看看她的豪壮之气吧："一腔热血勤珍重，洒去犹能化碧涛！"起义之事不幸泄漏而被捕，在绍兴市中心轩亭口就义时，惨遭斩首酷刑，烈士不皱眉、不呻吟，英勇不屈，怒目面对监刑的绍兴首官满族人福贵，福贵面对被自己下令惨刑处死、而烈士却如此凛然就义的场面，他自己的内心早已崩塌万状，不能理事。而此时，绍兴民众得知秋瑾一个女子遭此毒刑，议论纷纷，詈骂不绝，很快掀起抗议怒涛，福贵更是无所适从，辞官回到吉林老家，不久抑郁而死。

自号也有像配字一样，起补充或平抑“名”的意义的。例如南宋大诗人陆游，既然名“游”，所以配字“务观”，就要求一定要看到万事万物；他自号“放翁”，“放翁”之“放”，其意岂不像“放飞”？就是进一步充实、扩大“游”的意思。“翁”是男子自重、自如之意，并非老态。又例如《三国演义》作者罗贯中，“贯中”是字，名“本”，意是为人要固守根本，一种严正姿态，而他自号“湖海散人”，是一派闲云野鹤的风范，虽如闲云野鹤，却又不失固守根本的本意。

自号还有一种以居所名表示的，例如以“××居”“××斋”“××园”“××庐”“××山房”“××草堂”自称自己的居所、书房的，这一类型的唐宋时已有。唐代杜甫避“安史之乱”，到成都浣花溪边结草为庐，后人为了纪念他，在他草屋原址修了纪念堂，才有了“杜甫草堂”的雅号。刘禹锡的《陋室铭》中有“南阳诸葛庐，西蜀子云亭”句，其实都是文人自爱的生活居所，给居所起了名号，都成了自己的号。到了清朝、民国时期，这种居所名号较为盛行。我少时见过我太平本地以前人的藏书或诗草手本，封面上的署名都是“××居主人”“××斋×××”或“××山房×××”。我祖父是清末秀才，我家原住屋就是我祖父盖的，屋旁山名叫“井门尖”，我祖父就把住屋叫“井门山房”，山房就是书房名。我手边有一套《草书大字典》，其主要依据的蓝本就是清后期“扫叶山房”编的，编者佚名。过去文化人、做学问的人，往往不喜身居闹市，而愿带有隐居性质，所以住所多与山结缘。可有一种说法，说隐居者都是有钱人，不然无法隐居。这是不懂以前文化人心态和生活的说法。

关于斋名，最著名的是“脂砚斋”，主人姓名不详，和《红楼梦》作者曹雪芹是至交。曹雪芹在创作中，脂砚斋就介入了评注过程，并手抄传阅，形成《脂砚斋重评石头记》的首家评注的《石头记》，《石头记》就是《红楼梦》的初名。曹雪芹和脂砚斋主人都是乾隆时人，书中评注有“壬午除夕，书未成，芹为泪尽而逝”语，“壬午”是乾隆二十七年，公元 1762 年，曹雪芹是该年除夕去世的，他是流着泪写《红楼梦》的。脂砚斋为《红楼梦》的问世传播和阅读做出了巨大贡献，也为曹雪芹写作《红楼梦》保留下了许多珍贵史料。

我也给自己寻开心，为自己居处配了几个号。一个是把自己的“胡”姓形象为“持锤叩月”，为书斋命名为“叩月斋”，自称“叩月斋主人”。另一个号是把名字谐音为“抚风轩”作为书斋的又一名，自称“抚风轩主人”。因为这两个号涉及风月，自己也喜欢涂几个字，所以又称自己居室为“风月墨人居”，闲来无事，回味几个号，自觉兴味隽永。我这个“风月”除了从姓名中衍化出书斋名外，还有读苏轼《前赤壁赋》的感悟，而非他意。苏子说：“天地之间，物各有主；苟非吾之所有，虽一毫而莫取。惟江上之清风，与山间之明月，耳得之而为声，目遇之而成色，取之无禁，用之不竭，是造物者之无尽藏也，而吾与子之所共适。”我好像听到了苏子在跟我说话：“吾与子共适。”于是叩月以为钟，抚风以为琴，悠悠然如闻黄钟，恬恬然如得焦尾，醺醺欲醉，不亦乐乎？

她正亭亭走来

——喜读肖冰的散文《中秋明月浴北海》

俄国伟大的文艺评论家、美学家车尔尼雪夫斯基曾经说过："任何事物，凡是我们在那里面看得见依照我们的理想应当如此的生活，那就是美的；任何东西，凡是显示出生活或者使我们想起生活的，那就是美的。"他又说："美就是生活。"爱美之心，人皆有之。人们需要从美之神那里，从生活中，获得爱，获得力量，获得飞向理想的翅膀和风帆。一切催人向前的文艺作品，就是人们获得这种力量的汲管和桥梁。《太平文艺》一九八三年第四期肖冰同志的散文《中秋明月浴北海》(以下简称《中秋》)，作为这种汲管和桥梁，我们认为，作者是花了心血，进行了必要的雕琢和架设的。

这篇千余字的散文，以流畅、淡雅的笔墨，写了"我"因公出差，时届中秋，寄宿北海，思念亲人的萦萦思绪，紧接着用了三组小镜头，现实、闪回，参差交叠，一层层揭开了黄山北海群峰"缥缈的面纱"，于是一位"月姑娘"，一位聪颖、乐观、热情、开朗、甜润、豪爽的，万千黄山参拜者的知心人，活脱脱地"妩媚而轻盈地婷婷走来"了。你看，当"我"的"打油诗"凑接不上的时候，她随口续对了；当"我"因初到北海人地生疏，没买到火柴，烟瘾难耐的时候，她"叭"的一声甩来一匣火柴；而"我"思亲情切，痴立月下的时候，她及时给"我"送来了衣服……她就是这样的才思敏捷，可爱中带着调皮，热情与甜润，豪爽与温柔相济一体。不！她仅仅就是这样地令人怜爱吗？作者反复让她说着这样的话："我看得出来。""我是服务员，旅客想什么，我看得出来。""我的工作对象就是旅客。"她就是一个"如此敏感的服务员。"但是，又难道仅仅是敏感吗？那么，请看她简单的工作历程吧！从"去年"招工上山，到今年中秋还没回过一次家。她就是这样全心全意地扑在她的岗位上的。而唯有这种全心全意，她才能把旅客当作亲人，才能以一颗少女的细腻心，潜心研究旅客心理，注意旅客的一举一动，一颦一笑，及时地把温暖和火热的心，掬捧到旅客的面前。一个高中毕业生，出色地做好了高山服务工作，很短的劳动时间，获得了可喜的劳动成果，却又毫不炫耀，而又那么磊落自然，何其难能可贵！从她的身上，我们看到了社会文明的彩霞，看到了“依照我们理想应当如此的生活”，看到了我们的生活之蜜而升华起的彩虹。然而，她又是一个有血有肉有感情的少女，她也有情绪，做了好几次想家的梦，而且“急得哭了”，而她却只是一个长途电话，“一切平安”就放心了。

文中的“小黄”，无疑是“黄山儿女”“炎黄子孙”的代称，应当说，她们不止一个，而是一群。她们犹如黄山松的松子，“人字瀑”“九龙瀑”飞溅的浪花，黄山群峰每一座耸起的峰尖。这是一个美的形象，是当代已经走向生活和正在走向生活的向上的一代青年；这是作者对美的呼唤，赞美党的好传统犹如《春江花月夜》般的一首琵琶独奏曲。这个形象已经“妩媚而轻盈地婷婷走来”，使那些不安心本职工作的人，那些接待顾客是一副冷面孔、白眼珠的人，那些对待同志好打官腔、对待工作扯皮敷衍的人，那些专意研究吃穿、庸庸碌碌的人黯然失色，甚至无地自容。

作者是一位女青年。她以女性温柔娴恬的性格，多情细腻的心理，捕捉每个稍纵即逝的小细节，用热情而恬淡的墨烟法，布置了一个皎洁、素净、高雅的环境，然后又泼墨、工笔互相交错，逐步勾勒出我们新时代的一个丽人形象，透过她的肌体，让我们看到了颗透亮的心。同时，伴以如同在黄山薄雾看中秋明月、观瀑楼上听淙淙水声的语言，读来温馨流畅、明快悦耳。

我们把肖冰同志一九八二年第二期《太平文艺》发表的《春芽》和《中秋》放在一起阅读了一遍，发现肖冰同志两年来，无论是观察生活还是体验人物，语言的组合还是主题的开掘，都有了令人兴奋的长进。如果说《春芽》是一粒刚爆出鹅绿的嫩芽的话，那么《中秋》则已见抽出新绿了，是一株亭亭挺出绿波的新莲了……我们为肖冰同志的长进而拊掌，而欣慰。

这里也想和肖冰同志讨论一下“佳节思亲”的一段描写。如果这样写幻觉，娇妻搂着爱子，给他指着明月，娓娓蜜语：爸爸就在那月亮的正下面哪！爱子对月拍着小手，而打油诗也由此稍加改动，是不是更含蓄些，更委婉动人些？请肖冰同志和同志们指正。

再说一遍，作者是年刚二十的女同志，第二次发表作品，出脱已见不俗。

读了她的作品，感到温馨之风，阵阵扑面。我们坚信，她只要继续努力下去，就会在收获的道路上“妩媚而轻盈地亭亭走来”。

原载《太平湖文艺》1984 年 5 月第 1 期(总 42 期)

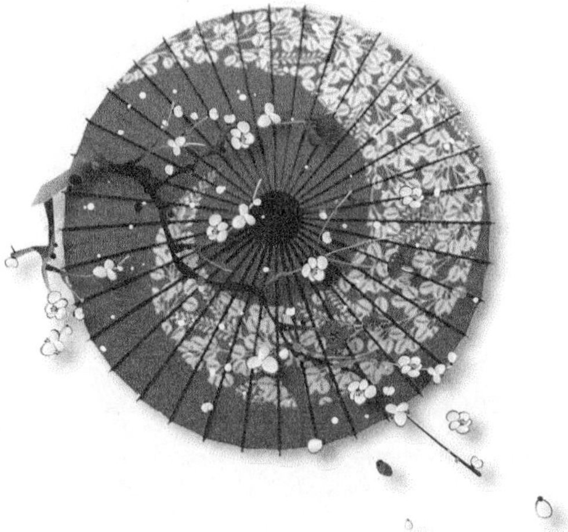

江南翡翠皆华彩　湖山秋色胜春时

景观篇

绿色华彩段

——黄山、太平湖即兴

国画大师刘海粟在近百岁的高龄，完成了他十上黄山的宏志大愿。有人说这是艺术家的痴心，有人说这是艺术家的情趣。但可以肯定地说，他绝不仅仅为了一个圆满的数字。他一定对黄山至少有了十次不同的印象，十次不同的感受；产生了十次不同的境界，获得了十次不同的收成，不！他肯定对黄山有了比十次更多的不同的印象，比十次更多的不同的感受，产生了比十次更多的不同的境界，获得了比十次更多的不同的成果。如果大画家把这些统统用文字写出来，把这些统统用彩墨画出来，黄山形象一定焕发出更加绚烂的光彩。

是的，黄山是一部全世界独一无二、博大精深的百科大全。她是动物学巨著，是植物学巨著，是气象学巨著，是地质学巨著，是文学巨著，是中国画画库，她还是古今中外音乐名著之集大成者。

黄山具有巨大的迷人魅力，其魅力的潜能就包含着无与伦比的音乐的鼓舞力与感召力。

当你走进黄山的音乐演奏大厅，你将会有什么感受？你的心速将会出现怎样的频率？你全身的血液奔流将会产生什么变速？你的整体思维和身心将会进入什么状态？你将会沉迷，你将会陶醉，你将会充满力量，你将会进入一个瑰丽的世界，你将会飘飘欲仙，你将会忘掉一切，包括你自己的存在。你只觉得你便是宇宙，在你的脑际，在你的胸腔，在你躯体的任何部位，在你的周围，近处，远处，只有动人心旌的旋律，迷人的乐音氛围，音乐所焕发出来的瑰丽变幻的色彩，乐音共鸣所发生的令人十分愉快的细微震颤……

黄山确实是一座集音乐精华的宝库，任你是一个怎样博识的世界级音乐大师，哪怕是师旷、贝多芬再世，聂耳、柴可夫斯基重生，都无法记录下这个宝库中所有的音符和旋律。你只有一个不尽达意的感觉：浑厚。你只有一个不尽达意的词:伟大。就像欣赏一支气势磅礴的交响乐时候,你无法用语言描述出交响乐的丰富内涵、丰满形象一样,你需要从华彩段去领略感受黄山博大的音乐形象的魅力,从她无数的“华彩段”中,你会痛快淋漓地欣赏到精微之处。

当你一步一步,一蹬一蹬,稳稳踩着那用黄山花岗石砌成的石级步步登高而感到空气不够呼吸、膝头酸不可耐的时候,挑山工小腿那块块挺起的肌腱,就像重锤敲击那阶石的脚步声,伴着那“哼唷哼唷”的轻声号子,登、登、登,越过你而上前的时候,你听到了什么声音——,那不是我国杰出的民族器乐作曲家、革新家刘天华创作的《光明行》的序曲?你听,咚咚咚,嚓嚓嚓,仿佛是队伍前进的整齐脚步声;咚咚咚,嚓嚓嚓,那是军鼓有节奏地伴着整齐的步伐在敲击着,充满着激情,充满着斗志,充满着乐观主义,催促着你不要松懈,继续前进。你立即感到脚下注进了力量,胸口不闷了,气也不短了,膝头也不酸了,腿腱也不痛了,对不对?是的,那黄山峰上起伏如波浪的褶皱,不就是五线谱?那一级一级向前延伸的石级,不就是琴键?啊,我们每个登山者,都是黄山交响乐的演奏家。

天都峰顶,看峰峦汹涌,有如万马向你奔腾而来;玉屏楼前,看万山拱服,有如向你顶礼膜拜;始信峰巅,看群峰剑立,有如千军万马在静候你的将令,你有什么感觉?霍霍松涛,分明激荡起了《英雄交响曲》,吹奏了《得胜令》,轰鸣起了《长征组歌》《黄河大合唱》,那么豪情奔涌,那么雄壮威武,那么撼天掀地,你会有一种你就是这个庞大乐队的音乐指挥的自豪感,有运筹于帷幄之中、决胜于千里之外的将军般的气势与壮志。你会不由得要引吭高歌,仰天长啸:

嗷——嚯!嗷——嚯!

而当云雾缥缈,你在腾云御风而行,感到步履轻盈、大袖飘风的时候,可曾听到《霓裳》了吗?仿佛那峻峰顶端,松壑深处,编钟与云锣齐击,瑶琴与古筝共鸣,圆润,清脆,跌宕,悠扬;那云雾中似有“飞天”在轻扬彩练,漫舒素袖,蹁跹起舞。你也合着那令人欲醉的旋律,以彩云为衣,霓霞为裳,飘飘然飞翔于天,感到无限宽松,毫无忧虑,“飞天”是我,我即“飞天”了。

是的,黄山!她就是这样使人陶醉,这样使人心灵净化,心情不觉间得到了升华,飘飘欲仙。山再美,没有水,总觉得缺点什么,就像一支乐谱音符没有装饰音、一支辉煌的乐章缺乏华彩段一样感到遗憾。不，黄山不是这样！

请到中国人民解放军总参疗养院“翡翠宾馆”后面的情人谷去看看吧。那里面山谷蜿蜒，水潭连珠，一个潭有一个特别的样子，一个潭有一个美丽的名字，一个潭有一个动人的故事，踏上那用铁链拉起的“情人桥”，便步步渐入佳境。看桥下那清得一点杂质也没有的流水，望谷中绿树葱茏掩映，阳光透射，云蒸霞蔚的气象，开发者真是构思绝妙，让你脚下一步一悠，一走一荡，悠悠荡荡，胸中便涌起一种感觉，一种冲动。怎么形容这种感觉这种冲动呢？那就像在烛光晚会上欣赏法国著名作曲家、钢琴演奏家肖邦的《降E大调夜曲》。钢琴演奏家轻柔的指法，装饰变奏，那优美的旋律便发出珠玉般清脆悦耳的乐音，如同妙龄少女着华装，披轻纱，那么楚楚动人。那诗一般的声音，如同恋人充满柔情蜜意，窃窃细语，互诉相思，使人忘掉周围一切，完全沉浸那无尽的梦幻中了去。啊，踏上情人桥的冲动，就是《降E大调夜曲》那诗意般的冲动。

黄山之水的又一名胜“翡翠池”闻名久矣。登上黄山北麓芙蓉岭，而后逐级而下，在那古木参天，绝巘摩云的幽深峡谷里，去往松谷庵的古道旁，便看到她那娇好的面孔。潭深三米以上，潭面像一枚硕大的寿桃，水深而清澈见底，绿如翡翠。不知先辈何人或许因此感而发，在上端流水入潭处的巨石上，凿了一个大“佛”字。山高林密，木荣水碧，清清幽幽的氛围，目睹这个大“佛”字，越发觉得清心寡欲，幽静极了。

然而听那水流入注深潭的“叮咚”声，看那潭水借助阳光在潭底乳色细沙上漾起聚光效果一般的五光十色的云纹，有声有色，静到极致的声音，却使人进入到响声贯耳、变化莫测的奇幻境界，简直产生了静听美国大作曲家柯罗非《大峡谷》这一交响组曲的美妙效果。不信你去静听一回如何，鼓声的滚奏，短笛的华彩段，单簧管的神妙旋律，小提琴的欢快节奏，使这里充满了空谷平静而又惊心动魄的生机。

去过吊桥庵吗？如果去过，那么你就一定到过双龙潭。双龙潭因两条山谷之水交汇潭口而得名。坐在潭边岩石上，高山环立，浓荫深深，煞是静谧。试将一粒小石子，投入潭中，静听那清脆而又柔和一声“咚”，咦，除了这一声“咚”，周围真是万籁俱寂，抬眼朝两条“龙”的来处望去，不知其源远有几许,深谷迷濛,真个是“只在此山中,云深不知处”呢!古人在文学创作上总结了一条喧闹反衬静寂的手法,叫做“鸟鸣林更幽。”实际效果确是这样,然而,我却由此得到一种相反的意境:谷幽百鸟喧。静坐潭边,心里想着“龙”,却听到两“龙”来处的深谷里,恰是百鸟喧鸣。听过民乐合奏《百鸟朝凤》了么?对,纯有这种乐感!那清脆悦耳的鸟鸣声,在那云山幽谷里,隐隐约约,时高时低,时“合唱”时独鸣,好听极了。且慢,再听,谁在演奏刘天华的二胡独奏曲《空山鸟语》?对,是的,是刘天华的《空山鸟语》。那质地上乘的琴筒产生的共鸣,真正是“空谷传声”,空旷而回荡。琴音模拟的鸟语,如空谷中高树上歌喉嘹亮的黄鹂在对空放歌。面向空谷,静听那奇幻乐音,真是美极了。

我何曾有“其境过清,不可久居”的感慨?此时此地,真的,我倒真产生了静坐听名曲,痴迷不知返的流连感。

黄山之水有静如处子的姣好,黄山之水同样有畅达明快之情趣。好吧,让我们去享受一下黄山之水灵动的情趣吧。

要享受黄山之水灵动的情趣,黄山浦溪河之精华段——彩虹漂流就千万不要错过。

山道弯弯,水道弯弯。登上竹筏,顺流而下,与水抢道,与鱼竞游。阳光下布,圆圆的鹅卵石上,印上一个又一个稍留又幻的光圈。水与竹筏相戏,唧唧咕咕,嘻嘻哈哈,撒下一路笑声。两岸茂林修竹,悬崖峭壁,一齐着力,把你向前推去。农舍,茶园,绿茵般的草地,浑圆光滑的鹅卵石覆盖的河滩,像一个个向后移去的电影镜头。耳旁是欢笑的水的声音,风在耳轮上抚摸的声音,竹筏急行下滩与鹅卵石打趣的声音,此时是那么的悦耳。哟,这不是被称为“圆舞曲之王”的小约翰·施特劳斯的美丽的《蓝色多瑙河》吗?多么欢快有生气的节奏,多么优美动听的旋律,流畅清妙的音乐语言,把多瑙河和它沿岸的城市、农村、花圃、草地,描绘得那么美好,那么活跃,那么生机蓬勃,那么震撼人心。竹筏欢快地下漂,乐音欢乐地回响,飘逸流畅,悠闲愉悦,响遏行云,回旋幽谷,荡漾水上,那么清丽,那么脱俗,不惊一纤浮尘,不存一丝杂想,闭上眼睛吧,陶醉吧,你会融化在一个蓝色的世界里,这是多瑙河吗?这是彩虹谷?莫不如就这样超凡入圣去……

告诉你啊朋友,你就这样陶醉着向前飘吧,前面不远就是太平湖了。

人们都喜欢太平湖山青水碧，却不知太平湖“晨昏欢跃复娴静、晴雨浩茫而空蒙”的音韵更为动人！

天一点一点地亮起来，静寂的湖面一点一点地白起来。山，湿漉漉的绿；水，绿沺沺的蓝。夜间蒸发的水汽，正在丝丝袅袅悠悠飘升。不好安静的“水葫芦”翠鸟们，扑扑哧哧，贴着水面飞去远处。远处那白蒙蒙的雾色里，热闹无比。隔着宽阔的水面，似乎传送来细细的丝竹之音，听！里面还有幽婉的箫声？啊，是湖南民间乐曲《鹧鸪飞》。悠悠的笛声起了，那么气息饱满，那么富有激情，那么活力飞扬，就像成群的鹧鸪，从岸边丛林中，高树上，扑腾振翅，扶摇而上，正借助于风力，一阵一阵在轻风盈盈中飞向蓝天。

太平湖的晨曲，恰似人们新的一天的开始，充满了活力，充满了希望。

太阳像一面橘红色铜镜悬在西天的时候，太平湖便朦胧进淡淡紫色的烟霭中。余晖映照湖面，将湖面染成一层淡淡的橘红色光亮。太阳的倒影抖动着，像一条橘红色变幻奇异的金蛇，古人“半江瑟瑟半江红”的描写，真是恰到好处。游船归航，快艇入港，意象中那烟霭里，仿佛点点帆移、阵阵歌起；一曲爽朗惬意的《渔歌唱晚》传来，那渔父的醉中朗笑，那渔舟的随波溢漾，那么快意，那么恬适。那番景象，一定会引逗起你的酒兴，咂起鲜鱼美酒的滋味，眼前浮出大盘鲜鱼、大杯美酒来，你一定要驾起快艇，决意前去叨扰渔父，推杯换盏，共醉一番。

夏日，月中，入夜，冰轮起海岛，皓魄升当空，驾扁舟，携酒肴，轻泛湖面，最宜隔水听琵琶曲了。湖水轻拍船帮，清风柔拂面颊，月光如水，波光如鳞，《月儿高》古典琵琶大曲果然“大珠小珠落玉盘”般响了起来。时高，时低，时断，时续。忽儿续弹，忽儿脆挑，忽儿轻拢，忽儿慢捻。像远处碎碎的马蹄声错落向前，像细细的泉流滴进崖下的深潭，像花间叶下黄莺儿在娇音、在九啭。像瀑布直泻，水珠飞迸，轰然混响。夜色朦胧，明月如镜，万籁俱寂，琵琶清脆。那半空仿佛有嫦娥轻舒广袖，飞天反弹琵琶，清光流闪，瑞气氤氲。此时此景，赏其月，熏其境，听其曲，观其舞，能不醉乎？

而当白云如絮，红日丽天，山青泼黛，水碧挼蓝，泛舟湖上，上下碧落，浑然一体，上苍无极，下界无垠，好像置身于充满阳光的太空，顶上飘着白云，脚下飘着白云。这时耳边风声和着《霓裳羽衣曲》那唐乐古韵，悠扬婉转，在那广袤的蓝空中踏云御风，轻轻飘飘，裙裾飞扬，斜身翱翔，你不觉得已经立地成仙了吗？

如果雨雾迷蒙，水汽蒸腾，混沌一片，太平湖面则别有一番情致。混沌而觉得浩渺，迷蒙而觉广远。朦胧中，蒸汽袅袅，水雾重重。你且静心谛听吧，古典琴曲《潇湘云水》轻悠悠地不知从何处传来了。你听，细细的像凤鸣，厚厚的像龙吟，窸窸窣窣像细雨洒芭蕉，呼呼兮兮像微风穿林间。委婉飞扬，烟波浩渺；若明若暗，云水掩映。那音域之宽广，那音色之丰富，那乐音之描绘，那指法之呼应，意境何其深远，韵律何其令人神往，你要踏波循浪去寻那音韵之所在，去寻那水雾深处神秘的蓬莱三岛，借助波光雾气，去飞身腾空，遨游三山五岳。真的，你真的不妨趁机去太平湖做一次雨中游……

走进黄山这座辉煌的音乐殿堂去吧，她是何等的博大雄壮；走进太平湖这座旖旎的音乐宝库去吧，她是何等的丰厚娴恬。

黄山、太平湖的音乐语言、旋律、主题，广而不知其边，深而不知其底，你只有陶醉！

作为画家，你该领会到刘海粟十上黄山的胸臆了，那么，作为音乐家，作为音乐爱好者，你打算几上黄山，几下太平湖？

原载《太平湖》1995 年第 1 期

平湖幽幽

有人说:“太平湖除了水好,别的就难说出什么了。”可是又有人说:“……太平湖无比深幽。”两个说法,真是一个地上,一个天上。五月下旬,《经济日报》编辑部在我市集会时,我尾随他们,游了一次湖。下午一点钟光景,我们一行二十多人,登上了“黛玉”号游船往下游而去。这条船,是中央电视台为摄制电视连续剧《红楼梦》,来太平湖开镜时置办,拍摄完“黛玉北上”镜头后留赠我市的道具船。船仿明清官船样式,古色古香。坐进船舱,隔着花格窗看水,一种无名的遥远情思,就像忽然从远方何处,隔着水面,飘来的一阵箫声。

同船的人,或三五围坐,娓娓谈叙,或两两倚窗,指指点点。我呢,一个人默默捧着茶杯,想从水道上,寻一点幽趣。

好在“黛玉”体弱力薄,走得不快,我们就可以从容不迫地悠悠然去看,去欣赏。啊,那条岗子,多像大象的鼻子! 大象站在几乎没体的水里,鼻子平贴水面,把头昂着,它是不是从文殊院来的? 啊,那树木葱茏的山坳里,嵌一座中式飞檐小楼,再用几块石头,驳出一条斜径,水边,系一条箬篷船,岂不是神仙去处? 若是去那碧水深处的小岛上,耸一座钟鼓楼,让人们隔水听钟,那味儿岂不更加幽远?

最耐人寻味的是那弯弯曲曲的港汊。有的左弯右转,叫你觉得里面可能掩着又一处琼林仙境。什么“曲径通幽”,哪里都能够曲尽其妙? 有的外口是个葫芦颈,里面不知藏着多大的水面。什么“柳暗花明”,又怎么可以极尽其趣? 我一路被那多种形状的港汊吸引着,直想单驾一只快艇,沿湖面跑它个几天几夜,去探它个究竟。

我正在静思默想,忽然肩上被人拍了一巴掌。回头一看,原来是担任向导的刘晖。他说:“又有了什么构思?”

我说:“就凭这些港汊,太平湖就叫人猜不透。”

他从眼镜后透出一线狡黠的眼光,说:“这还只是个平面!”下半句被他的笑取代了。我正要问他怎么个“立体”法,他却被客人招呼去问讯了。

船行到疏疏落落有几户人家的一处半坡下停住了。据刘晖介绍,这里叫梅家,要大家下去看看。我们便鱼贯而下,又鱼贯而上。

离水面两丈高处,是一带树木,掩着房舍。斜斜的坡地里,南瓜已经牵藤了。三五个村民正站在我们必经的小巷口,看着我们这一群不速之客。穿过小巷,来到村里,除了我们的好奇声,这里几乎听不到别的声音。在船上看,只几户人家;身临其境,疏疏密密,倒是个小村落,基本方位是坐东朝西。每家门口,都装了自来水和水池,水便倒吸自太平湖,取之不竭。举目四望,村后是山,这里人要是外出,仅是水路一条了。那些人家,都窗明几净,厨房里的锅盖、水缸盖、碗橱、吃饭的桌凳,都油光发亮,显得干净整齐而又透出富裕气象。有一家就正打着一套款式很新颖别致的家具,大衣橱、五斗柜已经完工了,木匠还在忙着。

“……土地平旷,屋舍俨然。”不知谁背起了《桃花源记》的句子,此情此景,可谓恰到好处。

“有良田、美池、桑竹之属。”一个人又接了一句。

“……乃不知有汉,”这一句来了个大度跳跃。

“无论魏晋。”又一个紧接着续了一句,几乎是把句号读成了叹号。

幽哉其境! 被这几句古文一渲染,简直有隔世之感了。

“在这里建度假村,漂亮不漂亮?”刘晖兴高采烈地喊起来,他是太平湖的热情宣传者。

“妙哉!”

“超凡入圣!”

“Very good!”

“一番大切!”(日语“最重要”的意思。)

戏谑的笑语,立即激起了欢快的旋涡。

刘晖对这一带很熟悉,他带着我们继续往上爬,从不同的高度去欣赏湖面。

村庄后山左侧,是一面大约有七十度的陡坡,下临五、六十米处的一个港湾。那一湾水哟,绿得叫人不敢出声说话;如果有一点声音,就会搅坏了它的本色,就像一块风嫩(方言:形容极嫩)的翡翠,捧在手中小心地欣赏却生怕失手落地摔碎了似的，叫你只能静静地看，静静地想，静静地品味，静静地享受。叫她什么绿好呢？叫她什么绿，都不能真正说出她的韵味来。色彩中有叫“宝蓝”的，就是叫她“宝绿”，味道也照样淡。

“要是飘一对大白鹅，怎么样？”谁的反应真快，妙！

“不，结婚好！蜜月需要静悄悄。一叶扁舟，载着两个人和吃的，把船划到水中间，随它去。”一条兰棹，两个恋人，飘在高山环衔的深港里，融化在一团绿色中，万籁俱寂，只能听到对方的呼吸和动脉的搏动，这幽味儿是该比那飘一对大白鹅更厚。

“走吧，往上爬。”刘晖笑道，“此处难留人，更有留人处。”他这一句话，把大家的胃口又吊高了，于是大家顺着灌木夹道的松间小径，呼呼隆隆地上。

上到了山岗，大家拥着灌木丛，面西站着。浑白的湖水，被一层极薄的水汽笼罩着，拥抱着伸入湖中的半岛和小岛。湖那边的山，高高低低，重重叠叠，都像衬上了鹅绒垫，一层一层淡下去。而眼前的松林、灌木，枝叶了然。这个层次何其分明！中国画家们素常爱画峭崖云谷、奇松怪石，太平湖的这种画面如果被哪位国画家捕捉了，敢说有更胜一筹的别样风味。

梅家村，站在这高处，是一点看不见它的影子了。如果不是说话，这里静得比在梅家村里的感觉还要深。远望湖面和层递见淡的云山，只觉得那里隐藏着千人万众的闹市，而我们的立足处，草木不惊，纤尘不动，简直是个世外洞天。面对远处浩瀚朦胧的湖面，忧烦、劳顿，统统都化成了一股清悠悠的艺术性享受，体内蠕动着一股无名的力，似乎年龄已经永恒在生命的最佳时期，达到了不生不灭的境界了。

有人把太平湖比作黄山的情侣，的确，太平湖真不愧是黄山的情侣。如果说黄山是罗丹的《思想者》，肌肉饱绽，有角有棱，粗犷的线条织进了无限丰富的思想，让你站在他的面前，无法估透他思想的内涵，那么，太平湖则是这位伟大雕塑家的《沉思》，简朴的风貌，润滑的肌肤，充满柔情，充满幽思，那情感细腻得你需要什么，只要一递眼色，你便会立即得到满足，无论她是娇是嗔，是怨是喜。

原载《太平湖文艺》85 年秋第 3 期(总第 46 期)

婵娟不失筠粉态

去年秋初的一天午后，我骑着自行车，冒着“秋老虎”的威力，往县里赶来。

西边天空，腊月熬糖锅似的，正骨都向上冒着云团，隐隐的闷雷就像是锅膛里烧着大火，“轰轰轰轰”地在下面鼓着劲。东风也使劲地刮着。那云团越加冒得来劲了，一霎时，便弥漫了半个天空。厚厚的黑云齐整整地往东赶，后面灰白色天空，立即挂下了纱幔一样的雨帘，紧跟着往东撒。“哗哗”的雨声越来越响，大地就像是一张大铁皮，一把老大的硬塑刷子正擦着铁皮刷了过来。

“糟了，肯定要成落汤鸡。”我心里嘀咕着，“往哪里避雨呢?”我几乎慌不择路了，一个劲地蹬着车子。

哎，好了，前面好大一片竹林，林子里还有一间小茅屋!

我不问三七二十一，冲到屋前，把车子往门口一站，幸好衣服湿得不多，门是开着的，便一头撞了进去。这里已阴云密布，大雨滂沱，屋里不大亮，我一眼看到门旁有一段光光滑滑的树墩子，也不问有人没人，坐下喘口气再说。

“碰到大雨了?”暗处有个人在说话，像是问我。我仔细一看，原来是一位五十多岁的农民坐在床上，靠着床头边的旧桌子，正吃饭。我应着声，表示了歉意。

“多亏你这房子，不然这个暴雨够我受的了。”

“我这哪算房子，钢茅棚，看竹园的——你吃黄烟吧?”

“多谢，我不吃。”我心里想，这老人还怪好客的，一边想，一边仔细打量了一遍屋子。屋里陈设极其简单:一张自制的木床和那一张旧桌子，一只热水瓶和一只脸盆，还是放在地上的。往屋顶上看，钢茅草挤得不紧，都还漏着天呢，那茅草也都已陈旧了。

我问:“这屋不漏吗?”

“不漏。”

“噢?”我虽然怀疑着,可也是啊,这大雨,连有些薄瓦屋都还难招架住,而这屋里,不是连一点雨星也没打进来吗?

“上面还有层屋顶。”我顺着他的话音,从缝里往上找,他见我那挺认真的劲儿,接着说:“你看那竹叶多浓。”老人不动声色,慢声细语的,说话还怪风趣呢。我恍然大悟了。

我伸头往外看去,果真,那竹叶浓浓密密,一层盖着一层。竹林外,雨在哗哗地下着,可这竹林里,雨点却要稀得多了。我长年在外,不久前才回到本县,这地方以前走过,仿佛记忆中没有这片竹林哪?

说起竹林的茂盛,他来兴头了,脸上立即露出了笑容。吃完最后一口饭,拿起黄烟筒,抽着烟,慢条斯理地说起来:“这片竹子,我三十多岁的时候,就那早先搞责任制的时候,我就栽了……”

原来,他是1949年前逃荒逃来的,在这旁边村里落了脚。这竹林地,是河滩洼荒地,种不起庄稼,一发大水,就涌来了许多小鹅卵石和泥沙。庄稼人爱土地,胜过爱金子。他想,把这块空荒地收拾一下,给队里栽起一片竹子,又能保水土,收益又快,将来社员要用个竹子,也省得到山里去买了。于是,他起早贪黑,到这里起树根啊,拣鹅卵石啊,地终于被开出来了。经过他几年的培育,这里终于长起了一片一百来棵竹子的竹林来。

谁知栽竹栽出了祸事。

更有那别有天才的人,从竹子身上悟出了这栽竹人的“阴险心肠”。大概是看过《西游记》的缘故吧,说竹子“孤而直”,“孤”就是“顽固”,“一意孤行”者是也,“栽竹是假,资本主义道路要顽固走到底是真”。

说到这,老人带有点苦笑的味儿说:“我斗大的字认不到一稻箩,我哪晓得这些‘真’啊‘假’啊?”

自然,他是要“坦白交代”“低头认罪”的了。可是,有谁能放得下心不挂牵自己的辛勤劳动成果呢?就在他认过“罪”的第二天夜里,他偷偷地摸到这里来。啊,竹子呢?竹——子——呢?那大片竹林啊,只剩下三五棵瘦小的、只可做蚊帐竿用的小竹,孤零零地垂着头了。他噙着泪,不敢哭,急切地爬着、摸着,摸着、爬着,地下只有那三号碗口粗的竹桩子了。那晚夜里没有月光,连星光也很暗淡,竹桩锋利的茬口,划破了他的手,血一滴滴地滴进了土，他一点也没觉得痛。他心酸得难受，就地一坐，抬着泪眼，向黑洞洞的四下里、向天空中望着，竹子啊，竹子啊……

外面的雨停了，他兴致勃勃地和我走出屋来。这里，雨云一起赶到山头东边来了，露出蓝湛湛的青天。阳光从竹冠缝隙中一束束斜射下来，竹林中一片晶晶透明的。

好大一片竹林！密密匝匝，毛估总有四百多棵竹。四百多棵竹子，要在山区算不得什么，可是在这畈区，就是个了不起的东西了。那竹叶被水一冲，骄阳一映，翡翠般的绿，正滴答滴答掉着水珠，真有点"竹露滴清响"的韵味儿。竹林中，不说小树秧儿了，就连杂草也几乎没有，那土块一浪一浪的痕迹也没消失。竹林北边，是一道正奔腾着黄泥浆水的河，冲激起大朵大朵的黄中泛白的浪花，"哗哗，哗哗""轰通，轰通"地响着，汹涌着向稍下一点那座古老大石桥的桥洞奔去，水面上起伏浮动着许多冲刷走的枯枝败叶和说不清是些什么的渣滓。雨过天晴，确实，一切都那么赏心悦目。"石桥，奔流，竹园，这环境……"我不由抬起胳膊，做了个深呼吸。

"那回不是砍光了吗？这么快，又这么一大片了？"

"不还有几棵小的么，那小的是没人要的了。我抽空给它松松土，又出了些。1977年，我又栽上了。我跟队长说，笋子一根不许挖。队长说，好，还交你管。你看，今年春上出的一批。"他用手指点给我看。

我一看，果然有好几十棵新竹，杂在竹林中。竹竿粉绿色，一道一道的白节，那情态，丰满娇俏，碧绿晶莹，真个是"婵娟不失筠粉态，萧飒尽得风烟情"啊！

也真难为这位老人了，他为这片竹林，暗暗流了多少汗、费了多少心啊！他是把心思全放在竹上了。那年春天，轰动四乡八镇的电影《红楼梦》，吸引着离电影院好几十里的人，都成群结队地赶来看了，他离电影院才几里，却没舍得抽一晚空去看。前年春上，春笋出土半尺高了。一天他发现被挖了好多只，他想，这里不顺大路，过路人难得挖，一定是当地人干的。他硬是查遍了附近几个村子，终于查到了那个贪吃新鲜的人，不管得罪不得罪，他到处宣扬了一番。从这以后，贪新鲜贪便宜的人，再也不敢贸然行动，他也就在这搭起了个棚子，干脆搬来住了。

"我们现在搞责任制了，我就专搞这责任。老了，做田不照了。"

“你这房子也不行啊?”看他这股“他在竹林在,竹林在他在”的劲头,我替他担心他的房子起来了。

“秋后打土墙,瓦、木料都有了。”

“对,这才是长久计。”

太阳大偏西了,该走了,我不由从心底赞叹起这位因雨邂逅的老人来,虽然他没有做出惊天动地的业绩。我说:“老人家,你的功劳不小哇。”

“嘿嘿嘿,我哪来什么功劳?”说话到现在,他还是第一次笑出声来,“明年春上,你走这里,吃我的腊肉炒笋子。”

“你不是一根笋子不许挖吗?”我也笑了。

“你来优待。”

“好,我一定来。”

一阵清风掠过,竹叶“嘻嘻嘻”地响开了,和着那浪花的声音、老人的笑声,多么和谐、悦耳。

我登上那大石桥,不由停下来,回过身来,纵目远近田野。田野上正蒸腾着水汽,悠悠地飘散着。略显黄色的晚稻和墨绿的双季稻,连成一大片,从半边包围着这竹林,就像一件很富丽的大方格绒衣领口上镶着一颗蓬起的绿宝石,那绿色很均匀地向四处洇散开去。绿色中,远远近近,人们正在给双季稻耘着田。收眼竹林,老人正拿着锄头排积水。

这永恒的绿!这“宝石”啊!这制造绿色、镶嵌“宝石”的人!

可惜,今年春上,我失约了,没有去吃腊肉炒新笋。那竹园里,大概又多出了不少“婵娟”,“风烟情”也该更浓了吧!

原载《太平文艺》1982年第2期(总第35期)

樵山神仙洞考察记

1984年，县级黄山市成立，便确定了以旅游经济为龙头、带动各行各业全面发展的大政方针，全市呈现一片欣欣向荣的景象。新明乡樵山村动作快，先行做好了开发神仙洞的准备工作，要求市政府组织人力帮助他们开发。于是，春三月间，由市移民办孙主任、市外贸办黄主任二位，组织了一批人，展开了对神仙洞的考察工作，我有幸成为一名成员。

千百年来，神仙洞一直笼罩着神秘色彩，人们一直以为洞口就在荷花汗(按：我太平许多山涧村落名字都有个"坑"字，其实讹误甚远。凡带"坑"字的村子，村中都必有小河或涧水，两边适宜人们生息，这种地形地貌称为"汗"，相当黄山山谷中的"源"。其实，太平方言中"坑""汗"本来音就不同，字义大有差别)，而明代弘治《太平县志》所记"极处有潭，深不可测"，又有传说在洞中"极处"倒下砻糠，会从三合观音崖下面漂出，也有说会从麻陂潭十八档处漂出。这些就更加强化了它的神秘色彩。神仙洞到底如何，除了上洞口到"极处"一段，洞身宽大，景观明显，"极处"以里，全弥漫着诡秘气氛。细心的樵山人从余家店右边山沟大香榧树下堵满砂石的山崖洞隙流出的水中，发现洞隙里居然有香榧树的枯枝败叶随水流出，于是联想，这个洞隙肯定和荷花汗大洞口连通，就组织村民扒开不知堆积堵塞了多少年的砂石，从而打开了今天所看到的神仙洞下洞口，同时，又组织了一批青壮年探了一次险，做了一次通洞丈量，从余家店到荷花汗上洞口，长3 000米左右。

一、纵贯全洞

我们考察队三月间到樵山，村里为我们每人准备了一个三节电池的手电，一双过膝的胶靴，一根檵木棍作手杖，因为全洞多段必须涉水。樵山村村主任汪兴家派了几个小伙子做前导，我们从下洞口进洞，向荷花汗上洞口行进，纵贯全洞，了解概貌。

樵山村已经把现今已经开发的部分作了砂石清理，布了照明线路，洞身宽阔，洞体高大。我们就着照明电灯，同时打着手电，寻找发现各种象形的形体，留下将来景点命名的印记。

到“昊天塔”处止，属宽阔的下洞，从“昊天塔”处继续上行，就是中洞了。和下洞相比，中洞洞身比较狭窄，而且或深或浅，基本都在蹚水。

整个中洞，可以大致分为三段。从“昊天塔”处上行不久，洞体很高，洞顶部比较宽阔，而人通行却是在比较窄的水渠里。洞体上部石乳，简直就是悬挂着挨一挨二晾晒着的绵羊皮张。洞身长度总有近200米，到皮货店去看那些张挂着的皮筒皮件，就可以想见那是个什么状况，我们没有去一一清点，数量总有几千“张”。

继续上行，洞身突然低矮下来，先是猫腰才行，走着走着，前面突然出现离水面只有尺把高的半月形券门，而那水深的差一点要灌进齐膝高的靴里去了。我们一个一个，慢慢地，身子折成九十度，胸口和头脸几乎是贴着水面的，先让头挨过券门，然后慢慢移动脚靴。好在券门里面，洞身渐高，进券门后，就可以直起身子了。

过了券门以后，景象发生了变化，“皮张”不见了，高高的洞身，尽是“楼”上有“楼”，“阁”上有“阁”，或者如同“楼”傍“阳台”，“阁”傍“长廊”，如同走进了高“楼”夹道的繁华世界，只是没有人群声喧而已。

走过了“繁华楼市”，脚下水浅了，有时甚至没有水。这时，前方突然响起了锣声，一会儿响起了鼓声，这锣鼓声音就像京剧舞台上的一样；一会儿响起了清脆的琴音。这地下溶洞哪来的美妙乐音？转过一个折弯一看，原来是樵山村前导的小伙子们，正在击打三块石头，那三块石头各自发出一种声音，就是锣声，就是鼓声，就是琴声！大自然的鬼斧神工何其诡妙！和人工制作的乐器发声，简直就是一样。特别是那个琴音石，八层薄薄的石片，等距离的长在一起，我用手指挨次轻轻弹扣石片，真是惊奇绝妙，它们竟然发出的是“多”“来”“米”“发”“所”“拉”“西”“朵”，这样一组从低音“多”到高音“朵”十分准确、正确、清晰、清脆的乐音。因为音阶十分清楚好记，我就试着用手指轻轻弹奏了《东方红》的头两句乐曲。那么轻盈、那么有余韵，没有弹奏的感觉，全然是自发的圆润的韵味。大自然中有许多匪夷所思的奇事异物，樵山神仙洞中洞的上段中这组音乐石，我说真是奇中之奇了！能发一些乐音，倒还罢了，它居然能挨次准确组成一组音阶，能弹奏出乐曲来！怎么形容呢？我想借用清康熙年间太平的一任县令陈九陛在黄山狮子林写的一副形容黄山的对联来形容这组音乐石："岂有此理，说也不信；真正妙绝，到此方知。"神仙洞中洞没有开发，一因洞身较窄，二因许多路段水深，施工困难，一施工肯定要毁坏许多宝贝，三个音乐石很可能遭毁，因为它们就在路边。中洞就让它保持本来面貌吧，一旦毁坏，无法再造。

在音乐石的余韵中，我有些不舍地随着大家继续前行。前头招呼："小心，有水潭。"那潭水面有大圆桌面大小，在一个罗汉肚形的鼓壁下，靠壁跟处大约一米深，外围逐渐见浅。一架用铁丝扎绑的竹梯，插在潭中，靠着鼓壁。啊！这就是明代弘治《太平县志》所记的"极处有潭，深不可测"的地方了，因为爬上竹梯，就是旧志上所记的"神仙洞"了，也就是现在所说的上洞了。

爬上竹梯后，回头下看，滑溜的近两丈高的鼓壁，下面黑洞洞，难怪古人说"深不可测"。那时只有火把，滚一块小石子，隐隐的"咚"一声，真不知下面的水有多深，水面多大，以为即此为止，所以把这里视为"极处"，而且"深不可测"，不谓不对。

上洞有楼厅、戏台、仙灶、仙床、神殿、莲花台、千佛山等景，难怪古人要叫它做"神仙洞"了。明末清初著名明王室后裔的画家石涛，还在此处留下了墨迹。

出了上洞，我登上洞前岗子，回头看那上洞口，一个大大的狮口形门，目测约高四丈，我忽然想起神仙洞的传说，这洞门是远古时一位须发皆白的仙翁，南极仙翁吧，用拂尘"刷"一下打开的，你看那洞口的上沿，丝丝缕缕的，不正是仙翁手中拂尘须条留下的痕迹嘛！

出洞后，已然近黄昏了，回到余家店，在电灯光下吃的晚饭，樵山村为我们每人预备了一铺一盖的新棉絮被褥，那晚睡得很暖和舒软。

二、外出考察

溶洞景点开发，是个新鲜事，怎么样开发，真得学习。所以市移民办孙主任、市外贸办黄主任又率领我们考察组出去转了个圈，我们考察参观了浙江桐庐县瑶琳仙境、安徽广德县太极洞、我们的邻居石台县贡溪乡蓬莱仙洞三处溶洞。

瑶琳仙境原叫瑶琳洞，在桐庐县城西25公里的瑶琳镇洞前村骆驼山下。根据当地考察测定，这个洞早在周朝时就已发现，并留有遗迹，还有隋朝“开皇十八年(公元598年)……”唐朝“贞观十七年(公元643年)……”的炭迹题记，古人还有“有崖、有池、有潭、有穴，壁有五彩，状若云霞锦绮，泉有八音，声若金鼓笙琴，人语大声，可惊可怪，盖神仙游集之所也”的记载。洞身一公里，宽阔而深邃，辟有“瑶池碧水”“狮象迎宾”“广寒舞台”“银河飞瀑”“瀛洲华表”“蓬台帷幔”“玉树琼琳”“龙宫宝殿”“玉柱擎天”“海狮拱水”等景观，形态逼真，各具神韵。根据景观内容，配备相应的彩灯，令人有迷离仙境之感。游人纷至沓来，被誉为是全国溶洞之冠。

广德太极洞也是一个声名久远的溶洞，坐落在广德新杭乡桃园村的西龙山，这里又恰是皖、苏、浙三省的交界处。它历史上有“长乐仙洞”“广德埋藏”“太极真境”等名字，是一个方圆约有10公里的溶洞群，总面积有14万平方米。洞有上、中、下三层，洞中套洞，洞洞相连，有山有水，奇丽而险峻，人称为“东南第一洞”。而著有《三言》(《喻世明言》《警世通言》《醒世恒言》)的明代文学家冯梦龙则誉其为“天下四绝”之一。太极洞已开发出19个大厅，350多个景点，面积达30 000多平方米。游览路线分旱洞、天洞、水洞。旱洞巧石林立，深幽曲折。天洞遍布天柱石花，佛像猴形，处处神奇灵幻。水洞碧水淙淙，迂回曲折，乘船可行700米，水深2～10米不等，两岸峭壁峥嵘，有海天、万象、神醉三宫，小的可容千人，大的可藏万军，故又有人把它比作“地下黄山”。

蓬莱仙洞在石台县贡溪乡杉山，离县城七里街不远。它原来还有“蓬莱第一洞”“罗汉洞”“沈家洞”等名。石台多溶洞，蓬莱仙洞是最大的一个。该洞庞大，已探明的部分总长有3 000多米，内部面积20 000多平方米，景点100多个。如同太极洞多层，有底洞、中洞、天洞。底洞有3条地下河，或窄或宽，窄不过丈，宽似无边，洞顶滴水，犹如琴键弹扣，叮当有韵。中洞有“灵芝塔”“桂林山水”等奇景。天洞长达2公里，或狭仅侧身，或宽敞明亮，其中“通天宫”，顶高摩天，游龙腾壁；“迷仙宫”，出口众多，方位不一，如同迷宫；“玉禅宫”如入音乐殿堂，或如钟鼓齐鸣，或如丝竹清脆；更有那“瑶池仙境”，或如罗幔布空，众仙起舞，或如山水壁画，气韵飞流，真如置身仙境。

所参观之洞，特点各有韵味，但是它们的洞名，内部景观及其韵致，无一不与佛道故事相关,所以它们的命名都带着仙气。中国是道家产生地,溶洞命名都连着道家故事,比如看的三个洞名都是道家的,“瑶琳”“蓬莱”是神仙住的地方,“太极”是道家对宇宙的认识,就是我们常见的由黑白两条鱼形构成的圆形图。结合佛道故事,就会产生奇幻神秘感。

三、神洞命名

樵山神仙洞久有南极仙翁用拂尘打开洞门的传说,这是指上洞门,南极仙翁是道家得道仙人,所以称为“神仙洞”,由来已久。

整个樵山村地形很有趣,坐向坐南向北,全樵山共有9条垅脊,垅脊之“脚”都聚向余家店前面的玉珠峰,就像玉珠峰吸引了这9条垅脊似的。奇怪的是,由荷花汗直下到余家店的这条垅脊,是直南直北,不偏不歪,正朝向玉珠峰,而神仙洞这个奇洞,就全线纵贯在这条正向垅脊的“肚子”里,上洞口在这条垅脊的荷花汗的垅头,下洞口恰在这条垅脊到余家店的垅脚,这一直南直北的垅脊和神仙洞下洞口,恰正南正北的朝向玉珠峰,直线距离80米左右。樵山人称这一地形叫“九龙朝珠”。

玉珠峰又俗称蒲团峰。站在神仙洞下洞口看对面峰顶,可见多块巨石垒成的一座高台,传说那是地藏王菩萨考察樵山时,垒石成蒲团,正对神仙洞打坐留下的。地藏王菩萨俗家是朝鲜半岛的新罗国国王亲属,俗家名叫金乔觉。新罗国在今韩国位置。金乔觉自幼向佛,24岁出家,仅自带白毛犬名“善听”(又名“谛听”),从渤海航海直接来到中国江南,当年正是唐玄宗开元二年,公元714年。看到樵山“九龙朝珠”,很适于结庵修行,于是在玉珠峰上设石台为蒲团。因为樵山是石灰岩地质,他一打坐,感到地基不实,所以改去了九华山。因为樵山有“九龙朝珠”的地形,又有地藏王菩萨法驾垂光遗迹,所以樵山又有“小九华”的美名。

从去外地参观考察回来后,我们又对神仙洞下洞部分的石钟乳象形和洞身分布情况做了一次具体、详细的观察和讨论,基本规划了景区和确定了景点命名。根据石钟乳象形,景区基本上是以道家故事为背景的,佛家故事不多。

1. 蟠桃园景区。即下洞洞口到“净身池”部分,主体是洞门,蟠桃硕大,枝叶婆娑。

洞门进去，有一段长廊（巷道），仿佛家故事，名为“接引长廊”。《西游记》中唐僧到了西天，有一人撑一只无底船来渡他，撑船人就是“接引使者”，把唐僧从灵山外渡（度）上灵山，那是要脱胎换骨的，唐僧登上无底船，他的凡胎就顺水流走了，唐僧就登佛界了。上九华山要登天台正顶，那里有地藏禅林，在凤凰松下就有一座“接引庵”，过了接引庵，才能一步步瞻仰地藏圣迹。进入神仙洞很快就瞻仰神佛，就是朝圣，通过“接引长廊”，经“净身池”净身后，才能净身净心的朝圣拜佛。

2. 兜率宫景区。兜率宫是太上李老君住地。太上李老君就是老子，他骑着青牛，可他的青牛私自下界祸害唐僧，他刚把青牛召回天界，正在训斥，他坐在那里，气得连腮白须正在发抖哩。抬头上看，洞顶还有许多神仙人物。

3. 灵山景区。“灵山”就是《西游记》里如来佛所在地。如来成佛，身体巨大，只能看到他的胸腹部，他的前面观音菩萨正在顶礼膜拜。

4. 瑶池景区。“瑶池”是天上王母住地。景区有梯台形的七叠瑶池，都是精工巧琢的；再上行几步，就是王母的梳妆台，在这里可以看到王母出浴的情态的。

5. 御苑景区。“御苑”，是玉皇大帝饲养神禽神兽的苑囿，神禽神兽挤挤挨挨，真的要仔细辨认。但有一匹“雪狮”很醒目，因为它全身雪白。这里还有醒目的“神龙在天”，也是白色。

6. 金牛山。“金牛山”紧挨“御苑”，这里是天宫专门放牧牛群的场所，看那些牛都挤着挨着，朝着人叫哩。

7. 银河飞渡。在三折桥抬头上看，可以看到右边山崖上站着一个古装女子，而左边有一青年男子正要纵身飞跃，原来牛郎根本不用喜鹊搭桥，他已练就了飞渡银河的本领。不过这牛郎可是现代派的，他戴的可是鸭舌帽。

8. 昊天塔景区。“昊天塔”是天宫的一座上顶天、下立地的宝塔。这一景区是樵山神仙洞开发部分最里面的景区。神仙洞从荷花汗上洞口流下来的洞中小河，正是从“昊天塔”旁，流经三折桥下，向下流去的。这一景区的上空，有孙悟空“老孙去也”的跟斗云，还有八仙在登蓬莱三岛。

9. 灵霄宝殿景区。从“昊天塔”景区回身，过“银河飞渡”“三折桥”，从右首下行，经过“御书房”“金蟾朝天”后，就到了“灵霄宝殿”。灵霄宝殿是玉皇大帝接受众仙朝见、议事的地方。只见众仙两边排班,中间有个孙悟空,正朝上方御案后边的玉帝诉说什么,大约是天上有什么星宿又变成什么妖魔下凡祸害唐僧了,像李老君的青牛变成兕大王,托塔天王李靖收降的金鼻白毛老鼠变成遇难的美女,二十八宿中的奎木狼变成黄袍怪等等,孙悟空都去找了玉帝老儿告状的。

10. 广寒宫景区。“广寒宫”景区在“灵霄宝殿”下行不远的左边,是樵山神仙洞的一处最为精致的袖珍型景区。一个直径 1 米左右的四分之一球体洞穴,洞高 30 多厘米。首先吸引人的是,整个洞穴通体晶白,洞中形象简直是某个雕塑大师的精妙绝伦的杰作:洞中心一根玉柱直顶洞顶,整个洞顶就是一个枝叶婆娑的树冠,就叫它做“月中玉桂”。因为树干左边,一个人席地而坐,左手撑地,右手支头,一把近两寸长的斧头把子,正斜靠在右腿上,那斧把有火柴杆粗细,这位不正是月中伐桂的吴刚吗?传说中吴刚伐桂,如果把桂树砍倒,天就塌下来,所以他无法一口气砍下来,常要停斧歇息,桂树被砍部分,眨眼间就长还了原。看样子,那吴刚正在为砍不了桂树而烦恼了呢。树右边不正是嫦娥吗?大襟衣裙束腰带,高蓬的双髻,栩栩如生的先秦前的妇女装束。嫦娥的右边,那玉兔后肢支撑直立,两前肢合爪,一对大耳朵直竖着。洞底平整,漾着有半寸深的水,手电一照,立时现出清晰的倒影。

天工奇巧何至于此!这在考察过的浙江桐庐瑶琳仙境、安徽广德太极真境、石台县蓬莱仙洞中,都没有这般精致绝伦的妙品,这是樵山神仙洞的一绝!

11. 水帘洞景区。离开“广寒宫”,经过一段略略低头的隧道,猛抬头只见一群猴子正在挤眉龇嘴朝着我们哩,而那里滴滴答答的一串串水珠正在下坠呢,这不正是“水帘洞”吗?

12. 潮音洞景区。在离开“广寒宫”时,就已经听到外边有浑圆柔和的水的轰鸣声,而过了“水帘洞”,这轰鸣声更清晰了,但绝不是那种飞瀑撞击跌宕的劈拉声,而是很圆润地从地下深潭中传出的潮音。我顿时想到:这多么悦耳的潮音!这潮音从哪来的?从水帘洞一出来,我顺着水流找,那水从地面消失了,进入了暗层。那暗层表面一尺多宽,是石乳薄片覆盖着,薄片中间并不连接,有一厘米的隙缝。用手电照射下去,可以看到水汩汩流动。这段暗流约有 10 米左右长短,暗流表面石乳薄片的隙缝渐去渐宽,在通向“灵山”“瑶池”的路口处，流进一个深潭，那潮音就是从那潭中发出来的。

我心中定下一个名字，叫它“潮音洞”，观音圣境珞珈山不就有潮音洞吗？因为观音就在“灵山”朝拜如来呢。观音大士救苦救难，让芸芸众生能听听潮音，不也是一种福音吗？

这个景区只能是闭目静听，用心去领略、遐想。

四、考察后记

通过这番考察，我们发现樵山神仙洞有几大特点，其一，全洞空气清新，洞体有多个小洞穴和外面连通，所以洞内洞外空气自然调剂功能好。其二，清清的泉水贯流全洞，这也是他洞所无。其三，石钟乳形象大多数很逼真，尤其是“广寒宫”，不用旁证，独一无二，神仙洞一绝。

因为安排我为神仙洞剪彩营业写导游解说词，故我又专程去了一趟神仙洞。洞门装饰，洞中水泥路和池堰摆布，照明和景物彩灯，都井然有序，特别是石乳形象，有了彩光辉映，更显得栩栩如生，加上串联讲解，人们真的得到一种心灵上的融通。

但是却有两个遗憾：

一、“广寒宫”的吴刚那把斧头的把子，近两寸长，只有火柴杆粗细，能经得起多大的重力呢？可惜被弄断了。

二、“潮音洞”整个消失了，不但那圆润的柔和的潮音没了，就连那一段暗流上面的石乳薄片也没了。人们可能知道眼睛看到的是美的形象，可是却不知美丽的声音同样是美好的形象啊！

神仙洞的音、像的形成，不知经过了多少千万年。君不知，整个皖、苏地区远古就是扬子海；君不见，樵山神仙洞处处可以看到水下沉积层的层次，“灵霄宝殿”和“水帘洞”之间，更有水中沙石蚌壳十分明显的沉积层，不正说明它是远古时的扬子海底吗？不然哪来这么多溶洞（水成岩才可能）？洞中景象一旦消失，何处可以弥补？何年才能再生？

樵山行

刘云白

今天我和大家一起开始了第四次驴行，目标是樵山神仙洞。我不但看到了神仙洞历经两亿年才形成的美丽石钟乳，归途中还领教了积雨云的强大威力。

通往樵山神仙洞全是水泥路，这是我最不喜欢走的路，但我仍然劲头十足地走在队伍的最前面，两小时四十分后我们到达目的地，买票进洞后，导游向我们介绍说：之所以叫神仙洞，是因为里面的景物都很像是天上神仙的住处，还有他们使用的物品。说到这里，我忍不住要炫耀一下：神仙洞的名字以及洞里所有的景物都是我外公命名的，我外公的学问可大了。——咦？前面有个池塘，洞顶的水珠落下来形成了非常美丽的水纹，原来这是王母娘娘的洗澡盆——瑶池，据说王母洗完澡就到附近的梳妆台梳妆，然后再去卧室睡觉，大家开玩笑说：王母娘娘的洗澡盆很漂亮可是梳妆台和卧室太小，她没赶上现在的商品房呀。说说笑笑我们一路又看了很多景点，有太上老君的兜率宫，青牛以及金童玉女，昊天塔，水帘洞，四不像上一只可爱的小老鼠等，我觉得印象最深的还是“海狮望虾”——一只海狮仰天长望，因为它头顶的岩壁上有一只极其逼真的大白虾，妈妈忍不住问：“虾是画上去的吧？”导游说不是，是天然形成的，大家都惊叹不已，这就是大自然鬼斧神工的力量吧？神仙洞里玩了一个多小时后，我们出洞吃饭，然后下山回到了停车处。

这时天上乌云密布，隐隐传来雷声，有人说：“快下雨了，上车走吧。”果然，车开出不到百米，倾盆大雨瞬间就泼了下来，雨势非常迅猛，虽然刮雨器疯子一样来回摆动，坐在车里仍然看不清前面的路，妈妈有些慌了：“我看不见路了，不敢开了。”这时前面传来汽车喇叭声，两辆大货车过来了，我迅速帮妈妈打开警示灯，告诉妈妈：“妈妈，这应该是积雨云，开过这片云区就行了，我在书上看过，说积雨云很厉害，一浇就浇你个睁眼瞎，不然雨不可能这么大。”妈妈小心地驾驶着车，开了 20 多秒后，雨果然瞬间变成了毛毛雨。后来的路上，虽然雨一会大一会小的，但都没原先经历的积雨云厉害。

今天真是太有收获了，见识了两件大自然的杰作，看来读万卷书，还得要行万里路才行呀。

趣访黄山短尾猴

“去看一下短尾猴吧，都来了，何在乎住一晚。”因事到黄山汤口寨西，主人盛情挽留遨游。听说看黄山名兽短尾猴，不知怎么就激起了我们的猴劲，我们便猴急猴燎地跨溪越涧，攀“梯”渡“桥”，牵藤附葛，登崖缘壁，欣然去访问这些世外“高人”。

正攀间，只听上头传来一声“嘘”，仰头一望，嗬，十来米外高处，崖头上，巨石上，几十头猴，棕黄色，或蹲或走，一起注视着我们。我们便放慢了速度，步步靠近，猴们便步步退让，把有好几间大的平滩地让给了我们，而它们或远或近，退到了数米外的坡上崖上去，对我们形成了一个大半圆的“包围圈”。

我们席石而坐。我左近一块床面似的巨石上，不知什么时候，上来了一只年岁较大的猴。只见它龇牙咧嘴，略带敌意地来回审视着我们；尾巴翘着，不超过五寸，名副其实“短尾”。它审视了几个来回，便抓树枝，几个纵荡，倏然不见。不一会儿，只见六七只大小不等的猴，也不再害怕，来到它让我们坐的鹅石滩里翻石头。看样子刚才的老猴是猴王了。它对它家族的安全可真算是尽职尽责，这般地身先士卒，亲临“险”地，审察“敌”情。小猴们敢这般趋近我们而旁若无人，肯定是猴王觉得我们并无恶意，已经用了什么信号，解除了对我们的“警戒令”了。

我们把打开了的“健力宝”，慢慢地送到猴旁石头上，满以为猴们会争抢，谁知它们竟视若无物。只有一只，像掰玉米一样，抓起了往胳肢窝下一夹，见汩汩向外流水，便又放回了原处。

对猴子千万轻慢不得，特别是不能同它们以石子为戏。当年，著名电影表演艺术家赵丹等到黄山拍外景，有人不懂猴性，戏以石子为食，激怒了猴子，立即群起报复，石弹如雨。亏了当地向导，设法稳住了它们，猴王才“呼哨！”一声，率领猴群，跳荡而去。

它们干吗那么认真地一块块翻石头？原来地方上有专门人每天到这里

定时撒玉米粒。它们极其认真、乐此不疲的是找玉米粒吃。

抬头四望，我们打坐的这里是面南的、两条山夹成的一条山涧的冲积地。一挂白水从山涧上游跳跃而来，从断崖上哗哗垂落，形成一张水帘，颇有“水帘洞”风韵。有水、有石、有岩、有壁、有树、有草，冬暖夏凉，难怪是短尾猴们理想的栖居地。

猴群中有不少拖儿带女的，它们的儿女有的横卧于妈妈怀中吃奶，有的坐在妈妈膝前，天伦之乐颇是优哉游哉。听说猴妈妈们儿女之心非常之重。几年前，一母猴产下一小猴，小猴因病而死，母猴却一直抱着不肯放手，直到皮肉溃烂，才无奈丢弃。失子之痛，令人油然而生同情之心。

还有一个谜，至今难解。每当晴天傍晚，猴们总一动不动坐着凝望落日，直到西沉。它们是否也这样迎接红日东升呢？它们这样虔诚地送走落日，是不是在练火眼金睛呢，抑或是惆怅白天即将消逝，企望红日不要沉西而在心中念念呢？可惜我们逗留的时间太短，不能做长期考察。但它们作为动物中之高级的灵长类，虽无人的语言，却可推想其感情世界也颇丰富多彩的吧！

晒秋江南

刘云白

当凉爽的风
把桂香举向四面八方的时候
江南的秋天
变得那么饱满、充实
田野里的斑斓渐渐隐退
秋天，把江南的另一番风景
精致地呈现在蔚蓝的天空下

晒秋时节的江南是忙碌的
忙碌地追赶着秋阳
于是
饱满的稻谷
在农夫的竹耙下
带着一年的辛劳和希望
梳理成一块块金色的绒毯
铺在场院里、晒场上、甚至马路中央
静静接受秋阳的温暖

晒秋时节的江南是缤纷的
江南的秋天是第二个春天
每一片树叶都是缤纷的花
而最美的色彩
在农院里，屋瓦上
辣椒火红，贡菊洁白

栗子深褐，秋柿明黄
还有黄着脸儿的老南瓜
和那刚挂上白霜的冬瓜一起
醉在江南的晒秋里

晒秋的江南是富饶的
它把春天的绚丽希望
夏天的热烈灿烂
和秋的硕果
一起收藏
在黑白的马头墙下
秋天的江南被安放在
各种形状大小不一的竹匾里
晒成圆圆的火红、明黄
方方的深褐、洁白
晒成了最美的中国符号

东郊秋色

站在东门城楼上看东郊，其范围包括近在城东根下河岸，远到三峰庵、挂榜山、水东园、许家塝至麻陂潭、象山，横拖一大片。清朝宣城著名诗人袁启旭的《仙源杂诗》中说："最是东郊好""天然图画处"。

先看东城根下。河岸边有一座高大的花岗岩巨石，那是有名的"停凤岩"。还在北宋宋徽宗宣和年间（公元1119～1126年），仙源山城虽然不大，却是树木葱茏，街道整齐，市井兴隆，万民乐业。一个盛夏的午后，突然乌云翻滚，雷电交加，狂风大作，暴雨如注，洪水滔滔，仙源城即显陆沉之势。突然从西边飞来一只金光闪耀的凤凰，在上空飞旋三圈，不断地点头，扑着长翅，扇动着长长的彩毛和尾羽。奇怪的是雨也停了，天也蓝了，水眼看节节下落，一切都显得那么娇艳。雨一停，水一落，那时还没城墙，人们都出来仰看凤凰，只看那凤凰飞停到东河沿那个花岗岩墩上，长嘤三声，向东飞过了挂榜山。于此，凤凰停过的那花岗岩墩，人们就叫它"停凤岩"。

仙源人为了纪念这只凤凰，不惜重金，从京师开封请来画师，大家把看到的种种形象色彩讲给画师，画师就根据大家讲的，画了一幅大幅的《彩凤图》，供在大北门外神庙（重兴寺前身）里。每逢节日、喜庆和凤凰来仪的日子，人们都去烧香朝拜神凤，并一直保护着这幅《彩凤图》。

清朝乾隆年间（公元1736～1795年），"扬州八怪"之一的大画家郑板桥一次路过仙源，知道《彩凤图》这事，也兴冲冲去朝拜，惊叹不已，即兴在庙内墙上题诗一首：

神凤东去无信息，停凤岩前寻胜迹。
山河依旧人世易，彩图留予后人识。

这幅《彩凤图》已有900多年，仍然完好无损，因为古人作画是用丝绢作画本的。据说1949年以后还保存着，后来就不知去向了。成语有凤来仪在最早的著作《尚书》里就有了："箫韵九成，有凤来仪。"有凤来仪是吉祥瑞兆，或许这也就是古城之所以为仙源的缘故。

从停风岩开始逐渐看开去，当年那一米多宽，一丈多高，近百米长的东门木桥，依旧横跨在麻川河上，把东门和河东水东园连接起来，在麟凤桥没建造之前，这东门桥也曾是徽青驿道的一部分。桥下游近百米处青石堆砌的埠头，那是仙源城下曾辉煌近千年的麻川河船筏停靠的码头，当年李白上黄山，来太平，就是从这里上船北下泾川的。

麻川河水清清凌凌，河中卵石块块可见，鱼群条条可数。隔着几十米宽的鹅卵石河滩，就是历代培育的防护带，从三峰庵向西转南，直到许家塝，和麻川河道走向一样，形成一个大圆宝弯，保护着水东大片村落和万亩良田。绿荫防护圈里，村居错列，阡陌纵横，牧童短笛，鸡犬相闻，轻烟浅翠，薄雾氤氲，赛似陶渊明的桃花源。那麻陂潭和三峰庵河口，蓝色朦胧，越发衬托得整个东郊仿佛就是"不知有汉，无论魏晋"了。

挂榜山是县城仙源左东的来龙山，山体多褶而陡峭，杂树葱茏，特别是岗脊，一字平齐，高大的松树，挤挤挨挨，阵阵风声，催起霍霍松涛，就像袁启旭老先生写的"惊涛来树杪"，舒适而悦耳。金风起后，二度春天。绿荫防护带斑驳陆离，挂榜山红黄杂染，水东园平畴一片，黄的是稻，白的是棉，青的是菜，红的是芦稷，偶有传来雄鸡啼晚，犬吠生人，一片田园和谐气氛。一轮秋月，如同榜山架镜一样升起，水东园便慢慢进入浅蓝色、蓝黑色的梦幻中。

清代本县诗人程树本在《秋日东门楼晚眺》中写道：

碧天云净看云低，纵目东园秋色迷。
红树满庭风飒飒，黄花遍地草萋萋。
暮烟横锁山俱断，鸿雁远飞霞与齐。
日落波光相映发，游人犹在武陵溪。

碧天、净云，红树、黄花，暮烟、晚霞，落日、波光，东郊秋色胜似武陵！

庆云晚钟

站在现在的仙源镇政府办公楼处，朝南偏西方向看，有一处高峰，那里便是庆云岩的去处。从镇政府向西南田冲，经过德家垅、孙家大坞步步上行，大约走五华里路程，就到达庆云岩。而从三里岗桥向正南方向陈家小冲顺路进山，步步上升，大约四里多路到达。

什么是晚钟？顾名思义，这是寺庙里的钟声，这里原来有一座庆云寺。庆云寺的晚间钟声，和周围呼呼松涛、萧萧竹语、淙淙流水、唧唧秋虫都是能听能看的美景。寺庙里每天晨六点、午十二点、晚六点、夜十二点都要做礼佛诵经这些功课，都要撞钟的，而晚上六点、十二点钟，人心归静，那钟声愈发令人警醒，令人震撼。唐朝诗人张继，因为科考落第，而顺大运河从洛阳向苏杭漫游，在苏州寒山寺外泊船，寒山寺的夜半钟声震醒了他，使他写下"姑苏城外寒山寺，夜半钟声到客船"的千古名句。清朝本地人杜楚有一首七律诗《重游庆云岩》，告诉了我们，我们的先人为什么把"庆云晚钟"作为"仙源八景"中的一景。

乘兴重登最上峰，攀萝犹忆旧时踪。
高低岭麦黄无际，远近城烟翠几重。
僧识故人供笋蕨，鸟惊生客话杉松。
疏花曲径尘氛远，倚树听残向晚钟。

庆云寺是明朝后期岘村人孙渊建造，存在了200多年，到清咸丰年间(公元1851～1861年)被太平军烧毁。为了体验一下当年的庆云寺，体验古人的诗境，体验"仙源八景"之一的"庆云晚钟"，我们上了一次庆云岩，去时顺三里岗南行的陈家小冲古道，回时走孙家大坞和德家垅。

现在的陈家小冲，只有零星的三五人家。过去地名带"冲"字的，其实是沿山、沿河或沿路形成的带状村落，现在在登临过程中，已湮失的村落和梯田的痕迹依然可辨。杜楚的诗有"高低岭麦黄无际，远近城烟翠几重"，可以想象，举目望去，这里南岭北坞、高坡低洼，当年都是庄稼地，大片大片种着小麦水稻。太平军来太平前，太平人口已达 30 万，可以想见，县城仙源周围，人口是相当稠密的了。为了解决口粮问题，上山开荒种粮食就成了必然。太平人把吃中午饭叫“吃点心”，不知者以为吃小吃或吃糕点，其实是早上做干饭让劳动的男子带上山去，中午不回家了，家中妻小只就饭锅中剩饭加些菜煮煮而已。

庆云岩是一座山峰，它的东北面斜拖下去，就是孙家大坞、德家垅，西北面是五里塔、十里牌（弦瑞），西向就是百穴山、甘棠，纵目四望，除了东南、南面不见，其他方位都一览无余。目测庆云岩地面高度不会超过 300 米，但真正可以体会到杜楚诗“疏花曲径尘氛远”的心境。疏花点缀，曲径通幽；山下城郭阎闾，轻烟泛翠，田亩鸡犬，阡陌纵横，两下形成了鲜明的动静对比。当年孙渊在此建寺，杜楚等人游寺，或许就是为了“倚树听残向晚钟”吧！

庆云寺现在已没片瓦块石，但台式土基还在，僧侣汲水的井还能找到影子，种菜的地还能见规模。寺坐向西北甘棠，视角很广远，根据山势地形，是一座随山势上升呈进进递升的庙宇，很有点像三口镇轩辕峰下的福固寺，寺庙连庙前地该有五进。最后一进庙脊，主座供奉的是观世音菩萨。庙门当年的对联耐人寻味：“洪钟惊醒迷途客，苦海慈航梦里人。”

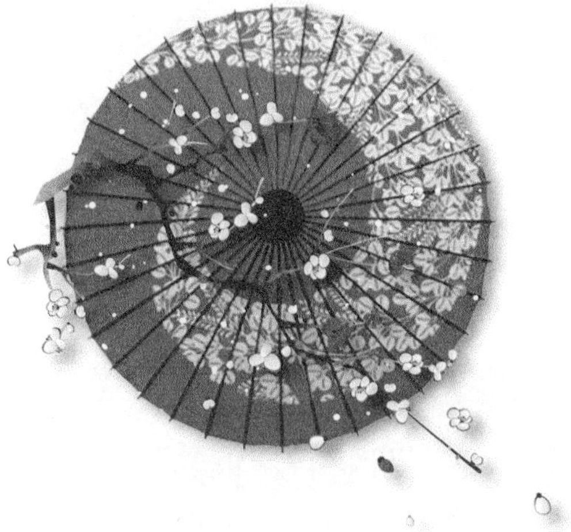

心存恭敬唯桑梓　世有纷繁读古今

回忆篇

分水，我的出生地

无论走到哪里，都不要忘记自己出生长大的地方。

从麻川河麻陂潭顺仙源至三溪公路行约五华里，可感到步步上坡，当坡上到头，明显下坡了，那儿就叫分水，是我出生长大的地方，是我的故乡。

这里没有汗河山涧，但是一有雨水就都分流，一部分朝东南流向麻陂潭，另一股水流向东北流向交汗(招溪)，由交汗口入麻川，小村的名字由此而得。

人们习惯叫枫树垅，和“分水”读音朦胧相谐。事实上1956年以前，村中确是有五棵大树：四棵枫香，一棵槁树。槁树最大，要五人合抱。枫香最小的也要两人合抱。1956年入高级社时，也不知刮什么风，五棵大树数百年来都安然无恙，这时有人却说要解决生活费，要砍它们卖钱吃饭了，村里和砍树人六四分成。砍掉四棵，显出大片蓝天，可据说才个把月，就把数百年树龄的四棵大树全吃完了。现在只剩一棵枫香树茕茕孑立于公路中线上。

分水村名于何时，无法判定，但有几件历史遗迹，可以帮助说明。一、分水地块最高的茶园叫小坞顶，它高高挂在仙源的挂榜山背面山尖上，我家也有份，它的下面都是一块一块续接的分户茶山，说明先辈们对此地的开发史已经不短。二、现在有一定年纪的人都知道，“长毛”反时(即太平天国运动)，村庄不大，却拥有一百多户人家。“长毛”反，太平瞬间惨遭屠戮，全县近30万人，最后只剩3万多人。1856年3月间几天之内，分水就成了无人村，村民多数被杀，少数逃跑了。多年后才零散地回来几户，一直到现在也才有个二十来户。在当时自然经济条件下，生产力就是人力和刀斧锄头，由始迁祖逐代繁衍，以20岁一代计，也是要好几百年才能形成这个规模。分水胡陈两姓，胡姓人众。据史载，明代嘉靖年间，仙源排定二十四姓，胡姓最旺。为解决生计而开荒种旱粮，可推想那时胡姓已迁入分水了。嘉靖距今已有五百年，说明分水在五百年前即有人入住了。三、从以前分水胡陈两家香火堂两边板壁上一张接一张的科举考试“捷报”残迹看，科举“捷报”不可能年年有，只有入学和中试者才有，而中试人要多少年才遇到一个人呢？而且科举制度在清末就废除了，可香火堂两边板壁上贴满了“捷报”，也可见分水村史年代相当久长了。

再说那五棵大树。为什么刚好五棵呢？那是先祖亲手栽下精心培养的“五大夫”，通俗说就是护村的“五将军”，它们由五棵小树长成巨灵神般大树，得几百年。“五大夫”是在周秦时期就设有的官爵，虽然爵位不高，但往往贡献不小。例如泰山有一棵古松，秦始皇上泰山举行封禅大典，恰遇雷雨，始皇避雨松下，于是封古松为“五大夫”。分水村的先人栽培起五棵参天巨树，确定为五棵，分明寓意为“五大夫”，把护村的神圣使命交付给五棵神树，数百年来五棵大树扶摇直上！先人们文化用意何其深长！1956年所谓为了吃饭，眉头不皱地砍了四棵，所卖的钱才管了个把月的饭，可那四棵巨灵大树长成要好几百年啊，而且寄托了先祖们多么善良的希望……

说起树，村的四周岗脊山坡上，一直是丰茂的柴林，而一两尺对心的大松树排成了队，聚成了堆，密密匝匝的，每一风起，便松涛阵阵。松鼠跳架，甚至会跳到家里来。画眉黄鹂们开音乐会，天天都是异常悦耳。尤其到了秋天，蝉鸣如簧，清晨催起，傍晚伴归，直到月上林间才寂静下来。村中汗涧水清澈，家家户户门前沟渠，都可以筑起一道小坝，拦起一沟清水，洗点什么东西；一下雨，夜间一样听到淙淙流水，许多一两寸长的小鱼苗，照样逆水上到村中各家门前水坝里。遗憾的是那些松树早在1954年一刀光了，而且全烂在山上。

要说分水，需要说一下晚清到民国初年胡家两父子，父胡梦熊，县学武秀才，子胡履涌，县学秀才。具体说，就是我的曾祖父和祖父。胡梦熊十三岁时，“长毛”反，他因年少机警，硬是从“长毛”眼皮底下逃脱性命。分水在“长毛”刀下成为无人村后，是他从废墟上重建起胡姓来的。胡梦熊颇有臂力武功，后博得县学功名。胡履涌的学问功底和毛笔字都享有盛名。1906年本欲去南京参加乡试，却恰逢当时废除科举而作罢。民国前期他成为县府议员，后来战乱不断，于是开“井门山房”书塾，以教读为业。我没见过我祖父，我出生前十年，他就离世了，但我爱他的毛笔字和学问，至今还保留着他的一些文具和考箱。

分水村虽不大，内涵不谓不丰满。从仙源到旌德三溪的公路上，岭头公路中线上有一棵擎天大树的地方就是。这里就是作者出生长大的地方，对它，作者很是眷念。但现在除了一口深井有水，汗涧中早已不闻淙淙水声，分水真的"分水"了，山上也一棵大树都没有了。

可爱的大树

我们分水村里，原来有五棵大树，一棵是槁树，另四棵是枫树。五棵树一字儿排开，站在村口，像是五个护村的大力士。

说它们大，真大极了。记得我七八岁的时候老在树下玩，六七个人手拉手去合抱那棵最大的槁树，还没抱过来呢！另外那四棵呢，最小的也要四个人手拉手才抱得住。

它们多高哟！站在树下仰着看，头和颈子要折成九十度的直角才行。我们没办法量它的高，就跑到旁边山上去比。谁知道到了山上，还要把头抬起来看，你能知道它们有多高了吧。

这五棵树也不知道有多少年了。那棵大槁树又粗又厚的皮，都绽开了一条条的沟，我们把手指插下去都插不到底。拱出土来的根有力地抓住地，连最细的根，也比我们的大腿还要粗好几倍。顶上的树枝少说也比家里腌菜、腌肉、装水的缸粗，挺挺地向四外伸开，就像高大魁梧的举重运动员挺着粗胳膊在练功一样。

也不知道这五棵树是什么时候什么人栽的，还是它们自己长出来的，反正，就是上两代人，也都说不出个所以然来。

大树底下可是我们的乐园了。天暖了以后，我们常在那儿捉迷藏，围着大树干团团转。到了夏天，茂密的叶子把树下老大一块地方，遮得一点太阳也照不下来，可凉快了；下雨了，我们都不用急着往家跑，那底下简直洒不进一滴雨点子。我们在它们底下玩，一点也不害怕，天塌了它们也能顶得住。

听大人们说，树大了会成神的，下雨天，用耳朵贴着树身听，会听到“嗡嗡嗡”的声音，那就是树神在说话。我们就试听过好几次，当真的，隐隐地嗡嗡响。后来上学了，才知道那样做挺危险。因为雨天，地下有电要通过地面最高的物体向天空释放，所以便会发出“嗡嗡”的声音，而站在旁边的人是很容易触上电的。知道了这些以后，我们就不那么干了。

秋天到了，槁树叶子黄了，像一条条小黄鱼从上面游下来；枫树叶子红了，像一只只红蝴蝶从上面飞下来，在地上铺下厚厚的一层。我们用手枕着头，架起二郎腿，躺在厚厚的落叶上，从树枝缝里看天，看飘动的白云，听黄鹂、画眉唱歌儿，看松鼠跳架儿玩，或者彼此说着话儿。枫树果子也落了，拾来一大堆，算作杨梅；大家玩“家家炉”（注：“家家炉”，皖南山区孩子们模仿大人烧锅做饭的游戏）。

最有趣的是捉松鼠了。松鼠也喜欢大树。树下是我们的乐园，树上可就是它们的天堂了。小松鼠有一双黑黑的眼睛，一对小小的圆耳朵，一身灰黄的软毛，一条蓬松的大尾巴一弓一弓的；它轻轻地一纵，便“嗖”地从这根树枝上跳到那根树枝上去了。我们先采些松果或者别的果子丢在地上，逗它们下来。它们在两三丈高的枝上，瞪着黑溜溜的眼睛望着，想吃，又不敢下来。我们便四下跑开躲着，它们看不见人，就“哧溜”一下顺着树干跑到地上，用两只前爪抱着果子咬，等我们一出来，又一弓尾巴，蹿上树去了。

看见它跑了，我们当中年龄最小的“和尚”就说：“哎哟，多可惜，跑了。”“和尚”的爸爸常给“和尚”剃和尚头，我们便叫他“和尚”。

我们中间最大的叫春苟，他仰着头说：“哪个上树去捉就好了。”

冬狗儿像大人似的说：“没哪个有那个本事，这么粗，扒不住的。”

“有！”我双手一叉腰说：“我家表伯行。他一只手端饭，用另外那只手和两只脚就能爬上去，在上面吃了饭再下来。”

“和尚”缩缩鼻子说：“你表伯什么时候来？”

“那谁晓得，反正他行。”我为我表伯有这个本事感到自豪。

春苟说：“别说了，我们想办法。”

我们当真想出办法来了：先在树根旁边挖一个长方形的坑，搬来六块整砖，一块垫底，两块做帮，两块挡头，砌成一个长方槽子，再剥一粒板栗或者油桐子儿，用一根三四寸长的小棍子戳着，把果子的一头朝下，立在槽里，上面顶一块砖，撑起刚好能进去一只松鼠的缝。松鼠一进去拖果子，做盖的砖头就“砰”地一下，把它合在槽里了。

这时，我们都从躲着的地方跑来，用准备好的绳套，把做盖的砖头移开一条缝，放下绳套去，再用一根细柴棒，从另一头伸进去拨，松鼠往前一蹿，就钻进绳套里了。

捉住了松鼠，我们可高兴了。这个回家拿饭团来给它吃，那个剥一粒板栗给它吃。它都不吃，睁着一双害怕的眼睛，身子缩着，一动也不动；乘人不注意，就猛地一窜，想跑掉，可是给绳套拉住了。看样子怪可怜的，可能它也想它的爸爸妈妈和伙伴们呢。我们争来吵去，又把它放了。一解开绳套，它就不要命地跑上树去躲了起来。

后来，我们渐渐大了，都上学了，不能经常到我们的乐园里去玩了。

再过了几年，村里忽然来了许多人，带着老大的斧头和老长的龙锯，是上面派来的砍伐队。没多长时间，山上一两尺对心的松树都砍了，结果都烂在山上，以后人们捡了十多年的松油柴。

自那次砍树后，又过了约一年，人们议论着要砍那几棵大树了，我听了怪难受的。一天放学回家，听说真的要砍了，我急得快哭了，问爸爸："干什么要砍大树呀？"爸爸说："要吃饭呀，搞钱买米呀！""买米不能从别的地方搞钱吗？""没有地方搞呀。"

大树真的被砍掉了四棵，只留了一棵大枫树。因为要锯板，树太大了，就包给了工匠，工匠还请了我的表伯上树做了牵呢。别看树那么大，只要带一点劲，它就不会倒歪。据说我表伯做牵的时候直叹气，说太可惜了。可是谁也救不了大树了，要卖它吃饭呢。树砍卖了以后，四六分成，工匠得四成。结果我们分的钱，也只够个把月的伙食费。

特别是那棵大槁树，锯成板，砍去板边，还有五尺多宽。红红的，红到了边，样子很像切开的腌火腿肉，叫人爱煞，又叫人心疼死了。我想起大人们讲过的大树成神的话，那红红的可能真是它的血呢。唉，再也没有大槁树了，再也看不到它了，快乐的小松鼠们也都没有了。

前两年，又议论要砍那幸存的大枫树——它的胸围有近四米呢，说是为了增加收入。我虽然是大人了，可我的心还是一下缩紧了。这唯一的一棵大树，为什么还要砍呢？难道除了砍它，就没别的办法增加收入了吗？看见那大枫树孤零零地立着，特别是秋天又飘下红叶的时候，我格外想起它和那另几棵大树在一起时的情景，担心着这孤独的枫树的命运。如果真的砍了，我们真的永远也看不到那样大的大树了。每回从它下面经过，我都留恋地看它好一会儿。

想想那些大树吧，那么粗，那么直，那么高，那么大，我想不出该怎么形容它们。反正想起它们的形象，心里就觉得有劲。它们是那么坚定，山摇地动，它们都不动一动。它们应当是我们古代文明的一个象征吧？

正在我担心的时候，我听到林业部门的一个同志说，现在要调查古树，保护古树，我像孩子般地高兴了。不能砍了，再砍要犯法的。我怀着这种心情，再经过那棵大枫树下的时候，忽然感到它不再孤单了，它似乎变得更精神了，更坚定了，更有力了，山摇地动，它也不会动一动！

可是，我仍然怀念那些被砍掉的大树，怀念那些以大树为天堂的快乐的小松鼠们……

原载上海《少年文艺》1984 年第 8 期

刘奎四次到我家

先从我的出生地——新明乡葛湖村分水说起。分水，以前一直叫分水垅，因为水势向南、北两向分流到麻川河，附近村子还真没有这种地势的。我儿时，全村住家才10来户，只有陈、胡两姓。村子西高东低，形成三级台阶地。陈姓住东头第三级，胡姓住中、西两台阶。那时，全村四周，树木葱茏，所有山岗，对心1尺以上的大松树都像排着队似的密匝匝，只要一起点风，霍、霍、霍地便响起了松涛声。

我家住西头最高一级台地，和大伯家共住我的祖父胡子衡建造的房子，我家住南半个。那房子可算当时全分水最大的了。正房东向，檐高在2丈5尺以上，三大开间，两进，两进间是大天井和两个过厢房。后进有半人高的走马楼，和两边的卧房楼连成一体，可供100多人开地铺，都还有通道。前楼面墙有砖砌小窗，容一个人探望，整个村子房屋和村前路，全在眼下。正房后有100多平方米的大厨房，俗称"盐屋"，两家分用，平时烧饭，茶季做茶都在里面。南北两方各开一扇耳门，我家这边门是外出用的，门外墙边有一口永不见干的水井，水井的上方是我家吃饭的厢房。大伯父家那边耳门，开门见山，只三五个纵身，就能隐进柴林。整座房子背靠与老山村交界的井门尖，这山名便是依据这井起的。我的祖父胡子衡也以这"井门山"起了个书房名，就叫"井门山房"。古时读书人都以"山房"代称书房，这书房可以固定，其实也可以随身带着跑，他长期在木竹坞陈志楼家设馆，那里也就是他的"井门山房"了。

下面说的，就是我四岁以后发生在这大房子里的事，其实当时我只那么点大，除了几个基本印象外，其余都是我父亲胡观仁说给我听的。

"皖南事变"后不久，早春时节，天还没有回暖。一天清早，天下着毛毛雨，我母亲先起床到门前菜地搞点青菜，猛抬头见后门山上大板栗树下站着个人穿着雨衣。当时山村哪见过穿雨衣的，母亲赶紧喊起父亲，父亲赶紧披衣出门看，那穿雨衣的人，大约见有男人了，向后招了招手，一下子出来七八个人，看样子衣都湿透了。大板栗树上边一点，有我曾祖父、祖父和祖母的两座厝基屋，檐下可以勉强屈身躲雨，那些人大约都在厝基屋檐下，阴雨的黑夜里，就那么过夜的。他们见到我父亲，便鱼贯而下。也真迅速，等我父亲进屋，他们也都进了屋子，湿漉漉站一大片。看样子，他们夜间已经摸熟了地形，因为是夜间，所以没有惊动我们家。为首的那人首先安定了父亲心情："放心，不用害怕。"

好在厨房大，片柴都码在屋里靠墙，我父亲连忙抱下许多干片柴，在屋当中架起火来，他们也都自己动手，找来小板凳、树段子、柴礅子坐，又用柴钉桩挂鞋子烤。那么些人围坐着，只听到火烧的声音，却听不到讲话声。我父亲又让母亲用炒茶叶的溥锅煮饭，再炒一大盆放了辣椒粉的捋菜（方言：咸菜），给他们下饭。

对于这些不速之客，父亲心里直打鼓："很可能是'老四'。""老四"，当时老百姓称新四军用的隐语。大伯父家也起来了，父亲赶快知会了大伯父要保密。

饭后，那个为首的人约我父亲，到我家房里单独谈心。他询问了我父亲关于村里情况后，告诉了我父亲有关"皖南事变"的情况，他们是奉上面命令留下，继续打游击，是新四军，他名叫刘奎。父亲也听说过刘奎的名字，人们暗地里都叫他"打不死的刘奎"。父亲心中虽然有些不安，却又不由得肃然起敬，原来和自己紧坐对面、轻声细语谈心的，是个大名鼎鼎的英雄人物。刘奎说，这地方好，房子高大，好住，楼上住人，只要没动静，神不知鬼不觉；楼前小窗是绝好的瞭望哨、监督哨口，万一发生情况，从后面撤退，又快又隐蔽；他要父亲放心，只要嘴巴紧，对外不吐风，没问题。他告诉我父亲，要我家做他的秘密联络站，他们会常来，因此让我父亲帮他们做他们来了以后的后勤供应工作。我父亲满口答应了。

我长大以后，常常想起这事，刘奎怎么在"皖南事变"以后不久，便那么放心地一头就找到我家了呢？有两件事可以说明。20 世纪 90 年代初，我去云岭参观，在新四军军部云岭大会堂——陈家大祠堂后楼上，看到那整面墙壁的军事大地图，居然看到了我居住的地方分水垅，又看到一些我知道的只有一户人家的地名，说明新四军对军部周围相当大的范围内的地形地貌，村落人家了如指掌。至于对我家这么熟悉又这么放心，又为什么呢？我的叔父胡金贵，1939年到小河口参加了新四军，后来一直不知下落，县级《黄山市志》修成后，从“烈士英名录”上看到他，原来他在皖南事变刚爆发时的小河口的战斗中，就已牺牲。当年多方打听没有下落，就推断已不在人世，家族中就议定由我“一子祧两房”，既做我父亲的儿子，又做我叔父的儿子。那么想当年，我叔叔入伍时，组织上肯定要对他进行全面考核，包括家中成员情况和居住环境情况，不然刘奎这次来，怎么这样轻车熟路又这么熟悉我家中情况的呢？他肯定事先已经有了明细摸底。

刘奎他们要利用我家环境进行休整，便拿出银圆来，要父亲设法为他们买粮食菜蔬，我父亲就找来我刚成年的两个堂兄胡孔生、胡周生，分头出去买菜、买米，还不能让村里人知道。

这次临走时，刘奎叫大家打扫，特别是烧火的痕迹，搞得居然像没烧过火堆一样，不然会遭到别人的怀疑。他又一五一十算了房钱、柴钱，我父亲都一一谢绝了。

这头一回来，连刘奎自己才9个人，只两条半枪。怎么会有半条枪呢？枪是真枪，可是坏了没修，打不响，所以刘奎笑着说：只能算半条，装样子。

别看这一次他们住了几天，可是除了我家、我大伯父、二伯父家共三家，其他人家全然不知道刘奎来的事。

过了不知多长时间，他们一下子来了三四十个人，好像都背了枪，没有枪的，也背了一把大刀或者马刀。我有两个印象：一个是他们人好像多数都比较年轻，都比较欢快，可以轻声说笑，但从不见有谁大声喧哗；又一个印象是，记得在我家吃饭的过厢，有几个人我至今都有记忆。有一个人比较魁梧，但颈子的右边长着一个肉包，那是严重缺钙的结果，背后叫他“葫芦颈”。还有一个人个头不高也不胖，白白净净，戴一顶灰礼帽，穿一件灰白长褂，刘奎引他走进我家吃饭的厢房，好像原在厢房的人都恭敬了。后来，我问父亲，父亲告诉我，那人就是李步新。

第三次来，有八十多人，印象中他们的衣服整齐多了，枪支弹药也很富足。我记得父亲跟我说过两个小故事。一个故事是刘奎动员我父亲参加游击队，说时间不太长了，日本鬼子快不行了。但当时我已经有了两个妹妹了，家庭就指望父亲一个人过日子，刘奎也就没勉强他。第二个小故事是夜哨的故事。我家当时大门前有一棵四、五根粗枝丫的桂花树，叶子多，很厚密，桂花树旁边又长了许多乌竹。新四军每次来后，每天晚上都在桂花树上设一个安全哨。山村夜间很安静，在这里设个哨，下面村子和村外的动静听得很清楚。那个哨兵一天早上跟父亲说，头天晚上，桂花树前菜园里，一只豪猪吃东西，相隔才一丈多远，看得很清楚，他都拿枪瞄准了，真想扣机，可是一想到夜间这一枪响，动静太大，不但会影响我们家安全，给村子造成恐慌，也会给部队带来不利，最后还是忍住，轻轻把瞄准了的枪放了下来。那哨兵说过后惋惜不已，到嘴边的肉不能吃，可是为了老百姓，那一枪万万不能打呀！

反正也记不清哪一年，第四次，天已不冷但也不热，他们来了有100多人，我家大房子，真的住得满满的。那时，我大约七八岁了吧，记得有四个比较清晰的印象。第一个印象是好像20多岁的小伙子不少；第二个印象，衣服比以前新，灰色、黑色制服多，有的打着灰布绑腿；第三个印象是武器变漂亮了，枪头上都吊着一个小红缨，大砍刀把上系着红绸布，很好看，有精神。

当时他们好像半公开了，来了以后，虽然不在村里出现，可是不像以前，没有事不下楼。记得有一天傍晚，他们有好几个人坐在我们厨房耳门外，这时从村里上来一个人，这人是我们村一个名叫陈达夫的妻舅，其妻叫汪兰英，泾县茂林人。来的人就是汪兰英的三弟，汪兰英不喊他名字，只喊"勒三"(老三)，我们小孩子看到他喊"三舅舅"。村里人都知道他是"老四"(新四军)了。人很精神，我甚至还记得他上到我家住房的台地后，一阵轻风似的，就到了我家门口。坐下后，他就向坐在那里的人滔滔不绝地说，好像是说某某地方什么情况，要去攻打的话，要怎么怎么。他那说话的神态和手势，现在仍在眼前似的，说的什么，只能是这么个印象了。

第二天一早，100多人悄无声息的走了。

不久，我知道我的父亲才40出头，是个暗民兵，堂兄胡孔生、胡周生，也都是。我记得有几次，他们常常因为民兵的事，来问父亲。我后来猜想，父亲当时大约是个暗民兵的头吧！好像村里二三十岁的男子汉有不少都是暗民兵。父亲当时到底应刘奎之托，负有什么任务，一直没跟我说过。当时暗民兵为游击队做些什么呢？一做递步哨，跟北方当年打鬼子的"消息树"差不多，首先是榜山顶上监视仙源城里，一见有国民党部队朝"三龙乡"(今新明乡)方向开，榜山顶上的监督哨，马上按要求做信号表示，第二道哨马上向第三道哨递，各个村都很快做好了应付准备。第二个做的就是剪掉电话线，砍掉电线杆，让国民党的电话打不通。我记得我家烤火的烘篮子上面的盖，都是父亲用电话线编扭的，烧松光照亮的火篮子也是，父亲还用电话线编扭烘篮盖送不会编的人。

刘奎从那次大部队走过以后，就再没到过我家，我成年后，才听说他在谭家桥。对他的印象，我只觉得比我父亲要高一些，也魁梧些，好像比较和蔼又比较威严，那些士兵见到他，刚刚还在笑，马上低下头，收住了。如今我印象中的刘奎，还没李步新的深，但我听说过的他纵身跨越，他“打不死”，他……对，是第一次来后，走的时候是前半夜，由我父亲给他带路。走了一段路程，为了不让父亲回家麻烦，我父亲给我描述说，走到一个山村，半夜后，恰见一个人半夜点灯出来检看，只见刘奎一躬身，好像脚不沾地，一点响声也没，直奔那人去了，只听那人“呵”的一惊，一小会，刘奎回来对我父亲说：“不麻烦你了，你回去吧，我请他带了。”父亲说，那次是过黄华岭去旌德。我对刘奎的印象是他就像古书上的侠客一样，有一身轻功，摸爬滚打，闪转腾挪，武艺高强得很。

自那第四次后，刘奎再没来过，父亲再也没见过他。现在他们都作古多年了，写这点零星回忆，算作对他们的祭奠吧。

我的三生三世

——一条中华田园犬的狗年陈述

刘云白

题记：我是一条中华田园犬，我的三生三世没有十里桃花，但却有切身磨砺的痛彻感悟。

我的第一生

我的第一生可谓不同凡响。

一身乌金闪亮的毛如黑缎，奔跑起来就是一道黑色闪电，我的目光机敏而有神，不怒而威，我曾与黑豹打成平手，我的威名四乡皆知。

在 20 世纪的 40 年代初，我降生在皖南大山里一个普通农民家里，我的主人以超乎寻常的勤劳养活着全家八口人，还有一个我。粗茶淡饭的生活没有让我消沉，反而成就了我一身凛凛威风。

主人的家坐落在小村的最高处，门前高高石磅和通往后山的青青石板路是我的职责所在地，因为我的威名，没有人敢随意走过。

在一个寒冷的雨夜，我听到了远远传来的爆豆般的声响，火光映红了一方天空，持续了七个昼夜才停止。雨仍在继续，又一个夜晚，主人家忽然来了八九个人，他们全身湿透，身上背着长长物什，后来我听说那叫铳，也就是枪！

我从主人紧张而又沉着的脸上发现，这是一群很重要的人！我闭上了嘴，在他们面前我成了最温顺的孩子。

他们总是在风雨之夜来到，人数渐增却鸦雀无声，睡上一天一夜，烤干了衣服就消失了。

村民眼中，我依然是一道不可触犯的黑色闪电！

又一个寒冷雨夜，不知道为什么有那么多的雨，那十多个身背长枪的人又安然地睡在阁楼里，后半夜，远远亮起了几点光，我敏锐地嗅到了一股危险的陌生气息，我狂吠着闪电般冲了出去，随着一声划破寂静黑暗的巨响，仿佛有什么钻进了我的身体，但我没有停下飞奔的脚步，冲向了走在最前面的人，锋利的牙紧紧咬住了一只手持短枪的手，我看见了他恐怖绝望的脸！

可是，我的身体越来越冷，血，浸透了我的全身，连同我裸露的肚肠，我挣扎着回到家里，主人非常心痛地抚摸着我的伤口：幸亏有你，幸亏有你，去找打铳的人给你报仇！

打铳的人！我知道，他们是打不死的刘奎游击队！是皖南事变的幸存者和见证人！我爬行在通往后山的石板路上，我的血染红了石板路，裸露的肚肠混着泥水，蜿蜒前行，我要去找他们，为我报仇！

天使一定是看见了我的痛苦，我被接上了天堂，天使说，因为我忠诚、勇敢、机敏，完美地履行了中华田园犬的职责。

于是我在天堂里安然休养，直到 20 世纪 80 年代中期。

我的第二世

千百年来，我们犬类被誉为人类最忠诚的朋友，能够给人类带来好运，所以人类有个口头禅：狗来富。于是我被安排转生，再世为犬去履行我的使命。

我身披黄袍四处流浪，一天，饥肠辘辘的我在一家门口找到了一点剩饭，我贪婪地舔吃着，什么？一碗带着汤水的饭居然出现在我的眼前，我抬起头，看见了一张温和的脸。嗯，他就是我的新主人了。

我的生活从此安定下来。那时主人家正筹划着开一家小饭馆，四个孩子都在上学。我想为他们做点什么，可是作为一条狗，我最根本的工作就是看家护院，我两点一线地在主人的家和饭馆之间日夜不停地巡查。我发现主人家的四个孩子都非常喜欢我，我每天伴着他们上学，估摸着时间到了再去接他们放学回家。

渐渐地，主人家的日子一天天好起来了，饭桌边我常常听到他们的笑语，我也能常吃到肉骨头了，我的毛色开始变得溜光水滑，阳光下闪着金色的光芒，我成了全家人的宠儿，但是主人很忙，他们喜欢我却从不溺爱我。

冬天来了，一天晚饭后我习惯地奔跑出去溜圈，突然一群人不怀好意地围堵住了我，我从他们贪婪的眼中看到了残忍和恶毒：黄狗肉好，好肥的一只黄狗!

左冲右突,我的鼻梁上重重地挨了一棍,一阵剧痛和眩晕,我就什么也不知道了。

我依然上了天堂,因为我用勤劳给困顿中的人们带去希望和快乐,是人类喜爱的生灵。

后来天使告诉我,主人因为我的失踪,和四个孩子不分昼夜四处寻找了好多天,夜间只要有一点响动,他们都会起床看看是不是我回来了。

我热泪盈眶,这人世间温暖的情谊啊!

我的第三世

二十年后,带着对人间的思念,我开始了我的第三世。

我发现这个时代我们犬类家族日益壮大了,我的第三世主人是一个从未养过狗的普通公务员。因为我一身雪白的毛和两只黑黑的熊猫眼(其实我依然是一只血统稍微改变的田园犬),因为孩子的喜欢我被主人抱回了家,那时我才刚刚断奶,迎接我的是狗粮、火腿肠和温暖的窝。

我的乳牙咬不动硬脆的狗粮,主人便仔细地掰碎火腿肠喂进我的嘴里。

新的生活开始了,我得到了一个洋名字——C罗,主人常常有应酬,酒桌剩下的菜被打包带回家,鱼虾,猪肉鸡肉羊肉牛肉源源不绝,女主人怕我啃不了骨头,就将肉一块块撕下来,我懒洋洋地趴伏着,从主人的手上吃着肉,这样的日子真是舒适啊!

我的生活既没有第一世的惊险,也没有第二世的忙碌。主人家与周围人家都是一个模式的房子,铝合金栅栏式大门,我的天地就是无事可做的小院子,为了打发时间,我满院子攀花折草地胡乱折腾,折腾累了就透过栅栏望着外面发呆,日子太悠闲了,悠闲生懒散,懒散生怠惰,怠惰生乏味,乏味就追求美食。

渐渐地,我厌倦了吃这些充满地沟油的打包菜,我要吃新鲜的鸡肉羊肉牛肉!我的食盆里堆了大半猪排骨,我不想吃。主人说:送给隔壁花花吃吧。什么?那个叫花花的小狗?它凭什么?一点也不好看也没什么本事,名字还那么土!凭什么给它吃?我不吃也决不能让它吃!我一跃而起,拱翻了食盆,主人气急了追打着我,我躲在小主人的身后,我知道那里是最安全的。

主人决定不再打包饭菜，把汤拌饭扔给我，一天，两天，三天，我拒绝汤拌饭！

终于鸡肉来了，是女主人买回来的，我胜利了，我重新过上了鸡牛羊肉相伴的日子，是新鲜的鸡肉牛肉羊肉哦！继续满院子瞎折腾，继续懒洋洋地鄙视着隔壁的花花……

一天夜里，那个当初接引我上天堂的天使进入了我的梦乡，我惊喜地问他：是来接我的吗？

天使一脸严肃：你还想上天堂？懒惰，自私，不知回报，一个不知反思的巨婴，是你现在的标签；你从前的忠勇机敏和勤劳已经消失殆尽，你没托生在富裕的家庭，却养成了某些富二代的诸多恶习，你还能去哪里?!

我冷汗涔涔。

可，这能怪我吗？

天使正告我：你是一条中华田园犬，你的本质就是勤劳、忠诚、机敏、勇敢，这是你的出发点和归宿。只要你不忘初心，牢记使命，天堂依旧欢迎你。

天亮了，主人又把牛肉买回来了。

我缓缓起身，走到院门外，天地很开阔……

中苏友好面面忆

中苏友好的历史虽然不长，虽然早已成为历史定格，但它确定是我们生活中发生过的有重大影响的事。历史的经验值得记忆，回忆回忆还是很有意义的。

一、苏联在全世界第一个和新中国建交

中华人民共和国成立后，苏联很快就向全世界宣布承认新中国，并在全世界第一个和我国建立正式的大使级外交关系，我记得我们首任驻苏大使是刘晓。毛泽东亲自到莫斯科，于1950年2月14日和斯大林在克里姆林宫签署了《中苏友好同盟互助条约》，预期30年。条约规定：共同预防侵略，共同保卫远东和世界和平，共同发展经济，苏联开始对中国实施156个经济援建项目。我们"陈村水库"(今太平湖)就在156个援建项目之列。(抗日开始，当时的中国政府和苏联就签订了《中苏互不侵犯条约》，反对侵略战争，嗣后又签了《中苏友好同盟条约》，相互援助支持。1950年失效。)

说实话，由于苏联当时率先走了这两步棋，中国人当时心里踏实多了，中国人真正有了老大哥，有了大靠山，不论军事上、经济上、技术上，中国人都有了坚强的后盾。你想啊，就在几年前，苏联红军一举摧垮了不可一世的希特勒和日本关东军，势如破竹，锐不可当，威名赫赫。有了这位巨人老大哥作后盾，还怕什么？我记得当时有句名言：斯大林在克里姆林宫跺一脚，地球都要抖三抖！中苏两国领土总面积几乎占欧亚大陆4/5，还怕什么？

苏联是社会主义老大哥，全世界共产党都唯苏联马首是瞻，每逢11月7日"十月革命"节，社会主义国家的领导人都在莫斯科聚首，阵容可观！中国跻身这个大阵营还怕什么！

我记得20世纪50年代我们有这样一个事实：中苏友谊牢不可破！开展政治运动打击阶级敌人，对待中苏友好的态度就是衡量一个人阶级立场的铁定标准之一，就是对待社会主义制度的政治立场和态度。

那时候，大至广场，小至礼堂和会议室，正面墙上，是毛泽东的巨幅画像，东西两面就是马、恩、列、斯巨幅画像。尤其是斯大林像，头发、眉毛、胡子，都微微泛金色，那大元帅服的衣缝绲边、肩章、衣扣，都镶着金边，似乎整个画像都放射着金光似的，威武得很。

但是，1953年3月5日，斯大林去世以后，1953～1956年间，苏联最高领导频频换马，马林科夫、莫洛托夫、布尔加宁轮番易位。1956年苏共二十大赫鲁晓夫上台，作了批判斯大林专横的秘密报告《关于个人迷信及其后果》以后，个人迷信遭到批判，中苏友好开始笼上了阴影，直到1959年苏联撤走全部援华专家，直到1963年，苏共致中共公开信发表，中共连续发表了致苏共的九次公开信，俗称“九评”，中苏开展大论战，友好关系转冷，后来还发生过黑龙江珍宝岛军事冲突和边界陈兵。可《中苏友好同盟互助条约》30年预期，仍维持到1979年底，双方才共同宣告期满，保持大使级外交关系。

二、向往苏联生活

和苏联建交后，人们似乎都有了一种希望：尽快能过上像苏联老大哥那样集体农庄式的物质生活。

集体农庄生活谁也描绘不准，是从“向苏联老大哥学习”的宣传中听来的，是从苏联新闻片、艺术片中看来的：田地连成一片，大型拖拉机耕地，大型播种机播种，大型收割机收割，麦麸由高高的卷扬机扬去，麦粒源源不断流进口袋，汽车车水马龙地运走。穿着布拉吉的姑娘们，飘着大花头巾的大嫂们，站在机器旁边脸上浮现幸福、快乐的笑容。年轻的拖拉机手们，开了一转圈机子以后，马上从座椅边上拿出一大油纸包烤肉，拖出一瓶啤酒，先仰脖子灌一大口，再撕下一块肉吃起来；有时拿一块肉丢进姑娘群，他这边就开心得哈哈大笑。

1958年，我暑假回家，家里已经公社化，吃大食堂，随到随吃，什么时候想吃什么时候吃，半夜都有。吃的菜虽是小菜，可那油比往常自家炒菜要多出好多倍，这时我脑中就浮现出看过的苏联集体农庄生活电影里拖拉机手喝啤酒、吃烤肉的情景。

除了向往苏联生活的内容，还有衣装。

首先是上下装全是“苏联大花布”，苏联进口的，就像我们现在还流行的做被面子的大红花布。中国人其实不喜欢。倒是有三种服饰，中国人还认可。

一种叫“布拉吉”，就是姑娘们、妇女们爱穿的连衣裙。在“布拉吉”传入中国之前，中国女性只有旗袍、短裙，还没连衣裙。“布拉吉”是用白布或淡素花布或格子布为面料的，领口、袖口、下摆都加皱荷叶边。后来中国人去掉了荷叶边，成为至今中国女性仍然喜爱的一种衣装。

一种叫“青年近卫军装”，简称青年装，是第二次世界大战期间苏联卫国战争中出现过的男青年的戎装：立领，领口开在左胸位置，其长度相当于现在T恤领口，袖口上扣，无衣袋，腰束一寸来宽皮带，衣下摆罩着裤子，脚蹬齐膝皮靴。整个着装，精神，洒脱，有朝气，有英武感，男青年们颇为羡慕。但是，中国当时的经济条件不行，所以很快就过去了。

还有一种叫“列宁装”，其实就是苏联红军军大衣的短装式。大翻领，左襟左边自上而下，五个一行一寸大扣；左襟右边对应五个扣眼，扣上右襟五个大扣。所以穿着以后，胸前两排竖行大扣，显得颇为雄壮。只是时间不长，也销声匿迹了。

三、看苏联电影

当时苏联电影，内容主要有三类：一类是描绘集体农庄生活的，上面已提到；一类是歌颂领袖的；一类是歌颂卫国战争英雄的。

《列宁在一九一八》很有名，放映次数多。列宁头顶谢得很高，连腮胡子，下颌的胡子向前微翘，说话声音洪亮，语速不快，语音清晰。他有个习惯动作，讲话时，爱右手五指并拢，向前劈去，大约这是电影要表现的一种思想吧。

还有这样一个镜头，我至今还记得。列宁的卫士长瓦西里安慰生活艰难一筹莫展的妻子：“亲爱的，面包会有的，牛奶也会有的，一切都会有的，宝贝，睡吧睡吧，睡梦里是不想吃东西的。”

歌颂卫国战争英雄的电影，有叫《丹娘》的，印象比较深刻。丹娘，实有其人，立陶宛人。电影是根据女作家谢芙琳娜写的真实小说改编的。丹娘参加卫国战争，袭击德国侵略者，机智、勇敢。一次中计被俘，德国人自己军帽、大衣、长皮靴，而只给丹娘穿一件破布拉吉，光脚，被押着在冰天雪地里游行示众，连德国鬼子都受不了，押她回屋，丹娘始终忍受痛苦，抿紧嘴巴，一声不吭。最后，侵略者无计可施，把村人都集中起来，当着众人面，把丹娘绞死了。丹娘临牺牲时，双手扣住已经勒紧的绳套，呼吁同胞们不要害怕，几句话一下子把这位原本柔弱的女子推向了钢铁英雄的顶峰。

苏联拍过意大利的小说《牛虻》故事片，整部电影，主人公牛虻从头到尾我记得他只说了简短的六句话，他的命运、性格，全部都是他的行为、动作、表情、眼神去体现的，艺术水平很高。

苏联电影艺术为什么这么高呢？就像中国的梅兰芳京剧艺术为什么那么令人倾倒，就像喜剧艺术为什么至今无人超过美国的卓别林。就因为20世纪前半世纪，苏联出了一位电影艺术大师名叫斯坦尼斯拉夫斯基，他和同时代的梅兰芳、卓别林共同成为世界戏剧艺术三大鼎足、三大丰碑、三大体系。20世纪30年代，梅兰芳大师率领中国京剧代表团访问苏联，专门拜会了斯坦尼斯拉夫斯基，两位大师结下了深厚的友谊。

四、学唱苏联歌曲

中苏友好时期，流行很多苏联歌曲，如《伏尔加河船夫曲》《青年近卫军之歌》《莫斯科郊外的晚上》《再见吧，妈妈》，等等。其中《莫斯科郊外的晚上》比较出名，唱起来轻松愉快，常用作集体舞曲。还有一首《喀秋莎》，很是轻快、优美，也是常用的集体舞曲。

我1956年上屯溪高中后，学的是俄语，学了一首俄语歌曲《莫斯科——北京》。歌曲大意是：中苏友谊牢不可破，莫斯科与北京紧密团结，斯大林和毛泽东领导着我们前进。我们平时唱时，张口就是俄语，所以到今天，中文歌词基本忘了，而俄语歌词还能顺口溜出来。四二拍行进式，唱起来感觉像军列一边敲着军鼓一边行进似的，嚓嚓嚓嚓的感觉，很有军威。

五、读苏联文学作品

苏联文学作品，我几十年来没有忘记过的是在高中时读过的《卓娅和舒拉的故事》。这好像是一位名字叫托芙娜普斯卡娅的女教师写的回忆录。她把一双儿女从小培养到大，先后把他们送到卫国战争前线，直到牺牲。读的过程中那种慈爱而心酸的感情浪头时时袭来，心中很不是滋味。她丈夫去世早，守着一双儿女，最后只剩下自己。女儿卓娅，儿子舒拉，姐弟感情特好。卓娅刚刚成年，卫国战争开始了，她报名参军了，妈妈支持她，可不久，她像丹娘一样被俘牺牲。弟弟舒拉要学姐姐，最后也牺牲了。我难以忘怀的是，这永远没回来的花样年华的姐弟二人，这茕茕孑立、形影相吊的妈妈——是我读过的苏联文学作品中感觉最真、心灵撞击最痛的形象。

奥斯特洛夫斯基写的《钢铁是怎样炼成的》，在中国家喻户晓，主人公保尔·柯察金，现在中国人还奉做榜样的。他先参军，战后参加后方建设而失明，是作者根据自己的经历写成的，是作者失明后写成的自传式作品。小说中有一段话，也是作者的心声，几乎读他作品的人都有印象，我现在还能背出来："人的一生应该这样来度过：当他回首往事时，不因虚度年华而悔恨，也不因碌碌无为而羞愧。这样，他在临死的时候就会说：我的一生都献给了人类最壮丽的事业——为共产主义而奋斗！"这段话和我们的"做一个永不生锈的螺丝钉""一不怕苦，二不怕死"，异曲同工。

还有有名的高尔基，凡上过初中的，差不多都知道著名的散文诗《海燕》，那是高尔基在"十月革命"前青壮年时的作品，被誉为呼唤"十月革命"的信号。其实高尔基的所有作品都是作于"十月革命"前，"十月革命"后，他因为为知识界遭到厄运而愤怒呼喊，犯颜直谏，因为"不合时宜"而被流放国外十多年，三十年代回国后，就再也没有作品了。

我还读过法捷耶夫的纪实体小说《青年近卫军》，这部小说以一城市为背景，表现卫国战争中，以奥列格、乌丽亚为主要人物的青年们，以青年近卫军名义反抗德国侵略者，最后壮烈牺牲的故事。这是一群和卓娅、舒拉一样美丽可爱的青春少年。

《契诃夫短篇小说集》可能人们读得不多。契诃夫是沙俄时人，他的短篇小说描写功力相当高。我上高中、上大学时，写作文常常学他，得益不浅，作文水平提高很快，老师常常拿我的作文当范文。我觉得契诃夫的短篇小说，每一篇都是一帧画作，细致、明亮，色彩纷呈，读者会不知不觉地走了进去。

六、和苏联同学通信

我1956年9月进屯溪高中，当时高中外语开设俄语课。带我们俄语的老师姓张,他原是抗日战争后驻军我国东北旅顺、大连的苏联红军的中国籍俄语翻译。

学俄语不怎么难,似乎比学英语还容易些。它的拼音方法跟汉语拼音差不多,拼读容易,所以记写单词也就不太难。

俄语有一个有趣的字母“P”,英语读“批”,而俄语读时是用舌尖颤动而发声的。俄语单词中相当多数都有这个字母,整个单词读起来很好听。试举一例:中文“尊敬的同志”“亲爱的同学”,在俄语里是同一个词组,俄语读音可以模拟为“搭拉锅衣 搭哇勒西”,其中的“拉”“勒”就是颤音P发的。又比方苏联领导人之一的“伏罗希诺夫”中的“罗”,“赫鲁晓夫”中的“鲁”,都是颤音。

我学俄语最感兴趣的,还是和苏联同学通信。我们班当年和苏联结为友谊班级,是列宁格勒(现已恢复原名叫彼得堡)一所十二年制学校十年级的一个班,和我结友谊对子的是位女同学,现在我还记得她的名字,叫卡岗诺娃。十年级相当于我们高一。

和苏联同学通信,自然比我们自己做俄语练习要生动得多。我每次都先打好中文稿,然后再译出俄文,抄成正稿,寄出。

到现在我仍然记忆如新的是卡岗诺娃的那一笔俊逸飞扬的俄文书写,按中国说法就像是一笔十分流利漂亮的行书书写,读她的信同时也是欣赏她的俄文书法。因为俄文手写体书写,每句话、每个专用名词的开头字母,都要大花写,所以一行行写下来,就像河水波涛滚滚,不断翻着浪花。

卡岗诺娃写信用的墨水,我的印象十分深刻,墨水颜色很美,不是天蓝,不是湖蓝,也不是海蓝,是一种又鲜又亮的蓝色。我找到现在,也没见过那种色彩鲜美的墨水,如果有,我会天天用那种颜色的墨水写字,也能弥补一点六十年的遗憾。

可惜的是,上高二后,俄语换了老师。不久,校园里几乎每天下午都能听到令人恐怖的批斗会上震动屋瓦的吼声,空气很紧张。和卡岗诺娃的通信就自然地、永远地中断了。更可惜的是,卡岗诺娃大约一共来过五六封信,因为人所共知的原因,一封信也没保留住。

卡岗诺娃,您现在应该是一位满头银发的碧眼老太太了,六十年来过得好吗?不知脑中是否还有六十年前和中国安徽屯溪高中同年级学生胡某某通信近一年的记忆?

七、向苏联学习

20世纪50年代初,有个不成文的铁定说法:我们就是“一边倒”,毫无疑义地倒向苏联一边,倒向社会主义老大哥一边!也就是说,一切都向苏联学习,甚至是完整地照搬过来,照套过来。笔者没有能力全面回顾,就从当时只是一个学生的角度,做一些学校生活的片段回忆。

(一)课堂教学五环节

课堂教学五环节,是凯洛夫提出的课堂教学五步结构法,凯洛夫是当时全苏联主持教育工作的最高官员。所谓“课堂教学五环节”是哪五环节呢?一共20个字:组织教学,复习旧知,学习新知(或叫进行新课),布置作业,复习巩固。每个环节都有基本时间规定,一堂课45分钟,“学习新知”占25~30分钟。

所谓组织教学,规定要2~5分钟,老师主要是按《点名册》点一次名,安定课堂秩序。课课如此。其实,课堂效果主要看老师的能力和水平,否则学生照样“开小差”。至于“复习旧知”“布置作业”“复习巩固”都很必要。可是,以后发现越来越不行了。

问题在哪里呢?首先是机械,甚至每环节具体用的时间都有规定,被听课时有人还用手表给你掐时。这就没什么必要。

还有一点。不论哪个学科,老师们都有一本统一印发的铅印本统一教案,每节课内容和步骤,都有统一规定,连语文课词语解释也是,中小学一样。我现在已经体会到当时特别是上语文课的难处了,那样教语文,十分乏味。

(二)劳卫制锻炼

所谓劳卫制锻炼,是为了将来有强健身体劳动、卫国。劳卫制锻炼分一、二两级标准,达到标准的分别叫“劳卫制一级运动员”“劳卫制二级运动员”。可是,要达到标准,是十分不容易的,例如百米速度,一级13秒多,二级12秒多,所以百米我始终没达标。

但是,实行劳卫制锻炼却推动我也爱锻炼身体了。整个初高中阶段,我虽然不算体育健将,却是体育锻炼积极分子,也因此保证了我几十年工作中精神始终很充沛。

八、几条记忆特深的名言

1953～1956年是我初中生活期间，那时候，教室布置有一大特色，张贴的标语全都是苏联的名人名言，标语的上端是名人的画像，画像下面是他的话。现在还记得几条。

我爱读书就像饥饿的人扑在面包上一样。

——高尔基

这句话很形象。受这句话的影响，我也似乎有了三种习惯：一、有条件尽量多读；二、一时弄不明白，多读弄明白；三、尽量多记一点。这也慢慢形成了自己的读书观念，我把它定名叫做“T字观”，具体解释就是“知识涉及面一定要广，专业功底力求要深”。我这个读书观颇得一些爱书朋友的赞同，有的朋友千里之外，就因为看到我这段话，而和我结下了割不断的飞鸿之谊的。我的这个读书观对我以后的语文教学观的形成很有作用，我的语文教学“诚、杂、新、活、实”五字诀，被陕西师范大学《中学语文教学参考》专文附小照发表，向全国推介。

条件反射是动物在个体生活过程中适应环境变化而新形成的反射。

——巴甫洛夫

巴甫洛夫，苏联生理学家，在沙俄时代，就已经是生理学家了。他发现了“条件反射”。

什么是“条件反射”呢？通俗说，动物（包括人）除了本能之外，在生活过程中，环境的改变会使它生活的需求、习惯产生新的适应和需求。举例说，我们传统喂鸡，是一边“吆吆”唤鸡，一边撒稻谷，而现在有的散养鸡场，却采用吹哨布食、放音乐布食的办法。鸡在听到吹哨、放音乐时，就知道有东西吃了，就会一齐跑向布食的地方去，这听到吹哨、放音乐，就形成鸡在新环境下产生食欲的新的影响，这个影响就是条件反射。这种反射，不光动物有，植物也有。2013年春季，黄山电视台一则新闻播放了休宁县一家新建茶园实验项目消息，在春茶发芽时，在茶园播放轻音乐，能助长茶芽生长。奇怪的是，镜头显示，轻音乐一播放，茶树枝，连茶园边的柴林，都悠悠然摇摆起来。

人同样，不论何时何地，看到什么好吃的就想吃。人最容易产生条件反射。衣、食、名、利、色、欲，等等，都容易诱人。许多人经不起引诱，就去追求，甚至主动去有意搞刺激，主动去制造条件刺激欲望，而不是控制条件反射对自己的影响作用，结果许多人一个个栽进了物欲“黑洞”，甚至万劫不复。

条件反射对动物，包括植物，更包括人，本是生理的自然现象，是正常的，而在人，如果不看到“条件反射”作用的负面，反而去“开发”，去刺激，甚至创造条件去放纵，其结果就是损毁自己，更可怕的是有的人在加速滑坡而不自省。

我们不能等待自然的恩赐，向自然索取是我们的任务。

——米丘林

米丘林，苏联园艺家，植物育种家。他说的这一句话，尤其是“索取”这个词，却令人悚然。我刚进太平初中读初一时，一看到这条标语，就有些不自在。什么叫“索取”？“索”就是“要”，硬要，无偿的要，不用感谢的要，是拿了就走、毫无顾忌地要，是冷酷的要，是不给不行的要，是“我的是我的，你的也是我的”的要。

人们都知道，只有付出，才有回报。而且我们中华民族传统还讲究“天人合一”，现在通俗说法是“人与自然和谐相处”，不和谐相处，大自然会报复的。要保护环境，要善待自然。可米丘林的“索取”的声音却冷气逼人。我们的自然要保护，不能向大自然硬要！以我几十年对长江的感受为例。20世纪60年代，我乘船过江，江水是清的，和黄河水判若泾渭。80年代已变成重度深黄色，夹杂着浑浊的绿色。而到90年代，则已经成为很有浓度的浑黑色。近几年，舆论界都关注中华民族这条最长的母亲河，甚至惊呼要为这条母亲河下“病危通知书”。现在沿江到底有多少挖沙的，没有数字；到底有多少污染企业在向母亲河倾倒废渣废水，没有数字。有文章显示，长江大小支流的水电站坝，据说有两千多座。长江水产种类数字在锐减。皖江有名的扬子豚，即白鳍豚，在水族中对水环境的质量要求最低，现在都难以生存，据说其存活数已经少得相当可怜，只有百十来头了。安徽电视台聘请了一位著名影星作为代言人向社会呼吁“救救扬子豚”，这项活动开展至今已三年多了。这只是长江被索取的一个明显例子。

还是少点向大自然“索取”吧，否则最后不知谁索取谁了。

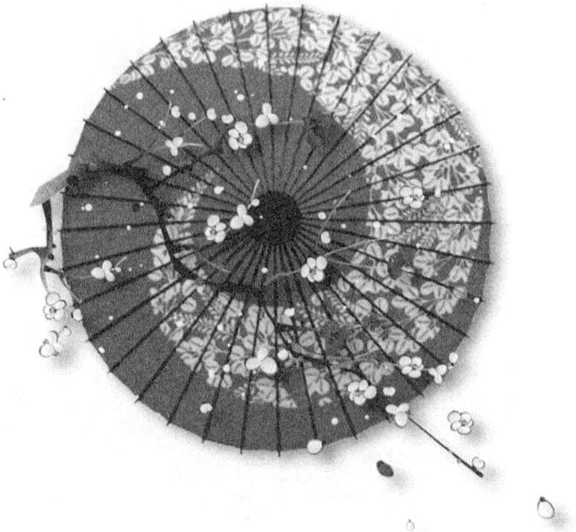

从来故事皆人事　善良永久胜佞邪

故事篇

“太平猴魁”的故事

“太平猴魁”是黄山区独有特产名茶，不但在国内，就是在国际上也是金牌名茶。它造型美观，香味纯厚，是难得的茶中珍品。传说它原来是黄山神猴对太平人的厚报，故事说来真正动人。

传说很早以前，黄山有一对纯白毛猴，它们还有一个活泼可爱的小宝宝，一家人天天扯藤萝打秋千，攀悬崖练胆量，临池潭照镜子，登高树采果子，好不潇洒自在。时光一天天过去，小宝宝一天天长大，调皮多了，常常独自跑出去，几天才回窝，一对老猴也慢慢地放心习惯了。一次，那小猴独自外出玩耍，攀藤跃树，向北一路纵跳而去。到了山下，只见瓜果甚多，不觉多吃了一些，吃饱了忽觉疲乏，便迷迷糊糊睡了。瓜果多了，就贪恋不想回去。渐跑渐远，山野广大，小猴竟忘了回去的路。

却说一对老猴过了很多日子不见小猴回去，商议结果，公猴决定自己去北边寻找。可怜老大老大的地方，上哪儿去寻找一只迷路的小猴子？老猴寻子心切，思子心痛，忘记了饿、忘记了渴、忘记了疲劳困乏。毕竟老了，一天寻到太平县北部一处山坑里，实在无法行走，躺倒休息，谁知竟没有再起来。

这附近住着一个老汉，名叫王老二，以采野茶、挖药材为生。恰在老猴死的第二天来到这里，发现了这老猴。王老二人善心慈，心想人猴一样，应该给它掩埋安葬下去。便在附近向阳高坡上挖了一个坑，用石块砌了个槽，然后把老猴仰卧放好，掩埋起来，前面还用石块砌了个坟门。当天晚上，王老二便梦见了一个穿白衣的人向他表示感激，说要报答，王老二人诚实，也没放在心上。

到了第二年该采茶时，王老二采野茶又来到埋老猴的附近，突然见这一带大变模样。只见老猴坟的附近和整个山岗，长满绿油油的茶棵，那茶叶又肥又嫩，老远就闻到阵阵清香。王老二心想：“这里怎么回事呢？这一带哪有人？谁能很快地种起这么一片好茶呢？”正想着，仿佛有人在说：“这是我对你的报答。”王老二忽然想起葬猴当天晚上的梦，啊，莫非这是神猴显灵报恩？为了纪念这神猴，王老二便把安葬老猴的山岗叫作猴岗，把这茶叫作猴茶，把自己住的村叫猴汗。

可怜那只母猴更是难过，心爱的孩子贪玩跑丢了，寻找孩子的老头子也不见回来，思念孩子又思念丈夫，也是整日整夜的痴等呆看。先还是坐自己窝门口，后来便整日整夜地坐在狮子峰北边那四周没有任何遮挡的山顶平台上，一动不动对着太平方向望着，什么时候僵硬了变成石头都不知道。后来人们便把面对太平的白毛母猴变成的石头，叫作“猴子望太平”。因为黄山北海山高谷深，气流急速，又多气旋，所以云海特别有声有色，因此那石猴又名“猴子观海”。

这猴茶便称为“太平猴魁”，真实的得名，是清代光绪末年至民国初年。猴茶产于猴岗、猴汗一带，是高质量茶。清光绪年间，它也跟别的茶一样，卖不上价。当时猴汗有个祖籍庐江县的王魁成，也叫王老二，他为了提高茶叶质量，在光绪二十六年(公元1900年)改变了传统制作方法，一律取两叶一尖的茶叶，制成“两刀一枪”规格，猴茶名声逐渐外扬，被茶商们誉为“王老二魁尖”。到了1912年，距离猴汗东八里新明乡三门村，著名士绅刘敬之，向王老二购买了几斤茶，取猴汗之“猴”，王魁成之“魁”，定名为“太平猴魁”，送到当时刚刚成立的中华民国政府农商部和南京劝业会陈列展览，“太平猴魁”正式扬名南京，获最高奖，第二年便挂牌销售。1915年，“太平猴魁”由国民政府农商部选送美国参加巴拿马万国博览会比赛，一举获得国际金奖。从那以后，“太平猴魁”作为顶尖名茶，一直金牌不倒。所以这一金牌名茶扬名中外，一要感谢创始人王魁成先生，一要感谢后来曾多次接待周恩来的刘敬之先生的推举之功。

要说这猴魁，真是茶中之秀。外形两叶包一芽，平扁挺直，不散不翘不曲；外显白毫，但含而不露；色泽苍绿，叶脉绿中藏红；冲泡开汤，茶叶成朵，徐徐开放，或沉或浮；香气高爽持久，汤色清绿明净，具有爽口、润喉、明目、清心、提神之效，难怪传说这么神奇。

文武两状元的来历

南宋宋理宗赵昀淳祐六年(公元1241年),焦村的焦炳炎、焦焕炎二人同科进士及第,该科头名状元本是徐俨夫,但因为弟兄二人都进士及第,所以皇上宋理宗都亲自召见,金殿策问。兄弟二人尤其是哥哥焦炳炎慷慨陈词,对答如流,理宗龙颜大悦,御笔钦封“文武状元”匾一块。兄弟荣归故里,焦姓就在村头立牌坊一座,上书“文武状元”四个大字。

这兄弟二人同科进士及第,尤其是因为皇帝金殿策问,同被钦封文、武状元,这在科举史上是极罕见的。焦村人传说跟他们抢占风水地有关。现在就大致说说这个故事。

却说南宋时,焦村就有梅、焦两大姓,梅姓聚居焦村早于焦姓。梅姓居于翠微峰下,焦姓居于狮形山下,即今焦村街一带。两姓村庄以源于九龙峰、翠微峰的双溪河为基本界线,相处和谐。焦姓族长焦暮云为儿子焦源向梅姓族长梅广鹏求娶了其女梅兰为妻。

却说梅家本有块风水宝地在狮形山,名叫梅家坦,只因没请到高明的风水先生定地穴,所以一直没安葬祖坟。但此事一直对焦家保密。也是合该有事,梅兰已经生下炳炎、焕炎两个儿子,一年春节后回娘家,拎了一小篮子鸡蛋,恰经梅家坦,坐在路边小歇,不一会,只听得篮中鸡蛋里有小鸡叫声,一看,有的已经破壳待出了。梅兰不知缘由,大惊失色,重新回到家告诉了婆婆,婆婆又立即告诉了公爹焦暮云。焦暮云一听,心下大喜:这可是天赐洪福。当即与婆媳二人说明:这定是绝佳的风水宝地,葬下祖坟,子孙定会繁荣昌盛。当下授计媳妇:“你生死都是焦家人,你要为你儿子将来着想。赶快趁回家机会,想办法把梅家坦地契搞来。”媳妇梅兰果如其言,回家向母亲要了些菜种,知道娘家契约文书等物的去处,偷出了那份地契当废纸包了菜籽回到家。

焦家一得到这份地契,立即计划安葬祖坟。事也凑巧,正好来了一个姓张的风水先生,焦暮云喜不自胜。第二天一早,便与风水先生吃过早饭,带了罗盘，来到梅家坦。只见狮形山山脉源于洋湖岗，蜿蜒如游龙，到了焦村突然南折，折出一个山坞，形成一个大山包，山包下临后溪河一个深潭，后溪河又像一条绶带，飘然而入狮怀。整个狮形山土厚沥水，这叫得风得水又厚土，形成了绝好风水。焦暮云就要在狮头上定穴，风水先生说，那是龙穴，你们家受不了，结果给定在梅家坦。墓穴中心恰在梅兰歇息的地方，狮形的“腰眼”上。风水先生接着说：“葬上了这风水，你家世世代代，要出三斗六升芝麻数的官，可就苦了我了，我的眼要瞎。”焦暮云满口承诺给风水先生养老送终。

焦家的举动，梅家岂能不知？梅家族长梅广鹏岂肯罢休？祖宗产业岂能就这样不声不响被霸占了去？就一张状纸把焦暮云以“盗窃地契，强占风水”罪名告进了当时太平县衙，因为本是梅家祖业，自觉理直气壮。岂知上了公堂，焦家拿出了地契，梅家无凭无证，空口无凭，结果输了官司。梅家好不气恼，只得重金贿赂知县，焦家也不示弱，也贿赂重金。知县受了两家贿金，决断不下了，最后一堂想了个主意，让铁匠打了一双铁鞋，当堂烧红，吩咐道：“谁家敢穿这鞋，这地就判给谁家，否则就充公。”焦家为了祖坟志在必得，地一充公，岂不竹篮打水？焦暮云的儿子焦源一急，事关自己两个儿子的大好前程，岂可放弃？便不等商议，冲上前去，将一双脚穿入那红通通的铁鞋。常言十指连心，何况双脚底板遍布穴位，关碍全身。焦源哪有活命？梅家自愧无人有焦源的勇气，只得认了。

焦暮云虽然赢了官司却赔了儿子，只得择日破土，按风水先生安排，将包括焦源的棺木，一起用草绳悬空，吊棺安葬，还买了一对童男童女殉葬。合墓后，风水先生果然双眼瞎了。焦暮云把两个孙子安排在村西山顶上城山书院读书，长大成人后，就出现了那“文武状元”的结果。

焦暮云目的达到以后，对风水先生就慢慢怠慢起来。原先三日一小宴，五日一大宴，出门坐轿这些上宾之礼都疏了。甚至掉进茅缸（即茅厕）淹死的鸡，也叫丫鬟洗了弄给他吃。风水先生气恼至极，他要报复焦暮云。一天，他叫来焦暮云道：“族长，葬风水后，你家要出三斗六升芝麻数的官，是快出好，还是慢出好？”焦暮云恨不得在他在世之日能看到他子子孙孙人人当大官，当然快出好。“你要快出，明天就在风水地祖坟前搭大戏台，唱七天七夜的《跳加官》《百官图》，官就格外出得快。”焦暮云希望子孙发达心切，一切顺利照办，七天七夜，大戏台上尽是王侯公卿、府台知县进进出出、上上下下，岂知这正是风水先生的一计，焦家的三斗六升芝麻数官就这样全出完了。

风水先生还不解恨，又说："吊棺草绳现在该换铁链了。"焦暮云暗想有理，马上打来铁链。打开墓穴，只见殉葬的童男童女面色如生，割换草绳，草绳流血。可也奇怪，风水先生失明的双眼一下复明了，天亮后不辞而别。风水先生逃走，焦暮云想起草绳换铁链竟然流血，感觉不大对劲，马上命人打造结实的新草绳，又破穴换下了铁链。当地的风水先生不被焦暮云看重，都在看焦暮云的戏。有的干脆点破他："你一次破土合墓，两次破穴，再好的风水也破坏完了。"焦暮云听后，思前想后，大约也觉得懊悔，从此便郁郁寡欢，恨恨而死。

从那以后，除了焦炳炎、焕炎兄弟二人得了点气候，焦家再也没有出过什么大官了，只是人口历来比梅姓兴旺罢了。正是：人心不足，蛇可吞象。吞而难咽，一梦黄粱。

罗汝芳与仙人观榜

黄山后海，有许多奇景妙迹，像仙人峰上的关公挡曹，宝塔峰上的三尊大佛，骆驼峰下的天鹅孵蛋，书箱峰上的叠叠天书，无一不令人一见叫绝，百思而不得其解。尤其是飞龙峰上的仙人榜，传说更加神奇。

仙人榜此景怎么看方便呢？从清凉台下北海，或从北大门进山，到“仙人铺路”处，抬头北望，飞龙峰有一块长方形的巨大石片，如同悬挂在那悬崖峭壁上一般。石片微黄色，与周围的丹崖、石柱、青松、白云相辉映，显得格外突出。远远看去，那仙人榜平正光滑，上面好像刻着一行行篆书文字，若隐若现，而那字形似乎又古怪离奇，难以辨认。相传那是古代仙人游览黄山留下的神迹。

更离奇的是，仙人榜正南对面宝塔峰下，有座巨大的石头形成的仙人，形貌岸然，衣冠楚楚，正昂首遥看那仙人榜，于是形成了这有名的、令人难解其妙的一处奇景妙境。

这处名景却又有一个联系着真人真事的离奇故事。

江西建昌府南城县人罗汝芳(号近溪)，是嘉靖二十三年(公元1544年)进士，于嘉靖三十二年(公元1553年)钦点为宁国府太守。唐宋元明以来，黄山属太平，太平属宁国府，罗太守自是关心黄山。罗太守酷爱书法，松谷庵的匾额“东土云山”，就是他的手笔。罗太守又酷爱探奇走险，他早就听说“仙人观榜”的传说，如今既当了宁国府的太守，当然不能放弃探研“仙人观榜”奥秘的机会，谁知几乎因此丢掉性命。

一次，罗太守因公来太平，公务余暇，自然少不得游览黄山，搜奇览胜，曾两上黄山。罗太守是个学问家，公务、游览都不烦扰地方官员，只身与随从，背着干粮，带着银两上山游览，后写有《重登天都峰》《观天都夕照》等绝句。

《重登天都峰》绝句云：

两拜天都峰顶峰，风云万派起虬龙。

乘风便欲归天上，觅取蓬莱归旧宫。

《观天都夕照》绝句云：

云敛长空夕照开，黄金万叠拥层台。

山灵可是还留客，我欲长歌归去来。

对黄山的风物景观观察如此细致，描写如此传神，把自己的情感和黄山神韵融为了一体，可见罗太守十分爱黄山，罗太守游览黄山，心中总不忘“仙人观榜”。其他景观均可近观远望，唯这仙人观榜要下一番功夫。他做好了准备，也带足了银两。他先花钱请人买好杉木、毛竹，修好栈道、阁架，以方便上下，他把仙人榜所有地方都仔细考察到，欲揭出其中奥秘。谁知那榜上文字似有却无，若现却隐，罗太守费了不少功夫，刚刚辨认出个繁体“仙”字。忽然间，天昏地暗，飞沙走石，电闪雷鸣，风雨大作，霹雳一声炸响，把那“仙”字击去。那电火把仙榜周围烧得个乌焦巴黑，把那竹木阁架顷刻变为焦炭。罗太守站的位置离栈道不远，狂风大作之际，见情况不妙即踏上栈道，准备下来。刚上栈道两步，那阁架即如一堆焦炭一样，稀里哗啦塌了下去。罗太守顿时面如土色，赶紧下了栈道。神魂甫定，看那榜，颜色又如雷击之前一般模样，方信天机不可泄露，凡人岂可随便窥探天机。从那以后，再也没人敢去辨认仙人榜上的字了。

仙源"三星"的传说

仙源之所以叫仙源，据说和下面故事有关。也不知哪年哪月，仙源出了三个"星宿"。年代久远，他们叫什么名字，也没流传，口头上只根据他们的能耐而称呼为：财星，黄道士和贼星。

据说那财星可了不得，他左脚踩金，右脚踩银。什么意思呢？就是说，他左脚往哪儿一踩，说有金子多少，挖下三尺，果然就有那么多金子；右脚往哪一踩，说下面有多少银子，挖下去真有那么多。但这个财星却不随便就这样"左脚踩金""右脚踩银"，只是见谁天灾人祸或是生活困顿无比，才暗暗指点，让他们挖得一点财宝渡过难关。自己却从来不乱用一钱银子，家中环境也只平平常常。

他的家原来住在西城外，每天早上开城门后，他和普通人家一样，提着篮子进城买点什么。有些眼浅的人就讥笑："乡巴佬进城了。"次把两次倒无所谓，常常如此，就不免懊恼。于是他就把跟自己一样住西城外的人喊到一块说："我来搞银子，你们出力气，把西城圈大一些，我们都住进城里去。"大家一致同意，于是他就左脚踩金、右脚踩银地叫大家挖，挖出来金银财宝，买砖买料，把老城拆掉重建，财星终于成了城里人。据说原先老城墙只到城北山脚，这次重建，砌上了城北亭子山。亭子山有说是猴形，新城墙砌上了山，如同把一只地气活泼的猴子用铁链锁起了一样，因而破坏了仙源的风水。

财星扩建了城墙，世人皆知他有钱了，那个贼星觉得喜从天降，自觉得以后的财路就在财星家。那贼星偷盗本领高强，能偷得不见痕迹，让被偷的人家过了很久才发现少了什么。世上没有不露的蛛丝马迹，时间长了，大家也都知道了他，可捉贼见赃，拿不住他的把柄，大家也无可奈何。知县老爷把他传唤了去，告诉他："能把老爷贴身的物件偷得来，以后就不得再偷，要钱用找老爷要。"而且规定了期限，还要当众偷，不在期限之内，不当众偷，不算数。谁知贼星偏点子多，而且会缩身术、隐身术，知县老爷却不知道。

自那日起，知县在自己规定的期限内好不紧张，白天少不了保镖保卫，晚上也要多派人值更轮班，尤其有专人看管他贴身物件。那日正坐堂理事，忽觉得后颈衣领内有什么东西落了进去。开始还不觉得，后来觉着痛痒，渐渐前胸后背到处有东西爬，咬得痛胀。隔着衣服抓，毫不济事。耸肩缩颈，窝胸弓背，也都没用。知县老爷连忙退到后堂，叫随从们帮忙捉找。等脱掉官服，露出小衣裤时，才知原来有了许多蚂蚁。内衣内裤都有了蚂蚁，那只有脱了捉。这时知县老爷急得真叫顾不得，也忘了贼星要偷贴身物件，那裤带上佩了一块蓝田玉，可以避邪，避免跌打损伤，也就随手往椅靠上一搭，捉蚂蚁要紧。等捉好了蚂蚁，拿裤带系裤时，裤带不见了！

正热闹间，外面敲起升堂鼓，知县老爷忙不迭整好衣冠出来坐堂，原来正是贼星正高挑着知县老爷佩着蓝田玉的裤带，知县只得傻眼服了。原来知县坐堂时，顾下不顾上，贼星已在梁上。那贼星一块熟肉块引了几十只蚂蚁，用块软布包了，到梁上后散开包，看准知县后领放了下去，不歪不偏，正好。知县嚷着进后堂，贼星早先进去了，换了预先准备的衙役衣帽，大家忙着帮知县脱衣捉蚂蚁，根本没顾假扮的衙役，让贼星得了手。

却说那贼星一心想偷财星，可试了几次都不得手，到了他家，只要想偷什么，那财星总像知道了一样。一次，正月十五东门黄家堂请戏班子唱大戏，贼星看准了财星正坐在戏台正前面观众堆里，连忙甩开飞毛腿到财星家，却看见那财星正在门前舞剑。映着月光，那剑光凛凛寒气，徐徐冷风，贼星虽精盗术，也不由得倒抽一口冷气，赶紧跑回黄家堂假作无事在看戏。冷眼看戏台前人众里，财星正和大家一样喜笑颜开看着戏。贼星暗道："难道我眼花了？"急抽身赶回财星家，见财星家大门洞开，堂屋里明晃晃点着四盏琉璃吊灯，上堂八仙桌明晃晃点着琉璃台灯，那宝剑放在桌上，似乎正冒着寒气，财星正展卷读书呢！贼星这才算明白，碰到高人，不敢造次。打那以后，贼星似乎悟到了什么，金盆洗手了。

却说仙源黄姓也算大族，聚居于黄家堂一带。其中紧靠东门城墙有一家，家里一个男孩小时求吉利，取了个小名叫道士。他家的房子楼上朝东开的窗子，正对榜山架镜。这黄道士从小爱在窗内盘腿打坐等月亮从那里起山，天天如此。阴雨天，月底月初无月时，也在假想着月亮起山。比他大不了几岁的小叔叔讥笑他是"讨饭料"，他一笑了之。后来渐渐长大了。一年正月里仙源城里唱大戏、舞龙灯，各种玩意娱乐都有。黄道士的小叔叔忽听人说，扬州从正月十三到十五三天好热闹，心痒痒想去看。黄道士笑道："叔叔想去，包在我身上。"他叔叔并不把他的话放在心上。

转眼到了正月十二，吃罢晚饭，黄道士找来叔叔道："其实扬州今晚就热闹了，我们一道去吧。"他叔叔却道他白日做梦。扬州还在南京的江北往东，步行至少要六天才能到，等赶到，灯会早过了。黄道士却信心十足："我包你到，今晚你要到不了扬州，随你怎么处置。"那叔叔就随他，看要什么把戏。来到他家，只见门前摆着一条粗粗的草绳，用架子架空了，黄道士先跨上去，叫叔叔在他后跨着，道："叔叔闭着眼，千万别睁开，否则不是玩的，我叫睁眼才睁开。"叔叔当真就闭着眼。霎时，身子起空了，耳边呼呼风响，吓得他紧紧拽着黄道士衣服。大约一顿饭工夫，身体好像渐渐下落，耳边风声也没了，只听得下面好热闹。一会，只听黄道士道："叔叔开眼。"叔叔开眼一看，仙源城里哪能比？叔侄二人就这样玩了两天。叔叔是个贪玩的人，根本就不提回家。黄道士却显得疲惫，要回家，不愿再玩了，他叔叔抱着"反正出来了"的心情，玩就玩个够。黄道士掏出三个铜板交给叔叔："你多玩几天，我先回去，这有三个铜圆，你每一餐只能用两个，不能用完。"说罢就走了。

他叔叔玩过了正月十五，天天按着侄子说的做，一餐只用两个铜圆，总能吃饱喝足。可也奇怪，天天用，口袋里三个铜圆总不见少。到了十六，灯会渐渐散了，叔叔才想着回去。来时有侄子作法，回去只有步行了。半天走下来，又累又饿，两个铜圆买饭不管劲，干脆三个一起用。这一餐饱是饱了，可晚上再摸时，口袋空空如也，只得一路乞讨回家。到家后，黄道士拍手笑道："叔叔也成了讨饭料了。"

传说这三个人后来都发现了自己的能耐，也暴露了自己的短处，觉得应该老实本分，不要张扬，他们彼此成了好朋友。据说那财星"左脚踩金，右脚踩银"也只是在平地上，所以他平时走路不带银两，随便从哪只脚下泥土里抠一个小银锭就足够了。谁知有一次出门也没带银子，却要乘船，船到对岸，下船前要付船钱。坏了，左脚下也抠不出金，右脚下也抠不出银。船家不愿意了，说："你是出名的有钱人，连船钱都没有，谁信？"财星只得解下贴身玉佩抵了。一天，三人一道到城北梅溪河河口石拱桥（今小东门外）下洗澡，顶上霞光直冲云霄，阻住了正在驾云的太上老君的云路。老君拨开云头看时,不觉点头叹道:"哀哉!有根基之人,岂可这般暴露!仙源,仙源,惜乎矣!"后来人们便称这小石桥叫三星桥。

因为仙源出了这三个星宿,所以名叫仙源。

曹福救主

太平县与旌德县在龙王山北段交界处黄华岭上，离查汗河口不远路边，有一座孤坟，坟前有青石碑一块，上刻楷书“古坟”二字。奇怪的是，以往戏班子或戏班班主或知道这座坟故事的戏曲艺人，经过坟前，都要为这古坟烧纸或撮土为香，顶礼祭奠一番。这事在新明乡的葛湖里、举坑、密坑、桃林、内外招溪等地的老辈人，差不多都能说出一个《南天门》的戏剧故事来。

这是怎样的一个故事呢？明代神宗（万历皇帝，公元 1573～1620 年在位）时，选召了一个宦官名魏忠贤。此人由于善于逢迎，很得皇帝欢心，渐渐得势。到了明熹宗天启年间（公元 1621～1628 年），成了专断国政的大恶，从内阁六部到四方督抚，都有他的爪牙死党，明王朝的御林军“锦衣卫”都成了他排除异己的武器，他可以任意调动人手去杀害忠良。他不但大兴冤狱，杀害敢于联合反对他的东林党等正直人士，朝廷官员谁敢说个“不”字，都会遭到迫害，更不用说公开反对他的人。他自称“九千岁”，仅比皇帝小那么一点儿，可见狂妄至极。好在明熹宗才干了七年皇帝，到了公元 1628 年，崇祯皇帝登基，希望革除弊政，重振朝纲，觉得必须消灭魏忠贤及其党羽，才能使正直之士抬头。所以，就解除了他的权柄，把他送到安徽省凤阳看管起来。不久又宣布逮捕法办。魏忠贤在被逮捕押送北京的途中，自知难免一死，在路上找个空子上吊自杀了。此是后话不表。

却说明熹宗天启年间，熹宗偏信魏忠贤，魏忠贤一手遮天，内阁六部和满朝文武，有的甘愿投靠魏忠贤，成为魏忠贤的耳目、爪牙。有的虽不投靠，但对魏忠贤唯唯诺诺，噤若寒蝉。也有的官员，堂堂正正，敢于侧目而视，这些人往往就会有飞来横祸，吏部尚书曹正邦就是这样的人。他就因为在朝堂之上，顶撞了魏忠贤，魏忠贤在熹宗面前捏造了曹正邦罪名，被熹宗一道诏书，贬来江南宁国府。谁知曹正邦一家人过了长江，还没到宁国府，就被魏忠贤指派的一帮爪牙，趁他们一家夜宿客店之际，杀了他全家。曹正邦的女儿曹玉莲住后院，老家人曹福在后院守夜。前面火把齐明，人喊人哭，刚好有一小家丁惊跑到后院，匆忙告诉了曹福，急急喊起了小姐玉莲，二人搀扶小姐逃了出来，躲在一个僻静之处。好一会远远看见一伙人举着火把走了。三个人再又摸回来，一看惊呆了，只见老爷、夫人、家丁、婢女等全被杀死，玉莲号啕大哭，曹福和小厮都泣不成声，猜测应是魏贼所为。原来正是魏忠贤斩草除根毒计，通过天启皇帝旨意，有意将曹正邦贬到江南，待曹正邦将到未到之时，指使爪牙斩尽杀绝，京城里却是神不知鬼不觉，江南人也搞不清是怎么回事，让冤家找不到对头。

最后还是曹福拿了个主意，先寻找没有被掠走的散碎银两，然后分两路逃难：小家丁一人取近路去池州府大通老爷的一个亲戚家报信，请求帮助；为保证小姐安全，老家人曹福护送小姐从宁国府往南取道旌德县，经黄华岭，顺太平大道去大通。于是，一老一少主仆二人向南而来。

小姐千金之体，曹福老迈之躯，可怜一天赶不上几里路。人多的地方不敢去，宽马大路不敢走，生怕被魏忠贤爪牙认出。只拣那偏僻小路行、向山村人家去，要口饭吃、讨口水喝。两个人都腿脚酸痛，体乏力弱。此时，已是深秋时节，在路上挨了几十天，早已经隆冬到来。这日走到黄华岭上，只见乌云密布，朔风大起，幸亏岭上有人家、有商店、有铺兵，魏党不会敢于公开画影图形到这里拦劫，该是安全多了，就放心借宿了下来。谁知黄华岭竟是行来的路上第一座高山，冬天下雪比平原上早，又下得大，第二天早上起来，只见一片皑皑白雪，那山那树、那田地那道路都是一片大雪覆盖着，脚踩下去，齐没了膝盖，曹福想：我老头还能勉强行走，玉莲小姐怎么办？只得哀告房主，请求给予照顾，解救苦难中人。房东见一老一少委实可怜，便答应了。

谁知雪后没有开晴，却山风大起，天寒地冻起来。可怜主仆二人身上穿的还是秋天的衣服，房主人行好，生些炭火给他们取暖，但衣衫单薄，有炭火也不济事。岭上小店又无衣衫可卖，再说身上可怜的一点散碎银子，还要顾着前面路上吃饭。曹福心想：我已老了，小姐年幼，可怜老爷他清正为官一世，最后遭这大祸，我无论如何也要保护好老爷的这一点亲骨血。想着就把自己的夹层大坎肩脱下来给玉莲穿，玉莲推脱不掉，只得穿了。曹福又脱下单层布袍，交给小姐，玉莲死活不受。曹福道：“小姐，我们两人都受冻，不如我一人受冻，我挺得住，好保住小姐你，有朝一日，你还可以为老爷鸣冤，曹福我老了。”可怜曹福因年老体弱，又受这连天冷冻，气管堵痰，气息难继，

“万一我不行了，请小姐求人把我草草掩埋即可，也算我报答了老爷恩典。”说罢，气喘一团，痰团堵塞，不幸客死黄华岭。小姐哭得死去活来，剩下自己一个弱女子怎么办呢？只得抛头露面，不顾一切，到处哭告。岭上都是庄户人家、小老百姓，听了发生在自己身边的这悲惨故事，人人动容，个个滴泪，大家凑了一口薄棺，收敛了曹福。按照曹玉莲要向北去的心愿，将曹福抬到岭下太平方向查坑河口外路边掩埋了，了却曹福送小姐北去的心意。

却说那小家丁也是白日躲避，晚间行走，挨了二十来天，才打听到曹正邦老爷的亲戚家，一五一十哭诉了曹老爷的遭遇和曹福陪同小姐南行再北转的路线。于是亲戚家即由小家丁领头，派上几个家丁，带足盘缠，向青阳顺仙陵古道至仙源，又从仙源顺仙兴古道向黄华岭方向寻找二人，一路上遇到客店、酒家、住家人家都细细打听。从仙源动身，大雪已下两日，于是踏雪寻访。一日来到黄花岭，正巧大家正在掩埋曹福，玉莲小姐外穿曹福衣衫，正跪在坟前哀哭。小家丁眼尖，一眼便认了出来。当下便酬谢了大家，付足了房主人房金，买了一头驴，驮了玉莲，踏雪向大通去了。

这就是“曹正邦忤魏遭死难，贤曹福舍身护幼主”的传奇，不久就从黄华岭头向周围传颂了开来。后来到了清朝，京剧兴起，戏剧家们便以曹福、曹玉莲为主要人物编演了一出《南天门》，歌颂这位舍己为人的老家人。

明明是明朝后期一个真实的故事，为什么叫作“南天门”呢？原因有二。第一，戏剧家们都觉得曹福这种舍己为人的精神，只有神仙才有，寓意把他奉为天上神仙。第二，站立黄华岭头朝南望，由于岭头地势高耸，看山下旌德县村落，简直如同站在天上往下看，尤其是阴雨云雾天，云雾缥缈，更是如此。就看这地势，合着这精神，以“南天门”为剧名，是很合适的。

“留杯荡”传奇

205国道乘车，经过谭家桥、茶林场，上岭后，就是谭家桥镇留东村，再向前就是鹊岭了。这时就可以看到那公路环水绕行的大水面，就是有名的“留杯荡”，方圆有一平方多公里。天气晴朗、无风、水质澄净的日子，站在岸上，还能看到水底隐隐约约有残垣断壁、房梁石柱。这水面名叫“留杯荡”，水底还有这些东西，到底是怎么回事呢?

却说在唐代时，这里本无湖荡，只是一条砂溪，发源于它不远处的太平与绩溪、旌德交界处的天星洞一带的高山峻岭。溪穿过名叫“兔屎汗”的村子向北流经桃树汗而入麻川河，因为这里庄稼难长，杂草丛生而多野兔才有了这个村名。传说李白访胡珲上黄山后翻鹊岭回泾县，在岭头将军亭小憩，拿出随身带的酒壶酒杯喝几盅解乏。酒喝到刚有兴趣时，忽然袭来一股刺鼻的腥臊味，酒兴霎时没了，好不扫兴地起身就走，连酒壶酒杯也不要了。从那以后，村人觉得把村名改为“留杯村”，要比“兔屎村”好听得多。所以，所谓“留杯”，原是李白的酒杯帮了大忙。

李白的酒杯帮了什么忙呢？就是留杯村开始富起来了，几年后，竟然富到腊肉当瓦、锅巴垒墙，可见其富了。中国有句古话叫“为富不仁”，留杯村人富了，却越富越吝啬，越富越忘了穷日子，越富对穷人越刻薄，对别人一丝一毫也不愿出手帮助、救济。串乡做小买卖的、卖艺唱书的，到了这里，总是倒赔本、认亏吃，最后走人。走路经过的想讨口水喝，叫花子乞丐想讨口饭吃，全都没门，讨不到事小，有好多还少不了挨骂。

留杯村人这般吝啬刻薄的事传到天庭，玉皇大帝大怒道:“当年凤仙郡糟蹋粮食，朕都处罚他灯火烧断铁链后才给他下雨，这留杯村这等为富不仁，着实可恶。”刚好西海龙王敖广因触犯天条候旨待贬，玉帝就命他下凡查访此事。

一天，留杯村人忽然见村中砂溪里有一只似鱼非鱼、似鳄非鳄的庞然大物，全村人像见了外国财，也不问好歹，是福是祸，一个个拿了快刀利刃去砍去剁，剐肉的剐肉，斫骨的斫骨，不消一刻，敖广的化身就只剩下了一副大骨架子了。敖广回到天庭哭禀此事，玉帝大惊！那下界留杯村果真如此刻薄吝啬，贪得无厌，打算马上派神将去惩治。仙班中急急走出面慈心善的太白金星李长庚道："陛下且慢，待老臣再去察看一番，看看实情如何，以体上天好生之德。"玉帝准奏，太白金星便下凡了。

太白金星变成一个贫苦的老人沿街乞讨，果真如敖广所说，在村里从早到晚转了快一天，半粒米饭也没要到，还遭了许多白眼换来许多骂。太白金星来到村尾一家，只见黑漆大门，雕梁画栋下，正摆着一桌酒席，一个五十开外、脑门油亮、肥头大耳的人坐在席边。见金星来了，他肉眼凡胎，哪里识得。金星有意弄得肮里肮脏，他连说晦气，起身挥斥，驱赶金星。

金星转了大半天，没见一个好心人，他不甘心，玉帝一旦惩罚下来，岂不连好人一起遭殃，他决心再察访。最后他来到后门乞讨，只见一个做杂活的姑娘，赶忙起身舀了一碗香米饭递过来，金星三口两口便吃了，姑娘又递来一碗，前后共递了七碗，脸上始终不怨不怒，露出怜悯之色。金星笑笑感谢道："姑娘心真好，我前天到你家村里要饭，你们那村里人都好，你妈还说到你。对了，依我看，你妈有病，会不轻，你该快快回家一下。"说罢，化一阵清风走了。

那姑娘见金星化清风走了，不是神就是仙，又听他说自己妈妈有病，肯定是真的，那得赶快回家。急急忙忙禀报了东家，收拾好衣服她便回家了。

姑娘刚爬上鹊岭头，坐在岭头亭子里小歇，只听一声巨响，顷刻狂风大作，山摇地动，铜钱般大小的雨滴密密匝匝的狂泼下来，下了五个小时，那小姑娘只得在亭子里过夜。第二天早上看山下，那留杯村早已是水乡泽国，看不到一间房屋了。

其实留杯村成为"留杯荡"，才 160 多年。据清代光绪《安徽省志》载："道光二十三年(公元 1843 年)五月，太平山水大涨，有物如牛，逐波至牛皮荡口奔岸而出，芮姓村陷，毙二百余人。"那年留杯荡这片雨特大，造成山体滑坡，地壳陷落，下游桃树汗狭窄，水无法排放，一片汪洋，还向现在茶林场方向泻下，形成 100 多米高的漫坡大水，留下了这一段警世传奇。

父子山与夫子山

黄山东北与轩辕峰相对的夫子峰，原先名为父子山，后改为夫子山，最后才叫夫子峰。说来却有一段神话故事。

却说很早以前，杭州城内有个姓肖的富商，唯一的儿子得了个不烧不冷不吃不喝只是闷头睡的怪病，遍请名医，均无效。肖员外只得悬高赏求医："治愈小儿病者，愿以家财一半为酬。"

一日，来了个年届七十、头披白纱、身穿白衣的老媪，揭贴上门。员外起初不信，老媪笑道："让老身看看如何！不要分文。"员外见她通身整洁，就领其到儿子房中。老媪坐下细细把了一会脉，说也奇怪，他儿子竟睁开眼坐了起来。老媪又轻轻对他说了些什么，孩子竟然全好了，下床吵着要饭吃。员外喜得什么似的，连忙一改先前态度，待老媪如上宾，挽留多住几日，以见儿子康复情况；同时要实现诺言，分一半财产。老媪微笑道："你小儿病已经痊愈，永不再发。我和他有缘分，你只要多多积德行善、广施善事，你的诺言我就心领了。"员外觉得应该一诺千金，岂可食言。老媪笑道："如你真有这个诚意，以后可到西方黑多山找我。"说罢隐身而去。员外这才知道仙人搭救，连忙跪地叩拜。

光阴似箭，一晃几年，儿子渐渐长大知事，常常念叨老媪医术，要追随她学医济世。员外见儿子存此大愿，想起老媪说与他有缘份，自己也觉得广有浮财没多大意思，于是把预定作医酬的一半家财散开救了穷人，另一半折为盘费，陪儿子去找那老媪仙人。于是，依照老媪的指点，往西方找黑多山。父子二人一路打听黑多山，都无人知道，后经一个道人破解，原来就是后来改为黄山的黟山。

父子二人到黄山后，晓行夜宿，访问一位戴白纱穿白衣善治疑难杂症的七旬老母，都说不曾听说。父子二人并不灰心。一日来到轩辕峰下，只见一座茅屋，门口挂一条白毛巾，父子二人肚饿力乏，正好买点饭食。进屋一看，只见桌上饭菜热气腾腾，靠墙一张宽床，两只枕头，却不见主人。父子二人累饿已极，心想吃了睡了再说，然后算钱，也顾不得什么礼节体面了。吃饱以后，有了精神，肖员外好像悟到了什么，这饭菜、床铺好像是谁给特意安排的；山里无风，那门口的白毛巾却朝一个方向飘动，莫非就是老媪仙人在指点？于是叫儿子早早安歇，养好身体精神，明早起来赶路。第二天早上醒来，第一眼看到的就是桌上热气腾腾的饭菜。父子二人饱餐一顿，然后拜了四方，感谢管待的恩德。

说也奇怪，父子二人开门走出来，见那挂着的白毛巾向前飘着走了，父子二人便紧紧跟着白毛巾，走着走着，前面有几十丈高的悬崖石壁挡住去路，但见白毛巾悠悠向右飘去。这时，大石壁化成一只特大乌龟，张开一张大红嘴要咬他们，父子二人吓得连滚带爬。实在无法再跑了，就跪地大喊："老妈妈，您在哪？救救我们吧！"喊声刚停，乌龟没了，高山变得十分秀丽。对面山顶出现了一个光环，光环中，现出头戴白纱巾，身穿白布袍，手托白净瓶的观音老母，原来她就是给儿子治病的老媪。富翁心想："此行吃尽苦头，总没白来，我儿是观音大士救了命，我们就随观音大士普度众生去吧。"此念一出，观音菩萨手执柳枝洒净水，念："随我来吧。"父子二人立时变成朝轩辕峰微倾的一高一低两座山峰，后人呼为"父子峰"。峰下曾建太白书院，南宋理学家朱熹曾在此开坛讲学，故又改叫"夫子峰"。对面轩辕峰上有神仙洞，供奉观音菩萨。洞下在唐代天宝六年（公元747年）建有"福固寺"，供奉观音为主座，香火极盛，最多时一天之内有两千香客，徽、宁、池三府的信士弟子都来敬香。现今已废弃。

乌石垄的由来

相传古时候，在乌石乡芦山西，住着两个猎户，本名不记得了，只记得一个小名叫阿猫，一个小名叫阿狗。阿猫年方十九，眉清目秀，膀阔腰圆，勤劳俭朴，憨厚仗义，又且武艺比阿狗强。阿狗比阿猫大，虽是猎户，却有好逸恶劳习性，有几个钱就用几个钱，常常因为没钱而吃上顿少下顿。阿猫虽穷，但穷日子穷过，所以手头比阿狗略略宽裕一点，见阿狗穷困潦倒，倒常常周济阿狗，阿狗自然欢喜不尽，感恩戴德。因此二人常常结伴进山。一天，二人如同往常，携带弓箭刀叉，结伴进山。正行走间，忽然迎面射来炫目金光，直刺得眼花缭乱。二人惊讶不已，小心往前探看。原来这光是从一个山洞里射出的。这洞口草长得格外风嫩碧绿，洞中流出的水格外清澈甜凉，一片生机勃勃。阿猫虽比阿狗年纪小，却老成稳重，遇到难处总勇敢上前。当时，阿猫道："狗儿，这光来得奇怪，你且后退，我先进去探个究竟，你再进来。"说吧，两手执大虎叉，向里探进。岂知阿狗存疑：万一是宝物，猫儿先进，不被他一人独吞了吗？所以也把虎叉执在手中，随后进来。

阿猫迎着金光一步步向前探进，走了一段路程，那光似反淡了，洞内看得清麓，只见那石壁上分明悬着一颗大红宝石。此时阿狗虽然随后，可又怕前面发生意外，所以和阿猫保持一段距离。阿猫在前面回身大喊："狗儿，快进来，这里有一颗大红宝石，卖了钱，够我俩用的了。"阿狗闻言，也高兴得不得了，这以后就不用吃苦摸山打猎了。转而又想：我若一个人独得，不就成了员外了吗！于是答应一声："好，我来了！"从后面挺着虎叉向阿猫后背用力刺去。那虎叉是用来对付老虎等大野兽的，两股叉头，都一尺多长，近一寸粗，后面有五尺多长的粗把柄，一般都有二十斤左右。阿猫正探身举手去摘那宝石，没想到阿狗来得这么快，更没想到阿狗那大虎叉正对着他后心刺来，就在他手刚接着那宝石时，可怜那两股亮晶晶的虎叉头，已经从他的后背直穿透到胸前了。狠心的阿狗还用力把阿猫挑空后再用力往下一掼，拔出了虎叉。阿猫前胸后背四个大血孔，鲜血直涌，不一会，鲜血流尽，死在地上。

阿狗连忙上前，摘下红宝石，虎叉也不要了，高兴得好像已经是芦山一带的首富员外了。跑出洞跑下山去，嘴里还疯得直鼓捣:“我有稀世珍宝了，我前程无量了。”他想跑过田埂，跑回家去，明天就去大地方卖宝石，搞得好，就不再回芦山了，到大地方发财去了。谁知道田埂不宽，田泥又有些滑，那田刚犁过，耙过，灌满了水，稀泥糊汤的。他一脚滑倒，重重地栽进泥田，往前一趴，趴进泥水里，红宝石往前甩去，“咕咚”不知掉在哪一片了。阿狗头脸全糊满了泥，栽倒时倒吸一口气，嘴巴鼻孔都吸进了泥，呛得受不了。连忙摸着用泥水抹抹脸，眼睛能看清了，趴在田里向前狂摸，要找回那块红宝石。摸呀摸，终于摸到了，拿起一看，样子倒是那样子，可毫无光泽，死石一块了。红宝石呢？阿狗伤心得如同小孩子死了老子娘，气得七窍生烟，怄得打头捶胸，急得头发冒火，整块田都摸到了，就是没见红宝石，自己完完整整成了个泥人。回到家，又累又饿，又急又气，在泥田里搞这半日，心肺里、喉管里又呛了泥。怎么能好呢，竟一病不起，一合眼，阿猫就血淋淋站在面前，不几日，就呜呼哀哉了。

后来，人们看见这田里长出一块乌黑的巨石。更奇怪的是，这一带田地本来不肥，从那以后，变得肥沃了，年年都能丰收。大家觉得得益于这块乌石，这乌石本来是宝石嘛，便把家乡起名叫“乌石垄”，以此来纪念阿猫这个小伙子。

罗隐的传说

罗隐，晚唐诗人，生于公元833年，死于公元909年，字昭谏，自号江东生，浙江新登人。他因文章触犯了统治阶级，先后十次参加京考，都没考取进士。但他很有才学，《唐才子传》为他立传，说他“恃才忽睨，众颇憎忌，自以当得大用，而一第落落，传食诸侯，因人成事，深怨唐室。”他的父亲是秋浦盐铁小吏，所以他也就以池州为家，和杜荀鹤过从甚密。杜荀鹤，石台人，但在乌石、平湖一带住过，故而罗隐在太平一带也留下了褒贬不一的众多传说。清嘉庆《太平县志》有略记：“浙江新城人，有诗名，微时尝游宣至太平，今人犹称罗秀才，著有《江南甲乙集》，卒葬邑东七十里。（邑，即太平县城仙源，邑东七十里即今小河口、麻川口一带。）”

出身奇说

传说罗隐本有帝王之份，只因他母亲得知此情，兴奋冲动，触怒天庭，取消了他帝王命录，落了个聪明傲世、颠沛奔波的一介书生的命数，保他坐朝的三十六天罡、七十二地煞也遭厄运，被张天师擒困江西龙虎山，到了北宋末年时，被洪太尉误放了出来，又演绎出一部水泊梁山的一百单八条好汉的故事。

却说罗隐小时上学，路上要过一道河，每天来去，都有一个白发老翁准时等候背他，小罗隐也不以为奇，以为是河边上的好心人。可他母亲细心，每次见儿子总干手干脚回家，就问儿子什么原因，罗隐就告诉了母亲。母亲心一动，要儿子明天一定问个究竟。

第二天，罗隐放学回家，白发老翁又来背他，罗隐道：“老爷爷，你为什么天天背我?”老翁道：“背你就背你呗。”罗隐因负有母命，追问不休，老翁叹气道：“我本不能说，但我没法拗过你，只得说了。只是一说，泄漏天机，你我都触犯天条，要受到严厉处罚呀！你本有真命天子的命数，我是奉命而为的。”小罗隐谢了老翁，回家就告诉了母亲。母亲正在锅台上洗锅碗，高兴得把一把筷子朝锅台用力一捣，说：“我儿也有这一天啊！”谁知这却惹恼了灶王爷，立时上天，禀告玉帝:“这罗隐不能当天子,现在还是个小孩童,他母亲就擅自打我几十金棍,将来登基后,天下还能太平吗?”玉帝闻奏,立即派黄巾力士去拆换罗隐的全副骨骼。黄巾力士一到,罗隐就不舒服,倒卧床上,浑身开始疼痛。他母亲情知不妙,忙大喊:“儿子,你牙关咬紧,脚下蹬紧!”结果罗隐的一副牙齿,两只脚腿骨没拆换掉。传说皇帝有36颗牙,平常人只有32颗牙,所以皇帝能“金口玉(预)言”,罗隐也因此能金口玉言,有一双好脚走遍天下。

围腰来历

却说罗隐成年后,因和太平、石台一带著名诗人杜荀鹤有交情,来到太平游玩。一年春季骑着毛驴转悠,见一个青年男子正在田中插秧,心里想捉弄他一下,道:“插秧哥,插秧哥,一天要插几万棵。”那青年农民听了后,便不由自主,一个劲快插起来,累得腰都酸痛得十分厉害,也不知道直起身来歇一会。直到天黑,当真插了几万棵,累得筋疲力尽,腰酸背痛,一到家倒头便睡。他妻子见状,便问起根由,青年农民歇了好一会,才有点气力说了个大概。他妻子道:“你明天如果见到他,就说:‘毛驴脚,毛驴脚,一天要跑几万脚’,把它挡回去。”第二天,青年农民去插秧,罗隐果然又来了,来是为了看看青年农民累得怎么样了,谁知青年农民精神好得很,他又想像昨天捉弄青年农民了。那句话刚出口,青年农民马上用妻子的话挡了回来。也怪,青年农民安然无恙,罗隐的毛驴却差一点快跑起来。罗隐金口玉言,控制住了,就问:“小哥,昨天你怎么没讲这话,这话谁教你的?”青年农民很坦诚,告诉了他,罗隐要见识见识这位年轻妇女,就问了路径,到了青年农民家。

罗隐一到,就大声道:“大嫂,我走路饥渴,麻烦你给炒九个菜,我要长桌坐,圆桌吃饭。”农民妻子就猜出骑毛驴先生是谁,轻快地说:“请稍待。”一会就把罗隐请到磨坊吃饭。罗隐一看,热气腾腾的一碗韭菜一碗饭,放在揩得干干净净的长凳磨上。罗隐心下说:“这女子真聪明。”吃过后,牵驴就走,到院中,他左脚踩上镫后,回头问:“大嫂,请问我这是上还是下?”农民妻站在门口,笑吟吟一脚门槛上一脚门里,问:“先生,请问我这是进还是出?”

罗隐马上从包里拿出一条围裙道:“大嫂是我遇到的最聪明的人,劳你赠饭,无物可谢,这条围裙就送给你吧。”这女子不该接这围裙,传说自从接了这围裙,妇女的智慧就下降了不少。

黄荆成条

传说罗隐善勘风水，很喜欢游山玩水，曾隐居新华乡大保村王姓家达三年之久。一天，罗隐有事要外出，正下着雨，就打着伞，在剪子汗的一条小路上走着。下雨路滑，罗隐一个趔趄，手中伞就歪了一歪。路边长着许多黄荆条，纸伞便被黄荆条捣通好多处，罗隐把伞从黄荆条里拉出来，就又拉裂了好多口子，罗隐懊恼不已，脱口咒道："一年黄荆刺破我的伞，千年黄荆你也锯不成板。"从那以后，黄荆条尽管一棵发出许多很长的枝条，长得枝繁叶茂，可是始终长不粗，更长不成大树。

飞子成林

其他的树砍掉以后，树桩都可以透芽抽条，重新生长，唯独松树不行，砍后的树桩很快就会烂掉，这就是罗隐金口玉言，说了一句它"烂死桩"的话。

却说有一天，天气微热，罗隐走到叫白路桥的地方，有些累了，刚好路边有棵砍倒不久的松树，外层粗壳已经铲去，露出红红的再生皮层，上面沁出一些松油珠。罗隐也没细看，就一屁股坐倒，坐了好一会。起身时，长外衣后襟像被人拽住一样，用力一挣，本已陈旧的外衣却被撕开一条长口子。罗隐回身一看，原来是松汁作怪，不由骂道："该烂死桩，死后都不透青不抽苗！"没奈何，把前后襟都斜着卡进腰带。

这事让观音菩萨知道了。暗道："不好，怎能让罗隐骂绝一种树？要点化他唤回松树生命。"就在罗隐要经过的路旁，化为一老年妇女，变出几间茅屋，升起炊烟，飘出诱人的饭菜香气。罗隐正有些饥渴，那香气不由撩起肚里馋虫。观音有意在门口招呼道："客官想是饥饿了，不妨歇歇再走。"罗隐就坡下驴，道声："打扰。"进屋闻到那股香味，不由道："婆婆家好香的吃食。"观音道："客官如已饥饿，不妨也吃一些充饥。"说罢就端出一木盘喷香、烘烤焦黄的饼，罗隐不由分说，抓起就吃，越吃越香，不由问道："婆婆，这饼里放了什么，这般喷香。"观音道："也没什么，就是把松树果晒干、碾细，掺进米粉，做来便是。"罗隐不由赞道："想不到松树果还有这般好处。"观音乘机道："松树好处多哩，松针可以烧锅，可以铺床；松枝可以做柴火；松干是盖房的好料；松油可以燃烧照明。修道的人都喜欢在松树下坐。人都说'松鹤延年’，都用它表示长寿呢！”观音一番话，叫罗隐深深内疚起来，暗想道：“它有这般多好处，我却因自己不小心咒它，真不应该。”想着不由又脱口而出道：“松树真正可以飞子成林！”

从那以后，松树砍了后，树桩虽是烂死，再不抽芽，可是松子发芽率很高，飞到哪就在哪长出小松苗来。凡有高大松树的地方，都可以看到成片成片的松苗。

蚂蟥上山

一次，深春时节，天比较热了，罗隐朝新丰方向出游。等他走到离大保有五里叫“峻岭”的地方后，内衣已经潮了，口也发干，正想有口茶喝。转过一个弯，忽见路边树下有只茶壶，路下田里一个农民正在插秧。罗隐口干难耐，竟自行树下一坐，提起茶壶就往嘴里灌，竟一口气灌了个精光。农民见树下坐着个人，便也来坐一会歇息，他不但没怪罗隐喝完了茶，还笑容满面向罗隐问好。罗隐不由得感到十分歉疚，说：“想不到我一口气把你的茶全喝光了。”农民爽快地说道：“无妨无妨，一壶粗茶，何足挂齿，但饮无妨。”罗隐听了，微微浮起一点歉意和敬意，不由打量起这位农民来。只见这农民两只小腿上像有血洞在流血，问是怎么回事。农民道：“这田里有蚂蟥，是蚂蟥吸血吸的。”接着说了蚂蟥是个什么样的东西，怎样吸血，怎样打去蚂蟥。罗隐不觉同情起农民来，见小小蚂蟥却有这么大危害，不由愤然道：“孽障，统统给我滚上山吃草去。”说来也奇，从此峻岭这里的田就没有蚂蟥，可是山上蚂蟥却多如牛毛。

回头青草

一天罗隐自西向东信步游览，走到三口，又有些累又有些渴，见路边地里，一个人正在锄草，地里有个石头上放着一把茶壶，肯定有茶，心想解渴。如果茶壶放在路边，就可以先斩后奏，喝了再说，偏偏放在地里；只好说道：“那汉子，壶里茶给我解一解渴，可否？”那人见罗隐口气生硬，没个客气求茶的味，便有些不高兴，道：“不用查，不就我一个人在这吗？”罗隐见状，心里又生起报复的劲，道：“好，你有茶不给我喝，我叫你‘前面草锄，后头草青’”。据说三口有个地方锄草难死，就是罗隐报复的结果。

筛子成泉

贤村上岭村有一眼泉很奇特，泉眼很多，就像一股朝上喷涌的泉，上面盖了一把筛子似的。据说也与罗隐有关。

一天，罗隐来到贤村上岭村岭上，走得腿累口渴，很想有口水喝，就向不远一户人家讨水。那人家只有一个妇女在家，妇女说："我们这真可怜，岭下还积点水，可我们这里晴上几天，就要跑远路去挑水，现在家里水缸底朝天，马上烧水还没水，哪有水给你喝呀？"罗隐见说得可怜，抬眼朝她屋里一扫，只见门边柱上挂着一把筛杀火煤的筛子，拿下来往山边一扣，对那妇女说；"你说没有水，这下面不是有水吗？"那妇女见罗隐好像有神经病似的，道："你不要开玩笑了。"罗隐道："开什么玩笑？"说罢拿起筛子道："不信，你看。"那妇女见果真有许多股水直朝上鼓，又惊又喜又奇又怪，直向罗隐跪了下去。这筛子泉现在仍在。

水落石出

这故事还发生在贤村。一天，罗隐来到一个村子，据说就是现在的汤家，又累又渴，过这个村子朝前走，就要爬一座岭，当然在这个村子里能喝好水，爬岭就舒服多了。可是走了好几个人家，缸里明明有水，壶里明明有茶，却回说没有。罗隐不由心里暗生嫉恨："这里人家为何这般小气？"一边想着，一边忍着口渴，一步一步捱上岭来。上得岭后，见有几户人家，正当午时，人们正在做着午饭。一个妇女正端着一盆脏水出来泼，罗隐正迎着，道："大嫂，我走得饥渴，讨口水喝可否？"妇女见罗隐疲惫的样子，感到可怜，道："我们这岭头上水原不多，不过先生解渴的水还是有的。先生请坐，我端水来。"说罢让罗隐坐在门前树下石凳上，端出一大碗茶来。罗隐接在手，喝在口，润在心，心想这岭上岭下水源全然不同，为何岭下吝啬岭上慷慨呢？这岭下真该"水落石出"。谁知经他这一说，这岭下河里果真常常"水落石出。"岭上妇女道："先生这般说，可不害了这岭下人家？"罗隐道："无妨，对面山里深潭水有的是。"说来也奇，贤村去郭村、桃源的公路经汤家时有座桥，桥下河叫余溪河，水流向桃源方向。桥以下，孙家以上这河段，下大雨有水，雨过就没水，真正是"水落石出"。原因是水小时，就在河床下流。在汤家朝对岸山里看，山里有一个几亩面积的深潭，名叫龙潭，也怪，下大雨，天久旱，它依然故我，不涨不涸。20 世纪 90 年代汤家建纤维板厂，为解决水源，曾一次开动几台抽水机，连抽几个小时，龙潭水都好像没少什么。

梦断徽州

罗隐生来好游，和历代文人习性差不多，通过游览，获得素材，获得灵感，写得动人的诗词文章来。听说徽州山水不错，屡屡想去，可是总不如愿。原来古时太平通徽州，只有经谭家桥、茶林场西向南，翻箬岭，路程不算很远，就可到徽州府。谁知罗隐在太平这一头那一头闹了许多故事，徽州那边也知道了。徽州人因此担心罗隐去了，也会在徽州闹出许多故事。因此，箬岭头大关口，就常有人守候，凡书生模样，有浙江口音的人便不让过。罗隐就被挡住过几次，也就作罢了徽州梦，再没去过徽州。

罗隐归天

据龙门乡开发左匡政景区的材料录的罗隐一首诗，有"小注"道："作者病逝于入翠坑口附近。"说的是因病而去世。可是有关他的传说却是他死于他自己的金口玉言。

龙门这里青山高峻，绿水回环，舒溪河上龙门渡，便曾留下了李白的名贵诗篇，好游的罗隐，自然要光顾的。

黄山地带到了暑热天，往往风起云涌后，大雨紧跟就到。一个暑热天，罗隐兴冲冲一边贪看高山峻岭一边走着。突然狂风起，黑云翻，眼看大雨就到，罗隐心想；前面定然有人家。紧走慢走，大雨从身后撵来。罗隐心想这一下如何是好？猛然看到前面路边有一个岩嘴突出的崖头，下面可容得个把人躲雨，可是那里已经有个放牛娃先蹲着了。也是罗隐合当归天，他竟然忘掉自己屡说屡应的金口玉言了。他对崖头下那放牛娃大声叫道："那放牛小哥，你赶快出来，那山崖要倒了！"小放牛不顾外面下雨，吓得往外一跑，罗隐便立即乘机会，往里一钻。说时快，那时快，他刚坐稳，那巨大的崖头便哗啦啦整个塌起来，把罗隐稳稳压在里面。等雨停，好些人费尽力气，总算把那大石块搬开，找到了罗隐遗骸。真是只因一句谎，断送命残生。就这样，罗隐就托体龙门，长眠千古了。

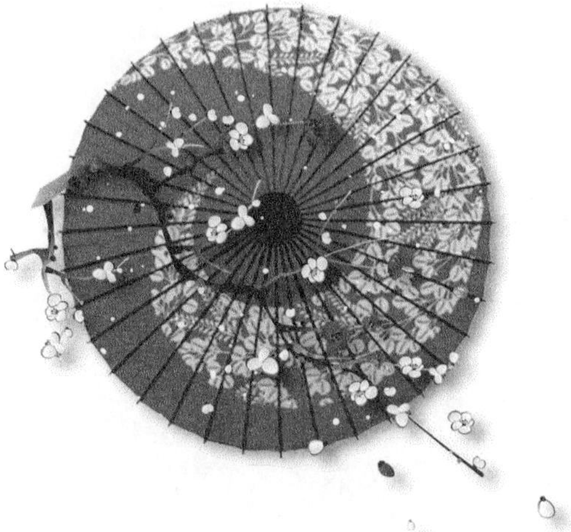

亘古地名皆名片　永久传承是人文

○ 地名篇

谭家桥镇及其下辖村名考

谭家桥，自然村名，也是镇名，因谭家庄谭姓族人行善建桥，且为当地标志性建筑物，故名。其名起于何时，无考，口传至少逾两百年。明代开国后，谭家桥为道泰乡，清代沿用，民国时期，三口、谭家桥合并为三谭乡。1949 年以后，几经分合，1961 年启用现名。

今谭家桥小学至红庙地带，有一片原名谭家庄，且是居住中心带。唐朝末年，谭姓一支由江西迁至三口巷里，后来分支到谭家庄，今谭姓仍是谭家桥大姓之一，虽然居住分散，因谭姓建桥的善举得名谭家桥，却已融入人们的血液中。据说，以桥名地的那座谭家石桥，由两块长七尺、宽三尺多、厚一尺的花岗岩条石拼搭，桥址在今谭家桥小学大门外公路下侧，公路在未硬化前的沙土路时，还能看到公路下侧石桥。又有人说，谭家桥在八甲桥处麻川河上，但史料记载的七尺长的石板，岂能在八十米宽的麻川河上架桥？这显然不可能。

谭家桥地处交通要冲，历来为军事要地，历史悠久，文化厚重。早在隋末唐初，绩溪人义军领袖汪华派兵打通箬岭和鹊岭，经谭家桥支援太平义军左匡政，就沟通了太平与绩溪、歙县两县的交流。明代前期，开通仙源至歙县富溪驿道，途经谭家桥镇境内迄溪桥、长源、感梓里、中墩，越箬岭出境。歙县北乡缺少大米，依赖谭家桥源源不断供应。箬岭古道尚存，箬岭头供行人小憩的石券大关洞仍完好存在，这条古道已成为华东地区保存最完好的古道，如今户外运动爱好者将箬岭古道视为强身健体的理想场所。沿此道的古村文雅、中墩、谭家桥、感梓里、迄溪桥等，都曾是经济文化繁荣的古村落。此外，还有旌德洪川至歙县许村的古道过境，县城仙源至汤口的古道出境，镇境有由石门峡东上黄山古道，古代交通十分方便。而现 205 国道、103 省道、合铜黄高速公路交汇于此，出入交通极为便捷。

此地集中了古今文化的精粹，黄帝源遗址把黄山太平地域的文化，链接到五千年前的中华民族始祖，李白访胡珲的诗文连接上盛唐的辉煌。谭家桥镇现完好保存各种古民居八十一幢，为黄山区之最，其中，清末以前的有五十一幢。抗日烈士公墓、谭家桥战斗遗址、粟裕将军墓、中国工农红军北上抗日先遣队纪念馆，记载了民主革命可歌可泣的战绩，彰显了中华民族威武不屈的精神，为古镇涂上了一层鲜艳的红色文化。上海黄山茶林场送来了海派开放之风，知青部落文化远近闻名，东黄山开发激发了资源建设的聪明才智。谭家桥秉承中华民族之传统文化与创新精神，重振黄山东大门的昔日雄风。

留　东

留东，自然村名，地处鹊岭南麓，与旌德洪川接壤。其名是“留杯荡东”的简称。1971 年与西文生产大队分开，成立留东生产大队，正式启用此名。留东，以“留杯荡”闻名，“留杯荡”，又称“牛皮荡”，后称“莹湖”。因以前的“留杯荡”，是一场灭顶之灾的动荡，改称“莹湖”，期盼水面平静得像一块玉石，便于村民安居乐业。

鹊岭早在隋末绩溪汪华起义时，即已开通古道，故而历史悠久。鹊岭头观湖亭中石碑记载：明末清初，黄山北麓林茶贸易渐兴，鹊岭遂成为徽、宁客商及行人必经之路。岭下之湖，原系芮姓村落，人丁兴旺，清初，留东人口鼎盛，有千余之众，村中有三里长的石板街道，三个当铺，两个油坊，商旅之人来往不断。另据《安徽通志》记载：清道光癸卯年（公元 1843 年）五月，淫雨霏霏，洪水肆虐。有物大如牛，逐波而下，至村口奔岸而去，芮姓村陷，雨止湖成，称为“牛皮荡”。时至今日，天气晴好，湖中还可依稀看到房基屋柱。

原芮姓村比现在的留杯荡面积大出好多倍，鹊岭此处山体似乎后退得很远。源于东南方高山天星洞的桃树汗水，自东南向西北流向凤凰山注入麻川河。原来的芮姓村庄颇为富庶，但很吝啬，为富不仁，用锅巴砌墙，却不肯施舍穷人，故而天降大雨，芮村下陷，鹊岭塌下半座山，此座山至今还有人称“龙踏步”，是神龙踏塌下来的，压住了芮姓村，堵塞了桃树汗下游，形成“留杯荡”。整座大村庄，一场暴雨，山塌地陷，自然产生多个版本的传说。

版本之一。芮村为富不仁，玉皇大帝派太白金星察访，决定惩罚这些刁民。太白金星化成乞丐，满村乞讨不着，反被人放狗追咬。金星来到村尾一户家，还是一个使女偷偷给了吃的。金星极为感激，便对这个使女说：“后天中午望见村中社屋前石狮子眼睛流血，你就赶快离开此村。”到了第三天，那使女果然见到石狮的眼睛流血，就赶紧跑上鹊岭，刚跑到岭头就狂风暴雨，顿时山塌地陷，芮村无影无踪。

版本之二。西海龙王敖闰犯了错，玉皇大帝罚他去考察芮村。敖闰变成一条大鱼躺在村庄里的桃树汗不能动弹，芮村人非但不营救，反而涌来剐鱼肉，一条大鱼被剐得只剩下一副骨架。敖闰向玉皇禀报后，玉皇传旨陷落该村。

版本之三。八仙中的铁拐李想知晓芮村的民心，化成一个穷困老人，恰逢芮村做清明粿，便去讨吃。一妇女尖刻地说，给你吃还不如垫屁股坐着，铁拐李长叹一声。接着碰到一位老婆婆，老婆婆还算慈祥，拿一个清明粿给了铁拐李。铁拐李悄悄地告诉她：后天你看到那村中社屋前石狮子眼睛出血，你就赶快离开村子。老妇人把这话告诉了左邻右舍，但村民们都当成危言耸听的笑话，不予理睬。第三天，有户人家在石狮边杀猪，猪血飞溅到石狮子眼，老妇人不声不响地离开了村庄，当天下晚果然雷雨交加，山塌地陷，芮姓村庄随之消失。

版本之四。大诗人李白来到这里，见芮村这里地势开阔、风景秀美，走累了想喝一口酒解解乏，刚端起酒杯，突然袭来一股腥臊恶臭，无法食用，便丢下酒杯走了。谁知他这酒杯把这村子变成了湖荡，因而此处就叫“留杯荡”。

版本之五。牛皮荡形成于清道光二十三年（公元 1843 年），而清咸丰六年（公元 1856 年）太平军与清军在太平境内进行长达十一年的拉锯战，太平人口由三十万锐减至三万，有人说，芮家村变成“留杯荡”，就是那场空前浩劫十三年前的预警前兆。

西　文

西文，由西潭、文雅两个村名各取一字合成的村名，原为行政村，后并入东黄山村。该村历史悠久，有旌德洪川至歙县许村古道等多条官道穿境而过，居民以汪、江、陈姓为主，其中江姓最旺，最早从旌德迁入西潭，再迁文雅。

文雅村始建于宋真宗祥符三年（公元 1010 年），明末清初就成规模，至清嘉庆年间，村庄繁华富裕，商号店铺相连，茶楼酒肆、当铺钱庄，应有尽有，一条青石板铺设的二里长街，因商贾云集，人多得像蚂蚁似的，故称蚂蚁街。村中江家祠堂，规模恢宏，内有十六根花岗石柱，雕刻精致，太平少见。高塘村口无墩桥，是一吴姓商人捐资建造，又名吴墩桥。步月亭、观音亭等古建筑，表明村中昔日辉煌。20世纪六七十年代，上海茶林场建于村境，万名知青创建于斯，海派文化、知青文化因素融入村文化之中，东黄山度假区的建设为其注入了勃勃生机。

西潭，古名梓木汘，因山溪在村西成潭，故名。村中居民汪姓，属隋末唐初绩溪汪华后裔。据村中汪公庙碑记载：唐永贞元年（公元805年）前后，汪氏第六十八世祖慧绍公由新安迁入，繁衍成闻名村镇。村庄现有一处古迹，村尾古道左旁有一棵稀有树种红豆杉，古道右边就是祭祀汪公的汪公庙，人称红庙，成为西潭著名的“二红”。红庙虽只剩后殿，但当年香火甚旺，香客常在古老的红豆杉旁烧纸，年深日久，树身形成空膛，空心到顶，仍枝繁叶茂，生命力旺盛，形成一大奇观。距古树约百步，古有凉亭，供行人小憩。亭已废圮，亭基尚存。古道上原有一座四柱冲天式孝子坊，体现出西潭孝亲文化。汪氏分祠仍巍然屹立。村中完好保存着七户清代民居，佐证着西潭的悠久的历史文化。

中　墩

中墩，行政村名，曾为乡名，由中和、墩上两个自然村合成。中和，多元素调和而取中；墩谐音敦，敦厚朴实，寓意和谐而敦厚，秉承中华民族传统美德也。

村境是谭家桥镇的经济文化中心，自古以来就是商贸往来的集散地，清朝中期，已经形成南起八甲桥，往北延伸由青石板铺设三里长的街道，商铺林立，屋舍比连。清代开始在此设铺舍，名曰中伙铺，专门为通达歙县而设。骑龙庵、白亭、观音亭等古建筑，点缀于村南青山绿水间。建于墩上的八角楼，上下两层，飞檐翘角，与其旁属的牌坊、土地庙，构成皖南民居的特别风情。初建于明代的八甲桥、清代的绍银桥，不仅是县城仙源至歙县富溪驿道的重要津梁，也曾是旌德蔡家桥至谭家桥公路的纽带。

建于八甲桥头的江西会馆，由江西乐平市、徽州婺源两地许姓在谭家桥联合建造，谭家桥名士许光达承建，是接待故乡客商往返黄山的驿站，该会馆老屋至今犹存。据史料记载，中墩当年商贸发达，可用“三江”“四海”形容。江西会馆承建人许光达，清代曾任太平、旌德、歙县三县监税官，他的商铺、钱庄遍布武汉、安庆、南京、上海等地，号称八大洋行。中墩村的街道与民居远近闻名，不仅在谭家桥镇首屈一指，在黄山区绝无仅有。建于清末保存至今的香火堂、祠堂、古民居等古建筑共二十一幢，加上建于民国期间的大批古建筑，彰显出中墩历史文化的深厚根底。

感梓里

感梓里，原名胶痒胆，简称梓里，自然村名，是新洪村中心村。其得名缘由有二：一是因村庄有人发家致富，感恩家邦，故得此名；二是村民喜欢在房前屋后栽植梓树，取名梓里。

感梓里建村年代久远，相传隋末唐初，歙县篁墩有程姓人迁居于此，见此地资源丰富，便采购当地茶叶等山货，顺麻川河水运至芜湖、南京等沿江城市，由于善于经营，腰缠万贯，且为富仁厚，告老还乡后，乐善好施，修桥补路，修建茶亭，广做好事。后来左邻右舍为铭记富商的善举，遂将村名胶痒胆改为感梓里。此村建于唐代，兴于明清，毁于晚清。明清朝鼎盛时期，感梓里有纵横交错的六条青石板路，房屋整齐，显现出荣华富贵之象。虽经晚清劫难，至今仍保存有不少古民居。

黄帝源广场前方胜虹桥，建于明末清初，由感梓里富户程源独资建造。该桥是太平县境现存最长的六墩七孔大石桥，寓意赤橙黄绿青蓝紫七色彩虹，故名胜虹桥。大桥建成后，程源在桥头立碑，刻上自己姓名和全部银两开销，并刻联一副曰：一山通佳气，双桥落彩虹。不久，徽州一富翁，商谈购买此桥更换石碑。程源一听，立即明白其中的缘故，立马撤除桥碑。抗战伊始，川军奉调出川，布防皖南及江西上饶一线，阻止日寇西进，唐式遵司令部驻扎仙源越山潘家大院。抗战期间，国民革命军之川军四十兵站医院设于此，感梓里埋葬着两千余川军抗日烈士遗骸。抗战胜利后，兵站医院院长朱节华、政治部主任阎立民共建“抗日烈士公墓”，建设墓台、围栏、青石墓碑，墓碑刻有两百余字祭文，祭文开头写道：“七七事起，抗日正兴，赖我将士，相率为命。”

新 洪

新洪，原名胜虹，以胜虹桥名村，行政村名，因太平语音中的胜与新二字声母相同，音谐而讹。

新洪的历史文化积淀深厚，古道通达，境内有太平现存桥身最长、跨孔最多的胜虹桥，现仍为 103 省道重要桥梁。该桥建筑与命名，富有规劝人们乐善好施、不得沽名钓誉的故事。村境黄榜岭 103 省道古桥亦颇有特色，古代的石桥墩一般是实砌，而黄榜岭桥墩却留有六尺高的龛洞，一个供奉观音菩萨，一个供行人歇脚小憩。村庄曾建有红庙，当地人称关帝庙，关帝是义勇的化身，村民素有祭祀关帝的习俗，其庙曾是 1944 年游击队攻打谭家桥乡公所的指挥所，后来辟为红色教育纪念地。村庄原有古牌坊六座，其中四座牌坊所悬匾额分别为：乐善好施、巾帼英雄、黄峰毓秀、箬水洄澜。乐善好施坊为纪念胜虹桥建造者程源所建。程源捐资造桥，造福一方百姓，得到皇帝嘉奖，故牌坊上刻有一联，楹联曰：一道虹桥方寸地，九重丹诏百年芳。据考，五座牌坊毁于 1954 年，惟乐善好施坊保留至 1958 年。巾帼英雄坊缘由失考，可能是祭祀当地一位女英雄。抗战期间，川军在此设兵站医院，为民族而战的两千余将士的尸骨，安葬于巾帼坊附近，增添了英雄牌坊的悲壮色彩。

新洪古今才人辈出。程宗文，曾在上海任“兼信洋行”董事长；程春园，创立“五洲大药房”，分店遍布上海、武汉、杭州等地。近代涌现了许多为国捐躯的革命先烈，现代培养出不少建设国家的知名人士。

长 源

长源，古名长田，原行政村名，曾为人民公社名，近来长源与罗村两村合并，新组建的行政村取名长罗。古时，由此而南至谭家桥，稻田越来越多，形成稻田长带；谭家桥广产稻米，为太平南乡粮仓，明清以来歙县北乡所需大米，百分之四十则是通过箬岭古道靠谭家桥供应，故古名长田，有粮仓的寓意。今更名长源，除包含古名之外，也含黄山之水源远流长之意。

长源历史悠久，文化深厚，村中原有汪公庙、香火堂、社屋等古建筑，敬祖重教，教化民风，显示了人心的善良和谐。汪公庙桥，是通往旌德古道的知名桥梁,古道水岭头的小憩亭,至今保存完好。明代前期由当地村民谭瑺独建的迄溪桥,巍然屹立数百年,一直为民服务,青阳至屯溪公路开通后又成为公路桥,1992 年因新建公路桥而退役,但人们仍铭记着它的历史功绩。早在明代前期,县城仙源至歙县富溪驿道开通,长源便处于驿道要冲位置。1931 年承接驿道,增修了西达三口夫子山至仙源县城的石板路,加速了太平南乡地区的商贸集散流通,村庄极为繁荣。村境江家原是山林蔓草之地,旌德江村来三人在此狩猎,发现自己烧火烤食吃的火种七天七夜不灭,觉得此处是兴盛之地,于是迁徙来此定居,如今果然成为美丽乡村的榜样。

罗　村

罗村,是位于黄山脚下的古村落,村名源于最早定居的罗姓,为族姓类地名。谭家桥镇各村坐落南北一条轴线上,而罗村却在镇境西北,从迄溪桥往西,或从黄帝源往西,都可到达。村境风景幽美,古木参天,现恢复问余亭等历史胜迹,旅游资源极为丰富,为宜居宜业之佳地。

史载,罗村早在一千四百年前就有人居住,具体时间约在隋末唐初,鼎盛时期人口逾两千。该村虽位于深山,古代交通却便捷,通往轩辕峰下福固寺的古道极为著名,前往福固寺进香的善男信女,以及通达仙源县城的客商,都从此道通行。史传有名的龙岭驿道,其南端黄泥汗地带,有一片坐北朝南的梯田共有九十九个方块,而每个方块的形状、尺码、朝向几乎相同,方块间用青石板相隔,田埂用条石垒砌。据考,这梯田为九十九幢房屋的地基。远在唐宋时期,这里一直是罗村商贸中心,街道按山水地势分为三个阶梯层,以造纸、酿酒、染坊业为主。

古时,此地因适宜种植檀皮、猕猴桃,再配上黄山泉水,这些正是造纸特别是造宣纸的好原料,引得外地造纸能手入境兴办纸槽,造纸技术日进,成为远近闻名的造纸业发达之地,现仍有纸槽遗迹,所盛产的三六表纸是上档书写纸,被誉为千年寿纸,深受文人墨客的青睐,其制作技艺被列入非物质文化遗产名录。酿造也是该村的强项,人未进村,即闻酒香,所酿造的米酒,味醇气香,引人豪饮,同样惹得文人墨客兴趣大增。当年大诗人李白来访胡珲,在胡珲家逗留一个多月,这个有好纸有好酒的好去处,撩得一对文坛挚友日日赋诗豪饮。

绿柳桥

绿柳桥，碧山村口水口桥，当地人称碧山风水锁桥。这座石拱桥虽不太雄伟壮观，但其历史文化含量极高，是太平县境的著名古桥。据碧山村民口碑相传，自唐代以来，碧山凤溪沿河两岸，垂柳夹荫，桃花点缀，煞有风光，绿柳桥名据此而得。桥拱两面正中花岗岩阳文石刻“绿柳桥”三个大字，虽经千百年的风蚀雨磨，仍能清晰辨认。

古桥南北方向雄跨于村口凤溪之上，上有杨树遮阴，下有薜荔护体，廉颇虽老矣，但威风不减当年。桥身长二十五尺，宽十五尺，高出水面十九尺。桥北头石板古道尚在，当年李白就是过此桥穿行于这条石板古道，向人打听胡晖故里。桥南头是村中出入道路，就是绿柳桥边的山径，呈半圆弧伸向村中，胡晖就是从半圆弧上跑到桥头迎接李白，两位盛唐时的翰林学士见面欢聚。

当年，李白面对碧山西的夫子高峰，村中凤溪流水，称赞犹如神仙洞府、羽士仙山，即兴赠联：“溪水流声，十里笙歌从地出；山峰拱秀，千年图画自天开。”胡晖随机应对：“绿柳桥边山径，青莲马上诗机。”留下千古佳话。后来胡晖为纪念李白来访，在桥北头建太白书院，供年轻子弟读书，在桥南头骑路建四方亭，把李白赠联与自己答联，都刻在亭柱上，取名问余亭。问余亭靠山的一面供有护法神像韦陀菩萨，还配一副对联：三眼能观天下事，一鞭惊醒世中人。韦陀执神鞭开法眼，保护人世间的人和事，而一切邪佞都逃脱不了他的法眼。千百年来，问余亭如同太白庵、太白书院一样，一直得到维修保持。20世纪60年代被拆毁，近年重建于绿柳桥上，太白书院重建于黄帝源。李白访胡晖这段历史文化史话，将会成就罗村碧山再现“笙歌从地出、图画自天开”的美妙景象。

黄帝源

黄帝源，为黄山轩辕峰至光明顶峰之间的幽谷。黄山凡带源字的，都是水之源头，碧山龙凤溪源于黄帝源。唐天宝六年(公元747年)六月十七，唐玄宗据《周书异记》载黄帝修道升天于黟山之事，敕封黟山为黄山，掀开黄山文化的序幕。后人撰联赞道：上下五千年，黄帝文化此根底；广袤三百里，世界奇观秀表中。北祭黄帝陵，南寻黄帝源。黄帝源因此而得名。

黄帝源内的古迹、神谷、彩潭、奇洞，称为黄山新四绝，胡珲故居、问余亭、大战岭、溶洞群等都是黄帝源的丰富内涵。轩辕峰北黄帝宫周围山中的溶洞群，形成溶洞奇观，超过百米深的有四个，不足百米深的有六个。其中，青莲洞，深三百米，内分八宫，洞中象形似物，奇趣万千，洞中多莲花形石。李白访胡珲，胡珲陪游，故名青莲洞。玉龙洞，深五百米，因洞中"玉龙"而得名。洞中有斜飘的瀑布，瀑顶有一宫，如龙女寝宫。玄女洞，又名仙人洞，位于紫芝源大峡谷入口处。洞口悬崖峭壁，中有一线天、瀑布流泉、仙室碧池。《黄山图经》引《周书异记》载：轩辕黄帝曾于此源采紫芝，下有仙人洞，紫云溪，长生紫云不散，下有石室，即黄帝休息之所。夫子洞，夫子峰下，洞大明亮，可容百人。洞东有一个风洞，凉风习习。此外还有卧龙洞、墨香洞、东山洞、巴林洞、连环洞等。

近年来，胜虹桥旁开辟黄帝源黄帝广场，竖立七米高的黄帝铜像，在广场可西望轩辕峰，峰头起伏，其轮廓恰如黄帝朝天卧像，面向北斗星，与《周书异记》所述的黄帝升天后被封为北斗神一致。黄帝源景区于2003年对外正式开放，其传说故事与黄帝史迹十分吻合，黄帝文化给黄山增添了无限的魅力。

石门峡

石门峡，昵称百花源，位于谭家桥南部长岭头白亭，是黄山东部布水峰、仙都峰、一品峰三峰之间的大峡谷，因仙都峰和一品峰间，有险峰夹峙如门，其上仙都峰顶北边，岩壁陡峭，似一道天门，高达八十多米，宽六米，门顶夹悬一块如鼓的石头。因上下都有石门，此峡谷故名石门峡。

石门峡是一个U形大峡谷，形成于冰川时期。峡纵深二十里，秀峰巧石林立，池潭瀑布遍布，森林原始，山花烂漫，充满天然野趣。峰有百合峰五花拥立，玉女峰五美并肩，还有凌霄峰、碧簪峰、猿人峰、一帆峰等大小三十六座，千姿百态、挺拔秀美。这个三十六峰是峰外之峰。峡谷石巧多怪，有双鲤迎宾、金龟望月、仙女玉手、玉女浴香、金猴相思、唐鸭逗趣、飞龙腾空、笑口常开，无不惟妙惟肖。池水清丽，玉女池水赛水晶，醉仙池烂若流霞，玉蟾池色柔翡翠，金龟池丽若彩珠，鲮鱼潭艳如锦绣，红岩瀑飘如绫绸，处处晶耀照人。谷中有一条梯道，一百九十级台阶，总长一百零九米，道两旁削壁插云，天蓝一线，只容一人行走，是黄山最长的一线天。峡谷深处，一处悬崖，一尊二十米高的神农氏石像，五官清晰，俨然真人。神农氏为人们采尝百草，识别粮食蔬菜、草药百科，他和黄帝一样，在黄山留下永不磨灭的史迹。

石门峡保持着原始生态，是一个百花灿烂的峡谷，古时东上黄山的梯道就在谷中，有待于开发建设的黄山东大门进口也在这里。石门峡还有一段红色的历史，当年曾发生过著名的谭家桥战斗，粟裕将军的临时指挥所，就在石门峡大门上行百米处溪边石洞里，粟裕将军逝世后，遗嘱骨灰分葬于此，陪伴当年长眠的战友。

白　亭

白亭，位于石门峡谷口，史称太白亭，又叫排亭。相传李白由此处沿山谷登黄山至白鹅峰，后来在此建太白亭以示纪念。还有一说，由于墩上古村落四面环水，似如竹排，风水先生称如要村庄永固，须建一个“排桩”系排亭，因此村民集资兴建“排亭”，因太平方言音近而误，称为白亭。原亭已圮，亭址附近现有黄山区森林植物检疫站、石门峡景区大门、中国工农红军北上抗日先遣队纪念馆、粟裕将军墓。

粟裕将军墓，位于白亭森林植物检疫站后二百米的山坡上，石门峡景区大门内南侧，墓有墓圈，内植柏树，维护着将军墓碑。

1934年12月14日，方志敏率红军北上抗日先遣队，在谭家桥石门一带与国民党军王耀武部遭遇，激战一天。红军指挥部设在钟鼓山坳中，粟裕临时指挥所在石门峡谷口北岸巨石架空的洞穴中。战场从乌泥关开始，沿公路两旁设伏，先遣队一连至六连，守石门口至木鱼山，七连至九连守鼓山至石壁坞，共设四个机枪火力点，二十一师一个营守谭家桥正面，以留杯荡为总后方。红军在这场战斗中伤亡三百多人，当天黄昏后八千余人撤出战斗，在文雅、留杯荡休整。现在战场山中还看到许多战壕遗存，留杯荡、文雅等地老房墙壁上，仍有少量当年的宣传标语。为实地怀念当年阵亡的战友，1978年5月，粟裕将军重游谭家桥战场，叮嘱将自己骨灰撒在这里，陪伴长眠在这里的战友。他1984年逝世后，由其二子粟寒生捧其骨灰前来入土。1994年，粟裕将军逝世十周年前夕，黄山区人民政府拨专款为之修墓立碑，举行揭碑纪念仪式，并将此地辟为爱国主义教育基地。

上海黄山茶林场

上海黄山茶林场，位于谭家桥东黄山村，以单位名称名地。20 世纪 60 年代掀起知识青年“上山下乡”热潮，加上中苏关系紧张，出于备战的考虑，大城市的工厂部分迁移至深山建立“三线”厂。原太平县东黄山划出一片“领地”给上海市，上海市成立黄山茶林场，万名上海知青涌入太平，被誉为知青部落，同时也创造了知青文化。

1965～1978 年间，上海市安排了新老知识青年近万名，他们在黄山茶林场连队里艰苦创业，带来了海派风气，形成了知青文化。一批批上海高初中毕业生，离开生长的家庭，来到东黄山艰苦拼搏，为东黄山的开发，贡献了他们的知识、青春和热情，他们的创业理念可钦可佩，他们的献身精神可歌可泣。

1969 年 7 月 5 日，因连日暴雨，山洪暴发，知青点四连所在的彩云山下，桥梁被冲断，宿舍与食堂、仓库被阻隔，面临被洪水冲没的危险。四连十二位知青为了抢救国家财产，不顾危险，手牵手走上公路桥强行过河，哪知公路桥被冲断，其中十一位知青被洪水卷走了生命，尸骨全无着落。他们中男性七位，女性四位。这十一位年轻的生命，生为上海黄山茶林场艰苦创业，死为挽救国家财产而勇敢向前，为上海黄山茶林场的历史写下了令人思之悲泣的一章，他们这种公而忘私的英勇献身精神，令人感佩万分，为东黄山知青文化乐章奏响了最强的音符。同年 9 月，上海市革命委员会追认十一位知青为革命烈士，并在芝麻汗附近，205 国道旁建造了十一位烈士的衣冠冢。

新明乡及其下辖村名考

新明，作为乡名，是为纪念皖南中心地区游击战争领导人李步新、胡明，取二人名中各一字，故名，当然也寓含鼎新革故、前景光明之意。李步新时任泾(县)旌(德)太(平)宁(国)宣(城)中心县委书记，1949年以后，中华人民共和国成立任中央组织部副部长；胡明时任皖南特委书记，1949年以后任国家纺织工业部常务副部长。

新明设乡，自唐天宝四年(公元745年)建太平县至清代，乡境隶属包括县城仙源在内的桂城乡，因居仙源之北，故称北隅，通称太平北乡。清宣统二年(公元1910年)实行地方自治，全区设十一个自治区，乡境属二区。1919年全县设九乡，复设桂城乡，乡境属之。1928年全县设五个自治区，乡境隶属二区三口区。1934年自治区下设联保，乡境设两个联保，一为龙密联保，取龙泉、密汗二保之名冠名，俗称上五保，含龙泉(今葛湖村)、招溪、密汗、举汗、又河(今团结)五保；二为三中联保，取三门、中潭二保之名冠名，俗称下六保，含三门、湘潭、立潭、中潭、黛坞、丁家六保。1939年将两个联保并成一乡，以三门、龙泉两个保名各取一字，名曰三龙乡。1948年三龙乡更名为义正乡，其名沿用至1949年，后改为三门区。

1952年，乡境含6个小乡，其中举汗、密汗始用"新明"小乡名。1962年撤小乡，合并成立人民公社，采用"新明"小乡之名为公社名，后撤销公社复设乡，沿用此名至今。其名有违建国初期中央关于禁止用领导人名命名的规定，但已既成事实，且寓意深长，也就默认。新明，资源丰富，民众勤劳，正笑迎崭新的明天。

葛湖里

史称葛河里，现称葛湖村，以河名村，其名源于贯穿全村的葛河。葛河，又名龙泉，发源于龙王山，流经包家垄、安门、板栗坦、青山塝、陈家宕，注入麻陂潭，口口相传时，河讹为湖，其实村境没有湖泊。

葛湖是一个古村落，范围也比较广大，其主要村落和居民点包括白衣庵、竹田铺、纸坊、安门（庵门坵）、戴家冲、西院、乌田塝、谭家坞、烂泥汗、秧田冲（杨柳）、下村、坦里、汪公庙等，旁列村落有烂泥坞、江家冲、分水垄、包家、蒋家、王汗、木广汗、石岭、蛟塘、西山冲（包括木竹坞、桐城坞、崔家棚、毕家塘、陈家宕、青山塝、桐子坞、黄亭铺、杨树湾、麻陂潭、木兰）。其中白衣庵、竹田铺、烂泥坞、江家冲、桐城坞、杨树湾等古村落已无人居住，麻陂潭居民点已辟为疗养开发区。唐时太平建县后，经宋元明清历代发展，特别是明代，葛湖极为繁华，为太平东部交通要冲，成为太平名胜。明代太平东西贯通的仙源—青阳线，史称仙青驿道；仙源—兴隆线，史称仙兴驿道。而仙兴驿道的主体路段恰恰全落在葛湖，当时传递公文的换马铺舍，仙源之东的有黄亭铺、竹田铺、黄瓜（黄华）铺，亦全在葛湖，几乎从麻陂潭中段的东关亭至黄瓜铺，都是人烟聚集、鸡犬相闻的繁华之地。东西有三十里左右，尤其是汪公庙至白衣庵，这六里是人烟凑集、街间毗连。以前能建城隍庙的地方只有县城，在明代安门自然村就建有城隍庙，现在的西院可谓豪族的大院落，其规模不亚于县城。现在到这一带仔细察看田地河道的铺设，还可看到当年繁华的痕迹。纸坊，后来往往误认为“纸房”，实际是生产纸的工厂作坊，现在是一个自然村，而当年它却是有名的大规模作坊，仅此一端，可见当年经济文化的繁荣状态。

里，是古代行政区划单位，明代大学者顾炎武《日知录》注：以县统乡，以乡统里。由此可见葛湖里在明代就有可观规模。现在还有两个深刻印象的例子，可佐证当时的风貌。一是古道的痕迹。从安门到黄华岭古道，特别是白衣岭地段采用青石板铺成的古道仍保留至今，一般路段宽有二米许，最宽处可达四米开外。二是沿途供行人歇脚喝茶和夜间照明的路亭灯亭，年长的当地村民仍能报出一连串的名字，如许来亭、白衣亭、汪公庙亭，一直到青山塝亭、猪婆岭亭（今新明乡政府东头）、乌楮岭（孤栖岭）亭（今新明乡政府西头）、东关亭，有行善之人白天以茶桶泡茶摆放于亭内，行人口渴时可自饮茶水；而到夜晚天黑，则点燃油灯挂于凉亭之中，给夜行人照明引路。

葛湖里原沿驿道的人家还有一个好风俗，就是备有一个单身小卧房，蚊帐被褥齐备，并非家人使用，而是留给行人错过投宿店铺时安歇，而且不收费。遇有乞讨人员从不歧视，家里人吃什么就给什么。这种风气直到20世纪50年代初还存在。驿道沿路户家总是敞着大门，堂厅方桌上摆放茶水，夏天泡一大瓦壶凉茶，冬天就用暖壶桶焐着保温的热茶，供行人自行饮用。杨柳村有个名叫陈金荣的人家，为富仁厚，带头组织猎户队护佑乡邻，不仅救助了多个穷人，解救了多人的生命，家中常具棺木，备送穷苦人家的老人去世或意外伤亡的急需之用。他还特别交代家人，对待穷人尤其是行乞人不可歧视，给乞讨人饭菜得用碗筷，不许用瓢盆；家中常备空房空床，备夜行之人借宿，不得收房金。

葛湖里原有纪念唐代绩溪人汪华的汪公佾。当天，葛湖里各村凡接待汪公大帝的祭祀人家，都敞开各种饭菜、糕饼、粽子等食品，观众游人可自取自用，百无禁忌。千百年来正月十八汪华诞辰日举行汪公佾，继承汪华"英武诚实"的品德，使葛湖里的民风愈加朴实。

葛湖三铺

明代时，太平全县东西向驿道，设有七处铺舍，总铺在仙源，西线三铺在今甘棠、汪王岭、谷城，而东线三铺为黄亭铺、竹田铺、黄华铺，这三铺全在葛湖里境内，其范围西起东关(今麻陂潭提水站东)，东到黄华岭头，全程三十华里。清代其他地方铺舍有改动，而葛湖三铺仍存。所谓铺舍，就是快速传递公文需要路途换人换马的处所，设有铺兵，养有马匹。因此，设铺舍之地，自然形成一定规模的集镇。明初，由于朱元璋推翻了极度歧视汉人的元朝，人心大开，大明一朝，太平发展颇快，仙源县城就有二十四姓望族，每年正月元宵，各大姓氏轮流做东，举办三天灯会，太平城墙、太平孔庙都是皖南三府十八县的王牌建筑。清代康、雍、乾、嘉160余年的稳定繁荣，葛湖三十里形成户间相望、鸡犬相闻的热闹去处。

黄亭铺就在今新明乡政府驻地葛湖街道位置，抗战时期仍能看到它当年异常兴盛的风貌，六米宽的街道，全用青石板铺成，街道两旁设有理发店、豆腐坊、肉铺、木匠店、客栈等设施。商铺后院广植花树。可以想象数百年来传送公文的马蹄声碎、官民通行的马轿来往的繁华景象。

竹田铺，黄亭铺东十余里，白衣岭西下，与安门、纸坊接近，前后三四里路段，屋宇相连，商旅繁茂，一条大路贯通，葛湖里祭祀汪华的汪公殿，原址就建在白衣岭西下，每年正月十八纪念汪华诞辰的汪公佾，第一站从这里开始。白衣岭头的白衣庵、甘露庵香火旺盛，岭下百姓常常入庵与老尼谈禅敲枰。岭上岭下，钟磬相和。清咸丰年间惨遭兵火，后来汪公殿改建于现在的汪公庙村。

黄华铺在太平与旌德交界处黄华岭头，过岭十里为旌德兴隆镇。当年太平县衙在黄华岭头设立关隘名曰黄华汛。由于来往人多，上岭下岭，旅途困乏，又建有公馆，时称铺司寓，供客商歇脚或住宿。明清时期，东向来太平的客商，黄华岭是必经之道，昔日黄华岭头曾遗留许多名人诗篇。如今，黄华岭已成为太平经新明到旌德的沥青公路，苍老的黄华岭关隘已烟消云散，表明它当年威严的雄关石墙，默默地述说着昔日葛湖三铺的精彩故事。

杨　柳

杨柳，原名秧田冲，1949 年以后，以树名村，易名杨柳。易名原因有二，一是村庄房前屋后的杨柳树颇多，二是此地山水相间，吃穿不愁，类似于生命力极强的杨柳。

清末民初，杨柳陈家的陈金荣，家里广有田产家私。因名望高，民国前期任太平县自卫团团长。他为官勤政，保境安民，对偶犯小错的人，从不责罚，而是规劝。家里常年另设床铺，为错过宿店的行人提供方便。他从不歧视穷人，即使是乞丐，也用干净碗筷盛饭施舍，并给钱作路费盘缠。有人欠了他的债，有则还，无则免。有个名叫董根生的外地人逃荒到葛湖，地方官员要拿作民夫壮丁，陈马上出面担保，并让他当上自己家的大师傅。还有个叫谭家彬的人，因反对豪强被判了死刑，陈认为罪不至死，到处找人疏通关节，使其免于死难。地方上凡修桥补路，他无不鼎力相助，被誉为乐善好施的典范。

同村还有一个打虎英雄陈志琪，十七岁就随父亲狩猎，仅几年时间就成为狩猎高手。1947 年，他把自己珍藏多年的三支猎枪奉送给缺少枪支的游击队，1949 年以后才被归还。1954 年冬，有一天，他和几个猎户从旌德回来，傍晚上黄华岭时掉队拉后，在一个枯黄荒草湾里，猛然看到两丈开外有一只吊睛白额大虫，向着他虎视眈眈。倘若老虎扑过来，自己哪有武松的本领，在这危急时刻，陈志琪端枪勾机，一枪命中虎头，凶猛的华南虎应声扑地。老虎被抬到县里，县政府为他举办庆功会，奖猎枪一支。虎皮被制成标本,陈列在黄山一中仪器室。1961 年,安徽桐城、枞阳一带,常有豺狼出没,伤害人畜,安庆军分区调他灭狼,仅一个月时间,陈志琪灭狼三十只、野猪十只,成为闻名全省的神枪手。

木　兰

木兰,地处新明乡境最南段,其名渊源无考,可能曾经广植木兰花而得名,是今新明乡政府隔葛河相望的一片广阔台地。它在唐天宝年间太平建县时,曾是县治备选地。

木兰地域一展平坦,明显高出东南西三面,其北临山。源于龙王山的葛河从右西向蜿蜒抱揽,从麻陂潭旁边断绝桥下注入麻陂潭。而左首东边的麻川河,在群山背后冲决而出,会合旌德之水,形成急滩,奔流而下。急滩的地形奇特。木兰台地东沿垄起一冈,长满松树,冈北头是悬崖,形如狮头张开大口,势如一匹青狮迎吞来水。河对岸一条伸展的垄冈,宛如一条象鼻伸向河心,形象逼真的一狮一象共守水口,俗称狮象把门。木兰台地正是在葛河、麻川二水相交合抱中,坐北朝南。而正南向,挂榜山、象山隔麻陂潭百米宽约五里长的水面,水光潋滟,齐头影对,许家塝的拦河坝,白亮一线,灿然可见。麻村及仙源古城影影绰绰,如同海市蜃楼。然而,因它南向显得拥仄,其泥土疏松,因而导致县城备选地落榜。

木兰西侧的麻陂潭,为太平县境历史上一处著名水景胜境。水景幽美,且有回音之奇效,倘若乘竹筏入潭说话,回声荡漾,不仅音色变得美妙,音量也扩大了好多倍。据史志记载:碧水澄清,凫鸭上下,前贤常泛舟其间,饮酒赋诗。葛河注入麻陂潭的水口,有一石拱桥,名曰断绝桥,旨在锁断风水,不使走失。麻陂潭盛产一种类似于鲤鱼的金鱼,外形像鲤鱼,颜色比鲤鱼更显得金黄,胸鳍、尾鳍的末端金黄而泛鲜肉红,不细辨认,极易混为鲤鱼,唯麻陂潭产。晴天,潭水清澄,尾尾金鱼,悠闲自得,往来游戏,可谓麻陂潭一绝。

龙王山

龙王山,地处新明乡境南部偏东,南北走向,海拔 940 米,为太平与旌德两县界山。山名历史渊源无考,可能因山体高大,呈半月形,为风调雨顺而供奉龙王,建有龙王庙,故名。

龙王庙规模宏大，原有和尚二十余众，经营林木与田地，既能维持僧众生活，又是延续香火或寺院维修之资。庙中有一盘直径三尺余的石磨，因僧人与百姓相处甚密，山下居民常去进庙磨粉，发现磨出的粉末比原料多出一倍的分量，深感奇异。据传一日，忽然电闪雷鸣，风狂雨暴，上盘磨竟随水滚走，经过许家墈和仰山间恒济大石桥时，大石桥竟被压塌。因此龙王庙愈加神圣，香火逐渐旺盛。一时间，龙王山周边先后兴建起许多脚庵，譬如龙王庙下老庵、尼姑庵，犁形尖的金钗庵，老庄的新庵，黄华岭的乌山庵，白衣岭的白衣庵、甘露庵，安门的龟形庵，密汗的岭下庵，招汗口的福星庵，樵山岭的魁星庵、观音庙，内招的永兴庵，石岭的和尚庙和新庵，浮岭下的和尚庙，三门河西的和尚庙，包括仙源水东三峰庵等。龙王山下大大小小的三十六座脚庵，众星拱月般地拱卫着山上龙王庙。龙王山龙王庙佛教文化的兴盛，这在太平县境内独一无二。

20世纪30年代，李步新、胡明在龙王山以龙王庙为基地，建立中共龙王山区委，领导着葛湖里、旌德、谭家桥这一片区的游击战争。20世纪70年代新明乡政府坚持绿化荒山，动员全乡出工，建起龙王山茶林场，造福乡邻。

木广

木广，俗称木瓜汗、木广汗，位于葛湖里，其名源于该村供奉的土地神、社神。传说该村供奉的木广社神，管五谷播种，故农历二月春分节后两三天，为春社日，祭社神。县令当日清晨率领同僚先到农坛祭神农，再祭木广社神。

木广村名历代都叫木广汗。汗是山间溪水，且源远流长，故而叫木广坑，实在有些别扭，因为木广不是坑，而是一条长汗。木广之水，源于龙王山南头通旌德陈村的囊头，中途续有龙王山的王汗之水，曲折跌落，形成一道落差较大的宽河，夜宿木广农家，水声彻夜不绝，哗哗欢流，但不闹人。木广古村落随地形自然分成四阶梯，村里上头是孙家，以下依序是朱家的高唧(上)屋、中间屋、底唧屋共四段。中间屋又称老屋，为朱姓最早来木广居处。木广社神原先就有庙建在中间屋，以前每逢正月初一，孙家人先到中间屋敬社神，兼拜朱家年，正月初二，朱家再回拜。

传说木广居民是躲避战乱由江西婺源迁居于此的，而根据清嘉庆太平县志的记载推断，可能在宋元两朝就有人迁居。志载：崔涯墓，在木瓜汗。崔涯，明代仙源人，明嘉靖年间官至监察御史，高官永安之地选择木广，木广应该是个广有人居且生活富庶之地，而且是个风水绝佳之地。可以推想，元人入主中原时，汉人广受歧视，就有人迁居这近乎世外桃源的山村了。木广山高多雾，林木茂盛，盛产色纯味厚的好茶，历代山民能自给自足，明清两朝及民国时期，村庄均有人外出经商，不乏经商成功之辈。因该村深藏于十里山村内，游击战争时是红色根据地，李步新、胡明曾在龙王山成立中共龙王山区委，刘奎在木广建立中共党支部，此地还涌现出游击女英雄项红梅。

招　汗

招汗，包括内招、外招。内招叫招汗，外招叫岭脚下，处在老山与桃林二岭间，内外招之间有来龙山，两村相连呈元宝形。其实，招汗本叫交汗，多水交汇，太平话，交、招同音。招汗之水经年不涸，哗哗长流。在清咸丰年前，内外招的房屋鳞次栉比，檐柱相连，雨天走遍全村，不用湿鞋。且看那二里长的河塝，一色青石，整齐牢固，村中地面，一色青石板铺就，足见当年的繁荣兴旺，于是曾以昭为名。昭，明亮、显著之义。太平语音，交、昭、招相同，最后讹化为招。

招汗，历史上颇为繁荣，男丁逾千，现在仍有民间技艺的传统遗风，譬如砖、木、竹、桶各业工匠颇多，撮火治风、牙疼刮痧、挑翳子、挑疳积等绝技秘方，远近闻名。如今甘棠城区市场销售的薄锅巴，据说由外招一名妇女首创。内招近代有个人物叫项本轩，在仙源开“项源大”油坊，为富仁厚，用自己所得开办招溪学堂兼任校长。其子项汝鉷亦政亦商，在仙源开店，并担任县参议。解放战争时期，他甘冒危险救出三龙乡数百被关押群众。招汗口原有一座楼阁式青石牌坊傍山而立，上有“旌表恩荣”四字匾额，旌表分水胡姓嫁于项守揆的一百零四岁贞节寿星胡氏，正是项汝鉷的高祖。外招项德善，民国时期自垫箱底，办起“项庆余堂”业余木偶京剧团，1949年改为“招桃农民业余京剧团”，在太平文化史上独树一帜。项德善之侄项观楼，系黄埔军官学校第十六期毕业生，抗战中参与长沙保卫战，荣立献策制敌之功。1948年底，毅然从妻之议，辗转陆海，回家务农，担任黄山区政协委员，兼任太平籍黄埔军校学员联络组长，他也是该京剧团文武场全能之才。

老　山

老山，自然村名，位于内招西边，周姓聚居地，因村民欲承继西伯遗风和姜尚道德，故名老山。村庄坐落于一片长二百米开外的平坦山地，从地貌遗存可知，以前是个不小的山居村落，村庄容纳不下时，三里开外的高山上还建有谭家屋村庄。村东原有十多棵雪栗古树，被誉为护村树将军。树林中有三间路亭，叫关门口，是传统关锁风水之亭。

老山周家历代相传，继承周伯遗风。以前，商店柜台门坊，都挂有“周伯遗风”竖匾。周伯是商纣王时期的西伯侯，实施仁政，受人景仰。从前，老山有一座多达八十多间的大族屋，名曰雍睦堂，表达雍容亲睦之意，解释周伯遗风。老山周家还有一个不同于他姓的习俗，他姓做寿为“男做九、女做十”，或叫“男做虚、女做实”，就是男性逢九做寿，而女性非逢十不能做寿；而且“七做八不做”，即做七十不做八十。而老山周家，男女都做十不做九，而且年逢八十隆重做寿，说是纪念文王拜相的八十岁姜太公。

老山周家，文化厚实，人才辈出，晚清举人周旦熊，在内招创办招溪学堂，培养出许多人才。周福如，字海山，文学功底深厚，是民国时期的有名塾师，长期在葛湖龟形庵教学。民国时期的周葆根，为著名商贾，其幼子周恩樑为乌鲁木齐厅级官员，其侄周炳发和外招项观楼，同时出道黄埔军官学校。周作炘则是远近闻名的中医，1949 年以后为新明乡卫生院首任院长。民国时期，外招项德善创办“项庆余堂木偶京戏团”，首席领班周天赐，即老山周家人，他是徽州戏班的京昆名师，京昆唱腔曲曲精熟，文武场各种乐器样样精通，太平各地和旌、泾、青阳等邻县，时常抬轿邀请他指导。

桃　林

桃林，招桃村项姓起始发祥地，招桃项姓始祖项庆三当年迁居于此，见有一片桃林，以树名村，故名桃林。犹如《诗经·桃夭》所言：“桃之夭夭，宜其室家，宜其家人。”这是个适宜居住且能使家族发达之地。果然，经元明两朝，项姓从桃林开始繁衍，拓展成内招、外招、狮子港、桃林四个大村落，颇有声望。内招、外招曾是四五千之众的大村落。桃林亦是个人烟凑集之地，但见桃林到狮子港口那条两米多高的河塝，一律采用青石砌得整齐而牢固，那条五里路长的河底，也以青石铺就，还有村中处处用青石铺就的地面，足见当年的兴旺与富庶。

虽经清咸丰年间的浩劫，后经五六十年的恢复，桃林仍不负当年盛名。清末出了一个武科举人，名叫项茂，一把犹如关云长的青龙偃月刀，重达八十二斤，舞动起来如泼风一般；且性情豪迈，仗义疏财。民国时期，他为桃林引进芜湖、南京等地商贾，在桃林兴办十三家茶庄，茶农当天的新茶当天即可销，使桃林变成远近闻名的江南茶市，周边县乡也来桃林贸易，带动了各行各业的发展，使桃林赢得“小南京”之美誉。当时有一首歌谣描绘桃林人的生活起居：打洋伞，衣滚边，嘴巴角唧(上)噙纸烟。吃馃儿，不吃边，走起路来眼向天。

茶庄是桃林的主要商铺，在一年一度的收购新茶之前，茶庄都联合请来京剧大班唱戏，招揽外地客商，激起当地戏剧爱好者的兴趣。外招项德善自掏四百块大洋，召集当地戏迷，购置木偶、锣鼓和行头，雇请师傅。老山的周天赐，本是徽州戏班的京昆名师，也回家乡领班，“项庆余堂木偶剧团”正式成立。这个业余剧团能够演唱三百多出戏，深受业内人士的称赞。项德善本人也成了净、生、旦的名角。当时三口、焦村两地都有戏班，颇有相形见绌之感，好多人到“项庆余堂木偶剧团”搭班。1949年以后，这个戏班发展成桃林、内招、外招、老山四村农民参与的“招桃农民业余剧团”，没有报酬，自办食宿，演出多个全本戏、折子戏，演出现代京剧《红灯记》《沙家浜》《智取威虎山》，得到县剧团甚至县领导的赞许，周边区县纷纷请演，连谭家桥上海茶林场知青们，都称赞说这个农民业余剧团了不起！

桃林，经济文化繁荣数百年，1948年以后成为新明乡的政治中心，1948至1949年上半年，为义正乡公所驻地。1949年后，为新明乡政府驻地及全乡政治中心，直至2005年，乡政府才迁至葛湖黄亭铺。

顺桃林河往下两里许，有个古村落名叫狮子港，两个村庄尽管路途很近，却须经七道桥，桃林村尾一道拱桥，是桃林封锁风水的锁桥，名普庆桥。狮子港口桥就叫狮子港桥。有人说，狮子港之名，其实不是指村名，而是指狮子港桥外麻川河一段河名。因狮子港的水口桥外往上一段，河中滩石，大的如床，小的如桶，而上下河床落差较大，水流湍急，冲击之声如雷，梅雨季节，白浪飞溅，满河出现一片白花。这段滩头名叫冲滩。往下有两百余米长水面,水势平稳,水深色绿。只见一块巨石高突水面,状如一头颈毛丰满的巨狮,名曰狮子石。狮子石往下五十米左右,河水左拐急弯,形成一大港湾,故得狮子港之名。港湾水深不知其底,隐约可见水下潜流幻影,风情万种。相传八洞神仙的第一位吕洞宾,飘逸潇洒,曾登狮子石饮酒赋诗,且在巨石上刻字纪念。

明嘉靖年间,四川阆中人刘元凯,二十二岁中进士,即携带家眷来太平为县令。刘元凯饱学,风度翩翩,却生活朴素。他来太平为令,政绩显著,其中特别注重孝道。为不使老母挂念,把老母接来太平,每天晨昏请安,三餐茶饭无须别人代劳,而是亲自尝试亲自服侍。元凯慕名登狮子石赏景,留下一幅五言对:爱水心偏远,观山眼更青。为狮子港留下了一段佳话。

万金岭

万金岭,又名万荆岭,以山名地,自然村名,位于碧云山东端万金岭下,隶属招桃行政村。此岭虽资源丰富,也不至于出万金,其名源于一个传说。古代,万金岭出了一个貌若天仙的美女,被仙源方姓一个富家公子知晓,非得娶为己妻不可。女家并非乘机捞钱,而是有意拒亲,便提出一个苛刻条件,要男家用金砖从仙源岭脚直铺到女家门口,方可答应这门亲事。哪知方家果然办到,于是这条长岭,故名万金岭。

万金岭居民姓方,由仙源方家迁居而来。此地植被丰茂,自然资源丰富,尤其是中草药品种多,著名蛇医方常乐给人配药,其药房就设在附近山林,何时需要何种草药,随时上山采集。方常乐擅长医治毒蛇咬伤,家传秘方,秘不外传。譬如需要某一种草根入药,独自采集时,就掐去茎叶,不使人知;需要茎叶的,就去根并揉碎,不使人认出。如被毒蛇咬伤,只要及时请他治疗,十有八九能治愈。山里有一种剧毒蛇叫蕲蛇,俗称棋盘蛇,又称三步倒。意思是被蕲蛇所咬,三步之内必倒地而亡,可见其剧毒无比。葛湖村曾有人遭蕲蛇咬伤,及时请方常乐治疗,从而免除性命之忧。

方常乐医治蛇伤是祖传,其父方桂元更是著名的蛇医。据说方桂元的父亲在仙源城里开过肉店,店铺门前摆放一张大肉案。冬天大雪,街上积雪甚多,唯有肉案下无雪。一天早上开门,看到肉案下蜷着一个上年纪的乞者,瑟瑟发抖。方桂元父亲动了恻隐之心,不忍心让他受冻,便把他让进屋里烤火，洗脸吃饭，还给了一件旧棉衣，连续多天照料，直到天晴化雪。乞者没有千恩万谢的俗礼，而是把主人让进内屋，郑重其事地传授神奇药方，使之两代受用，造福乡邻。

牛婆汗

牛婆汗，又名牛婆圈，因太平方言中汗、圈同音之故。位于蓝水河漂流起始地段附近，因村庄的山形地貌是牛婆形，牛形外有小山，如同牛栏，故名。1949年以后，人们认为牛婆汗不雅，遂更名团结。传说牛婆汗的牛头在碧云山上，牛臀在村前麻川河边进村的阶梯路边，有一穴常年流淌清泉，终年不涸，被视为“生命之门”。以前每年正月初一出行敬神，全村人都来此敬香鸣炮，企求全村兴旺发达。

牛婆汗是陈姓聚族而居的村落，祖籍为江西义门陈。义门陈分支来太平，先居住永丰安仁坊苦竹溪。元明之交，一世祖陈一荣公携带家小，选择今沙河口上两村之间河边一个叫桥亭的地方，寻到一个山坳溪旁结庵居住，不幸小儿子被虎所食，恰逢一个风水先生路过指点说：此处不宜居住，你顺这条溪水而上，可以奠居立业。一荣公果然寻到今天村落所在地，却是一片苦竹林。但凡长苦竹之地必有水，且此处敞阳开阔，又暗合原居处苦竹溪的地名，倚山而居，山似母牛，有生发之象，于是结茅屋定居。经繁衍生息，果然螽斯衍庆，延伸出牛婆汗、沙河、口上等多个自然村的陈家。

牛婆汗村落，时至清咸丰年间，成为男丁逾千、人口达四五千之众的大村落。清至民国年间，商贸繁荣，经济富庶，成为远近闻名的兴旺之村。顺村口二十多棵两三人合抱的大枫树林荫梯道上行百米，耸立一座三开三进巍峨壮观的陈氏宗祠，一条三四百米长的S形石板路串联全村各家各户。村中坐南向北的香火堂及其广场是村人聚会之所，香火堂大门悬挂一幅颇有气势的对联曰：三千余口文章第，五百来年孝义家。门上悬挂的一对大灯笼书写“义门陈家”四个大字，显示出陈氏家族的荣耀。清末至民国期间，村落人才辈出，邻村仰望。陈良盔兄弟三人七子两代共十人，成为望族名绅，经商从贸，成为太平东路的商贾名流，在芜湖、南京、扬州等地拥有六家商号，库存银圆上百万，村庄石板路就是由他家独资铺设修建。陈良盔的长子陈相坚，字石生，被推举为南京总商会茶叶理事会会长，陈良盔的小儿子陈子敬，在仙源经商，仗义疏财，广有善名，被推举为太平县商会会长。

经济的富裕，必然带来文化的繁荣。牛婆汗史传经久的工艺类文娱习俗，当推每年正月的竹马灯。竹马灯是用细篾扎成各种动物或器物，千姿百态，形象逼真，每一件精致的作品，用竹纸糊裱，灯内安装竹钉，安插蜡烛，持灯人腰里扎带，把灯分插在前后腰带上，点着蜡烛出行。每年正月初三后，村民欢聚在村口大祠堂里，分工合作，扎起灯来，既能相互交流经验，又能比试技艺。正月十三至元宵节，连续三个夜晚，晚饭后集中出灯游行，上到瑶潭，下至口上，周游一遍，敲锣打鼓，热闹非凡，所到之处，家家户户热情地捧出茶水、瓜子、花生、冻米、五香蛋之类的精制食品招待。

举密汗

举密汗，新明行政村的俗称，因新明村虽辖有外浮、张家、刘家、三村、芳村、平汗、小块、虹桥、密溪、内浮、浮溪、浮岭下、密溪口十三个村民组，但人们习惯以举汗、密汗两个最大村庄合称之。明清时期，举密汗就有郭铜古道穿境而过，太平郭村至泾县铜山的古道，由仙源顺麻川河下，经招溪口与浮溪口折向樵山岭，再去泾县铜山。举密汗历史悠久，民风淳朴。

该村与泾县接壤的麻岭头，是村境地势最高的山峰，其山河名叫姊妹汗。姊，读 zǐ，指姐妹中的姐姐，故又读 jiě，而“姊妹”又指美好的或并列的事物。太平语音中，举与姊音近，妹与密同音，举汗、密汗之村名，可能是姊汗、妹汗的音讹所致。新明村这种音讹现象很多，村内原本有个蒲溪，太平话读 púqī，新明村有蒲溪、蒲岭下、蒲溪口、里蒲溪等地名，缘由是蒲溪此地久有蒲姓居住。民主革命时期，蒲家房子多，生活可过，刘奎就曾在蒲家休整过，蒲家居住深山，游击队便于隐蔽。如今带“蒲”字的村名，统统讹成“浮”了，读音讹错甚远。不知有根有据的蒲，为何竟然讹错成漂泊不定的浮？

举密汗的浮溪、密溪两村汪姓，均是汪华的后裔，早在唐末就由歙县迁居，至今繁衍四十世。唐天宝四年（公元 745 年）割泾县西南十四乡建太平时，太平县和汪华家乡绩溪，与歙县成为唇齿相依的紧邻。根据湖北、安徽、浙江、南开大学等地十多种《汪氏家谱》记载，汪华生育九子，其后裔分布很广，例如汪华的七子汪爽之子名处贵，迁居太平三口，成为三口汪姓始祖，汪华第六世孙中的汪伦，就是太平三口汪家人。唐开元间，汪伦任泾县令，卸任后，因留恋桃花潭景致而移居，成为泾县桃花潭的汪姓始祖，与李白交游，留下一段千古佳话。

隋末天下大乱时，汪华以歙州地方官而拥兵自立，占领歙、宣、杭、睦、婺、饶六州，自号吴王，保护地方百姓，太平之地当属他的保护之下，谭家桥的箬岭、鹊岭，就是他派兵打通，支援太平义军左匡政的，所以太平与歙县的关系也很紧密。后来天下一统归唐，汪华纳土称臣，领开国功臣封号越国公，江南百姓赖他之功得以安宁，自然心怀感激。唐高祖李渊褒奖汪华“英武诚实”。唐太宗东征高丽，委他代行皇权，坐镇京都长安，守卫皇廷九宫，所以汪华享受半副皇驾的威仪。唐太宗贞观二十二年(公元648年)，汪华病逝长安，祭祀异常隆重，视为道德楷模，被尊为“汪公大帝”。汪华诞辰日是正月十八，以太平方言，正月十八汪公诞辰日举行游行祭祀，叫汪公佾，动态祭祀活动叫佾。

举密汙汪公庙建于高龙殿。自明朝后期起直到20世纪50年代初，历时近四百年，每年正月十八汪华诞辰日，三顶木制镂花朱底镶金大轿，抬着汪华、汪华夫人、汪华九子九相公三座雕像，由“唐封越国公大帝”虎头牌前导开路，后跟六角香亭一座，半副锡制銮驾，十六顶黄龙伞，三面帅旗，十六面绣有各种图案的彩旗，再后跟着香盘、花筒、签筒、玺印、令箭、令旗、万岁牌，直抬至密汙汪姓香火堂享受奉祀，直到阴历二月二结束，历时半个月，然后请回高龙殿汪公殿。由高龙殿出行密汙香火堂享祭，二月二由密汙香火堂回高龙殿，仪仗队伍数百人，前呼后拥，锣鼓喧天，鞭炮齐鸣，沿途所到之处，百姓俱焚香烧纸，虔诚而隆重。

举密汙的举汙，是一个古村落，其地形狭长，犹如举起的手，亦是村名来历之一。举汙的刘家、三村、张家，以前都有地藏王佾。地藏王佾的由来，与邻村樵山有关。传说地藏王到九华山之前，曾在樵山打坐，有意在樵山结庵修行。为求佛光普照，在农历七月三十地藏王俗身诞辰这一天，举汙的张家、三村、刘家三村民众，齐集张家祠堂祭祀地藏王，三村轮流主祭。祭祀异常虔诚，三村男女老少全都食素。当晚，村民口诵“南无阿弥陀佛”，手持香烛，齐到村口，迎接地藏王菩萨神明降临，享受供奉。

三　门

三门，后称三合，其原范围包含河东、河西、三门滩三个古村落，隔麻川河呈品字形排列。此处地形特别，因东边被寨山所阻，而南可溯麻川河上仙源，北可顺河而抵达青弋江，西面虽有高山，但顺山路可翻越碧云山到达仙源，有三条道路通达外界，故名三门。

三门旧有十景：寨山早雪，竹溪垂钓，六剌滩声，七坡秀色，将军徒步，雁潭鱼月，泰山日出，高路古梅，蟠龙戏水，荷塘棋布。后因太平湖蓄水，有些景观消失。但此处湖面宽阔，水波不兴，颇有“水似青罗带，山如碧玉簪”之趣，人称小桂林。

寨山是三门的天险雄关，也是风景名胜。该山雄立于麻川河东岸，海拔849米，面西耸立，峭壁摩天，旧称肖黄山。其名缘于三个原因：一是它犹如一道顶天大闸门，刀削斧斫般陡峭，无法攀登；二是绝顶有巨大洞穴，可容九千之众，太平天国时，百姓入洞避乱；三是传说古时有绿林好汉，在山上扎寨，劫富济贫。以险著称的寨山，南北两侧却是斜坡翠岗，站立河西遥望，寨山犹如镶嵌在绿色底座上一座巨大玉石屏风，其上石棱、石罅、草树、藤萝，交接组合，又如一幅山水墨画。时至寒冬，山巅绒绒厚雪，宛若戴着绒帽，披着绒衣，成为三门第一名胜：寨山早雪。

民国时期，三门曾是新明乡境北端的政治、经济中心，建国初期为三门区驻地。因地处麻川水道，又是名茶猴魁集散地，以茶为主的商贸异常发达，外出行商者众。刘敬之以“刘人和”为商号，以家为茶庄，同时在南京开店，成为远近闻名的大茶商。当时在三门本地开茶庄的就有五家，在南京开店的就有十家。刘敬之在清末三门小学堂的基础上续办学校，当年一口铜钟，现在仍在已经西移后靠的小学继续发挥上下课击发信号的作用。

三门滩，是三门三村中的重要古村落。该村背依雄伟的寨山，面临秀丽的麻川河，中有著名的六剌滩，此滩往下延绵七里，直到湘潭。麻川河此处由东西两岸对称形成石坝，河水下泻，水面形成许多漩涡，水石相激，仔细辨听发出六种声音。大自然的声音，古人称之为“天籁”，在太平话里，籁与剌两字同音，于是籁讹成剌。当年大诗仙李白乘船顺麻川北下泾县，途经三门滩，被秀丽风景吸引，即兴写下《下陵阳沿高溪三门六剌滩》，诗云：三门横峻滩，六剌走波澜。石惊虎伏起，水状龙萦盘。何惭七里濑，使我欲垂竿。其中间一副对子，描写了滩头的石形水状，生动形象。高溪是麻川在唐宋时的河名。尽管三门滩已封存于太平湖底，作为历史掌故颇有文化韵味。

三门河西刘敬之，系著名抗日民主人士，开明士绅。十二岁开始习商，后成为远近闻名的大茶商。1912年，他收购猴汗王魁成两刀一枪魁尖，取产地猴汗之猴字，制作人王魁成之魁字，前冠太平县名，组成“太平猴魁”茶名，送达刚成立的中华民国农工商部和南京南洋劝业会陈列展览，获优奖。1915年，他又购太平猴魁送巴拿马万国博览会，获金奖。翌年，参加江苏陈列比赛，又获金奖。太平猴魁从此蜚声中外。刘敬之不仅为猴魁成名立下不朽功绩，为民主革命也做出重要贡献，周恩来、叶挺下榻他家，接待新四军其他领导人、各界人士、中外记者、新加坡赴云岭军部访问团，他家被新四军军部誉为“义务兵站”。他自费创办三门小学，学生免费入学。每年春节前，他在县城仙源定购猪肉、大米、香油等各种年货，然后开出领条，由困难户自行领取。他家中常备棺木，解人急需之忧。

刘敬之故居，是太平民居中绝无仅有的古建筑。随着家业的逐渐扩大，位于麻川河岸边平野中的宅院，在清中期原建基础上扩建，宅院之门多达一百二十道，屋顶座座毗连，处处飞檐翘角，除厨房、工房辅屋之外，内部木质部分全部油漆得泛暗红色。房屋中辟有荷池，饲养各色鲤鱼，四周有美人靠(俗称鹅颈椅)座位可供欣赏。荷旁筑有观景楼，可环视村庄全景。可谓太平之最。

恩来亭是三门最具红色记忆的古建筑。抗战胜利后刘敬之在当年周恩来骑马在自己宅院门前下马之地，建造一座四角凉亭，对外称说是观景亭，寓意是纪念周恩来，1949年以后才公开说是恩来亭。

1939年2月，中共中央副主席周恩来在叶挺陪同下，朴装简从前往泾县云岭新四军军部视察，第一次骑马来到刘敬之家。刘敬之和叶挺已熟，但与周恩来却是第一次见面，客人不主动介绍，主人不可随意询问，何况叶挺是新四军军长，军事机密，不可能预先通知。刘敬之只觉得来人相貌堂堂，气宇轩昂，叶挺亲自陪同，肯定其位不在叶挺之下。于是迎进客座，自己忙去准备杯盘。当捧着茶盘进来时，看到来人微笑，坐着未动，叶挺却弯腰替他拾起外衣，披在他身上。刘敬之突然猜想是周恩来，顿生敬意。刚敬茶时，恰好其子刘寅进来询问道：“你就是周恩来先生吧?”周恩来深为诧异地说：“我们没见过面，怎么知道我?”刘寅说西安事变后，从报纸上见过他的相片，心仰已久，今日幸会，恍如旧识，故敢冒昧敬问。周恩来微笑着称是。晤谈少会，吃过午餐，叶挺陪同周恩来去往云岭。周恩来、叶挺二人站立竹簰，三位年轻战士坐在身边，这张珍贵的历史资料照片就是这次在刘敬之门前麻川河上拍摄留存的。

是年3月15日上午，周恩来返回在刘敬之家休息时，详细询问了各种情况，深感欣慰，即兴挥笔题词赠刘敬之、刘寅父子。屏幅写道：绥靖地方，保卫皖南，为全联导，为群众倡。题词后参观三门小学，再骑马由麻村兵站返回。刘敬之深明大义，支持革命，抗战期间曾四次被国民党当局关押。抗战胜利后，国民党政府又欲拘捕，刘敬之逃避南京，致信周恩来，周恩来复信盛赞刘敬之并予鼓励："先生历年正面强暴，义薄乡邦，是以招众忌妒，四构囹圄，然犹持身不阿，未肯青黑随染。愿先生远瞩民主必胜之前途，续作仗义执言之努力。"

猴汗

猴汗，后称猴坑，又称猴村，特指太平猴魁核心产区猴坑村民组，位于三门西山。坑，是不通风水的山坳；汗，却是适于人休养生息之地。无论普通话还是太平方言，读音差别十分明显，"汗"错为"坑"，其错甚远。

猴汗，山高水长，旧时交通极为偏僻，为方氏世居地。据猴汗方氏族谱记载，北宋末年，方桂公率族人从歙县桂林迁至婺源镇头，其后方长揖公率族人迁至太平麻川，复迁至猴汗种茶为业。后来王姓一支人从庐江长冲乡三十里铺迁至猴岗。逐渐形成猴汗、猴岗两个高山村，山岗与山汗互邻，互相通婚，共同开荒种茶，切磋种茶、制茶技艺。名山出名茶，猴汗所依的狮形尖系黄山余脉，古树参天，草木芳香，常年云雾缭绕，含砂石的黑灰质土，能含水又宜沥水，且拥有内含物极为丰富的优良品种柿大茶，为创制历史名茶太平猴魁奠定了基础。

太平猴魁的诞生，富有神话般的色彩。传说黄山有一对短尾金丝猴，他们有一个小宝贝。一天，小猴宝跑下黄山进入太平地带游玩，游玩得竟然忘了归路，异常焦急的老猴爸循路寻找，找到狮形尖不幸摔伤，被当地村民救护，老猴为报答救护之恩，就帮助村民攀崖采茶。此后，这个村庄取名猴汗，茶名叫猴茶。另一个版本，传说老猴因年纪大，思子伤心，寻子心切，疲乏劳累，不顾休息，寻至狮形尖，不幸衰竭身亡。一位村民不忍，就在山岗找了一块平坦向阳坡地掩埋。没过多久,猴的坟墓周围生长许多茶棵,茶叶长大肥厚,油光闪亮,村民称之为猴茶,村庄也就叫猴汗。而黄山的猴妈妈,儿子走失了,老头子也不见回来,于是天天登上高台坐守盼望,久而久之,日晒雨淋,最后竟然石化了,形成了黄山一大绝景:猴子望太平。

颜　家

颜家,位于三门之西山,狮形山与四方块的高山之南,为历史名茶太平猴魁三大核心产地之一。该村为颜姓村落,以姓名村,故名。

据考,颜家是唐朝颜体楷书创始人颜鲁公颜真卿的嫡系后裔,上溯至春秋时期,是孔子七十二贤首位弟子颜回的后裔,颜家村民颜文华保留一套完整的《仙源颜氏宗谱》中有明确记载。

颜回,孔子最得意的门生,是安贫乐道、勤奋好问的典范,孔子赞道:“箪食瓢饮,居陋巷,人也不堪其忧,回也不改其乐。”颜氏宗谱记载,颜回是三门颜氏之始祖。颜真卿,楷书颜体书法创始者,生于公元709年,卒于公元785年,今陕西西安人,进士出身,官太守。“安史之乱”时,因抗敌有功,升任吏部尚书,加太子太师,封鲁郡开国公,世称颜鲁公。按世系排,从颜回到颜真卿已历七十七世,由颜真卿推算至颜文华已达三十七世。明代开国洪武年间(公元1368～1398年),颜回第五十世孙颜祖源游历太平爱上这方山水,于是迁居到当时叫北溪的颜家,写了一首七律诗赞美北溪景色,诗曰:地号北溪最得宜,卜居筑室恨来迟。山光秀丽堪娱目,岭势峥嵘不碍眉。百鸟双双频唱和,万花朵朵透丰姿。我今无物相欣赏,曾向长亭赋一诗。而同为一乡的葛湖桐城坞颜家,则是三门颜家的分支,系颜祖源第六代孙迁入。

湘　潭

湘潭,是仅次于三门三村的大村落,由三门六剌滩北下七里即达湘潭。湘潭及中潭、立潭等村名,都有潭字,其名源于村旁麻川河布满深潭。迄今已有六百余年历史。此地既是重要码头,又是革命老区。民主革命时期,湘潭与中潭、立潭各村均支持游击战争,中潭叶碧贞为革命捐躯时,年仅27岁。

湘潭有叶、丁两大姓。叶姓在明洪武年间由始祖叶添庆率家人在中潭卜居,繁衍生息,村庄上到三门滩下至立潭,史称“小河里十里叶家”,而人口最密集还是湘潭。湘潭叶氏宗祠大门联云:南阳家兴远,湘潭世泽长。可见叶姓当年之兴盛。湘潭另一姓氏丁姓,清乾隆年间迁入,与仙源老鸹岗丁姓同宗。湘潭曾居住百余户人家,村庄为合面建筑,设有学堂、医院、商店、邮政所、药店等。因村庄位于麻川河岸,竹木柴炭丰富,尤其是茶叶品高味醇,故从商经贸者众。叶姓在湘潭开设三家茶行,在南京开有六家茶行。湘潭船簰航运便利,除了放送竹木柴炭和茶叶的乌簰外,抗战前夕,湘潭河边常常停靠四十多艘四五吨位的木船。1970 年太平湖蓄水,湘潭以下十八个大小村落均被淹没,除湘潭、中潭部分住户移民后靠外,其余全部迁至三口街板凳头,异地重建湘潭村。

湘潭属于小河里地片,小河里是一个统称的地片名,指从三门到小河口沿麻川河二十里路地带,十八个自然村落,从南至北沿河下行,包括河东、河西、三门滩、湘潭、新屋、徐河桥、上中潭、下中潭、王家滩、黄泥滩、黄石、立滩、立潭、官禄潭、牛家、黛坞岭、瑶里、江家坦,即民国时期的下六保,后称三合村,近年更名猴坑村,历史上惯称小河里。

饶 家

饶家,是由新明村浮溪口下行进入猴坑村的南头第一站,地处紧靠麻川河的饶家岭上。进入饶家,南北两头,原先有一段石板铺就的上岭古道,现在经过降坡改造,进出村庄,不用太费力了。饶家在历史上属于小河里地片,也隶属原三合行政村,曾经一段时间直呼为“三合”,但旧时习惯称说,小河里地片名又不包括饶家。

饶家原姓尧,这个姓很古老,也很稀少,它本义有“高大”之意,与上古五帝之一的“尧帝”有关联。为什么改姓饶了呢?相传清光绪年间,芜湖一位饶姓客商骑一匹白马,经此到三门滩采购茶叶,经过尧家岭时,山林中突然窜出一只金钱豹,白马受惊,连人带马滚入山崖,幸亏饶员外被一棵酸枣树挡住,才没有滚入崖下深潭。饶员外感激枣树救己一命。滴水之恩,当涌泉相报。饶员外就买下这棵酸枣树所在的山场,邀请当地尧家族长管理,意在精心保护那棵有恩于他的酸枣树,以表敬仰之情。后来饶员外每年都跑三门采购茶叶,外运销售,生意暴发。消息传开,来往三门做茶叶生意的客商多了起来,尧家顺势办起了客栈、茶馆、商铺等,开拓了生财之道。虽然“尧”

是高大之意，但是既然如今有吃有穿，一派富裕景象，索性将村名中的“尧”改为“饶”。饶，既是表明富饶之意，也寓含铭记当年饶姓客商促使尧家致富的功德。

樵　山

樵山，又名朝山，既是山名，又是行政村名。1949年以前隶属旌德县，建国初期一度划归泾县，1956年划归太平。因山高林密，人皆以砍樵为生；又因黄山久有轩辕黄帝修炼得道升天的传说，黄帝衣冠冢在陕西黄陵县桥山，而樵山有神仙洞府，加上与桥山谐音，故名。

耸立樵山之巅，俯视樵山全村直至曙光全景，整个山村犹如一把大交椅，村落棋布于椅靠或椅座上，除曙光外，各村地势均处在海拔500米以上，最高村荷花汗在海拔800米以上，为典型的高山村。樵山是喀斯特地形貌，天生一个神仙洞，自然生长一片香榧林，成为观光胜地、避暑福地。经遗址考证，自唐朝以后就有余姓人进山居住，在清咸丰浩劫之前，丁家就是百户人家的大村落。

樵山岭，旧时是郭村至泾县铜山的古道。从浮溪口北行不远，经王柴汗就步上樵山岭，岭全长十里，用青石板块铺成步阶。途中修出两处平洼地，石块铺砌，曾建有四柱凉亭，供行人遮阳避雨或歇脚小憩。岭头之亭更高大，明清时期，亭中留下许多诗文碑刻。凉亭不远处原有魁星庵、观音庙，都是龙王山龙王庙的脚庵，香火日夜不断，香客纷至沓来。

震惊皖南的樵山保卫战主战场就在此地。从1944年12月30日至1945年3月21日，战役历时83天。此次战役新四军游击队击退国民党军五次进攻，毙伤其四十余人，游击队仅一人牺牲，我方大获全胜。

樵山当时是泾、旌、太游击区中心，皖南山地中心县委、皖南山地地委的常驻地。1944年12月初，谭家桥红庙战斗后，国民党皖南行署和国民党安徽执委皖南办事处，电请国民党第三战区“围剿”樵山。12月中旬，国民党苏、浙、皖、赣四省边区挺进纵队司令陶广坐镇歙县指挥，除正规部队外，还有泾、旌、太三县自卫队配合，共有2 000多兵力进剿樵山。

12月30日，国民党保卫团、一九二师、太平县自卫队筹备一部，共五六百人从浮溪口方向进攻樵山岭。当进入第一道防线时，遭到游击队密集的手榴弹阻击,洪林率一个班兵力增援前沿阵地,压住敌势,紧接着岭上放下大排檑木滚石,将国民党军压下岭去。由于游击队割断太平、旌德两县电话线,樵山岭战斗打响后,旌德方面敌军不明情况,向麻岭头探进,泾县方面向铜山方向探进,均被游击队布防击退。第二天,泾、旌两县自卫队从铜山进攻樵山,游击队和民兵以小组为单位,经四个多小时麻雀战,游击队主动转移,国民党军虽占领樵山西南岗,但由于害怕中埋伏,旋即撤走。

1945 年 1 月 6 日,泾旌太三县自卫队联攻樵山,火力最猛的是泾县方面。当铜山、下丁家失守后,胡明组织七师侦察连以枪榴弹反攻,民兵发射自制的黄檀炮、过山鸟等土炮,敌阵大乱,当游击队与民兵联合冲锋时,国民党军慌不择路,连夜退至茂林。十天后,中心县委书记胡明与洪林去皖江区委汇报工作,樵山保卫战改由唐辉指挥。2 月 5 日,游击队打退了敌方第五次进攻。3 月 21 日,国民党二挺纵队、保安团和泾、旌、太自卫队共 2 000 多人,分五路进攻樵山,洪林传达了七师党委指示,游击队民兵为避敌锐气,暂时撤退外围作战。

樵山成为游击战争根据地,很多村民加入共产党,参加了游击队,涌现出许多战斗英雄和革命烈士。1949 年以后,樵山老游击战士查文元,作为老区代表进京,在怀仁堂参加中央人民政府举办的座谈会。

神仙洞

神仙洞是黄山北麓著名的地下岩洞。明代《弘治太平县志》记载:神仙洞,县东北三十里,樵山深数里,游人燃炬入,所见石,多呈钉子形,极处有潭,深不可测。历史上已为定名。清初大画家石涛曾在洞壁题刻写神仙洞三字,现仍依稀可辨。另据《中国名胜词典》记载:游人步入洞中,雾霭袅袅,幻觉顿生,如入仙境,故名神仙洞。

樵山山体共有九条垅岗,下端皆拱向余家店对面山峰,峰上有磐石高岩,名叫飞来石,俗称蒲团石。九条垅岗和蒲团石,名曰九龙朝珠。相传地藏王曾在磐石高台上打坐。九华山有九峰,樵山有九垅,故樵山有"小九华"之称。神仙洞的上洞口在荷花汗东侧,洞口高宽均两丈余,相传是南极仙翁用拂尘打开的,洞口长有许多石须。旧志所记大多是上洞景观,譬如"极处有潭,深不可测……倾入砻糠,从观音岩飘出"。荷花汗有水流入洞中,不见出口，因而生出许多猜测。1984 年在余家店岩下砂石堆中见有水流出，且有香榧枝叶，于是探险考察，打通了三千米长的岩洞。下洞口正对蒲团石。下洞空间高大宽敞，中洞窄高，爬上罗汉肚坡即达上洞。站在罗汉肚坡朝下张望，就是“极处有潭”处，深水过膝，水流贯通全洞，洗手有润滑感。洞中不冷不热不闷，两侧常有风洞，明显感觉到微风习习。

神仙洞于 1984 年开放，其景象犹如《西游记》故事场景。曲径通幽，恍若仙境。令人思考的是洞侧岩体砂石层，夹有小蚌壳。高山石层怎么会有河砂层？有人说黄山古时就是扬子海，黄山就是燕山造山运动挤压此处水成岩而形成的奇观。由此看来，樵山神仙洞，不仅是黄山地区的钟乳石大观园，还是黄山在远古时期地质运动的佐证。

荷花汙

荷花汙，位于樵山最南端山峰下的山坳里，海拔 800 余米，四周山体犹如荷花绽瓣，因山形得名。

该高山村居民为汪姓，是绩溪汪华后裔的一支，北宋初年由歙县呈坎迁入，迄今已有千余年历史。民主革命时期，樵山一直是革命根据地和领导机关驻地。1944 年中共皖南地委和皖南山地中心县委机关，就设在荷花汙汪家祠堂，其机关报《黄山报》报社也在汪家祠堂，汪家祠堂现经修缮，对外开放。

荷花汙地质有个奇特现象。以村中溪涧为界，涧之东的土石，其颜色与内质和樵山一模一样，属于喀斯特地形，为水成岩，与地质界认定的“黄山自古是海洋”的结论一致。而涧之西的岩石是红色或黄色，如同六角楼的基石即是黄山红岩，奇石爱好者所爱的黄蜡石，就是黄山黄。地质学界认为，黄山奇峰崛起，是因为燕山造山运动鼓起岩浆向南涌动，于是拱起扬子海地壳隆起，形成峻峰，由于岩浆极高温度作用，致黄山地壳岩石略呈紫色，而燕山火成岩浆凝固部分，基本在黄山北部太平地带的地表中，故太平地带地质具有两个基本特征，一个是表层露有火成岩，呈现红色或黄色岩块；另一个是原水成岩岩体因岩浆拱动而凝固的作用，致使岩体表层多呈破碎带。这种地质表象在太平地带可以找到很多，而荷花汙的地貌地质提供了实物证明。

余 项

余项，樵山西北部岗上的自然村，村中多榧树。村民为余项两姓，因族姓名村。据史料称，余姓早在唐朝就进山开荒，种玉米、兴茶树。后来一户余姓生育三子，访得歙县城郊渔梁坝一项姓人家生育三女，于是上门求亲。项家说你余家在山上栽一棵香榧树，三年之内，如能分开三叉，我主动送三个女儿上门。谁知余家栽树后，三年后果真分开了三叉，项家不毁前约，送三个女儿依秩序和余家三子完婚。余项合成一家，村名也叫余项。

余项在山腰，山头有荷花汗，其下是团龙头，余项与团龙头两个村庄均建在樵山缓坡上，樵山香榧林多在这两个山村内，成为一道奇特的自然景观。榧林中有一棵千年榧树王，名神仙榧，原因是其果实特别，较大的榧果，长约一寸，且长有螺纹，食用果脆，味美而香，其他榧果无法比拟。传说乾隆皇帝南巡黄山，地方官把这种仙榧果定为迎驾贡品，因此又名贡榧。此树树龄逾六百年，生长在余项村前插基垅，树高四十二尺，树冠覆地一亩多，树叉十多枝，加上细枝，整棵大树犹如千佛手，粗围需要七八个人牵手合抱。古榧树、奇榧树，在榧林中随处可见。

据普查，在樵山百年树龄以上榧树达百余棵，原生态榧树面积 255 亩，人工栽培 500 多亩。香榧和板栗相媲美，称为"铁杆庄稼"，是山珍佳品。香榧结果异于他种果树，同一棵树，今年挂果，后年果熟；由此年年挂果，年年有果熟，因此同一棵树的果，连年是"公孙三代同堂"，因此香榧树又有个雅名，叫"公孙树"。香榧树果美，叶也发出特别清新的香味，著花与挂果时节，香逸整个樵山。

豪家园

豪家园，是曙光半岛的中心村，原曙光行政村辖夹坑、周坪、豪家园、吕家四个村民组，村委会设在豪家园。1970 年太平湖蓄水后，豪家园与周坪两村同在一个半岛上，故称曙光半岛，而夹坑、吕家则后靠樵山。

民国时期，曙光系周家滩、隐潭二村合并后所取之名，原名周隐，后改为曙光，曙光是寓含时代色彩的地村名。原豪家园是一方风水宝地，1970 年太平湖蓄水时被淹没，现在的豪家园是移民后靠重建的。明代，江家坦一个钱姓富户买下麻川河对岸一片荒滩，开垦种菜，经营花木盆景，家境愈加富豪，故名豪家园。到清代初年，豪家园已成为一个颇有名气的村庄，因村庄地处麻川河畔，两岸村民交往时深受河水阻隔之苦，于是豪家园多人捐资建渡口，渡口建成后，取名豪家园渡口，简称豪家渡。

豪家园地处曙光半岛的岛嘴，湖水在这里绕了一个大弯，三面环水，视野开阔，且是小河口至三合九曲十三弯湖景的中段，山明水秀，风光优美。东北近樵山神仙洞，南接小桂林、小三峡各景点，西与黄金岛隔山为邻，北离桃花潭不远，麻岭汗景点近在咫尺，旅游资源极为丰富，是一个得天独厚的旅游胜地。此地民风淳朴，孕育人才。生长于豪家园的叶允荣，1935 年在南京担任国民政府财政部部长孔祥熙的秘书，抗战时随国民政府撤至重庆。这里还出了一个黄埔军校的军官翟春华，1960 年从台湾驾机回大陆投诚，投入人民的怀抱。

史话广阳

一、地名更迭

武帝元封二年(壬申)始析泾县西境地,置县于陵阳山麓,曰陵阳县……成帝咸康四年(戊戌),避杜后讳'陵',改陵阳为广阳。

这是摘自1936年3月《石埭县志大事表》的两句话,告知我们广阳最早的历史定名及其时间,以及陵阳改名"广阳"的缘由。

下面就看看广阳之名更迭演变的简要情况。

广阳在汉武帝元封二年(公元前109年)成为陵阳县县治所在地,即名陵阳,当时陵阳县含陵阳、石城等县地。銍(今安徽宿县东)人窦子明,就是汉陵阳县的第二任县令(第一任为刘嘉)。到东汉末年汉献帝时,广阳都一直沿称陵阳之名。到了三国鼎立时,属东吴,东吴孙权称帝的赤乌年间(公元238～251年),因流经境内的秋浦河中有三块平如巨台的大石,称为"埭",陵阳县因之改名为"石埭场"。而东晋晋成帝司马衍当皇帝十年后的咸康年间(公元335～342年),"陵阳"县名忽然间和他的皇后杜陵名字同字而犯了讳,因而改名为至今仍称说的广阳。而到了汉魏六朝的梁朝时(公元506～557年),广阳县更名为石埭县,广阳仍名广阳。

广阳曾两次改名为南阳。第一次是隋朝炀帝杨广称帝,广阳之名犯了杨广的讳,《隋书·地理志》称为南阳。第二次是隋朝灭亡后,唐朝初建时的唐高祖李渊的武德三年(公元620年),广阳又曾名南阳,但只维持了几年。根据时间排列,唐的广阳称南阳时,就是左匡政在陵阳山前垒土为城名猷州时。武德八年废猷州,广阳恢复原名。

广阳作为石埭县治一直沿称下来是从唐朝唐玄宗之孙唐代宗李豫称帝的永泰二年(公元766年)重新划地扩建开始的。那时的石埭县行政范围,含从秋浦、青阳、泾县三县重新划出的地盘。广阳作为石埭县治,除了南宋宋理宗时(公元1226年)曾迁今石台县址七里街,六年后又迁回广阳,中间间断这六年外，一直维持到1959年3月22日撤销而与太平县合署办公为止，而1965年7月9日复设名为石台县时，广阳作为县治的地位就揖让给今石台县治所在地七里街了。

广阳作为县治的历史，共有2 061年。

二、兵争沙场

广阳这里，凭现在的观感，就是太平湖水面最广阔的去处。不妨回首历史。其北有陵阳山和琉璃岭关，东西两端崇山峻岭有如铁闸，宽阔的舒溪河穿峡浩荡东去，南有密崖关扼锁，中间是广阳和秧溪两大畈，天然粮仓，这样的地势自古以来就是兵争之地。

汉建安年间(公元196～220年)，由于董卓专权，宦官跋扈，汉朝的末代皇帝献帝刘协早已成了傀儡，诸侯纷纷割据，天下开始大乱。东吴孙坚势力早已壮大，已逐渐占据整个江左，即沿江两岸直到湖北荆州和江西九江以东至海边大片土地。当时汉将祖郎镇守广阳。建安三年(公元198年)，东吴首领孙坚即派大儿子孙策大战广阳，生俘祖郎。由于天下纷乱，建安二十一年(公元216年)，鄱阳湖的尤突起事割据，泾县、陵阳一起响应，遭到东吴大将贺齐、陆逊镇压，广阳二度降吴，孙权派大将周泰为陵阳侯。

从汉建安三年后，直到隋大业九年(公元613年)，广阳经历了400来年比较清净的日子。大业十三年，天下大乱，全国各地占山为王，举旗割据数不胜计，用《隋唐演义》的说法，是“六十八路烟尘，七十二路草寇”，其中以程咬金瓦岗寨势力最大。绩溪汪华举兵逐渐据有宣、杭、徽、睦、婺、饶等州，广阳属宣州。时广阳之东三里华村，相传就是纪念汪华而设的村名。大业十三年，境内盗起，人不自保。杜伏威、窦建德义军也想来占据广阳。当时左难当已成为宣州总管，设兵在今穰岭以下，和窦建德决战，用大量草捆填置河中堵水，大败窦建德军，穰岭、穰溪由此而得名。左难当在广阳北、陵阳山前筑土城两重，这土城当时就称猷州城。当时这一大片地方统称过“猷州”，今新华的“游山”原名就是“猷山”可知。

唐高祖李渊称帝的武德六年(公元623年)，唐王朝初建，天下虽初定，但各地仍有农民军活动，有叫辅公祏为首的义军，其部将陈当世，在这一带受到左难当的重创，第二年，辅公祏亲自率部来攻猷州左难当，左难当在援军李大亮配合之下，彻底打败了辅公祏。

唐初以后，每当大规模的改朝换代的军事行动发生时，广阳虽有惊扰，但很快就得到平息。如唐僖宗乾符六年(公元 879 年)黄巢攻占广阳，很快就败退。从唐初跨过近 1 200 年的时空后，广阳遭受到有史以来最为惨烈的战争血洗，就是清代咸丰年间太平军的攻占。从咸丰初年到咸丰九年(公元 1859 年)太平军攻占广阳 8 次，旋即退去。咸丰十年五月第九次攻占并进驻广阳一年零七个月，直到最后投降。此期间，跟太平一样，广阳人口锐减[太平当时嘉庆十一年(公元 1806 年)的 27 3 300 余口，锐减到不足 4 万人]，清政府官衙及公用设施、宗祠寺庙乃至大量民房多遭焚毁，文物、图书、典籍损毁殆尽。广阳经历了一次史无前例的浩劫。从太平、广阳向东北方向直到广德、繁昌一大片，几乎就是无人区。今广德县境中有湖北语区，就是因为这次战乱造成人口大片空缺而移民填补的。

三、广阳貌相

广阳，由于它的地势地貌，战时是兵家必争之地，平时确是物产富饶的鱼米之乡。北以陵阳山为靠榻，南濒舒溪河为城堑，城池就坐落在广阳大畈这 384 公顷的沃土上，西至柳家梁，而向东连接着洪田畈区，东西长达 10 公里以上。跨过舒溪河向南，就是秧溪、和平、乌石、夏村连成一片的平畴沃土，形成皖南山区中心地带的著名粮油库。舒溪河流经广阳，北岸接纳着陵阳河、永丰的洙溪、新华的汤家河，南岸则注入着秧溪、婆溪，舒溪河河床顿时加深，河面顿时宽达 200 米，水量洪大，是皖南山区重要的水运通道。而徽宁古道纵贯南北，与舒溪河在这里呈十字形交汇，民国年间以徽宁古道为基线的“大(渡口)——岩(寺)”公路径直通过广阳。广阳物产富饶，水陆交通便利，使这里的经济生活历来显得颇为繁荣。《石台志》有过描绘：“洪武五年(公元 1372 年)，民心安定，各行复业，沿舒溪河街市货客贸易兴旺。”后又有描绘：在回驴岭上晚间北望，南门沿河街市店家灯火与河中游船灯火交相辉映，人称“小秦淮”。足见广阳有过的经济生活的面貌。

对广阳的宏观面貌，旧志描绘道：“山屏耸秀，水带回澜，林木辉映，舟车络绎，扼险守要，固当一方之保。”民谣也说“前金山(指今太平湖镇古芒村)，后银山(陵阳山)，中间夹块玉石滩(指舒溪河和两岸畈区)。”舒溪河南，有一片茂密葱茏的树林，有如广阳城池的屏障。广阳城就在这块风水宝地上。

作为县城，明代以前，广阳城以土筑，有东门、小东门、正南门、毓秀门、小南门、南门、西门、西北门、正北门、东北门共10座。到明嘉靖四十五年(公元1566年)改为砖砌，改为五座门：东来宁门、南仪凤门和小南门清舒门、西金城门、北望华门，都有城楼，东、西门各设了一座水关。经清乾隆二十九年(公元1764年)丈量，城高一丈六尺，厚三尺，周长三里多。民国时，有大小东门、大小南门、西门、北门，东门、北门设水关。城区平面图呈椭圆形，面积近一平方公里。1949年以后城区向西有扩建。

明中后期的城区格局，主要商业街道是与东西大街相连接的“河城街”，石板铺成；以南门、北门为中轴线，县衙、公馆等在中轴线以东，关王庙、县递铺、牢狱、仓库在中轴线西，文庙、儒学、文昌庙、演武场等在西门外。房屋砖木结构，单层平房和两层楼房。

到清末、民国时，河城街已消失，主要街道让位于东西通城大街，叫西门大街，宽约五米，石板铺成，城区分为南北两部分，巷道短窄，多是平房。到20世纪40年代，明清古建仅存文庙、五猖庙、城隍庙、城楼、古塔和六座祠堂。

建国初期，街道依旧，民房逐渐翻新或新建。新建公房影剧院有2 460平方米，外观二层，其余相关公用设施和单位办公用房都是二层建筑。1970年前，城内石板街道有6 860平方米，城内外新建道路1 800米，公、民房建筑面积共有169 923平方米。

如今，广阳这一片虽然原貌难再，但却成了太平湖的明镜地段，湖上、湖周正按照崭新的规划蓝图，逐步变成一面硕大的嵌金镶银的镂花宝镜，成为国内外所艳羡的观光、休养的新的风水宝地。

四、皖南巨工

舒溪河在清嘉庆《太平县志》上，被称为太平的“西条河”(东条河就是“麻川”)，是广阳城的天然城堑。民国以前，过往这条河，是春夏季摆渡，秋冬季架桥，即使驿道快递也是这样。

到了1922年石埭籍人陈劭吾、陈一甫兄弟首倡发起，在广阳南门外舒溪河上造桥，自捐银币2.4万元，太平陈少舟和旌德、江宁、南通等地实业界人士共同募捐近14万元，由北洋大学（天津大学）土木工程系毕业生陈汝良设计图纸与技术指导，其师美籍教授裴特森审定，陈汝良的同学庚宗桂、郑敏之两工程师协助，江苏南通勘矿建筑公司承建，孙敏斋、桂承之监造。1922年7月动工，1925年春建成。全桥钢筋混凝土质地，长200米，宽7米，高10米，桥面两侧有1米高护栏，距护栏0.7米处，有供独轮车通行的车槽。桥下有11个泄水孔（即筑有10个桥墩）。桥两端筑有桥头护坡，南门外桥头护坡向东西共延有50米，南岸30米。北岸桥头建纪念亭一座，亭额刻“利步大川”四字，亭中立石碑4块，刻有建桥经过，护桥禁令和建桥功德名录，又建两层小楼，供护桥值班住宿。1935年修《石台县志》，称该桥为“皖南巨工”。

这座大桥建成后取名“永济桥”也叫“舒溪河大桥”，俗称“广阳大桥”。1934年大（渡口）岩（寺）公路修成通车，它便成为要冲之津梁。1938年，集结青阳的日军有侵犯屯溪的迹象，驻守屯溪的国民党抗击日军进犯的第三战区长官司令部命令新七师工兵连，炸毁桥北头6个桥墩，以后通行以木桥代替。

1949年冬，皖南区公路局决定修复大桥，由李光槐负责技术指导，李复生主持施工。利用桥南段原有五孔，而北段6孔修复两个桥墩，重建三个桥墩，架设起钢架大桥。1949年11月动工，1950年8月告竣。修复后的永济桥，南段为钢筋混凝土质，北段为钢架桥体，虽欠美观，却也别具一格。

1962年元月，我曾途径广阳，在南门口一家旅店住过一晚。晚霞漫天，站在北桥头，朝东、南、西望去，显得十分辽阔。舒溪河水闪耀着密密匝匝的粼粼波光，一派活泼，逼人眼睛。这么长的桥，在我当时的经历中，还真没见过，不由兴起走了一遍。走在钢架桥上，脚踩下去，会有轻微的嗡声，给人十分稳健的心理作用，感到十分的安全和满足。八年后，为了国家经济建设，“皖南巨工永济大桥”和它的后盾广阳，毫不犹豫地贡献了自己。

诗曰：

脚下轰轰龙虎吼，
心中浩浩楚天雄。
舒江森森无穷碧，
皖省巍巍此巨工。

刘村·庄里·肖黄山

刘　村

刘村，甘棠西约2公里，因地形向东，故整个村坐西向东，历为刘姓居地。据传约在元代，婺源一刘姓郎中行医至太平，先后有了三房，选三处定居，一在焦村，一在弦瑞枣木园，一在刘村。刘村最兴旺时，有1 600多人，分上刘村、刘村、下刘村。上刘村在刘村南，下刘村在刘村北兴汗河，上、下刘村在清代已湮没。

刘村有居高临下之势，村前良田百亩，田畔浦溪河，水光潋滟。村后西山，林高树密。村北西山一条垅岗如青龙往下潜伏，身上裹满高耸云天之黄栗(即今朝阳中学校园处)，煞是壮观。此垅岗亦称"青龙岗"，岗前原有五进高大巍峨的刘氏宗祠。村南，从西山延伸而下为"牛形山"，匍匐向东，春夏之际有满山杜鹃。从庄里蜿蜒而来的白虎河，半月形从村前注入浦溪，河对岸拱家山，又名九华山，连接庄里村前的岳岭头，如村前半开之屏风。村人特喜爱山顶三枫，高大巍峨，浓荫如盖而又色彩纷呈，如村前卫士，村人尊称为"刘关张"。

刘村结构谨严，村东正中位置叫大关门，是村内主要出入口。大关门南二十多米有小关门。大关门自村口一直通到村西最高处，全为"黄山红"岩石铺成的巷道，此巷道起自大桥古渡(即原大桥酒厂南侧居民巷)，全长约2公里。村中道路分东西走向和南北走向，皆铺石板。村中，自西山而下，有水流一股，成一沟清泉，曲曲折折，穿村而过，从村口大关门右侧流出，村前水口修锁、钥二桥，意在收管住穿村而过的来龙水。村里有三口古井，两口在大关门进去的中心大道北，一口在村内东南部，分别叫井门口井、井泉坦井、施家垅井。在中心大道以南，原有九口荷花塘，现仅存四口。村西北高处有一栋建于乾隆年间的古老民居，南房和正房均已翻改，唯北房尚留原貌，厢房门楣自右至左写"体仁居"三字，有碗口大小，右侧有"乾隆辛丑"的楷书落款。据此推测该房最晚当在公元1741年建成，距今有260年，当时为何人所建所住已无从查考，从“体仁居”三字可以略知其主人的文化和修养。作为刘村历史文化颇为深厚的旁证，它是无可疑义的。近现代我国著名的陶瓷艺术家刘雨岑即是此地人。

刘村的历史当兴于明嘉靖、万历，败落于清咸丰、同治的战火。

庄 里

刘村向南一里，即为庄里。庄里，实名“臧里”，臧，美好义；里，古时聚族而居，形成街市、弄道的地方称为“里”。“臧里”，顾名思义，就是一个美好的地方。村后，西山一条山岗折而向南，北端为来龙山，南端即为著名的肖黄山。村前有“白虎”河，流经刘村，注入浦溪。昔时自刘村有石板大道经臧里到新村而通焦村。村口在北，筑有两层凉亭，上供韦陀菩萨，悬有“臧里”村匾，与亭对应的路旁有石基“印墩”。村东正对岳岭头，站在岭头，遥望庄里，西山巍峨高耸，肖黄山葱茏灵秀，庄里人家粉墙黛瓦，整齐紧凑，绵延山下，全境犹如“美女献花”。相传宋代名将岳飞路过此处，曾在此驻马良久，他在《翠微寺》一诗中写的“好山好水看不足”一句，当也包含此处。后人便把这个岭头命名为岳岭，俗称“岳岭头”。

庄里全村如同一村寨，呈元宝形，石板大道紧贴河岸和村落墙脚，墙壁连成一体，屋檐彼此搭接，由北头进村不多步，便是门向偏南的大门楼，八字粉墙，俨然城门。门楼两端嵌有一幅古联：“姑苏三年重话别，长安十里去看花。”村内有丁字街，和刘村一样，在古时有当铺、杂货、茶行等各类商店，人口稠密，商贸繁荣。

自宋元以来，庄里就为程姓族居之地，数百年聚族而居，形成了一整套的族规族法和风俗习惯，也出过一些学问德行卓著的人物，在岳岭头建有一座“纪德楼”，就是纪念程姓族人程言的。程言，字笋云，明末进士，为人刚直，敢言敢行。程言考取进士不久，遇李自成起义，清兵入主中原，他随即隐居不仕。自明朝以来，朝廷向各地征集皇粮，规定由地方老百姓押运至京。路程遥远，而沿途逢关过卡，都受盘剥。到得京城，粮食大多严重受损，却又重罪处罚送粮人。送粮人同是纳粮人，送粮却又往往有去无回，百姓苦不堪言。程言面对此残酷现实，愤懑于胸，不避斧质，秉笔上书，仗义执言，为民请命，指出老百姓只有纳粮义务，而无押粮差役；皇粮应由政府组织运送。

官司一直打到京城，清王朝终于改为官征官解，让老百姓避免了押粮之苦和杀身之祸(嘉庆《太平县志》记有此事)。乡人深感他义薄云天，德佑大地，就在岳岭头为他建了一座纪德楼。该楼高两层，底层为凉亭，有茶水供行人饮用，乡人逢年过节都于此祭祀，此活动一直延续到 20 世纪 40 年代末。抗战时期，名医胡大侔在此开诊，方便战乱期间病人就诊，被传为佳话。

肖黄山

庄里之美，钟于肖黄山。

肖黄山因景形同黄山，故而得名。此山高不过百米，形如卧龙，山上黄栗、松枫，古木参天，夏秋，凉爽之所沁人心脾，入冬，枝干遒劲，苍茫而又挺拔。其实，肖黄山之奇奇在巨石，少见的巨大蛮石全集中于山岗之上。清代庄里程氏族人程倬有七绝一首，写此巨石，诗云："嵯峨起伏倚云端，坐啸常惊落照寒。若使浮邱飞鹤过，应将乱石煮成丹。"

村后有山门入山，在来龙山与肖黄山交接处，岩石突兀嶙峋，为来龙山之龙头，岩脚有泉喷涌，称为喷玉泉。泉水注入大约方丈的石池，名"牧龙池"。在明代，池上即建有凉亭，称"秀水凉亭"，两层，石柱石梁，上层刻匾："黄峰拱秀"，并供"魁星菩萨"；下层匾额名"黄海余峰"，亭内供行人闲坐休息，取水饮用。

由此直上山岗，折向南行，进入石景区。不远处就有巨石，直立面前，其下有一石，形同巨龟，龟头向西，形状酷肖，此即入山第一景："龟驮巨石"。稍南，蛮石之中，有一石呈巨蛙状，头朝西山，如望落月，周围石头或大或小，多如蛙形，因此，名谓："金蟾望月"。南行数步，有大小方形各石簇拥一大石，长、宽、高均有 3 米，上方东西两端微翘，中间平坦稍窝。乡人给此石一个神话，传说地藏王菩萨前往九华的途中，见此巨石，心下喜欢，便在上参禅打坐了一回，因此便称为"禅基石"。此石如此巨大，但即使用食指敲点，也会笃笃有声，声同木鱼，又像戏曲锣鼓中边鼓的单皮鼓声，故又称为木鱼石和边鼓石。原因是此石有一层厚 2～3 厘米的表层，这一表层与石体有近半厘米的空隙，却不剥离，故轻轻敲打便能发出声音。

由此向前，大约丈余，有大大小小方形横纹石块，摞叠成堆，如经卷成箧堆放，大概是地藏王菩萨打坐时放下了经卷，故称"经卷石"。继续向南而行，猛见两只巨龟，一上一下，一前一后，昂头向上，呈急速爬行之状，巨石长一丈开外，龟形毕肖，有一圆形石嵌在龟头下，活像两龟在戏一大球，故命名“双龟戏珠”。再往前，就到了“神仙锯板”处，这是一块约一丈见方的巨石，人行其上，石面略向东南倾斜。石东端立着一块约有两尺厚的石片，其断面的凸凹处与大石的凸凹处阴阳相合，似一巨力刚将此两者生生剥离。再往前是“神仙房”，几块巨石相互依靠，形成山棚状，人可以从中穿行，下雨天还可以在里面避雨。避雨以后，就到了“飞渡关”，一巨石矗立面前，挡着去路，石下一狭槽仅供一人侧身挤过。飞渡者，大约此处唯有飞起，才可得过，所以古人在此凿有“飞渡关”三字。

过了飞渡关，前面又有一块巨石矗立路中，高度比“禅基石”还要高出半丈有余，但顶上长宽却略小于禅基石，石面倾斜，中央凹陷，雨后会积一汪清水，故得名“砚池石”。和禅基石一样，也需敢于登上石顶，才有趣味，但攀登却需要一些勇气。由此往前十多步，有“钟鼓石”一尊，皆因敲击有钟鼓之声而得名，这是肖黄山石景区的最后一站了。尔后，有一人多高的直立巨石，迎面相送，像是一块留言板，让游人即兴题写诗句，上面果真也有人题了一首七言律诗，但年深日久，风雨侵蚀，诗文已不可辨读，只有最后落款依稀能看出是“黄海渔翁”四个字。

山岗之上，集中如此之多颟顸巨石，实为造化一奇，清代太平县举人项世荣先生《游肖黄山》中写道：

黄山不可到，
今到肖黄山。
石产长松顶，
泉穿古屋间。
杖迷岚翠合，
心逐洞云闲。
借问幽栖鹤，
容成定往还。

这确实是一个别有幽趣的地方啊！现在肖黄山已是双休日的热闹休闲处，也是省内外的游客常常光顾之地。

周怡故里弦瑞

弦瑞，古名弦歌。“弦歌”一名，意为“依琴瑟而歌咏”。《礼记·乐记》：“天下大定，然后正六律，和五声，弦歌诗颂，此谓之德音。”太平县原县治，明代弘治正德年间再建的城池仙源古城西门即“弦歌门”，弦歌门外即是弦歌。孔子弟子子游任武城宰，以弦歌为教化之具，带起了礼乐教化治理地方的头，因此，“弦歌”就成了出任县令的典故。明代弘治、正德年间再修县城，在当时当然是浩大工程，是盛世升平之举，定西门为“弦歌”，因西门外较其他三方平坦开阔，也寄托了当时地方官的美好愿望。

出仙源古城西门，分南北两条路线，使弦瑞成为交通要冲。北线是经叶家磅、宜福垅，至上落家桥，到岭瑞，过鲁村桥、马家（现甘棠新城正北），越龙门岭至龙门，去泾县。南线是经三里岗、五里塔，到下落家桥、项家桥，经七里湾、十里牌，到甘棠，去青阳、池州等地。而南线是“太平大道”现仙源西门的第一站要道。南北两线，中间有铁家冲山，再南北两侧又是东西走向的山脉。其间平畴广阔，阡陌纵横，林木蓊郁，溪水淙淙，村舍皆依山临田，两条石板路通衢大道穿行其间，确有一派陶潜笔下“土地平旷，屋舍俨然，有良田美池桑竹之属，阡陌交通，鸡犬相闻”的怡人景象，所以先人命名仙源城西门曰“弦歌门”。

南线的十里牌，在明清时期，商贸就很发达。东距县城不远，西与甘棠崔村相邻，这里就是颇有名气的“十里牌铺”，顾名可知当时兴旺景象。这里距仙源古镇十里，原先有石坊作为标记，故名十里牌。十里牌除了是买卖兴隆的集市，它的打铁业是十分出名的。有这样一句顺口溜，单说几样地方特产的名气：“焦村伞，太平刀，芜湖剪子不用挑”。焦村的油纸伞，色彩鲜艳，纸质透明，竹质伞骨的技术处理有水平，其他地方的纸伞略经太阳晾晒，收拢后伞就成了纺锤形，而焦村的伞没有这个现象。太平的刀，实指十里牌的铁器，特别是切菜刀、柴刀等，钢火特好。可惜现在仅留其名。

出仙源西门，过叶家磅向右，是弦瑞原先管辖的岘村，现在划归仙源镇。

岘村以孙姓为主，是个很大的村落。朝向仙源方向的村口，地名叫螺蛳墩。螺蛳墩原有“周显灵官庙”，这位周显灵官即京剧《除三害》中的周处。周处是三国吴人，年轻时父母早丧，无人管教，成为地方大害，后经人点化，改恶从善，成为西晋王朝耿直无私的京官，但因弹劾奸党，树敌过多，后被朝廷遣去征讨外族，后方却断其增援，而战死疆场。后人尊其忠烈，立庙祭祀。一进庙门，就顶门碰到一尊神，居高临下，手执钢鞭，其势即将打下，心怀鬼胎者见到这副姿态，会心惊肉跳。大殿正中是周处坐相，有一丈多高，香案两侧，有一文一武两尊塑像，都一丈开外。“周显灵官庙”原先香火十分旺盛，病家多来问卜求医。问卜之前，要在殿前杀一只公鸡祭奠。立周处庙，除了地方有劝子弟不得为非作歹、要学习周处的用意外，和仙源弦瑞的大户望族周姓也有关系。弦瑞栗树塘主要就是周姓聚居的村落，村中原先有周氏宗祠，高大宏伟，现已废。

说起周姓，就要提起明代的周怡。周怡家庭本在栗树塘，他自己出生、长大于仙源城内地名“伯官坟”的地方。周怡少有大志，读书时就说过：“鼎镬不避，沟壑不忘，可以称士矣，不然，皆伪也。”（据嘉靖《太平县志》）登嘉靖十七年戊戌进士，授顺德（今河北邢台）推官。由于工作出色，业绩卓异，第二年便提升到吏科给事中，疏劾势力大臣多人。嘉靖二十六年六月，吏部尚书许赞弹劾严嵩，遭到明世宗斥责，周怡以《劾大臣不和疏》针对此事，揭发时弊，实则帮助许赞，然遭明世宗忌恨、严嵩陷害而先后系狱五年。周怡一身正气，为官严峻廉洁，疾恶如仇，虽遭牢狱，心迹坦然，气节刚毅，海内闻之皆称颂。隆庆元年，明穆宗即位，擢太常少卿，上书刺中权贵，穆宗不高兴，被遣出京为官。第二年，即公元 1568 年病逝。明穆宗也颇感周怡刚毅尽忠，隆庆六年，敕建专祠祭祀。专祠建于仙源城内今仙源小学幼儿园址。明天启二年又追谥为“恭节”。周怡著有《讷溪文集》27 卷，书目收入《四库全书》。后人崇尚周怡气节，又加有皇帝追谥，就在弦瑞境内太平大道下落家桥处，建恭节牌坊，供人瞻仰，牌坊今已不存。周怡遗体安葬在周姓本族聚居地栗树塘东凤形山上。明万历七年十二月间，附葬于皇赠丈夫衔、其父周西畴墓右。墓体如寻常墓，立宽 99 厘米、高 67 厘米碑两块。其墓碑右端篆文书“明中宪大夫提督四夷馆太常寺少卿前南京国子监司业讷溪周公墓志铭”。后附其长子周可贵小楷“万历七年十二月二十四日大寒男可贵敬书”，碑左端大楷写“万历己卯年丁丑月丙申日辛卯时附葬讷溪周公于赠大夫西畴公之墓右”。文第一行右侧有小楷一行“男可贵可东书”。另一块是“墓志铭”，全碑都是1厘米见方的小楷，碑右端第一行文同墓铭碑文，铭文有近万字，由丹阳人姜宝撰写，周怡长子“周可贵书”。两块碑都质朴无华，除了篆、楷文字，别无花饰。现此碑都收藏在黄山区文化局。据文化局介绍，此墓发现后即进行了清理，除了两面铜镜，别无他物。一个京官，墓中却没有殡葬物，令人嗟叹。可见周怡一生真是十分清廉刚毅，令人敬仰。现其墓已照原样修复。

弦瑞村还有件令人难以忘怀的历史性事件，那就是1937年日机轰炸仙源古镇的事。皖南山区县城在抗日战争遭日机轰炸，太平仙源古镇大约是唯一的一个。据说日本侵略者轰炸仙源并非为了炸仙源，而是要炸国民党上海警备司令长官汤恩伯，原因是说汤恩伯的三姨太是弦瑞柏樾山(今越山)人。日本帝国主义1937年制造“卢沟桥事变”后不久，很快在上海制造了“八一三事变”。大约没有找到汤恩伯，跟踪到其三姨太的娘家，把一座仙源古城炸去四分之三以上。

据考日军轰炸仙源还有一个原因。川军统帅刘湘、唐式遵奉调出川抗日，刘湘驻武汉，副总司令唐式遵率部驻铜陵至上饶一线，司令部就在仙源越山潘家大院。日本得知后欲炸川军司令部，误以为司令部就在仙源县城。日军的多次轰炸，使仙源城外也惨遭其祸，许多人死于非命，许多文化古迹损毁殆尽，这给太平人留下了一道深深的伤痕，至今仙源老辈人仍铭刻于心，感叹不已。

弦瑞村如今西部属甘棠，东部划到仙源镇。这里环境优美，地域开阔，历史文化积淀深厚，交通十分便利，是合铜黄公路必经之地。

原载《徽州五千村》(黄山区卷)

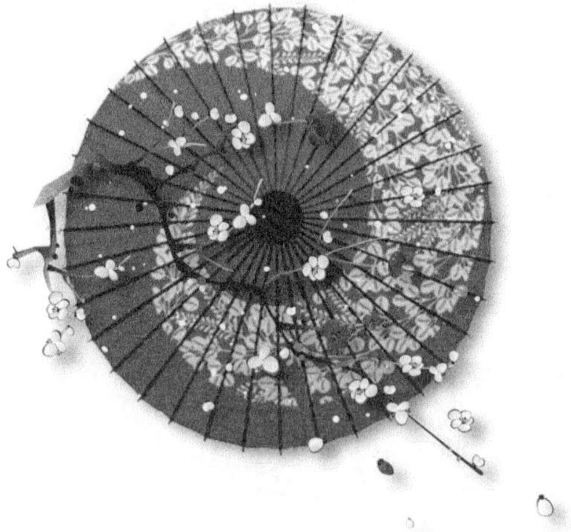

乳燕声声齐振翅 呢喃娇耳织柳阴

〇 新苗

走在青春的路上

梅逸寒

从我孩童时起，就常常听父母说着相同的一句话：现在你的年龄还小，等你慢慢长大，你就能体会大人的艰辛啦，那时你也就能明白父母的初心永远也不会变，那就是希望你幸福。你能明白我的意思吗？而这时的我常常是不说话，当他们问我为什么不回答时，我仍旧沉默不语，但心中却又有一个模糊的答案，虽然我们一直在父母的呵护下成长，父母的羽翼给我们挡去所有风雨，但其实年少的我们常常都以为，那是对于我们自由天性的束缚。我一直想等心中的答案清晰后，再回答。

青春年少，洋溢着青涩与甜美的味道。后来我才知道，这其中也夹杂着苦涩。当你回头看你走过的路，是否在某个时刻觉得很讨厌那时的自己？就像一条五彩的绢布上滴染了浓黑的墨汁，扎眼得难受。

在初中的时候，我曾与一些同学把关系闹得很僵，只因为一件很小的事。不懂事的年纪总会不明白学习的重要性，因此，就会作弊。与我在一起玩儿的一帮人，因为家住的地方隔得很近，所以就常常搭我妈妈的顺风车一起回家。有一次考试，有一个人作弊了，在车上，我毫不顾忌地谈论这件事，只是当时的我并不知道，仅因为这，我给自己带来了多少痛苦。第二天她们便开始疏远我了，也因为我之前确实有一些缺点，给她们也留下了不好的印象，像是多米诺骨牌一样，随着这件事的发生，问题一起出现了。之后我们的关系破裂，这件事也愈演愈烈。那时的我第一次感到那么惊慌失措，不管她们做得多过分，我都不会想着去反抗，只是在黑暗中独自哭泣，只是单纯的想着，一开始是我错了啊，我对她们并没有诚实相待，而一个谎需要无数个谎来圆，我却没有意识到这一点。也因此成绩急剧下滑，父母的脸上也是满满的愁容，直到初三那一年，我转学了。在独自面对生活的那一年里，我明白了梦幻青春与现实生活间的巨大差别，我开始了解到一个正在成长的人所需要拥有的和需要彻底摒弃的。

人要拥有勇气。也许是与生俱来的性格，我一向讨厌做决定或是说害怕做决定，所以只要是可以逃避的，我都会尽可能远离，直到有一天，我不得不做了人生中的第一个决定。在考虑选择的时候，我很郁闷，担心自己的选择会是错的，会让自己后悔。可却很好笑，我人生最大的窘境就是，即使伤心也不会降低食欲，而且脸色还很好。但敏锐的父亲还是发现了我的异样，他告诉我，不知道害怕却往前冲那才是问题，知道了还往前冲，那没事的，以后可不会再摔跟头了

人要有自己的主张。我深刻地记着初中那件事给我所带来的毁灭性，其中让我感慨最深的就是，在她们幼稚地让班上我所交好的同学孤立我的时候，即使很多人并不了解事件原因，却仍然听从，我终于明白，一个人的主见有多么重要，那关乎着一个人的未来。从那以后，学会不随便附和别人，不去了解就不随便批评。

人不要说谎。能够瞒天过海的谎言会成为真相吗？困在谎言堡垒里的真相，虽然看起来像是一潭静水，却会在不知不觉中循着堡垒的缝隙悄悄流向外界，真相就这样一点点地流出，堡垒的缝隙一点点地扩大，看起来坚固无比的堡垒终被冲破，欺骗得来的幸福终究是有尽头的，即使因为畏惧而闪躲，因为可怕而闭眼，存在的事情并不会变得不存在。我很想一直嘴硬下去，可是，这行不通啊，所以我不会再撒谎。

一年后朋友再遇见我时，都说我变了很多，的确，我身上的棱角正渐渐地被生活的需求磨平，我不再是当初那个幼稚单纯的女孩子了，不再只看到生活中阳光的一面，也渐渐能感知生活中的阴暗。但仍然要感谢，不是吗？因为伤害，所以我快速地成长，收获了更多。

有人说：青春像一把刀子，锋利敏感；而生活像另一把刀子，厚重敦实。当这两把刀子对削的时候，青春这把刀子就会慢慢卷刃，而人也就在生活中慢慢成长。在青春的探索中，我们丢失了多少独一无二的个性，我们缺少了多少开心大笑的机会，却也在这跌跌撞撞的路上收获了不少。我的成绩在以前并不优秀，我也曾对自己丧失过信心，直到有一次考试，我看到平凡的我也会有一刻不普通。那一次的我语文成绩排名年级第二，那一次我真正地感受到了：只要心中的风景不曾凋零，梦想的花朵就不会枯萎。在这花开的时节，我们正在成长。在这贵如金的高中三年，我会真正担当起属于自己

的责任。我希望在未来的一天,回首过去,在不经意间,看到回忆海潮中最绚烂的一朵浪花,嘴角上翘,眉眼微扬,坚定地说:“我不后悔。”

现在的我已经明确了心中的答案,在生活的历练中,我已经明白成长的含义,父母的艰辛以及他们不倦的教诲。若我现在还随性处事,还有多少时间可以任我挥霍呢?可是,在成长的同时能不能原谅我还想保留的孩子气?我还想在他们的羽翼下倍受呵护,感受那一丝温暖与纯洁天地,就这样,长伴我的左右。

运动是我的一张名片

刘云白

名片是什么？应该是可以用来代表一个人、介绍一个人的外在符号。我觉得，运动就是我的一张名片。运动，会让你更了解我。

从小学开始，运动对我就有一种特殊的吸引力，无论是登山、跑步、游泳还是自行车，无论是足球、篮球或是乒乓球，我都有所涉猎，但最令我引以为豪的运动，还是登山。

小学四年级开始，我和父母参加了一个户外运动俱乐部，依托家乡四面环山的地形，经常在周末十几二十几个人一起去爬山，也就是所谓的驴行，我也就成了小驴友。每次驴行我们都自带午饭，大家一起在“大自然”的包厢里享用。两年多的时间里，每一个周末，不管是晴朗还是雨雪天气，我已经数不清有多少次的驴行，但我基本没有落下过，更不会半途而废。记得一次走徽青古道，70多里的路程，在父母没有参加的情况下，我跟着队伍走完了全程，那天的天气变化异常奇怪，一会儿晴，一会儿阴，一会儿起雾，一会儿下雨。艰难的行程培养了我坚持不懈的毅力，这就是让我引以为豪的登山。

要说我最爱的运动，还是足球。从上初中开始，我就迷上了这项让人热血沸腾的世界第一运动。我基本每周至少踢三次球，结果我发现我整个人变得浮躁了，成绩也快速下滑，还把膝盖踢出了点伤，经常会疼，可我却那么管不住自己，始终放不下这项运动，直到初二下学期，我的脚踝终于受伤了，说得吓人一点，就是腓骨下端骨裂，韧带撕裂加上软组织挫伤，脚踝肿得无法穿鞋。自那时起脚上打起了石膏，一个多月的时间我与双拐为伴，尽管如此，我却没有一点心理阴影，每次走过操场，我的心就痒痒的，一心想着重上球场带起足球，但是那学期，我的踢球梦是不能实现了。

再者就是跑步了。不知道是合肥人体质不行还是别的什么原因,原本我在黄山的运动会上是个上不了台面的运动员,来到 168 中学参加比赛,从 100 米、200 米、400 米、800 米到 1 000 米,我样样第一!在新站区运动会上,我又成为新站区所有中学里跑得最快的人,我的 800 米成绩在合肥市运动会上名列第四(要知道我是和一些体育特长生同场竞技的)。进入高中后,每届运动会我都能与那些体育特长生一起站上领奖台,这或许就是经常运动带给我的益处和荣誉吧。很快就要高考了,学习的紧张或许不再允许我像以前那样去运动,但我一定要合理安排好运动和学习的时间,让运动为我的学习插上腾飞的翅膀!

这就是我的名片——运动,你是否已经从运动中了解我了呢?

小小的厨房

刘云白

小学时候，有四五年时间，我和我的姐姐、弟弟的午饭都是在外婆家吃的，因为各自的父母都很忙，不能及时回家做午饭。外婆家的厨房，便成了我回忆良多的地方。

外婆家的厨房并不大，很简陋，十多个平方米，却经常塞了五六个大人小孩在里面吃饭。我记得每天中午回来，都是先写作业，等饭好了，我们三个小孩便纷纷入座。我还记得在很小的时候，我们都坐着一个小板凳，面前放一个高脚椅子吃饭，外公外婆坐在大桌旁吃饭，后来长大了，外婆便让出了她的座位，我们三个小孩就上大桌吃饭了。那时候，我从外公外婆的脸上看到的是欣慰的表情。

后来，外婆生了场重病，精神很颓废，经常向外公发火，但唯独见了我们三个小孩就高兴。自此，外公便担负起了做饭、兼照顾外婆的责任，我的父母想把外公外婆接去我家住，但怎么说外公外婆也不愿意，但事实上，外公并不会做饭呀！外公家往上数几辈都是书生秀才，外公也是大文人一个，平时吃的穿的都是外婆打点，可现在，这位七旬老人要为老伴也为后生晚辈开始学做饭！

开始外公做的菜并不好吃，饭也煮得不咋样，但我们三个依然吃得津津有味，后来爸爸妈妈还有小姨也经常过来帮忙，饭菜改善了一些，但后来外公的手艺越来越好，也有自己的拿手菜了，但是好景不长……

有一天中午，外公用筷子忽然笨拙起来，换了个勺子也用不方便，一边的爸爸看着觉得不对劲，立马把外公送到医院，一检查，是脑出血！外公便开始住院，出院之后手也不太灵活了，经常有些抖，我的一个姑奶奶便来外公外婆家帮忙。小姨在家雇了保姆，我们三个小孩便去小姨家吃饭。刚开始不习惯,经常一放学就习惯地往外婆家跑,走了一半路才发现不对劲,过了很长的一段时间后我才渐渐不会走错路。

后来我多次听外公说,我们三个决定不去外婆家吃饭的第一天中午,外婆站在路口朝我们学校方向张望了很久,说也许我们三个中的一个会习惯地走回来,但是,外婆没有看到我们,那天中午,外婆流泪了,我听了心里也觉得酸酸的。

上中学以后,外公外婆更牵挂着我们三个。这次回家,我又去看外公外婆,外公一个劲地念叨,什么时候三个孩子能再来这里吃顿饭呢?我听了,又唤醒了沉睡的记忆。

小小的厨房,暖暖的爱。

砥砺前行

胡若韬

将我们现在的这一刻作为原点，向遥远的古代追溯，现在每秒思维里的浮躁与不安都好似无物，有的只是一位年老的思想者，乘坐在一辆简陋而缓慢的木车上，为了自己的理想往返奔走在苍茫的大地上，不知疲倦，终其一生。

他就是妇孺皆知、家喻户晓的著名思想家、教育家孔子。

鲍鹏山在《风流去》中对孔子有过这样一段描述，在一条浩浩荡荡的水边，孔子师徒又找不到渡口，便向河边的农夫问路，却只是得到"天下皆乱，举世皆然，何不避世归隐，躬耕陇亩"的劝诫。

孔子是什么人？一位学富五车、通情达理的大圣人。难道他不知道这些吗？他没曾想过放弃后的踏实吗？几十年来他历尽艰辛，学而不厌，十年磨一剑却连霜刃未曾试，心中的满怀豪情，伟大的理想抱负，无一人可以言说，无一人可以理解。难道失落与惆怅，不会伴随身边吗？但他选择了坚持，将失落与不快化作长风，让嘲笑与讽刺化作车轮，望向远方，握紧手中的缰绳，坚守着"君子固穷"的决心，立下"邦有道，如矢；邦无道，如矢"的泣血誓言。

因为他确认过眼神，这普天下的老百姓都是他生命中那"对的人"。

正因为遇见，所以选择坚持，正因为坚持，所以他只是孤独。驾着他那辆破旧的木车周游于列国之中，往来于天地之间，渺小却又伟岸。有些事，只能一个人做；有些路，只能一个人走。

我们今天在教室里奋力苦读、呕心沥血，为的是什么？有的人为了今后的前途，有的人为了自己的家庭，有的人为了心中的那个人，还有的人理想便是特立独行无从理解。无论为了什么，我们都应该怀揣理想与抱负，虚怀若谷,腹有诗书,坚持不懈,力争上游,在热闹喧嚣的世界中砥砺前行。

伟大的革命家孙中山先生曾说:“吾志所向,一往无前,愈挫愈勇,再接再厉”。正因为这种坚持的精神,封建社会的黑暗才从中国大地上被彻底根除。同学们,请让我们抓紧心中的黄金时期,为了那个理想努力奋斗吧。不管现在多难多苦,请相信,坚持过后便是风景独好的光明。

后　记

我从当学生起，就喜欢拼凑文字，拼凑出自己想说的话来。可真正的所谓“写文章”，还是中年以后的事。除了自己做中学语文教研员的专业写作以外，还兼任了《太平文艺》的散文编辑，有了一些零星东西。世纪之交退休以后，连续受聘于有关单位的文字工作，写文章自由发挥的天地更广阔了，于是乎又有了一些积累。这样，就选择了一些篇幅连缀成集子，就是大家看到的这个“劳什子”。

因为所写的东西，都是我家乡太平的记录，自己写起来、读起来，便如数家珍，感到十分的亲切。无论自己多大年纪了，感觉还像是个孩童似的，守候在时时刻刻关心着、呵护着、心疼着自己的父亲、母亲身边，温暖而舒适，舍不得须臾分离。想起家乡，哪怕是一根小草，一棵小树，它长得好，我就从心里温暖起来，如果它被破坏了，我就感到哀伤，因为它无法再生、无法复原，再也不能见到了！这就是对家乡天然的、与生俱来的情。年轻时，觉得跑得越远越好，可是离开家的时候，却总是依恋，哪怕多待个一天半天。过年了，巴不得一步就到了家，因为那里是父母生活的地方，是自己的根，一切都是那么熟悉、亲切。我常常想象这样的景象：天晴了，太阳暖暖的，一个人到老家的任何一处山岗上、松林下，坐在像水洗过一样干净的砂石上，如和尚入定一样享受那份独一无二的玄妙的宁静。我的父母虽然都不在了，但两位老人仍然活在我的心里；我出生长大的地方虽然不大一样了，但她原来的亲切容貌仍然刻在我的心里。太平全境凡我到过的地方，都有一种像家的氛围。现在汇集这些文字的时候，我就沉浸在这个氛围之中，具体说，就是对父母亲和父母亲那辈人的敬爱之心，对家乡和家乡每一棵小草、每一棵小树、每一段历史、每一件物品的珍爱之心。所以我特地从《诗经·小雅·小弁》里，摘录出两句诗：“维桑与梓，必恭敬止。”意思是说看到桑树和梓树，就像看到父亲母亲一样敬重，看到家乡的一切，就像看到父母亲一样；看到父母亲，就像看到家乡的一切。因为在古代，人们多在门前屋后广栽桑树、梓树，因此桑梓就代表了家乡，象征了父母。于是我就替这个集子起了个名字，叫《桑梓太平——我和黄山文化的80年》。在这里太平也不单是太平地名，它还有祝家乡、父母健康平安的含义，同时在集名下注上《诗经》中的诗句。

陈君朝曙先生有多年的写作、出版的工作经验，是黄山区政协文史委主任兼《文史资料通讯》主编，他曾多次鼓励我结集。这次结集，全在于他的策划有方，故而集子的前言也一并请他大椽构架。

结集过程中资料的搜集工作得到了黄山区文体新局书记吴君兴华先生、黄山区地方志办公室主任王君晓东先生的慷慨帮助，让我省了许多时间和精力，深表谢意。集子中有我的第三代梅逸寒、刘云白、胡若韬三个孩子的文章，都是他们获奖或发表了的作品，编进集子，是想为他们起个齐头并进的作用。

我操作不了诸如打字、录入、粘贴等电脑的程序，写东西仍然靠纸和笔，所以诸多电脑扫描、校对、排版等繁杂的工作，全由文锐、玉玲、文君完成，文君、刘余对我的稿子做了全面的校对、编选，玉玲、文红、文芳和梅侃照料我的生活起居。正是因为他们的孝心，这个集子才得以顺利完成，这里就不多说了。

以上是我给集子命名《桑梓太平——我和黄山文化的80年》的心里话。

胡丰炘

2018年12月12日